AF503773

MINISTÈRE DE L'INTÉRIEUR

Direction de l'Administration pénitentiaire.

LIBÉRATION CONDITIONNELLE

DOCUMENTS PARLEMENTAIRES

(Loi du 14 août 1885.)

MELUN

IMPRIMERIE ADMINISTRATIVE

1909

LIBÉRATION CONDITIONNELLE

DOCUMENTS PARLEMENTAIRES

(Loi du 14 août 1885.)

MINISTÈRE DE L'INTÉRIEUR

Direction de l'Administration pénitentiaire.

LIBÉRATION CONDITIONNELLE

DOCUMENTS PARLEMENTAIRES

(Loi du 14 août 1885.)

MELUN

IMPRIMERIE ADMINISTRATIVE

1909

SÉNAT

DOCUMENTS PARLEMENTAIRES

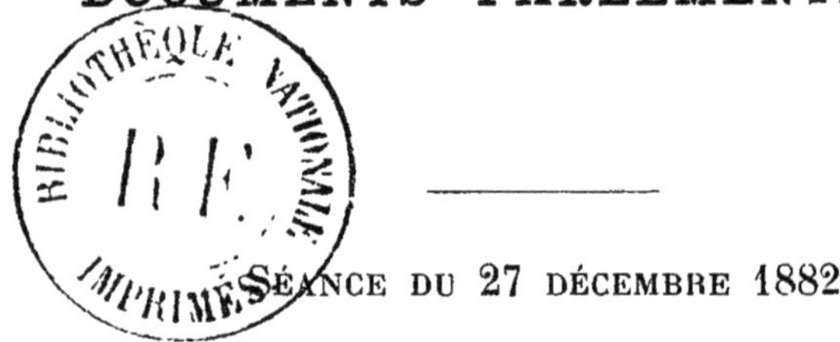

SÉANCE DU 27 DÉCEMBRE 1882

PROPOSITION DE LOI sur les moyens préventifs de combattre la récidive (régime des prisons, libération conditionnelle, patronage, réhabilitation), par M. Bérenger, sénateur.

Messieurs, un mouvement d'opinion considérable s'est produit depuis quelque temps au sujet des dangers que fait courir à la sécurité sociale le nombre toujours croissant des malfaiteurs, et des mesures qu'il conviendrait de prendre contre les récidivistes. Des projets de loi ont été déposés soit par l'initiative p: ivée, soit par le Gouvernement. Courant au plus pressé, et cherchant avant tout, parmi les mesures possibles, celles qui semblaient de nature à apporter le plus prompt et le plus décisif remède, on s'est trouvé d'accord dans ces projets pour réclamer l'expulsion du territoire français des catégories de condamnés jugées les plus dangereuses et leur internement à vie dans une colonie lointaine.

Des débats importants s'élèveront sans aucun doute sur les questions délicates et graves que soulèveront ces projets.

Le caractère nécessairement perpétuel de la peine proposée ne dépasserait-il pas, dans la majeure partie des cas, la légitimité des droits que la Société peut avoir sur l'individu ?

La nouvelle répression ne risquerait-elle pas de détruire l'échelle pénale de nos codes, déjà un peu compromise peut-être par la transportation criminelle pratiquée depuis 1854 ?

Ne pourrait-elle pas avoir pour effet, en faisant luire aux yeux des condamnés l'espoir d'une existence nouvelle sous un climat vraisemblablement plus beau et l'appât des récompenses exceptionnelles dès à présent promises à la bonne conduite, de développer la récidive plutôt que de la combattre ?

Les dépenses du transport, de l'installation, de l'entretien de la population criminelle dont on veut prendre la charge, seraient-elles en rapport avec les résultats à obtenir ?

Y a-t-il enfin certitude que des mesures moins aventureuses, moins coûteuses, plus en harmonie avec l'ensemble de nos lois pénales, et d'un succès moins douteux, ne pourraient pas conduire au même but ?

L'auteur des propositions dont le développement va suivre, n'a pas l'intention de discuter ici ces diverses questions. Il se borne à les énumérer, à signaler leur gravité et à réserver la liberté de ses appréciations. Mais il remarque que le système proposé ne fait appel qu'aux moyens répressifs, et il se demande s'il ne présente pas à cet égard une regrettable lacune.

La science pénitentiaire a de tout temps étudié le difficile problème de la récidive. Elle n'a jamais pensé que sa complexité pût s'accommoder d'une solution unique ni que cette solution pût se rencontrer soit dans la simple aggravation des peines, soit dans l'expatriation des récidivistes.

Sans contester que des mesures de répression mieux combinées ne pussent exercer par un système d'intimidation plus efficace quelque action sur la reproduction des délits, elle a toujours pensé que le nœud de la question se trouvait moins dans un châtiment plus sévère des récidivistes que dans l'étude des causes de la récidive et dans la recherche des moyens propres à l'atteindre dans ses sources principales.

Punir avec rigueur les hommes qui se font un jeu de violer les lois, en purger la Société est à coup sûr, une œuvre de préservation sociale. Mais son efficacité serait bien restreinte, elle se bornerait peut-être à éloigner de nos yeux le spectacle de leurs rechutes pour en porter ailleurs le scandale et le dommage, si après ce débarras les mêmes causes continuaient à provoquer chez d'autres le retour des mêmes délits.

Ce n'est point le récidiviste qu'il faut expulser du territoire, c'est la récidive. Or, nous nous demandons quelles mesures contiennent à cet égard les nouveaux projets.

Il faut bien reconnaître, après les avoir attentivement étudiés, qu'ils n'en proposent aucune. L'œuvre qu'on nous présente est donc sous ce rapport évidemment incomplète. Elle a besoin, si on veut résolument attaquer le mal, d'un complément indispensable.

C'est sur ce point seulement que nous prenons la liberté d'appeler l'attention du Parlement.

Les criminalistes, les philosophes, tous ceux qui, par l'impulsion d'un mouvement généreux ou par profession, ont étudié les causes multiples d'où naît la récidive, savent que la perversité des instincts, la violence des passions, la paresse, l'improbité, l'inconduite ne sont pas toujours les agents principaux des fautes multipliées.

Parmi les hommes qui reviennent fréquemment à la prison, il y a, en effet, plus de faibles, de lâches, de découragés, que de malfaiteurs réellement incorrigibles. Un fait bien significatif le démontre avec une grande évidence. Le vagabondage compte pour 74 pour cent dans le total de la récidive. Cela ne suffit-il pas à expliquer l'indulgence parfois trouvée singulière des tribunaux pour les délinquants d'habitude ?

On est, en outre, d'accord que ce qui cause la plupart des rechutes de ces natures molles, insouciantes, énervées, impropres au moindre effort, c'est bien plus l'entraînement de la corruption extérieure, l'incapacité de trouver en elles-mêmes le ressort suffisant, et le défaut d'assistance dans leur faiblesse qu'une réelle corruption et le parti pris de vivre aux dépens de la Société.

Or, s'il en est ainsi, ces causes sont de celles que des mesures préventives sagement combinées peuvent profondément modifier.

C'est à l'étude de ces mesures que nous entendons exclusivement nous consacrer ici, non que nous les considérions comme le seul moyen à employer contre le mal : loin de là, nous pensons, au contraire, et nous l'avons déjà indiqué, qu'elles auraient besoin d'être fortifiées par l'adoption de certaines modifications de la loi pénale, en ce qui touche particulièrement la définition de la récidive et sa répression; mais il convient de traiter séparément des objets essentiellement différents. Ces dernières modifications rentrant dans l'ordre des mesures de répression auxquelles les projets de loi proposés demandent au Parlement de faire appel, c'est par voie d'amendement à ces projets qu'il sera plus logique et plus naturel de les soumettre au Sénat.

La sphère des moyens préventifs est assez vaste par elle-même pour que nous ne voulions pas en sortir dans les propositions qui vont suivre.

Le premier remède à proposer, celui que depuis près d'un siècle la science n'a cessé de recommander, que toutes les nations qui nous entourent ont successivement adopté, que la France a elle-même depuis une époque récente sanctionné par une loi, mais dont elle semble aujourd'hui se décourager avant de l'avoir sérieusement appliqué, pour courir à des horizons nouveaux, c'est une exécution plus sévère, plus rationnelle, plus rassurante pour la Société, de la peine qui fait la base de toute économie pénale, de l'emprisonnement.

Ce n'est plus un secret pour personne que le mode d'exécution en commun auquel la loi du 5 juin 1875 a mis un terme, encore à l'heure qu'il est et malgré les sept ans écoulés, bien théorique, n'est à la fois ni inflictif ni moralisateur; que loin de laisser au condamné qui pour la première fois en a subi l'épreuve, l'impression de honte et d'effroi qui, seule, pourrait le retenir sur la pente où il est déjà engagé, lui laisse le souvenir d'une satisfaction régulière et complète de tous ses besoins dans un milieu de camaraderie et le plus souvent d'oisiveté trop conforme à ses goûts; que, de plus, loin de le corriger, elle le déprave par le contact avec des éléments plus corrompus ; de telle sorte que la prison qui aurait dû l'intimider et l'amender le rend à la Société à la fois plus mauvais, plus familiarisé avec la honte et plus audacieux.

L'exécution de la peine est ainsi devenue la cause la plus considérable et la plus saisissante de la multiplicité de la récidive.

Réformer l'exécution de la peine est donc le premier but à atteindre, quand on veut influer sur la récidive. Mais ce but n'est même plus à chercher. Il est aujourd'hui atteint et réalisé, et il suffirait pour s'en procurer les bénéfices certains d'un peu plus d'énergie dans l'application de la loi.

Le système légal d'exécution des peines d'emprisonnement à court terme, c'est-à-dire de celles qu'un condamné a le plus souvent à subir avant de devenir récidiviste, n'est-il pas en effet depuis 1875 celui de la séparation individuelle, et l'effet reconnu de ce régime n'est-il pas à la fois d'instituer un châtiment véritablement vigoureux et inflictif, propre à reconstituer le sentiment d'intimidation que la peine d'emprisonnement a perdu, et en même temps de couper court à cette contagion pénitentiaire si fatale à la sécurité publique ?

Là est donc, on ne saurait trop le répéter, le principal et plus décisif remède. L'exposé des motifs du projet de loi sur la relégation n'a garde de le contester. Mais il considère que les difficultés de son application en rendent la mise en pratique à peu près impossible, les conseils généraux dont le concours est rendu indispensable à raison de ce que la propriété des prisons du premier degré appartient aux départements, se montrant peu soucieux d'engager les dépenses considérables que comporte leur transformation, et, sans chercher s'il ne serait pas possible de lever ces obstacles par quelque disposition complémentaire de la loi de 1875, il se détourne et porte ailleurs ses préoccupations. ·

Nous pensons que c'est trop facilement abandonner la partie. S'il est vrai que la séparation individuelle soit la voie qui puisse le plus sûrement rapprocher du but poursuivi, il convient avant tout de faire des efforts pour s'y maintenir et en assurer plus rapidement le succès. Le premier objet de nos propositions sera donc de rechercher et d'indiquer les modifications à apporter à la loi du 5 juin 1875 pour en activer l'exécution.

Mais rendre la peine plus dure pour en assurer plus longtemps l'effet, isoler le condamné des éléments corrupteurs que renferme la prison pour ne pas augmenter sa perversité ne suffit pas ; il faut encore, tandis que la répression nous le livre, chercher à obtenir son perfectionnement moral en l'y intéressant lui-même, et quand s'ouvrira pour lui la prison, ne pas le jeter sans ménagement et sans appui aux éléments de rechute qui vont entourer ses premiers pas.

Autrement la correction sera inutile, la résistance aux tentations nouvelles insuffisante, et la récidive reprendra facilement le terrain conquis sur elle.

A ces deux ordres d'idées correspondent d'abord toutes les mesures d'ordre intérieur depuis longtemps appliquées à l'étranger, particulièrement en Angleterre, encore insuffisamment organisées chez nous, dont le but est de stimuler la bonne conduite et le travail dans la prison en leur attribuant un effet sur l'abréviation de la peine ; en second lieu, les dispositions légales propres à préparer le condamné à la liberté, à ne pas le livrer à sa libération définitive aux hasards d'une recherche toujours difficile, souvent impossible du travail, et à lui faciliter les moyens d'obtenir ensuite par le repentir et les efforts d'une honnêteté soutenue le rachat et l'oubli de sa faute.

Nous voulons parler d'une extension de la libération conditionnelle, d'une organisation légale du patronage, et d'une simplification de la loi sur la réhabilitation.

Nous avons la conviction que l'ensemble de ces mesures, simples, pratiques, déjà éprouvées à l'étranger, faciles à adopter sans ajouter une charge nouvelle au budget de l'État, aurait une portée plus assurée et plus féconde qu'aucun des moyens répressifs dont on s'engoue aujourd'hui. Elles peuvent d'ailleurs facilement se cumuler avec eux et leur apporter le plus utile secours. Peut-être même pourrait-on se demander si ces derniers seraient bien légitimement appliqués, si en même temps il n'était apporté par les autres quelque compensation à leur rigueur.

Nous allons traiter séparément et avec plus de détail chacune des propositions que nous venons d'indiquer.

I

Application de la loi du 5 juin 1875.

La loi sur la séparation individuelle est votée depuis sept ans, et sur les 437 prisons départementales auxquelles elle s'applique, il n'en est peut-être pas dix qui aient encore été réformées suivant lè nouveau système. L'Administration a cependant fait, il faut le reconnaître, les plus louables efforts pour en activer l'application. Mais les assemblées départementales si vivement sollicitées depuis quelques années par d'autres intérêts, tels que l'instruction primaire et la vicinalité, montrent peu de goût à céder à ses instances. Soit que la nécessité du système n'ait pas encore frappé tous les esprits, soit plutôt qu'on conserve l'espoir que l'État, qui a seul la charge de la sécurité publique et de la répression, devra tôt ou tard prendre à son compte les frais de la transformation des lieux de détention, on cherche tous les moyens d'atermoyer et la loi se trouve en fait paralysée.

Ces conséquences avaient été prévues par la commission de l'Assemblée nationale qui a préparé la loi. Aussi avait-elle proposé un système bien différent. Dans sa pensée, la portion de dépense mise à la charge des départements devait être obligatoire. Ainsi le voulait le caractère d'utilité publique, de véritable nécessité sociale de la réforme à faire. Mais la rigueur de cette disposition était compensée par la faculté pour les départements de s'exonérer de tout ou partie de cette charge, en même temps que des dépenses ultérieures de grosses réparations, en rétrocédant la propriété à l'État.

C'était en ces termes que le projet de loi avait été déposé et imprimé.

Quelques jours avant la discussion, le Gouvernement réunit la commission et déclara que l'état de nos finances ne lui permettrait pas d'apporter son concours au projet, si elle maintenait le système de rétrocession dont la conséquence évidente serait de rejeter sur le budget de l'État la presque totalité des charges de la transformation. Il représenta en outre que la situation des départements était très obérée, qu'elle ne pouvait supporter le caractère obligatoire des dépenses mises à leur compte, et qu'on s'exposait en aggravant leur fardeau budgétaire à rencontrer des résistances redoutables.

Il fallut se rendre à des observations qui se fussent tournées en hostilité manifeste, si on n'y avait eu égard. C'est ainsi que l'exécution de la loi fut entièrement abandonnée au bon vouloir des conseils généraux. On se borna à leur imposer l'obligation de ne faire désormais aucune réparation ou reconstruction sans se conformer au nouveau système.

Les mêmes considérations pourraient à coup sûr être invoquées aujourd'hui, et les auteurs du projet de 1875 auraient continué par patriotisme à imposer silence à leur désir de demander à une loi nouvelle les modifications nécessaires pour sortir de l'inertie actuelle, si les projets nouvellement présentés n'étaient venus leur démontrer que le Gouvernement s'associait enfin aux inquiétudes publiques et que, d'accord avec l'opinion, il jugeait nécessaire d'imposer à nos budgets des sacrifices nouveaux et considérables pour mettre un terme au mal.

Il n'y a donc plus à s'arrêter aux objections financières. Quelle que puisse être leur importance, des considérations d'une nature plus grave les relèguent à l'heure qu'il est au second plan. Il ne s'agit plus que de choisir entre les moyens les plus propres à atteindre le but.

Nous avons à cet égard justifié que, plus qu'aucune autre mesure une prompte exécution de la loi de 1875 pouvait y conduire. Il convient donc de rechercher comment il serait possible de lever les entraves qu'elle a jusqu'à présent rencontrées. L'honorable M. Charles Lucas, dont la compétence s'impose avec tant d'autorité en ces matières, a justement proposé dans une récente lettre au ministre de l'Intérieur, rendue publique par le *Bulletin de la société générale des prisons*, de revenir à la combinaison proposée par la commission pénitentiaire de 1875. C'est la demande que nous venons faire après lui.

Cette combinaison consistait, nous venons de le dire, à rendre la partie de la dépense mise au compte des départements obligatoire, mais à donner en même temps à ces derniers le moyen de se libérer de tout ou partie de cette charge en rétrocédant la propriété de leurs prisons à l'État; quoi de plus juste? L'obligation ne se justifie-t-elle pas par le caractère essentiellement public et social de la dépense? Pourrait-on soutenir qu'aucune des dépenses que la loi du 10 août 1871 a soumises à l'obligation ait une portée plus éminemment générale et utile? Est-il d'ailleurs acceptable que lorsque la loi a parlé la résistance d'un département puisse arrêter l'exécution d'une mesure votée par les représentants du pays tout entier?

Quant à la rétrocession, présentée comme un adoucissement à la règle précédente, quelles objections pourrait-elle soulever? Les conditions devaient d'ailleurs, d'après le projet de loi, en être débattues librement, et en cas de dissentiment soumises à l'appréciation du conseil d'État.

Enfin une disposition spéciale stipulait qu'il serait tenu compte soit dans la répartition de la dépense, soit dans les conditions de la rétrocession, de l'étendue des sacrifices précédemment faits par les départements pour leurs prisons, de la situation de leurs finances et du produit du centime.

Mais l'État, dira-t-on, n'aurait-il pas à supporter ainsi une aggravation de charges importantes? Nous ne le nions pas. Il ne faut pas toutefois s'exagérer les choses. Le rapport sur la loi de 1875 évaluait à 63 millions le coût total de la transformation des prisons. On a contesté depuis cette appréciation et on a parlé d'un chiffre d'environ 100 millions. Admettons cette somme, quoiqu'elle nous semble exagérée. La contribution de l'État, devant varier du quart à la moité de la dépense suivant l'importance du centime départemental, peut être fixée approximativement au tiers. Elle pouvait donc être d'environ 33 millions.

Veut on que le système proposé la portât aux deux tiers, chiffre évidemment maximum? La charge de l'État se trouverait aïnsi augmentée, d'une somme égale. Le sacrifice serait important, sans doute ; mais hâtons-nous d'ajouter qu'il serait immédiatement compensé par une diminution correspondante dans le chiffre du budget annuel des prisons. Il ne faut point oublier, en effet d'une part, que l'exécution de la peine comporte dans le régime de la séparation individuelle une réduction du quart de sa durée, et, de l'autre, que la plus grande rigueur de l'infliction diminuera inévitablement dans un délai très court, ainsi que le prouve l'expérience acquise à l'étranger, le nombre des détenus.

Il y aurait là, en effet, pour les dépenses annuelles des prisons une double source d'économie qu'il ne semble pas exagéré d'évaluer à plus de deux millions (1).

Le prétendu sacrifice n'est donc en réalité qu'un placement à gros intérêt.

Qu'est d'ailleurs cette somme, si considérable qu'elle puisse paraître, auprès des énormes capitaux qu'exigera la transportation, si aucune mesure préventive ne vient, en réduisant les causes de la récidive, en restreindre le champ? Aucune indication n'a encore été donnée à cet égard, mais il n'est pas impossible de se rendre compte, par analogie, de ce que sera la dépense.

L'Angleterre, qui ne compte que 16.000.000 d'habitants et qui n'envoyait dans ses colonies pénales que ses grands criminels, a dépensé près de deux cents millions dans les premières années de son installation en Australie. De plus, lord Brougham affirmait vers 1845 que la dépense annuelle dépassait 600.000 livres sterling ou 15.000.000 de francs, et le surintendant général des prisons, le colonel Jebb, reconnaissait en 1851, peu d'années avant la suppression de l'institution, qu'elle était encore pour une population pénale de moins de 16.000 convicts, et déduction faite du produit du travail, de 419.476 livres sterling ou de 10.486.900 francs.

A quel chiffre ne s'élèveraient donc pas et les frais d'installation et ceux d'entretien annuel pour un nombre de transportés que le chiffre plus que double de notre population, et l'adjonction des

---

(1) Ce calcul s'établit de la manière suivante :

1° Économie résultant de la réduction du quart accordée par la loi de 1875 aux peines subies en cellule. La statistique des prisons relevée année par année, pendant les cinq dernières années publiées, établit que les peines supérieures à trois mois, c'est-à-dire celles sujettes à réduction, représentent environ un tiers de la population normale des prisons départementales. La durée de la détention étant dans ce cas plus longue, cette proportion correspond naturellement à une proportion plus considérable dans la dépense. C'est assurément rester dans une limite très modérée que de lui attribuer la moitié des dépenses. Or, la dépense totale de ces maisons est de 9.073.195 francs (statistique de 1878). La part afférente aux peines de plus de trois mois est en conséquence de 4.536.597 francs, ce qui donne pour la réduction du quart une économie de 1.134.149 francs.

2° Économie résultant de la diminution du nombre des condamnés. Est-il téméraire d'évaluer à un vingt-cinquième près ou à 4 p. 100 l'effet que pourrait immédiatement produire l'application du système plus inflictif et plus préservateur de la loi? Or, ce vingt-cinquième représente, sur un nombre moyen de 200.000 condamnés par an, un chiffre de 8.000 qui, à 120 francs par tête (chiffre qu'on obtient en divisant les 24 millions de francs du budget pénitentiaire par le chiffre de la population pénale), donne encore une économie de un million.

catégories nouvelles de récidivistes correctionnels, rendraient assurément plus que triple en peu d'années.

Nous pensons donc que l'adoption des projets de relégation ne feraient qu'ajouter à l'urgence d'une plus prompte application de la loi de 1875, et nous proposons un retour pur et simple aux dispositions qui avaient été d'abord formulées.

II

Régime disciplinaire à introduire dans les prisons.

Il ne faut pas croire que l'exactitude de la surveillance et la sévérité de la direction suffisent à établir une bonne discipline pénitentiaire. Aucun résultat n'est durable si à la rigueur de la règle ne s'ajoute le stimulant des récompenses. L'Angleterre a depuis longtemps compris qu'il y avait un grand parti à tirer, pour la correction des criminels, du désir ardent de liberté qui domine tout autre sentiment dans le cœur des captifs. Elle a fondé sur cette base tout un système de punitions et de récompenses dont elle recueille le plus grand fruit. La bonne et la mauvaise conduite, le travail attentivement notés font gagner ou font perdre jour par jour au condamné des chances vers une libération plus prochaine. C'est ce qu'on appelle le système des marques. Un nombre déterminé de bons points donne droit au bout d'un temps déterminé à un abréviation de la peine par voie de libération conditionnelle, excellente institution qui donne aux moins bien disposés l'habitude de l'effort continu et du respect de la règle par la perpétuelle préoccupation de faire un pas de plus vers la liberté, et qui les prépare presque inconsciemment à s'en montrer dignes, quand l'heure de la libération a sonné. Nous sommes les premiers à reconnaître que notre Administration pénitentiaire a fait de nombreuses tentatives en vue d'encourager les bons instincts et de récompenser la bonne conduite dans nos prisons. Ses créations de quartiers d'amendement ou de catégories d'honneur ont été d'heureuses innovations. Mais le sentiment de l'honneur, celui même du bien-être n'auront jamais la même efficacité que le stimulant de la liberté à conquérir. Nos lois ne permettaient pas jusqu'à ce jour de faire appel à ce mobile suprême. Il importe de les réformer sur ce point. C'est l'objet du chapitre suivant. Mais cette innovation ne saurait produire tous ses effets si elle n'était accompagnée des règlements nécessaires pour la faire fructifier.

III

Libération conditionnelle.

La libération conditionnelle ou préparatoire, appelée parfois improprement liberté provisoire est l'acte par lequel on accorde au condamné qui a mérité cette récompense par son application au travail et sa bonne conduite, sa mise en liberté anticipée, à charge de continuer à se conduire honnêtement, et sous la condition qu'il sera réintégré pour achever de subir sa peine s'il donne de nouveaux sujets de plaintes.

Bien qu'elle n'ait pas reçu chez nous l'extension qu'elle a prise à l'étranger, on ne peut contester qu'elle ne soit d'origine française. C'est en 1832 qu'elle fut introduite comme un dérivé de la grâce, non dans la loi, mais dans la pratique pénitentiaire en ce qui concerne les jeunes détenus. Le mouvement d'opinion qui entraînait alors tous les esprits vers les idées dont Howard s'était fait de l'autre côté du détroit l'apôtre retentissant, s'était d'abord principalement porté vers l'amélioration du régime appliqué à l'enfance. On venait de construire, pour les mineurs de 16 ans, la maison cellulaire de la Petite Roquette. Dans le but à la fois de tempérer la rigueur du nouveau' système, et d'essayer de l'action que pourrait avoir l'espoir de la liberté sur la moralisation de ces enfants, on résolut de mettre les meilleurs en apprentissage avant l'expiration de leur peine.

Le préfet de police, à la fois philantrope éclairé et administrateur habile, M. Benjamin Delessert, s'entendit avec les fondateurs de la société de patronage des jeunes détenus du département de la Seine qui venait de naître ; il fit partager ses idées au ministre de l'Intérieur, M. Duchâtel, et une circulaire ministérielle, en date du 5 décembre 1832, prescrivit que les enfants détenus à la Petite-Roquette pourraient, à titre de récompense, être confiés à cette société à l'état de libération anticipée. La société prenait la charge de les placer en apprentissage et de surveiller leur conduite. Elle recevait en échange de ces services une allocation par chaque enfant de 0 fr. 75 par jour.

Les résultats dépassèrent, en peu d'années toutes les espérances, et bientôt le président de la société de patronage des jeunes détenus pouvait constater, dans un rapport officiel, que la récidive annuelle qui, d'après les renseignements fournis par la préfecture de police, était supérieure avant l'application de la mesure au chiffre de

75 p. 100, était brusquement descendue et semblait devoir se maintenir à celui de 7 p. 100.

Dès 1840, un magistrat éminent, M. Bonneville de Marsangy, faisait ressortir ces résultats et affirmait que la mesure n'aurait pas de moins salutaires effets si elle était appliquée aux adultes. « S'il est juste, disait-il, d'aggraver la peine à raison de l'état de récidive du coupable, c'est-à-dire de sa conduite antérieure, n'est-ce pas un devoir de l'alléger eu égard à sa conduite ultérieure ? » et il ajoutait, en citant M. Charles Lucas : « Le but de la peine étant la réforme du coupable, il faudrait qu'on pût élargir tout condamné dont la régénération morale est suffisamment garantie. »

Cette doctrine n'eut pas moins de retentissement que les heureux effets de l'expérience commencée. Aussi lorsqu'en 1850, un courant de réaction contre l'application du système cellulaire à l'enfance amena la substitution de l'éducation dans les colonies agricoles à emprisonnement individuel pour les mineurs de 16 ans, la libération conditionnelle qui, jusque-là, n'avait eu que le caractère d'une mesure administrative, reçut-elle la consécration de la loi.

« Les jeunes détenus des colonies pénitentiaires, dit l'article 9 de la loi du 5 août 1850, peuvent obtenir, à titre d'épreuve et sous des conditions déterminées par le règlement d'administration publique, d'être placés provisoirement hors de la colonie. »

Quant aux adultes, les essais ont été jusqu'à présent bien timides et bien limités. Les décrets des 27 mars 1851 et 30 mai 1854 ont, à la vérité, admis une sorte de libération préparatoire pour les condamnés soumis au régime de la transportation, et la loi du 23 janvier 1874 sur la surveillance de la haute police, a autorisé l'Administration à accorder la remise provisoire de cette peine ; mais, tout en reconnaissant hautement l'efficacité pratique du système on a jusqu'à présent différé de l'appliquer aux détenus de nos maisons ordinaires de répression.

Sa fortune a été bien différente à l'étranger. Il a reçu en peu de temps une très grande extension. Admis à peu près partout à l'heure qu'il est en Europe et en Amérique, il est devenu, sous la forme des maisons intermédiares dues à l'initiative de sir Crafton, la base même du régime progressif si vanté en Irlande, et l'Angleterre, en renonçant à la transportation, en a fait dès 1853 l'un des fondements principaux de son nouveau système pénal.

L'institution a même pris, de l'autre côté du détroit, ce caractère particulier qu'elle n'y est plus pour le condamné une faveur, mais un droit. Quand ce dernier a obtenu pour la conduite et pour le travail le nombre de bons points fixé par les règlements, il ne dépend pas de l'Administration de lui refuser sa mise en liberté. Il l'a conquise, elle doit lui être donnée.

Mais il faut reconnaître que la libération conditionnelle n'a pas d'abord réuni sous cette forme tous les suffrages. L'opinion, habituée depuis plus d'un siècle à la sécurité relative que donne l'expulsion des criminels, s'est d'abord montrée très vivement alarmée de voir relâcher au milieu de la population, avant l'expiration de leur peine, ceux des condamnés qui avaient le plus gravement offensé la loi. Deux enquêtes faites à quelques années d'intervalle (1857-1864) démontrèrent qu'une assez notable augmentation de la criminalité s'était produite depuis l'application de la nouvelle mesure. Mais il fut en même temps reconnu qu'on avait manqué de prévoyance en n'entourant les libérations en masse des premières années d'aucune condition d'expiation, d'amendement, de résidence obligée, de patronage et de surveillance, et, loin de condamner le système, on constata que, plus judicieusement pratiqué, il avait produit en Irlande les meilleurs résultats au point de vue à la fois moral et matériel. La libération conditionnelle devait en conséquence être conservée; mais il fallait la soumettre à des conditions analogues à celles qui en avaient assuré le succès au nord du Royaume-Uni.

Les bills de 1857 et de 1864 ont réalisé ces conditions. Elles consistent dans le système disciplinaire des marques auquel nous avons fait allusion tout à l'heure, dans l'organisation d'une surveillance active quoique bienveillante, après la mise en liberté, et dans l'assistance d'un patronage efficace des libérés.

Ainsi conçue, l'institution n'a plus recueilli que des approbations. Elle a contribué, disent les rapports officiels du surintendant général des prisons de la Grande-Bretagne, à diminuer le nombre des crimes et des délits, et fonctionne avec un succès complet : *perfectly well.*

La liste des pays qui l'ont depuis introduite dans leurs codes est nombreuse.

Ce sont dès 1862 la Saxe et le Grand-Duché d'Oldenbourg, en 1868 le canton d'Argovie, en 1871 l'Allemagne, en 1873 le Danemark et le canton de Neuchâtel, en 1875 le canton de Vaud, en 1881 les Pays-Bas. Enfin on la voit figurer dans les projets du code pénal actuellement en élaboration en Autriche, en Italie et en Portugal.

Il n'est donc pas d'institution consacrée par un assentiment plus général, éprouvée par une pratique plus complète.

Nous devons à notre tour suivre ce mouvement. Les avantages que nous en recueillerons seront en premier lieu d'introduire dans nos prisons, aussi bien dans celles qui sont au régime en commun que dans les autres, un élément d'ordre, de bonne discipline et d'émulation qu'on ne saurait dédaigner, ensuite de soumettre le bon vouloir et le repentir souvent simulés de la prison à l'épreuve de la liberté, de soutenir les défaillances si fréquentes de la première heure, de couper court par une correction immédiate aux premiers écarts, enfin de donner aux sociétés de patronage le moyen d'action le plus efficace.

Ne peut-on ajouter que, se substituant insensiblement par la nature même des choses à la grâce, la libération anticipée pourrait arriver à corriger l'abus devenu si grave depuis quelques années des faveurs individuelles accordées à l'importunité des sollicitations plus qu'à la bonne conduite.

Mais dans quelle mesure et avec quel caractère conviendrait-il de l'appliquer.

Faudrait-il en faire, comme en Angleterre, un droit pour les condamnés, ou suffirait-il d'en laisser la dispensation moyennant certaines conditions à l'Administration? La presque unanimité des hommes éminents devant lesquels la question a été posée au congrès de Stokholm s'est prononcée pour le second parti. C'est également celui vers lequel nous penchons.

Reconnaître un droit serait s'exposer à donner parfois à l'hypocrisie, si commune parmi les detenus, ce qui ne doit appartenir qu'au repentir et à l'amendement sincères. Il convient d'ailleurs que l'Administration puisse tenir compte d'autres éléments que de la conduite ou du travail à l'intérieur de la prison, et notamment qu'elle ne se voie pas la main forcée par le malfaiteur avéré dont la mise en liberté trop prompte risquerait de causer une juste émotion.

Quant à la détermination des peines auxquelles la libération devra s'appliquer et à celle de l'abréviation de durée qu'elle comportera, les exemples qui nous entourent laissent une grande latitude à notre choix. On a longtemps pensé que les longues peines devaient seules y participer. C'est ainsi que l'Angleterre ne l'a appliquée qu'à la servitude pénale dont le minimum est de cinq ans, la Saxe et le canton de Zurich qu'aux peines des travaux forcés et de la réclusion.

Mais il se produit depuis quelques années un courant beaucoup plus libéral.

Le code des Pays-Bas, qui est du 3 mars 1881, est descendu aux peines d'emprisonnement, à condition toutefois que le condamné eût réellement passé trois ans en prison.

Le projet du code pénal italien admet les peines de deux ans d'emprisonnement.

Le canton de Neuchâtel, celles de dix-huit mois (1873) et la presque unanimité des lois plus récentes (canton de Vaud, 1875, code allemand, code autrichien) va actuellement jusqu'aux peines d'un an.

Enfin des voix très autorisées, telles que celles de MM. Arney et Tallack pour le gouvernement anglais et Peterson pour la Bavière, ont réclamé au congrès précité une extension de la libération conditionnelle jusqu'aux peines de trois mois d'emprisonnement.

L'abréviation accordée est en général du quart. Le canton de Zurich admet cependant le tiers. La Saxe, sans préciser, autorise l'Administration à accorder la remise d'une partie considérable de la peine.

La conviction où nous sommes de l'excellence de la mesure au point de vue social, plus encore que pénitentiaire, nous porte à choisir au milieu de ces divers systèmes celui qui lui donne la plus large extension.

Nous sommes donc pour l'application de la libération conditionelle même aux courtes peines. Nous admettons toutefois, pour ne point nous exposer au danger d'affaiblir la répression, qu'il convient de la limiter à celle de six mois d'emprisonnement et au-dessus.

Mais nous demandons que la réduction puisse aller jusqu'à la moitié de la peine prononcée. C'est une tradition ancienne en France que la grâce, généralement refusée au début de l'expiation, peut être accordée lorsque le condamné a subi la moitié de sa peine. Il est naturel de ne pas accorder moins à la libération conditionnelle, généralement mieux justifiée et d'ailleurs susceptible de révocation. Toutefois, comme l'abrévation de moitié pour l'emprisonnement de courte durée pourrait porter une trop grave atteinte à la peine, et que d'autre part l'épreuve de quelques mois seulement de liberté à laquelle elle soumettrait le libéré pourrait ne pas avoir toute l'efficacité désirable, nous proposons par une disposition spéciale qui, nous le reconnaissons, n'a point encore de précédents, mais que l'intérêt du condamné, aussi bien que celui de la Société nous paraît pleinement justifier, que l'Administration conserve dans ce cas pendant une année entière quelle que soit la durée de la peine, le droit de réintégrer le libéré en cas de mauvaise conduite.

En vain dirait-on que la condamnation ne donne de pouvoir sur lui que pendant le temps qu'elle a déterminé. L'objection aurait une certaine portée, si la libération conditionnelle devait être, comme ailleurs, un droit, et encore dans ce cas même ne serait-il pas au pouvoir de la loi de subordonner l'exercice de ce droit à une condition? Mais il ne s'agit que d'une faveur accordée à titre de récompense administrative, et qui, par sa nature même, est essentiellement susceptible, ainsi que son nom l'indique, de recevoir des restrictions.

Toutes les législations s'accordent à reconnaître que l'Administration peut imposer au libéré conditionnel certaines conditions, telles que celle de ne point habiter le lieu où il a commis son crime, ou celle de rester éloigné de certains centres. Elle peut même lui désigner une résidence et le contraindre à ne pas la quitter, et dans le cas où il manque à une de ces conditions, on admet unanimement, les textes le disent expressément, que la libération est révocable. Celui qui donne n'est-il pas libre de soumettre son bon vouloir à des restrictions?

La mesure nous semble donc aussi justifiée en droit qu'en fait.

Il reste un point à examiner. Comment la surveillance des libérés conditionnels sera-t-elle organisée? C'est là une question délicate, car de cette organisation peut dépendre le succès ou l'échec de la mesure. On sait en effet le mal que la surveillance de la haute police a causé. Notre police, très habile à la recherche des délits, très vigilante et très ferme dans l'exercice de ses devoirs, ne s'est pas montrée jusqu'à présent aussi apte que celle d'autres pays à remplir cette sorte de ministère. Des instructions spéciales devront nécessairement intervenir pour fixer ses devoirs à ce sujet. D'autant plus que la catégorie nouvelle des libérés conditionnels, supposée amendée par les épreuves du règlement pénitentiaire n'aura aucun rapport avec les surveillés actuels. Mais c'est affaire à l'Administration, et nous empiéterions sur son domaine si nous voulions régler législativement ces détails.

La seule disposition que nous ayons à demander à la loi est relative à la part qu'il convient de donner aux institutions de patronage en cette matière.

Si la surveillance de la police peut présenter sous certains rapports quelques inconvénients, celle des sociétés de patronage ne peut offrir que des avantages. Aussi la plupart des lois nouvelles donnent-elles à l'Administration le droit de se substituer ces sociétés, si elle les juge en état de bien remplir ce devoir. C'est une faculté que nous réclamons par l'article 10 de la proposition.

IV

Patronage

Le congrès pénitentiaire de 1878 a reconnu par des résolutions votées à peu près sans contestation, que le patronage des libérés adultes est le complément indispensable d'une discipline pénitentiaire réformatrice (1) et qu'il est une des mesures qui peuvent efficacement concourir à la diminution de la récidive (2).

On peut ajouter qu'il peut seul donner toute son efficacité à la libération conditionnelle.

Il suffit de se représenter la situation faite aux condamnés, à l'heure où sonne leur libération, par le sentiment de répulsion qui s'attache particulièrement chez nous, à tout ce qui a subi l'atteinte de la loi, pour comprendre, quelle action une assistance même momentanée peut exercer sur la récidive.

«Où iront-ils, dit une notice publiée par la société générale pour le patronage des libérés? Qui les recueillera? Qui leur procurera le travail sans lequel ils vont redevenir criminels? Ils n'ont point de ressources. Leur famille est éloignée ou hors d'état de les recevoir; elle est irritée peut-être ou encore ils n'ont pas de famille: c'est, hélas! le sort d'un grand nombre. La réprobation les entoure et leur ferme partout les portes: d'une part flétris. repoussés, bientôt découragés, peut-être aigris contre la Société qui, leur dette payée, ne sait pas leur donner le moyen de se reprendre au bien, de l'autre exposés sans défense à toutes les tentations du besoin, à toutes les excitations des mauvais conseils.»

Que de délits ne vont pas se commettre si une main secourable ne se présente pour offrir le travail qui éloignera le besoin ou la tentation? Que de rechutes ne seront pas au contraire épargnées si ce secours rencontre de bonnes intentions et un repentir sincère?

Toute l'utilité, toute la portée sociale du patronage est là.

«Si nous avions, a dit en 1870 lord Derby, une institution de patronage en rapport avec chacune de nos prisons un peu impor-

---

(1) Le congrès pénitentiaire international de Stokholm, t. Ier, p. 361 et 539.

(2) *Idem*, t. Ier, p. 626.

tantes, de telle sorte qu'aucun prisonnier arrivé au terme de sa peine ne fût sans recevoir l'offre convenable d'une occupation honorable, j'affirme qu'un coup sensible serait porté à l'armée du crime. »

La plupart des États qui ont donné quelques attentions à l'amélioration de leurs lois pénales ont compris l'importance du patronage et se sont occupés d'organiser ce complément indispensable, suivant l'expression du congrès, de leurs réformes. Quelques-uns ont voulu en faire une institution officielle, ce qui n'est peut-être pas le moyen de lui donner le plus d'extension et d'autorité. D'autres, en plus grand nombre, se sont étudiés à encourager les sociétés créées par l'initiative privée et à les soutenir à l'aide de subventions. C'est ainsi que se sont créées en Belgique, en Danemark, en Hollande, en Italie et particulièrement en Amérique et en Angleterre de très nombreuses sociétés pour le patronage des libérés.

C'est dans ce dernier pays que ces sociétés ont pris leur plus grand développement. On y comptait il y a quelques années, d'après M. le pasteur Robin (1) trente-sept sociétés diverses, dont quelques unes secourent annuellement plus de cinq cents libérés.

La France est sous ce rapport, fort en retard. Le dévouement et le zèle avec lesquels quelques institutions de cette nature ont été fondées, telles que les admirables asiles ouverts par M. l'abbé Villion, près de Lyon, aux pires des criminels, la Société de patronage de Bordeaux, l'œuvre de Saint-Lazare, la société des jeunes détenus du département de la Seine et la société générale pour le patronage des libérés, ne sauraient compenser leur petit nombre et dissimuler l'étendue de ce qui reste à faire.

Les œuvres de cette nature sont, il faut bien le reconnaître, peu populaires : la charité privée ne se sent point entraînée vers elles. Elle leur mesure assez parcimonieusement ses dons. C'est là la raison principale qui s'est jusqu'à présent opposée à leur développement. Car s'il est peu d'institutions qui reçoivent moins, il en est peu qui exigent plus de ressources. Ce n'est point qu'elles donnent beaucoup aux libérés. Le patronage doit bien plus consister à procurer du travail qu'à donner de l'argent. Les quelques secours qu'exigent parfois le rapatriement ou quelques circonstances exceptionnelles ne sont donc pas ce qui constitue la grosse

---

(1) La *Question pénitentiaire*, par E. Robin p. 228.

dépense des sociétés de patronage. Mais l'organisation nécessaire pour la recherche du travail et la surveillance des patronnés exige, à côté du personnel de direction ou de contrôle, dont les concours sont gratuits, un service actif dont il est impossible de ne pas rémunérer le labeur. Il faut de plus un vestiaire pour que le libéré puisse se débarrasser des haillons qu'il apporte le plus souvent de la prison, et se présenter décemment au patron qui consent à l'employer. Enfin, et c'est la charge la plus lourde, la plupart des sociétés ont aujourd'hui reconnu la nécessité d'ouvrir des asiles où les libérés puissent passer, sous une surveillance plus attentive, les quelques jours nécessaires pour trouver à s'occuper. On comprend, en effet, combien l'action du patronage peut se trouver compromise lorsque, faute de pouvoir les loger et les nourrir pendant ce court temps de recherche et d'attente inévitable, il faut avec le bon de nourriture on du logement les replonger oisifs dans le milieu où ils ont une première fois trouvé leur perte.

La société royale des prisons de Londres a dépensé, en 1881, pour 590 hommes et 69 femmes secourus, une somme de 117.134 francs, ou 107 francs par libéré. Aussi les pays où le patronage prospère, comme le Danemark, la Suède, l'Angleterre, sont-ils ceux où l'État intervient par de larges subventions pour le soutenir. La Suède, sur un budget de 100 millions, lui accorde une allocation annuelle de 50.000 francs. L'Angleterre lui vient en aide de deux manières : d'abord en versant directement entre les mains des sociétés de patronage le pécule gagné par le libéré durant sa détention ; puis en accordant, s'il n'y a pas de pécule, une somme fixe de deux livres sterling par libéré. C'est ainsi que la société citée plus haut a reçu, dans cette même année 1881, 89.714 francs de subvention.

En France, notre budget de plusieurs milliards ne contient qu'une allocation de 40.000 francs à répartir entre toutes les sociétés de patronage. L'Administration, très favorable d'ailleurs aux institutions de ce genre, est dans l'impuissance de les assister efficacement. La plus importante perd quelques milliers de francs, les autres quelques centaines seulement ; un certain nombre sont même contraintes de chercher à se suffire avec les médiocres ressources de la charité. Aussi n'avons-nous que les sociétés relatives aux jeunes détenus, pour lesquelles l'État donne une subvention par jour et par tête de 0 fr. 70, 0 fr. 75, ou 0 fr. 80, dont l'existence soit réellement assurée.

Il faut sortir d'une situation aussi précaire. Les pouvoirs publics voudront sans doute mettre le Gouvernement en mesure, par un crédit plus en rapport avec l'importance des résultats à obtenir, d'exercer une action plus efficace. Nous ne pouvons, puisque le Sénat n'a pas compétence pour proposer des mesures financières, en faire ici la demande; mais il est tout un ordre de mesures qui, quoique secondaires, seraient d'un secours utile.

Je mettrai au premier rang celle qui aurait pour but de placer officiellement toutes les sociétés sous la protection du Gouvernement. Déclaration purement morale, si l'on veut, mais dont l'effet serait de créer des devoirs de tutelle de la part de l'État et de donner confiance aux sociétés naissantes dans sa bienveillance et son appui.

Il faudrait ensuite que le droit à une subvention proportionnelle au nombre des libérés secourus fût consacré. Aucune société ne peut, sans cela, être assurée de son existence, et les plus solides devront toujours absorber la plus grande somme de leurs efforts à la recherche si difficile des ressources nécessaires.

Enfin il y aurait lieu, au cas où une société serait chargée par l'Administration de la surveillance des condamnés libérés conditionnels, de lui abandonner, comme cela se fait pour les jeunes détenus, une partie de la dépense d'entretien qu'ils eussent faite dans la prison, pendant un temps correspondant au reste de leur peine.

L'allocation généralement accordée pour les jeunes détenus étant de 0 fr. 75, il semblerait juste de porter celle relative aux adultes à 1 franc.

On pourrait toutefois, pour limiter la charge du Trésor, déclarer qu'elle ne serait due, pour les longues peines, que jusqu'à concurrence de 100 francs par individu.

V

Réhabilitation

De toutes les ressources que la science pénitentiaire met à la disposition du législateur pour amender le coupable, il n'en est pas de plus efficace et de plus active que l'espoir de la réhabilitation. Il n'en est pas en même temps de plus morale, de plus élevée et de plus conforme aux idées de justice et d'humanité.

La conception d'une réintégration de l'homme qui a racheté sa faute par une vie exemplaire dans tous les droits dont la condamnation l'a privé, est fort ancienne. On la trouve sous des formes diverses dans le droit romain comme dans nos vieilles coutumes.

Elle est en quelque sorte de droit naturel, car elle puise sa source dans un des sentiments les plus profonds de la conscience humaine.

Si la Société a le droit d'infliger des peines, n'a-t-elle pas, en effet, le devoir d'affranchir de ses effets celui qui s'est notoirement relevé ?

Récompenser ne lui importe d'ailleurs pas moins que punir. La récompense est une des formes les plus salutaires de l'exemple. Le spectacle d'une réhabilitation justement prononcée peut porter plus de fruits que la vue d'un échafaud.

Depuis que la philosophie moderne a placé le devoir de corriger à côté du droit de punir, la réhabilitation a pris en outre une nouvelle importance. Elle est devenue le but et le complément d'un bon système pénitentiaire. A quoi bon provoquer le détenu au repentir par le régime de la peine, à quoi bon le soutenir par le patronage après sa libération, si aucun but n'est proposé à ses efforts, aucune récompense promise à sa persévérance?

La justice, l'intérêt social, l'humanité se réunissent donc pour constater la haute utilité de la réhabilitation, et la nécessité d'en ouvrir largement l'accès à ceux qu'une constance suffisamment éprouvée dans le bien en rend réellement dignes.

Aussi n'est-il pas une législation en Europe dont elle n'occupe une place importante?

En France, elle a été tenue en honneur à toutes les époques de notre histoire judiciaire. Elle fait actuellement l'objet d'un chapitre spécial de notre code d'instruction criminelle (chapitre 4 du titre VII).

Malheureusement le caractère qui lui est attribué et les formalités auxquelles elle se trouve subordonnée en restreignent singuliè-rement l'application. Par suite de ces vices de son organisation, pendant longtemps et jusqu'en 1860, le nombre des réhabilitations n'a pu atteindre le chiffre de cent par année.

Si depuis il s'est sensiblement accru, grâce à quelques modifi-cations de la législation, grâce surtout aux efforts faits par l'Admi-nistration pour atténuer les difficultés de la procédure légale, il ne s'est point encore élevé au-dessus de cinq cent cinquante. Résultat plus que médiocre, comparé aux deux cents à deux cent dix mille condamnations prononcées chaque année par nos juridictions respectives de tout ordre.

Il ne peut être douteux pour aucun de ceux qui ont concouru à un titre quelconque à l'œuvre de la justice que ce chiffre de cinq cents réhabilitations serait considérablement augmenté, au grand avantage à la fois des condamnés et de la Société, si la loi n'opposait à la plupart des demandes des obstacles devant lesquels on voit souvent les plus légitimes reculer.

Le principal est le suivant.

Il faut que la demande d'abord adressée au procureur de la République soit soumise par ce magistrat à l'examen des conseils municipaux de toutes les communes que le suppliant a pu habiter, et les délibérations dressées à cet effet doivent faire mention expresse qu'elles ont été rédigées pour servir à l'appréciation d'une demande en réhabilitation (article 624 du code d'instruction criminelle).

« Voilà un homme, dit un magistrat (1) qui, sa peine subie, s'est à force de patience et de courage, créé une existence nouvelle. Afin de mieux attester sa ferme volonté de rompre avec un passé déplorable, il s'est expatrié. Dans le milieu où il s'est établi, il est parvenu à dissimuler ses antécédents. Comme on ne le juge que par ses œuvres actuelles, il a la réputation d'un honnête homme et personne ne lui refuse l'estime. Nul mieux que lui n'a mérité la réhabilitation ; mais la sollicitera-t-il si vous l'obligez à faire revivre un passé définitivement racheté ? Il a tout à perdre à étaler sa honte devant ses nouveaux concitoyens. Le succès de ses démarches ne sera pas un remède complètement réparateur du préjudice occassionné par un aveu de sa faute. Même en déclarant que l'expiation a été complète, le pouvoir souverain le laissera sous le coup de la défaveur qui s'attachera à sa qualité désormais publique de repris de justice. Mais un échec est possible !.... En ce cas, le rejet de sa demande le couvrira de confusion et équivaudra à une nouvelle condamnation plus douloureuse que la première.....

« Pour lui, c'est payer trop cher la restitution des droits que l'obtenir au prix d'une cruelle divulgation de sa faute...

« Presque toujours ce sont les plus dignes qui redoutent d'affronter cette épreuve et quelques-uns préfèrent retirer leur demande plutôt que de s'y soumettre. »

Les sociétés de patronage savent combien de ces malheureux se croyant arrivés après de longues années de persévérants efforts à toucher enfin le but dont l'espoir les a seul parfois soutenus au milieu des plus dures épreuves, sont vaincus par le découragement lorsque, se présentant avec leur demande, ils apprennent la con-

---

(1) Discours de rentrée prononcé devant la cour d'appel de Grenoble en 1881 par M. Duhamel, substitut du procureur général.

dition rigoureuse, presque inacceptable à laquelle la loi en a subordonné l'examen.

Une autre exigence n'est pas moins cruelle pour certaines catogéries de condamnés. Il doivent justifier d'une résidence continue dans la même commune (article 621). Cette règle n'avait rien que de naturel à une époque où le travail de l'ouvrier était généralement sédentaire. Elle se trouve aujourd'hui en contradiction avec les conditions économiques du travail moderne. Le terrassier lui-même est obligé de suivre d'une commune, d'un arrondissement, parfois d'un département à l'autre les travaux qui lui assurent son salaire. L'ouvrier d'industrie est plus exposé encore, par l'effet du mouvement incessant de la concurrence, des chômages, des déplacements industriels, ou par les nécessités de son éducation professionnelle, à changer de lieu. Comment pourront-ils l'un et l'autre satisfaire au vœu de la loi?

Il faut, en outre, aux termes de l'article 623, justifier du payement des frais de justice, de l'amende et des dommages-intérêts ou de la remise qui en a été faite.

La condition est assez rigoureuse en ce qui concerne les frais de justice. Car la solidarité légale qui existe à cet égard entre co-auteurs ou complices des mêmes faits, peut en rendre la charge très lourde dans les affaires comprenant plusieurs condamnés, et divers arrêts de la cour de cassation décident, malgré la généralité des termes de la loi, qu'aucune remise ne peut être accordée à cet égard (1). Les pratiques administratives ont de plus sensiblement aggravé la disposition de la loi relativement aux dommages-intérêts. On ne se borne plus, en effet, à réclamer au postulant la justification du payement des dommages-intérêts prononcés; on exige encore de lui, au cas où la partie lésée n'en a pas réclamé, une réparation, fixée administrativement, du dommage causé. On va même jusqu'à leur demander, lorsqui'l s'agit d'un attentat contre les personnes resté sans préjudice matériel, la réparation morale du pardon de la victime (1).

La pensée qui a inspiré ce surcroît d'exigence prend assurément sa source dans une préoccupation élevée, celle de ne laisser à la partie lésée aucune cause de revendication ou même de mécon-

---

(1) Arrêt de la cour de cassation du 17 novembre 1871 et circulaire du 17 mars 1853.

(2) M. Billecocq, chef de division au ministère de la Justice et des Cultes. *De la réhabilitation en matière criminelle, correctionnelle et disciplinaire,* 1868, p. 26.

tentement. Mais il est impossible de ne pas constater qu'elle a ajouté de nouvelles entraves à celles de la loi, et il est facile de montrer que ces nouvelles entraves aboutissent parfois pour le condamné à une impossibilité absolue d'en réclamer le bénéfice.

Qu'arrivera-t-il, en effet, si le postulant est manifestement sans ressource, si la partie lésée refuse sans motif, ou par quelque raison d'injustifiable malveillance, de recevoir la réparation pécuniaire offerte ou de donner le pardon réclamé, ou encore si le temps souvent fort long écoulé depuis la condamnation a fait perdre toute trace de sa résidence. Les traditions généralement bienveillantes et libérales de la chancellerie ont à la vérité souvent admis des tempéraments à cette règle. Mais il suffit qu'ils puissent être refusés pour que la demande ne puisse aboutir.

La conséquence de ces diverses observations est aussi cruelle qu'évidente. La réhabilitation n'est guère en fait accessible à l'homme sans autre ressource que son travail journalier. N'est-ce pas dire que l'institution ne s'adresse en réalité qu'à un bien petit nombre de condamnés ?

Tels sont les obstacles tirés des conditions imposées à la demande et des formes d'instruction auxquelles elle se trouve soumise. Ceux qui naissent du caractère attribué par la législation actuelle à l'acte qui statue définitivement, quoique d'une gravité moindre, ne sont pas non plus sans importance.

La réhabilitation n'est plus, comme l'avait créée le droit romain, comme l'avaient voulue nos anciennes ordonnances, comme l'Assemblée constituante l'avait à son tour décrétée, une sorte de recours de justice constituant un droit accordé au repentir sincère et à la bonne conduite constatée, et produisant la *restitutio in integrum*, c'est-à-dire non seulement la restitution des droits enlevés par la peine au condamné, mais encore et surtout, suivant le langage expressif de notre vieux droit, sa réintégration dans *sa bonne fame et renommée*. Elle n'est plus aujourd'hui, comme la grâce, qu'un simple acte de bienveillance et de faveur.

La justice y intervient à la vérité, mais c'est uniquement pour vérifier l'accomplissement des conditions imposées et donner un avis sur la légitimité de la demande. Sa décision, souveraine s'il s'agit du rejet, n'a de force pour l'admission qu'autant qu'elle est approuvée par le chef de l'État, c'est-à-dire par le pouvoir ministériel. En outre, elle n'a d'autre caractère que de relever le postulant des incapacités attachées à la condamnation.

De là deux conséquences. La demande, même accueillie par la justice, peut être repoussée. C'est le manuel spécial publié sous les auspices du ministère de la Justice qui le dit (1), et les comptes rendus de la statistique criminelle témoignent qu'assez fréquemment, au moins au début, il a été usé de ce droit. En second lieu, son admission, n'effaçant que les conséquences de la peine, laisse en réalité subsister la condamnation et la flétrissure morale.

Voici donc la situation dans laquelle la loi met le condamné qui, après de longs et souvent pénibles efforts, est enfin parvenu à force de persévérance et de courage à se donner les droits les plus légitimes à l'estime publique.

Il faut d'abord qu'il s'astreigne, en dépit des exigences de sa situation, de sa profession, de ses intérêts, à fixer sa résidence pendant trois ans ou cinq ans dans un lieu déterminé.

Il faut ensuite qu'il se soumette à la loi plus dure de raviver publiquement le souvenir, sans doute oublié, de sa faute, au risque de compromettre la considération, peut-être la situation acquise à grand'peine.

Pauvre ou riche, il faut encore qu'il trouve le moyen de satisfaire le Trésor, et de désintéresser celui qui a souffert de son délit, heureux si on ne l'oblige pas à faire amende honorable devant lui.

S'il recule devant l'une ou l'autre de ces formalités ou s'il est dans l'impossibilité d'en remplir quelqu'une, la loi n'existe pas pour lui. Eût-il en fait, vingt fois mérité d'être remis au rang des honnêtes gens, la réhabilitation lui est interdite.

S'est-il résigné et est-il parvenu à satisfaire à toutes les exigences de la loi, il n'est point encore assuré de voir sa demande accueillie. Car le pouvoir ministériel a le droit, même après constatation par justice de l'accomplissement de toutes les conditions, de rejeter la requête, sans même être astreint à donner les motifs de son refus.

Mais les lettres de réhabilitation, si longuement, si ardemment désirées, si chèrement achetées, arrivent enfin. Hélas ! elles ne peuvent lui donner ce qui a été le but principal de sa recherche, la seule chose peut-être qui a soutenu sa constance et que leur titre semblait si bien lui promettre : l'effacement de la condamnation. Leur domaine est, en effet, d'après la loi, purement civil. Par leur effet, il peut désormais être électeur, tuteur, juré, mais il ne cesse pas d'être un libéré. Le casier judiciaire subsiste, et ce n'est que par une concession assurément fort louable de la chancellerie, mais toute récente et peut-être un peu en opposition avec

---

(1) Billecocq, p. 57.

l'esprit de la loi, que les extraits qui en sont délivrés au public ne relèvent pas la condamnation (1).

Peut on s'étonner que dans de pareilles conditions le nombre annuel des demandes soit aussi restreint et que les salutaires effets qu'on devrait recueillir de l'institution se trouvent à peu près paralysés?

La plupart de ces vices dans la législation ont été depuis longtemps et très fréquemment signalés. L'éminent auteur du *Traité de l'instruction criminelle* a particulièrement relevé l'inconséquence qu'il y a, en droit, à faire dépendre de la faveur gouvernementale ce qui ne devrait être qu'un acte de justice intervenant sur un véritable recours de droit (2), et combien il est contradictoire d'exiger des formes de publicité qui ont pour effet de « flétrir l'homme dont on veut effacer la flétrissure » (3).

Un grand nombre d'auteurs ont comme lui réclamé une réforme d'institution (4).

La même opinion s'est produite au congrès international de patronage des libérés tenu pendant la dernière exposition universelle au palais du Trocadéro. Divers orateurs y ont établi, avec une grande vigueur, tout ce que certaines des formalités légales avaient d'impraticable (5). Les travaux de la société générale des prisons attestent que cette préoccupation est partagée par la réunion d'hommes particulièrement compétents qui la composent (6). La magistrature, si bien placée pour juger des imperfections de nos lois, ne demeure pas étrangère à ce mouvement d'opinion, témoin le remarquarble discours de rentrée cité plus haut.

Enfin, la chancellerie elle-même semble, au moins partiellement, le favoriser de son adhésion. On lit, en effet dans le dernier rapport

---

(1) Circulaires du bureau de la statistique du 25 novembre 1871 et du 6 décembre 1876.

(2) Faustin-Hélie, tome IX, p. 576.

(3) Id.. page 572.

(4) Lair, *de la réhabilitation*, 1859. — Gabriel Demante, *Étude sur la réhabilitation, Revue du droit français et étranger,* t. XVI. — Lajoye, *la Loi du pardon*, 1882, et l'article publié par le *Bulletin de la société générale des prisons* de novembre 1880. — Molinier, *de la réhabilitation des condamnés*, 1870, — Serrigny, *Traité du droit public des Français,* t. I⁰ʳ, p. 107. — Alianelli, conseiller à la cour de cassation de Naples.

(5) Compte rendu du congrès international de patronage.

(6) *Bulletin de la société générale des prisons*. Rapport de M. Dubois, ancien magistrat.

du compte général de l'administration de la justice criminelle publié sous ses auspices, ce vœu très net bien qu'indirect que « peut-être il y aurait un plus grand nombre de réhabilitation si la loi, en exigeant des attestations des conseils municipaux, n'obligeait le condamné à réveiller le souvenir d'une faute, après plusieurs années d'oubli ».

Il est temps de donner satisfaction à d'aussi unanimes et aussi justes réclamations.

La question est délicate. Car il ne faudrait pas, pour ouvrir plus largement la porte aux demandes légitimes, risquer de donner des facilités trop grandes aux prétentions injustes ou simplement trop hâtives. La Société a, en effet, le devoir de ne pas sacrifier à l'intérêt individuel les garanties sociales dont elle a la responsabilité et le dépôt. Mais il ne semble pas impossible de concilier ce double intérêt.

Avant d'examiner les modifications qu'il conviendrait d'apporter à la loi, il importe de s'éclairer de l'exemple du passé et de chercher par quelles transformations l'institution est devenue ce que le code d'instruction criminelle en a fait.

Nous avons dit que notre ancien droit, s'inspirant de la législation romaine, avait donné avant tout à la réhabilitation le caractère d'un acte de justice, d'une réparation d'honneur, réintégrant d'abord le réhabilité dans la situation morale dont l'infamie de la condamnation l'avait fait déchoir et que la constance de sa bonne conduite lui faisait justement recouvrer. La restitution légale des droits dont la peine avait pu le priver n'était, à proprement parler, que la conséquence du relèvement de son indignité morale. Les lettres de réhabilitation, dit Rousseau de la Combe, rétablissaient le condamné « en sa bonne fame et renommée sans qu'il pût lui être imputé aucune incapacité ni aucune note d'infamie, lesquelles demeurent ôtées et effacées avec pouvoir de contracter et de faire tous actes civils ».

Aucune condition n'était d'ailleurs imposée à la demande. Le pouvoir royal de qui émanait toute justice s'enquérait comme il le jugeait bon, et prononçait par lettres spéciales enregistrées sans remontrances.

L'Assemblée constituante qui, dans sa préoccupation d'isoler l'action de la justice de toute ingérence du pouvoir royal, allait jusqu'à supprimer le droit de grâce, ne pouvait maintenir ces formes. Mais les modifications qu'elle y apporta témoignent avec une grande évidence qu'elle n'entendit nullement altérer le double caractère d'acte de justice et de réparation sociale que lui avait donné la monarchie. Loin de là, le fait que la discussion fut transportée au pouvoir judiciaire fit désormais de la demande un véritable recours de droit, et la formule solennelle mise dans la bouche du président en accentua encore la signification.

Pour mieux préciser, la demande, soumise d'abord à la double condition d'un séjour de deux années dans la même commune et d'un laps de temps de dix années courues depuis l'expiration de la peine, était instruite par les soins du conseil de la commune. En cas d'admission par le conseil, deux officiers municipaux conduisaient le condamné devant le tribunal criminel, déclaraient que la tache de son crime était effacée; puis le président du tribunal prononçait la formule suivante : « Sur l'attestation et la demande de votre pays, la loi et le tribunal effacent la tache de votre crime. »

Bien que s'inspirant dans son essence des principes sur lesquels doit reposer la matière, cette procédure à la fois insuffisante et théâtrale produisit de médiocres effets. Les demandes légitimes hésitèrent à affronter une publicité trop retentissante, et les complaisances municipales ouvrirent, paraît-il, un trop large accès aux sollicitations mal justifiées.

Aussi, lorsqu'au commencement de ce siècle l'ensemble de nos lois pénales fut soumis à une refonte générale, l'institution fut-elle bien près d'être condamnée. Cambacérès la sauva en démontrant que les abus constatés ne pouvaient être imputés au principe de justice et d'incontestable utilité sociale sur lequel elle reposait. Mais il ne fut pas libre de faire admettre sans modifications la logique et juridique organisation qu'il avait conçue. Dans sa pensée, la demande instruite par le soin des parquets devait être soumise à l'appréciation de la cour d'appel du ressort. Celle-ci statuait sur l'admission ou le rejet par un arrêt rendu en forme ordinaire. Seulement son arrêt ne devenait exécutoire, en cas d'admission, qu'en vertu de lettres du prince. A ces règles fut substituée la procédure hétérogène, encore en vigueur aujourd'hui, d'après laquelle la cour, saisie après enquête du parquet, a tout pouvoir pour rejeter, mais ne peut en cas d'admission donner qu'un avis, sur lequel le pouvoir exécutif reste libre de statuer comme il le juge bon.

Par l'effet de cette substitution la réhabilitation a cessé d'être un recours de droit pour devenir un simple acte de clémence. Car il n'y a pas de recours de justice là où la décision dépend de la faveur administrative, quels que soient d'ailleurs les principes de justice dont elle puisse avoir coutume de s'inspirer.

Mais une modification peut-être plus grave encore est résultée du remaniement de la loi. La réhabilitation cessa d'être une mesure de réparation sociale et de produire l'effacement de la condamnation et de l'infamie encourues. Elle fut réduite aux proportions d'une simple mesure d'ordre civil mettant fin aux incapacités entraînées par la condamnation. « La réhabilitation, se borne à dire l'article 634 du code d'instruction criminelle, fait cesser, pour l'avenir, dans la personne du condamné, toutes les incapacités qui résultaient de la condamnation. »

On fit plus. On restreignit la faveur de la loi aux seuls individus frappés de peines afflictives et infamantes, ce qui excluait le plus grand nombre des condamnés.

Les conseils municipaux perdirent le droit de prononcer sur les demandes. Mais ils durent être consultés dans toutes les communes successivement habitées par le postulant, et leurs délibérations durent faire mention expresse du but de la demande. L'enquête devait comprendre en outre les avis du maire, du juge de paix, du procureur impérial et du procureur général. Enfin la demande devait être insérée pendant un délai déterminé dans certains journaux. Quant aux conditions d'admission, adoucies en un point, la durée du laps de temps exigé depuis l'expiration de la peine, qui était réduite de dix ans à cinq ans, elles étaient aggravées de l'obligation d'une résidence de cinq années dans le même arrondissement. Le récidiviste ne pouvait invoquer le bénéfice de la loi.

Ces formes et conditions sont encore celles qui nous régissent, sauf qu'une loi plus libérale, celle du 3 juillet 1852, a supprimé la formalité de l'insertion dans les journaux et a admis les condamnés correctionnels et certaines catégories de récidivistes au bénéfice de la réhabilitation. Mais en même temps a été introduite la condition du payement des frais de justice, de l'amende et des dommages-intérêts ou de la justification d'une remise. Nous avons dit plus haut en quoi quelques-unes d'entre elles paraissaient justifier la critique. Il est temps d'étudier les modifications dont elles sont susceptibles.

I

Attestations des conseils municipaux.

Nous nous sommes occupés d'abord des attestations des conseils municipaux. Il faudrait assurément en conserver l'usage, en dépit des obstacles très graves qu'elles apportent aux demandes légitimes, si elles avaient au point de vue des intérêts sociaux une importance salutaire, et s'il était impossible de les remplacer par un mode aussi efficace d'information ; il n'en est heureusement rien.

« On comprendrait qu'on hésitât à renoncer à ces attestations, dit le magistrat que nous avons déjà cité, si elles offraient une garantie efficace, difficile à suppléer par d'autres moyens. Qu'on me permette de douter, sans vouloir porter atteinte à la légitime autorité des mandataires de la commune qu'il y ait lieu d'attribuer une semblable valeur à ses délibérations. Dans les grandes villes, le condamné sera habituellement un inconnu pour le conseil municipal ; l'avis de cette assemblée reflétera des renseignements recueillis par un employé subalterne bien plutôt que le sentiment éclairé de l'opinion, qui n'a pas eu l'occasion de se manifester. Dans les communes rurales les dangers sont d'une autre nature. Les passions locales, les petites rivalités auront d'une manière inconsciente part aux délibérations. La politique cherchera à faire sentir son influence toujours pernicieuse pour la justice. On doit aussi compter avec la crainte qu'inspirent quelquefois les condamnés libérés, et il n'est pas sans exemple qu'une lettre confidentielle soit venue rectifier et atténuer une attestation trop élogieuse arrachée à une faiblesse excusable. »

Il est donc douteux que la formalité offre les avantages qu'on en attendait. L'auteur de ces critiques estime avec raison qu'elle peut être supprimée. Nous partageons entièrement son avis. Le témoignage du ou des maires, contrôlé par ceux du juge de paix, du sous-préfet, du procureur de la République, et finalement soumis à l'appréciation du procureur général, suffit assurément à toutes les exigences de l'enquête la plus approfondie. Il ne faut pas d'ailleurs oublier que la cour d'appel a toujours le droit, si les renseignements qui lui sont apportés ne paraissent pas suffisants, d'ordonner un supplément d'information (art. 624 et 627).

II

Obligation d'une résidence continue de cinq ans dans le même
arrondissement et de deux ans dans la même commune.

La chancellerie a, depuis longtemps, reconnu qu'elle était dans la nécessité de se départir de ces conditions de résidence à l'égard des militaires appelés sous les drapeaux. « Pour le temps passé sous les drapeaux ou à la mer, depuis la libération des condamnés, dit M. Billecocq (p. 50), les certificats des chefs de corps ou des commissaires de l'inscription maritime tiennent lieu des attestations qui viennent d'être énumérées. » La même faveur est accordée en cas de séjour à l'étranger.

La condition n'est donc pas considérée par l'Administration comme indispensable. On reconnaît qu'il peut, dans certains cas, y être suppléé sans danger pour les intérêts sociaux.

Nous demandons si le cas de l'ouvrier qui a été obligé de subir les conditions du travail auquel il demande son pain, n'offre pas autant d'intérêt que celui du militaire appelé sous les drapeaux, ou du condamné qui est allé chercher à l'étranger des moyens d'existence. La justice veut que ces divers cas soient assimilés. Il convient en outre que ce soit par l'effet de la loi, et non par la faveur d'une immunité administrative, qu'ils bénéficient d'une exception.

Nous demandons que ces catégories de postulants puissent s'affranchir de la condition de résidence imposée par la loi, s'ils justifient, les uns d'attestations satisfaisantes de leurs chefs militaires, les autres de certificats réguliers de leurs patrons ou chefs d'administration, constatant leur bonne conduite et la nécessité où ils se sont trouvés de changer de lieu pour satisfaire à leur profession.

III

Payement des frais de justice, de l'amende et des dommages-intérêts,

ou justification de la remise qui en a été faite.

Nous désirerions en premier lieu qu'il ne pût être ajouté aucune exigence administrative aux prescriptions déjà bien rigoureuses de la loi, que l'obligation des condamnés se bornât en conséquence à acquitter les frais de justice, l'amende et les dommages-intérêts auxquels ils ont été réellement condamnés, ainsi que le porte expressément le texte de la loi, article 623, et qu'ils ne soient point astreints à des réparations soit pécuniaires, soit morales, que la justice n'a point prononcées et dont personne n'a même songé à la saisir.

Nous voudrions ensuite que la cour eût le droit, en cas d'insolvabilité constatée du postulant, de passer outre en le dispensant, par l'arrêt même de réhabilitation, de justifier du payement de tout ou partie des condamnations que l'insuffisance de ses ressources ne lui aurait pas permis d'acquitter.

IV

Caractères de la demande, nature et conséquences de la décision.

Nous en avons assez dit sur le caractère originel de l'institution, sur les déviations que son principe a subies, sur les inconvénients du système actuel, pour avoir fait pressentir les solutions que nous croyons devoir proposer.

Il n'y a que deux manières de comprendre la réhabilitation. L'assimiler à la grâce et alors supprimer comme inutiles les conditions, les formalités et les procédures. Le pouvoir du prince suffit en effet à tout. Car la décision dépendant de sa seule faveur, il est libre de la dispenser de toutes règles comme il l'est d'affranchir son appréciation de tout frein. C'est ce que vient de faire la nouvelle législation belge. Plus de formalisme, plus d'instruction, plus d'intervention du pouvoir judiciaire. La réhabilitation se demande, s'instruit et s'obtient comme la grâce, car elle n'est en réalité qu'une grâce étendue portant sur les incapacités encourues comme sur la peine.

Ou bien la subordonner à des conditions rigoureuses, la rendre difficile et dure, ne l'admettre que sur la justification sévèrement contrôlée des règles imposées, mais alors en faire un droit et placer l'exercice de ce droit sous la protection de la justice. Ainsi a fait, dès 1874, la législation fédérale de la Suisse.

Toute solution intermédiaire est illogique et fausse.

Pourquoi, si la décision doit être réservée au pouvoir exécutif, ce luxe de formalités, dont nul n'a songé à l'entourer pour l'exercice du droit plus grave de relever de l'exécution de la peine ?

Pourquoi, s'il y a un droit pour l'homme qui s'en est rendu digne, enlever la constatation et la proclamation de ce droit au pouvoir judiciaire ?

Il n'y a qu'inconséquence dans la confusion des deux systèmes. Il faut choisir entre l'un et l'autre.

Comme MM. Faustin Hélie, Demante, Molinier, Lair, Duhamel, comme la législation suisse, nous pensons que le second est seul juste, logique et capable de faire produire à la réhabilitation les effets pénitentiaires qu'on est en droit d'en attendre.

Où serait en effet la justice, où serait la bonne foi et la sincérité si, après avoir excité le condamné au repentir, après avoir fait luire à ses yeux pendant une épreuve de longue durée la perspective de la récompense, on ne lui donnait, une fois le but atteint,

que l'espoir d'une faveur au lieu de la certitude d'un droit ? Il faut.
pour provoquer les grands efforts, pour maintenir la constance et
l'énergie de la volonté, autre chose qu'une vague espérance. Donner
moins qu'un droit serait un leurre.

Il faut donc que la réhabilitation soit un recours de droit et,
comme conséquence, il faut qu'elle dépende uniquement du pouvoir
judiciaire. Il suffit pour cela de revenir aux règles de notre ancien
droit et aux traditions de l'Assemblée constituante, et de transformer en arrêt l'avis demandé actuellement aux cours d'appel.

Mais cela ne saurait être assez.

Il faut encore rendre à la réhabilitation le caractère moral si
élevé, si conforme à l'esprit de l'institution et si salutaire qu'il
avait avant la revision de nos codes criminels. Ceci importe avant
tout à son efficacité, et ici encore il suffit, pour remédier à l'état
actuel, de revenir purement et simplement aux traditions de 1789
et de notre ancien droit.

Pourquoi le législateur de 1808 l'a-t-il dépouillé de ce qui était
depuis le droit romain son essence propre, de ce qui faisait en
même temps, par le caractère si éminemment moral qui lui était
imprimé, son attrait et sa force. On n'en trouve pas la raison dans
les travaux préliminaires des codes. Mais tout porte à croire que
ce fut par un respect trop strict du principe, juste en lui-même,
que le domaine de la loi est purement civil et ne saurait s'étendre
au delà des intérêts civils.

Une application trop rigoureuse de cette règle aux matières
pénales aurait pour effet de priver la loi criminelle du secours si
considérable qu'elle puise dans le sentiment de l'honneur. Elle
condamnerait, au grand détriment de la Société, le caractère infamant que la plupart des législations attachent aux peines les plus
graves, elle proscrirait en même temps le système des récompenses
auquel la science accorde justement une place si importante dans
tout bon régime pénitentiaire. C'est donc avec les exemples les plus
considérables que nous sommes en droit d'en repousser l'application à la réhabilitation.

Il n'est pas douteux, en effet, que l'avantage purement théorique
qu'on semble avoir cherché n'ait profondément altéré le caractère
et gravement compromis les effets de l'institution. Elle s'est trouvée
en quelque sorte matérialisée par la suppression de ses conséquences morales, et du même coup elle a perdu pour le condamné
l'attrait qui sollicitait le plus son émulation et ses efforts.

Sans doute, la majorité des condamnés n'est point insensible à
la perspective de recouvrer les droits perdus par l'effet de la condam-

nation, et il peut s'en trouver chez qui cette préoccupation soit la cause déterminante de la demande; mais il faudrait ne point connaître la force des sentiments les plus profonds du cœur humain, il faudrait n'avoir jamais pénétré dans une conscience agitée par le remords de la faute commise, par l'espoir du relèvement, pour contester que le mobile le plus puissant comme le plus fréquent chez le condamné est moins le désir de redevenir électeur ou juré, que l'ambition passionnée de faire effacer la tache de sa vie, et d'obtenir de la puissance publique un titre qui annule sa condamnation et lui restitue l'honneur.

Le législateur de 1808 ne s'est pas rendu compte qu'en restreignant à une simple restitution de droits les effets de la réhabilitation, il paralysait dans les cœurs les plus dignes de l'obtenir le ressort même de leur énergie à la mériter.

Ce serait d'ailleurs singulièrement restreindre les effets de la réhabilitation que de n'en accorder le bénéfice qu'aux condamnés privés par une conséquence accessoire de la peine de certains droits. Un très grand nombre de condamnations correctionnelles échappent, en effet, à cette conséquence.

Il faut, encore une fois, revenir au passé et reconnaître ce qu'avait de grand, de juste et d'efficace cet appareil peut-être un peu pompeux dans la forme, mais profondément exemplaire et légitime dont l'Assemblée constituante avait voulu entourer la décision réparatrice de la justice.

Et si on veut que la réhabilitation redevienne telle, il faut être conséquent et déclarer que la peine prononcée ne subsiste plus, qu'en conséquence une nouvelle poursuite ne peut donner lieu à l'application des peines de la récidive, et que le casier judiciaire doit cesser de faire mention de la condamnation.

C'est la dernière modification que nous ayons à demander, et nous sommes heureux en la réclamant de pouvoir nous appuyer, au moins pour ce qui concerne le dernier point, sur les instructions dues à l'esprit libéral qui préside, à la chancellerie, à la direction du casier judiciaire. Des circulaires en date des 25 novembre 1871 et 6 décembre 1876 prescrivent de ne point porter sur les extraits délivrés aux particuliers ou aux administrations publiques les condamnations effacées par la réhabilitation, même avec la mention du décret de réhabilitation.

Il suffit, pour répondre à notre vœu, d'étendre cette prescription aux extraits délivrés au ministère public et de la transformer en une disposition de la loi.

Ainsi modifiée, nous avons la confiance que l'institution pourra, sans affaiblir les garanties sociales, profiter à un beaucoup plus grand nombre d'efforts louables et méritants, et qu'elle répondra d'une manière plus complète aux espérances qu'on est en droit d'en attendre, tant au point de vue de la régénération des condamnés qu'à celui de la diminution de la récidive.

Ces diverses réformes auraient pour effet de réaliser la partie la plus importante du programme si nettement formulé par le congrès international de Stockholm, en ce qui touche les moyens à employer contre la récidive, en ces termes :

« Le congrès est d'avis que les moyens de combattre efficacement les récidives sont :

« Un système pénitentiaire moralisateur ayant pour complément la libération conditionnelle et l'emploi moins fréquent des peines de courte durée contre les délinquants d'habitude...

« Le congrès considère d'ailleurs les institutions qui sont reconnues comme les compléments du régime pénitentiaire, telles que les sociétés de patronage, les maisons de travail, les colonies agricoles et autres moyens de secours comme pouvant efficacement concourir au but indiqué. »

Nous proposons, en conséquence le projet de loi suivant :

PROPOSITION DE LOI

TITRE PREMIER

Modification de la loi du 5 juin 1875 sur la transformation des prisons départementales.

Article premier. — Le ministre de l'Intérieur détermine chaque année les prisons départementales qui doivent être transformées. Il fait dresser les plans et devis des travaux à exécuter et les notifie avec sa décision aux préfets des départements intéressés.

Art. 2. — Les conseils généraux sont appelés à délibérer dans leur plus prochaine session sur la participation des départements à la dépense.

En cas de dissentiment, un décret du Président de la République, rendu dans la forme des règlements d'administration publique, fixe définitivement la part contributive de l'État et du département.

Art. 3. — Toutefois le département peut s'exonérer de tout ou partie de sa part contributive au moyen de la rétrocession à l'État de la propriété des prisons départementales.

En cas de dissentiment sur les conditions de la rétrocession, elles sont définitivement réglées par décret du Président de la République rendu dans la forme des règlements d'administration publique.

Art. 4. — Les paragraphes 1 et 2 de l'article 61 de la loi du 10 août 1871 sont applicables aux dépenses mises à la charge de l'État.

TITRE II

Régime disciplinaire des prisons.

Art. 5. — Un régime disciplinaire de punitions et de récompenses basé sur la conduite et le travail journalier des condamnés sera établi par l'Administration dans les divers lieux de répression.

Tout condamné qui aura satisfait aux conditions réglementaires fixées à cet égard pourra être admis, après avoir subi la durée de peine déterminée dans les articles suivants, à la libération conditionnelle.

TITRE III

Libération conditionnelle.

Art. 6. — Tout condamné à une peine emportant privation de la liberté qui s'est rendu digne d'indulgence par sa bonne conduite, ses témoignages de repentir et son travail peut, à titre d'épreuve, être mis conditionnellement en liberté, si la durée de la peine prononcée est d'au moins six mois, et s'il en a subi plus de la moitié.

Cette mise en liberté peut être révoquée en tout temps, si le condamné se conduit mal, ou s'il commet une infraction aux conditions spéciales exprimées dans son permis de libération.

Art. 7. — Les arrêtés de mise en liberté sous condition et de révocation sont pris par le ministre de l'Intérieur après avoir pris l'avis du directeur de la prison, du conseil de surveillance et du chef du parquet près la juridiction qui a prononcé la condamnation.

Art. 8. — L'arrestation du libéré conditionnel qui se conduit mal ou commet une infraction aux conditions de son permis peut être ordonnée, dans l'intérêt de l'ordre public, par l'autorité administrative ou judiciaire du lieu où il se trouve.

Le ministre de l'Intérieur prononce la révocation, s'il y a lieu.

L'effet de la révocation remonte au jour de l'arrestation.

Art. 9. — La réintégration a lieu pour toute la durée de la peine non subie au moment de la libération.

Le temps pendant lequel le libéré peut y être soumis ne peut être inférieur à une année. Il est de toute la durée de la partie non subie de la peine, si elle est supérieure à un an.

Art. 10. — Un règlement d'administration publique déterminera la forme des permis de libération, les conditions auxquelles ils peuvent être soumis et le mode de surveillance des libérés conditionnels.

L'Administration peut se substituer les sociétés de patronage reconnues, pour la surveillance des libérés.

TITRE IV

Patronage

Art. 11. — Les sociétés instituées pour le patronage des libérés sont placées sous la protection du Gouvernement.

Elles reçoivent une subvention annuelle proportionnée au nombre de libérés patronnés par elle.

Art. 12. — Dans le cas où l'Administration se substitue une société de patronage pour la surveillance des libérés conditionnels, elle alloue à cette société une subvention de un franc par jour par chaque libéré pendant un temps égal à celui de la durée de la peine.

Le maximum de cette allocation ne peut toutefois dépasser 100 francs.

TITRE V

Réhabilitation.

Art. 13. — Les articles 621, 623, 624, 628, 630, 631, 632, 633. 634 du code d'instruction criminelle sont modifiés ainsi qu'il suit :

« *Art. 621.* — Ajouter le paragraphe suivant :

« Les condamnés qui ont passé tout ou partie de ce temps sous les drapeaux, ceux que la nature de leur profession oblige à des déplacements inconciliables avec une résidence fixe, pourront être affranchis de cette condition s'ils justifient les premiers d'attestations satisfaisantes de leurs chefs militaires, les seconds de certificats réguliers de leurs patrons ou chefs d'administration constatant leur bonne conduite et la nécessité où ils se sont trouvés de changer de lieu pour trouver du travail.

« *Art. 623.* — Ajouter au texte actuel :

« Toutefois, si le demandeur est dans un état d'indigence reconnu, la cour peut lui accorder, par l'arrêt de réhabilitation, une remise totale ou partielle des frais de justice. La remise partielle est de droit quand l'instruction a compris plusieurs inculpés.

« Dans le cas où la partie lésée ne peut être retrouvée, ou refuse de recevoir, il est fait dépôt de la somme due à la Caisse des Dépôts et Consignations.

« *Art. 624.* — Le procureur de la République provoque par l'intermédiaire des sous-préfets des attestations des maires des communes où...

« Le procureur de la République prend en outre l'avis des juges de paix.

« *Art. 628.* — La cour, le procureur général entendu, rend un arrêt d'admission ou de rejet.

« *Art. 630.* — Supprimé.

« *Art. 631.* — Supprimé.

« *Art. 632.* — Supprimé.

« *Art. 633.* — En cas d'admission, une expédition authentique de l'arrêt est adressée par le procureur général à la juridiction qui a prononcé la condamnation. Mention en est faite en marge de la minute de l'arrêt ou du jugement.

« Le casier judiciaire du lieu d'origine du réhabilité reçoit une mention semblable, et les extraits qui en sont délivrés ne peuvent plus mentionner la condamnation.

« Le réhabilité peut se faire délivrer une expédition de l'arrêt de réhabilitation sans frais.

« *Art. 634.* — La réhabilitation efface la condamnation et fait cesser pour l'avenir toutes les incapacités qui résultaient de la condamnation. »

SÉNAT

DOCUMENTS PARLEMENTAIRES

PRISE EN CONSIDÉRATION d'une proposition de loi sur les moyens préventifs de combattre la récidive.

M. LE PRÉSIDENT. L'ordre du jour appelle la discussion sur la prise en considération de la proposition de loi de M. Bérenger sur les moyens préventifs de combattre la récidive. (Régime des prisons, libération conditionnelle, patronage, réhabilitation.)

La commission, messieurs, conclut à l'unanimité à la prise en considération de la proposition de M. Bérenger.

J'ai reçu, à ce sujet, de M. Le Guen, rapporteur de la commission un télégramme dans lequel il exprime ses regrets de ne pouvoir assister à la séance d'aujourd'hui ; il prie d'agréer ses excuses et de remettre à une séance prochaine la discussion de la proposition de loi dont il est rapporteur.

Comme je crois que personne ne demande la parole, et que personne ne s'oppose à la prise en considération nous pouvons, ce me semble, passer outre. (Approbation.)

Personne ne demande la parole pour les conclusions de la commission ?...

Je mets aux voix ces conclusions qui tendent à la prise en considération.

(Le Sénat prend en considération la proposition de M. Bérenger.)

M. LE PRÉSIDENT. — Cette proposition est renvoyée à l'examen des bureaux.

SÉNAT

DOCUMENTS PARLEMENTAIRES

Séance du 19 mars 1883

RAPPORT SOMMAIRE fait au nom de la 9ᵉ commission d'initiative parlementaire (1) chargée d'examiner la proposition de loi de M. Bérenger sur les moyens préventifs de combattre la récidive. (Régime des prisons, libération conditionnelle, patronage, réhabilitation), par M. Le Guen, sénateur.

Messieurs, au moment où le Parlement est saisi d'un projet de loi tendant à combattre par d'énergiques mesures de répression le péril que fait naître l'accroissement du nombre des récidivistes, la pensée de notre honorable collègue, M. Bérenger, envisageant un autre et non moins important aspect de cette question de préservation sociale, s'est portée sur l'étude des moyens préventifs qu'il est possible au législateur et qu'il conviendra d'employer.

Si la ferme répression d'une nouvelle infraction commise par l'homme qui a déjà subi une condamnation est nécessaire et juste, la mise en œuvre de ce qui peut concourir à prévenir des rechutes malheureusement trop multipliées ou à en diminuer le nombre est un acte de sagesse et de haute prévoyance.

---

(1) Cette commission est composée de MM. Poriquet, président; Barbey, secrétaire; Devaux, Lizot, Piétri, Dietz-Monnin, Salneuve, Guiffrey, Vigarosy, Chaumontel, Cherpin, Labitte, vicomte de Champagny, Dupouy, Eymard-Duvernay, Ribière, John Lemoinne, Le Guen. — (Voir le nº 235, Sénat, session extraordinaire 1882.)

Sans prétendre embrasser tous les moyens susceptibles de coopérer à la moralisation du condamné, la proposition comprend un ensemble de dispositions que la loi peut édicter, parce qu'elles rentrent dans le cercle des faits sur lesquels le législateur exerce directement son action, et qui se réfère au régime des prisons, à la libération conditionnelle, au patronage, à la réhabilitation.

Le but que son auteur s'est offert pour aider à la moralisation du condamné, peut être ainsi indiqué en quelques lignes :

Régler le mode d'exécution de la peine d'emprisonnement de telle sorte qu'accroissant, loin de la diminuer, cette rigueur qui intimide et détourne de la faute par la crainte du châtiment, on l'appelle à coopérer à l'œuvre de la régénération du condamné soustrait au contact d'hommes plus pervers, en lui inculquant l'habitude du travail régulier, de la préoccupation du retour au bien, par l'appât de bonnes notes, de bons points de travail et de conduite journaliers, venant récompenser chaque effort dans cette voie ; faire du désir d'obtenir de bonnes notes un stimulant puissant, en les présentant comme un acheminement à une libération conditionnelle, accordée après une certaine durée d'accomplissement de la peine, et permettant de constater, dans un essai de liberté attentivement surveillé, la sincérité du repentir, la solidité du retour à la vie honnête et laborieuse ; préserver le condamné libéré, par l'appui moral et matériel qu'il trouvera près des sociétés de patronage, des dangers de cette période parfois si funeste, même à celui qui se croit armé des plus fermes résolutions, pendant laquelle, sans ressources, luttant contre des préventions dont il ne peut méconnaitre la légitimité, il tente trop souvent en vain, s'il est laissé à ses seules forces, d'obtenir un travail qui lui procure des moyens réguliers d'existence et demeure, jusqu'à ce qu'ils soient parvenu, exposé aux suggestions des pernicieux conseils de l'oisiveté et du besoin ; après lui avoir procuré du travail, le soutenir, l'affermir contre les défaillances provenant du souvenir de la faute, et de la déconsidération dont il se sent entouré, par l'espoir d'une réhabilitation produisant des effets plus complets, effaçant le délit et dont l'accès plus sûr sera en même temps rendu moins difficile et moins pénible.

Cette rapide indication du but élevé que vise l'auteur de la proposition fait déjà concevoir quel ensemble de mesures il recommande à l'attention du Sénat ; mais il est nécessaire de les faire connaître d'une manière plus précise, sans sortir des limites d'un rapport sommaire.

La proposition embrasse une série de dispositions divisées en cinq titres pouvant être ramenés à trois chefs distincts, mais reliés par l'unité du résultat auquel toutes tendent également.

Le titre premier qui doit être envisagé à part, apporte des modifications à la loi du 5 juin 1875 sur le régime des prisons départementales, non en ce qui touche l'introduction du système d'emprisonnement individuel, mais au contraire en vue d'en activer l'application. Cette loi édicte la règle de l'isolement des autres détenus pour les condamnés à un emprisonnement d'un an et un jour et au-dessous, et pour ceux qui, frappés d'une condamnation à un plus long emprisonnement, demanderaient à être soumis à ce régime ; accordant à tous une réduction du quart dans la durée de leur peine. Mais l'exécution de cette prescription est subordonnée à une transformation coûteuse des prisons aux frais des départements aidés de subventions de l'État ; imposée seulement en cas de reconstruction ou d'appropriation, elle ne s'opère depuis 1875 que dans une mesure très restreinte.

Aux termes de la proposition, la transformation deviendrait obligatoire dans les prisons que désignerait chaque année le ministre de l'intérieur. Les départements pourraient toutefois s'exonérer des charges qui en résulteraient pour eux et rejeter le fardeau sur l'État, en rétrocédant à ce dernier la propriété de ces prisons à des conditions arrêtées à l'amiable ou fixées, en cas de dissentiment, par un décret rendu dans la forme des règlements d'administration publique.

Les titres II, III et IV créent dans notre législation des dispositions nouvelles, et tendent à réaliser dans la pratique la pensée d'inciter le condamné au travail et à la bonne conduite par l'introduction dans le régime disciplinaire des prisons, à côté des punitions, de récompenses pouvant après un temps déterminé mériter la faveur d'une libération conditionnelle, révocable en cas de démérite, grand adoucissement à la peine et en même temps épreuve surveillée par l'Administration, ou mieux encore par la société de patronage substituée à son action (titres II et III).

Les sociétés constituées pour le patronage des libérés sont placées sous la protection du Gouvernement ; dans le cas ou l'Administration se substitue une de ces sociétés pour la surveillance des libérés conditionnels, elle lui alloue une subvention dont l'importance ne peut dépasser les limites tracées par la loi (titre IV).

Le titre V commande un examen séparé : il apporte d'importantes modifications au titre IV, livre II, du code d'instruction criminelle, et abroge l'article 612 du code de commerce, qui règlent les conditions et les effets de la réhabilitation.

L'article 621 du code d'instruction criminelle subordonne l'admissibilité de la demande de réhabilitation du condamné à une résidence depuis la libération soit de 5, soit de 3 années, suivant la condamnation subie, dans le même arrondissement, et dans tous les cas à la résidence dans la même commune pendant les deux dernières années. Cette condition, irréalisable si le condamné a été appelé sous les drapeaux, semble également inconciliable avec l'exercice de certaines professions, les exigences de certains des travaux auxquels le libéré peut se livrer.

L'addition du paragraphe suivant tempérerait la rigueur de la loi :

« *Art. 631*. — Les condamnés qui ont passé tout ou partie de ce temps sous les drapeaux, ceux que la nature de leur profession oblige à des déplacements inconciliables avec une résidence fixe, pourront être affranchis de cette condition s'ils justifient, les premiers d'attestations satisfaisantes de leurs chefs militaires, les seconds de certificats réguliers de leurs patrons ou chefs d'administration constatant leur bonne conduite et la nécessité où ils se sont trouvés de changer de lieu pour trouver du travail. »

Le projet adoucit également les exigences de l'article 623 du code d'instruction criminelle en permettant aux cours d'appel d'accorder au libéré dont l'indigence serait reconnue une remise totale ou partielle des frais de justice et l'autorisant à consigner, à la caisse des dépôts, en exécution du jugement rendu, les indemnités que la partie lésée refuserait de recevoir ou dont il ne pourrait lui être fait offre dans l'ignorance de son domicile ou de sa résidence.

La nécessité de produire des attestations, avec mention expresse qu'elles ont été rédigées pour servir à l'appréciation d'une demande en réhabilitation, des conseils municipaux des communes où le libéré a résidé, place ce dernier, tenu de réveiller le souvenir de sa faute et parfois d'en révéler l'existence, dans une situation si douleureuse qu'elle a pu faire reculer ceux-là mêmes qui, sentant plus vivement le remords du passé et le prix de la réhabilitation, méritent le plus de l'obtenir. Les attestations des conseils municipaux n'ont pas paru donner des garanties assez sûres et assez indispensables pour compenser ces graves inconvénients et cesseraient d'être exigées.

Les cours d'appel, actuellement appelées à ne donner qu'un avis n'engageant nullement le pouvoir exécutif auquel seul il appartient de prononcer, sont investies, d'après le projet, du pouvoir de statuer souverainement sur la demande, qui prend ainsi le caractère, en même temps qu'elle reçoit les garanties d'un recours de droit porté devant le pouvoir judiciaire.

Enfin, la réhabilitation ne limitera plus son action à faire cesser pour l'avenir dans la personne du condamné les incapacités qui résulteraient de la condamnation ; elle effacera la condamnation elle-même, qui disparaîtra du casier judiciaire.

Sur ce simple aperçu, il est facile d'apprécier toute l'importance de la proposition qui, sur plusieurs points, le système des bonnes notes, la libération conditionnelle, le concours demandé aux sociétés de patronage, s'appuye sur l'autorité de diverses législations étrangères énumérées dans le savant exposé de motifs qui la précède.

La commission d'initiative parlementaire n'a pas à entrer dans l'examen détaillé de ces dispositions, à donner son avis sur leur mérite ou les modifications dont elles paraîtraient susceptibles.

Quelque intérêt que présente la transformation des prisons, faut-il engager l'État dans une dépense dont on ne peut exactement mesurer l'étendue, mais à coup sûr considérable ? De quelles mesures de précaution convient-il d'entourer la libération conditionnelle pour n'en recueillir que les avantages, en écartant des dangers qu'il est facile d'entrevoir ? A quelles conditions des sociétés de patronage obtiendront-elles, dans une mesure à fixer, la protection de l'État et pourront-elles être substituées à l'Administration dans la surveillance et comme la tutelle du libéré conditionnel ? En affranchissant le demandeur en réhabilitation de conditions trop douloureuses ou trop difficiles, sinon impossibles à remplir, soit matériellement, soit moralement, en rendant l'effet de cette réhabilitation si complet qu'elle effacera le délit et en fera disparaître la trace du casier judiciaire, ne sera-t-on pas conduit à exiger quelques garanties nouvelles ?

Ces questions devront être tranchées après un examen approfondi qui sera, si notre avis est adopté par le Sénat, l'œuvre d'une commission à nommer après la prise en considération.

La commission d'initiative n'a qu'à constater qu'on se trouve en face d'un ensemble de dispositions inspirées par un sentiment très généreux, très élevé, par une perception nette et judicieuse d'un péril réel pour la société et de certains moyens pour le combattre ; que ces dispositions susceptibles de prendre place dans la législation sont le fruit d'une étude consciencieuse et prolongée due à un de nos collègues auquel ses travaux donnent une compétence incontestable.

Si elle avait eu le pouvoir d'émettre un avis sur l'opportunité de détacher une partie de la proposition qui pourrait être séparée

sans que les autres parties en perdissent rien de leur raison d'être,
elle aurait scruté, pour vous soumettre son opinion sur ce point,
une question grave que soulèvent les prescriptions du titre premier, relatif aux modifications à apporter à la loi du 5 juin 1875
sur le régime et la transformation des prisons départementales.
Ces dispositions, tendant à imposer éventuellement à l'État la
dépense de la transformation des prisons indiquées, chaque année,
par le ministre de l'intérieur, et les suites d'une rétrocession que
pourrait exiger les départements, ne rentrent-elles pas dans le
cercle de ces lois de finances qui doivent, aux termes de l'article
8 de la loi d'organisation du Sénat, être en premier lieu présentées
à la Chambre des députés et votées par elle?

L'attention de votre commission d'initiative, provoquée d'ailleurs
par l'honorable M. Bérenger lui-même, s'est fixée sur cette question, dont elle ne doit que signaler l'importance.

Ne pouvant d'elle-même éliminer aucune partie du projet, tenue
de l'envisager dans son ensemble, et convaincue qu'il mérite au
plus haut degré d'appeler les réflexions et les études du Sénat,
elle est unanime pour vous proposer, sous le bénéfice des réserves
qu'indique le rapport, la prise en considération de la proposition
dont voici les termes.

SÉNAT

DOCUMENTS PARLEMENTAIRES

A la séance du 22 décembre 1883 il a été déposé :

RAPPORT fait au nom de la commission (1) chargée d'examiner la proposition de loi de M. Bérenger sur les moyens préventifs de combattre la récidive (régime des prisons, libération conditionnelle, patronage, réhabilitation), par M. Bérenger, sénateur.

Messieurs, la multiplicité et l'audace croissante des attentats commis par les récidivistes, depuis longtemps signalés à la fois comme l'élément dominant de notre criminalité et comme la preuve de l'insuffisance de notre mode de répression, ont fini par frapper l'opinion publique.

Des publications retentissantes, des manifestations nombreuses sorties de tous les rangs de la Société ont, dans ces dernières années, réclamé avec instance des mesures préservatrices contre le danger qu'un pareil état de choses fait courir à la sécurité publique et à l'ordre social.

L'idée qui s'est d'abord présentée comme la plus naturelle, la plus propre à produire des résultats prompts et décisifs et à rassurer les alarmes, a été celle de saisir les malfaiteurs qui, par la réitération de leurs crimes, sont une menace perpétuelle, et de les expulser, sur la simple constatation de leur état judiciaire.

Diverses propositions ont été faites dans ce sens; le Gouver-

---

(1) Cette commission est composée de MM. Schœlcher, président; Bardoux, secrétaire; Xavier Blanc, Bérenger, Ribière, Scherer, Salneuve, de Verninac, Michaux. — (Voir les nᵒˢ 235, Sénat, session extraordinaire 1882, et 134, session ordinaire 1883.)

nement n'a pas tardé à s'y associer, par le dépôt d'un projet de loi, et déjà la Chambre des députés a, malgré de graves et nombreuses critiques, donné son adhésion à ce projet.

L'auteur de la proposition relative aux moyens propres à combattre préventivement la récidive ne dissimule pas qu'il a peu de confiance dans l'efficacité de la transportation. Il s'abstient toutefois de donner aux mesures qu'il demande le caractère d'un contreprojet à la loi déjà en partie votée, et se borne à les présenter comme un complément indispensable des mesures de rigueur proposées.

La loi sur la relégation pourra, suivant lui, purger momentanément le continent français d'un certain nombre de récidivistes elle ne fera point disparaître la récidive. Elle ne peut donc suffire à produire un effet durable sur la reproduction des délits. Il faudrait, pour atteindre plus efficacement le but, y joindre un ensemble de mesures propres à affecter les causes mêmes de la récidive. Or ces causes ont été mises, depuis longtemps, en lumière par la science pénitentiaire. Les principales sont:

Le peu d'intimidation des peines de courte durée;

La démoralisation qui naît dans le milieu corrompu de l'emprisonnement en commun, du conctact des détenus susceptibles de correction avec les criminels d'habitude;

L'isolement que la défiance publique fait autour du libéré, d'où naît souvent pour lui l'impossibilité de se préserver par le travail contre les rechutes;

L'absence d'institutions propres à faire tourner l'infliction de la peine à l'amendement du détenu en provoquant et en faisant fructifier ses efforts;

Enfin l'extrême rigueur avec laquelle les formalités ont été accumulées devant le condamné régénéré qui veut reprendre dans la Société le rang que sa condamnation lui a fait perdre.

Pour répondre à ces divers ordres d'idées, le projet propose d'abord, et avant toute autre mesure, diverses dispositions propres à faciliter et à accélérer l'application de la loi du 5 juin 1875, sur la transformation de nos prisons départementales suivant le système de l'isolement.

Il demande ensuite qu'on établisse dans nos maisons de répression, à l'exemple des pays voisins, notamment de l'Angleterre et de l'Irlande, un système d'encouragement qui permette au détenu d'abréger sa peine par son travail et sa bonne conduite; qu'à ce système soit ajoutée la faculté de sa libération conditionnelle, lorsqu'il a montré une suffisante fermeté dans l'intention de revenir au bien, et qu'enfin l'État favorise par une sorte de protection officielle et par des subventions proportionnées à l'étendue de leur action, la création de sociétés de patronage, qui aplanissent à la sortie de prison les obstacles trop souvent semés sous les pas du libéré.

Il réclame en outre une simplification des dispositions du code d'instruction criminelle relative à la réhabilitation.

La commission a donné à l'unanimité son adhésion à ces diverses mesures.

Sans partager, au moins en majorité, les sentiments de l'auteur de la proposition en ce qui touche la loi sur la relégation des récidivistes, elle a pensé qu'elle en serait le complément le plus utile.

S'il peut être nécessaire, en effet, de couper court au débordement de criminalité principalement imputable aux criminels incorrigibles que signale la statistique et dont l'opinion est si vivement alarmée, par des rigueurs nouvelles, il n'est que trop certain que le danger ne tardera pas à renaître, si on ne fait rien pour atteindre directement les causes d'où il est né.

La plupart des orateurs, les organes du Gouvernement eux-mêmes, l'ont à peu près unanimement reconnu dans la discussion du projet sur les récidivistes devant l'autre Chambre.

Sans doute la considérable extension donnée depuis quelques années à l'enseignement primaire, le caractère d'obligation et de gratuité qu'il a reçu de la loi, la protection accordée à l'enfance abandonnée influeront un jour d'une manière heureuse sur la criminalité. Mais leur action sera trop lente, pour qu'elle puisse suffire à la situation actuelle.

Des mesures d'un effet plus immédiat et plus direct doivent être cherchées.

Celles que formule la proposition ont paru à la commission rentrer dans cet ordre d'idées.

Application de la loi du 5 juin 1875 sur la transformation des prisons départementales.

Pour parler d'abord de la transformation des prisons départementales, il ne peut être contesté que la cause la plus fréquente de récidive ne soit dans le régime actuel de ces lieux de détention.

La loi du 5 juin 1875 a reçu, jusqu'à présent, une application si restreinte, que la plupart de ces maisons ont à peine à l'heure actuelle les dispositions suffisantes pour détenir séparément les prévenus ou accusés et les condamnés, les mineurs de seize ans et les adultes. Dans chaque catégorie la promiscuité est complète. Ainsi, l'inculpé de seize ans, arrêté faute de domicile, y subit son temps de prévention à côté du repris de justice condamné pour la vingtième fois, ou du criminel poursuivi pour faux ou assassinat.

L'ouvrier des champs amené pour subir une peine de trois jours de prison pour coups ou pour ivresse se trouve confondu avec le voleur d'habitude.

Dans les quartiers de femmes, c'est pis encore car les séparations y sont souvent moins nombreuses. Il n'est pas rare d'y trouver les prévenues et les condamnées confondues, et les enfants et les jeunes filles pêle-mêle avec les femmes les plus dépravées.

On a souvent dépeint ce que de tels mélanges produisaient d'obstacles au repentir et d'excitation au vice. Il n'y a point de doute en effet que dans ces agglomérations d'éléments divers, ce ne soient les plus hardis, c'est-à-dire les plus pervers, qui, en dépit des meilleures règles disciplinaires, donnent le ton. Ils y dominent les natures faibles et déjà à demi dépravées qui les entourent. A leur contact, la confusion naturelle aux premières fautes, qu'un bon régime pénitentiaire pourrait si facilement faire tourner au profit du repentir sincère et durable, s'évanouit. L'honnêteté perd ses dernières résistances, la jeunesse, ses derniers scrupules, et l'exécution de la peine, au lieu de corriger, ne fait qu'aggraver la dépravation et fournir de nouvelles recrues à la criminalité.

Aussi, n'y a-t-il pas lieu d'être surpris que nos statistiques criminelles constatent d'année en année un accroissement à la fois dans le nombre des délits et dans celui des récidivistes.

Le rapport fait à la Chambre des députés sur la loi de relégation donne à cet égard les chiffres les plus navrants: la proportion annuelle des récidivistes, qui était en 1870 de 28 p. 100 pour les crimes et de 26 p. 100 pour les délits s'est élevée en 1881 à 51 et 43 p. 100. Leur nombre total se trouve porté de 26.402 à 81.341 dans la même période de temps.

Une remarque importante était faite dans le rapport de la loi de 1875. Le nombre des délits imputés aux inculpés sans antécédents judiciaires était en décroissance. C'était donc aux récidivistes seuls qu'était imputable l'augmentation constante de la criminalité. L'honorable directeur de la statistique judiciaire, M. Yvernès, a récemment confirmé ce fait avec l'autorité qui s'attache à sa compétence (1).

---

(1) Yvernès. — La récidive, 1882.

On constate, en outre, que c'est principalement sur les peines correctionnelles au-dessous d'une année que porte la progression de la récidive (1).

L'ensemble de ces constatations n'est-il pas la preuve incontestable qu'il n'y a plus, dans l'emprisonnement tel qu'il est pratiqué, surtout pour les courtes peines, ni l'intimidation, ni la correction nécessaire, et n'y a-t-il pas lieu d'espérer que si un mode d'infliction à la fois plus rigoureuse et moins propre à propager la contagion pouvait être obtenue, on ne verrait plus, suivant d'autres constatations, 2.415 libérés sur 6.108, c'est-à-dire 40 p. 100, se faire arrêter de nouveau moins de deux ans après leur sortie de prison (2) ?

La science pénitentiaire a depuis longtemps proclamé que le moyen le plus efficace de couper court à cette contagion du crime était de préserver les détenus de tout contact entre eux pendant la durée entière de leur détention.

Ce système n'a pas d'abord rallié tous les suffrages. On a longtemps disserté sur les inconvénients de la cellule, surtout pour les peines de longue durée. Elle était fatale à la santé, à la raison même du détenu. Elle le provoquait aux idées noires, à l'immoralité, au suicide. Elle n'avait pas d'ailleurs par elle-même la vertu moralisatrice qu'on prétendait lui attribuer. La discussion et une longue expérience faite déjà soit en France dans quelques-unes des prisons du département de la Seine, soit à l'étranger, ont fait justice de la plupart de ces critiques. Il a été reconnu qu'il n'y avait pas plus de cas de folie et de suicide dans les maisons cellulaires que dans celles consacrées au régime en commun (3), que l'état sanitaire était sensiblement le même dans les unes et les autres, que les désordres moraux entraînés par la captivité y étaient d'ailleurs moins graves et qu'enfin si l'isolement n'avait pas par lui-même la vertu de rendre l'homme meilleur, il avait du moins l'incontestable avantage de l'empêcher de devenir plus mauvais.

Il a en outre été constaté que l'effet d'intimidation, sans lequel la répression manque absolument son but, était plus efficace et par conséquent plus salutaire. On a enfin remarqué que plus dure pour l'homme pervers et réfractaire au travail, l'infliction de la

---

(1) Ch. Lucas. — Lettre au ministre de l'Intérieur sur la transportation des récidivistes, 1882.

(2) Exposé des motifs du projet de loi de relégation.

(3) Tableaux joints au rapport sur la loi de 1875.

peine offrait à celui qu'une faute accidentelle amenait à la prison, et qui y suivait un repentir réel, un véritable adoucissement avec le moyen le plus sûr de faire fructifier ses bonnes intentions.

Aussi tous les congrès pénitentiaires internationaux ont-ils, depuis plus de vingt-cinq ans proclamé que le régime de la séparation individuelle devait être la base de tout bon système d'emprisonnement.

La Belgique, poussant peut-être jusqu'à l'exagération la logique de ces constatations, a acquis ce régime pour les peines de toute durée, sauf une exception en ce qui concerne les peines perpétuelles.

La Hollande, procédant expérimentalement, l'a appliqué d'abord à celles de six mois, puis par des lois successives à celles d'un an et de deux ans.

Le Danemark, la Suède, l'Autriche, ont adopté du premier coup cette limite de deux années.

En France, la loi du 5 juin 1875, s'est maintenue dans des termes moindres. Les condamnés ne doivent être soumis à la séparation individuelle que lorsque leur peine ne dépasse pas un an et un jour, et comme le régime nouveau entraîne une réduction légale du quart du quart de la peine, le maximum de durée de l'isolement n'est en réalité que de neuf mois.

La cellule ne pouvait rencontrer, dans cette mesure, aucune des oppositions qui se sont longtemps attachées à un régime plus absolu. Aussi a-t-on vu, lors de la récente discussion de la loi de relégation devant l'autre Chambre, non seulement qu'aucune critique n'a été dirigée contre elle, mais encore que la plupart des orateurs, et avec eux les organes du Gouvernement ont exprimé le regret qu'elle n'eût pu recevoir encore qu'un commencement très restreint d'application.

Si limité, d'ailleurs, que soit encore le nombre des prisons transformées (10 sur 437), les rapports officiels constatent que les résultats obtenus ne sont pas sans importance et notamment que l'isolement, accepté comme un soulagement par le détenu sans antécédents, est très redouté du criminel d'habitude.

L'ensemble de ces considérations a conduit votre commission à penser, que parmi les moyens propres à diminuer la récidive, il ne pouvait y en avoir de plus efficace qu'une adaptation plus générale et plus prompte de nos prisons départementales au nouveau système.

Mais quels sont les moyens d'atteindre le but? L'exposé des motifs de la proposition les déduit de l'examen des difficultés particulières auxquelles s'est jusqu'à présent heurté le bon vouloir ministériel. Ces difficultés consistent presque uniquement dans le caractère de propriété départementale attribué, par le décret du 9 avril 1811, aux lieux de détention dont il s'agit, et dans la liberté qui a été laissée par la loi de 1875 aux départements de se prononcer sur l'opportunité de la transformation, comme sur la création des ressources nécessaires.

Les conseils généraux, si vivement sollicités depuis quelques années par d'autres intérêts tels que l'enseignement ou la vicinalité, n'ont le plus souvent répondu aux instances de l'Administration que par des atermoiements ou des fins de non recevoir et, le crédit de 800.000 francs à un million généralement voté par les Chambres pour venir en aide aux départements, reste chaque année en grande partie sans emploi.

La commission de l'Assemblée nationale qui a préparé la loi de 1875 avait prévu cette difficulté, et elle avait proposé de donner au Gouvernement un droit d'initiative, avec la faculté de rendre la quote-part de dépenses mise à la charge des départements obligatoire. Ainsi paraissait l'exiger le caractère d'utilité publique de la réforme. Ce que cette combinaison pouvait avoir de rigoureux, se trouvait d'ailleurs corrigé par la faculté donnée aux départements de s'exonérer de tout ou partie de la charge en rétrocédant la propriété de leurs prisons à l'État.

Le Gouvernement ne crût pas pouvoir, à raison de la situation financière, adhérer au projet ainsi formulé, et ce fut sur sa demande qu'on substitua au projet primitif la simple interdiction pour les départements de construire ou de réparer à l'avenir autrement qu'en se conformant au nouveau régime, avec promesse d'une subvention de l'État, lorsqu'ils entreprendraient spontanément la transformation.

La commission a pensé que ce système était condamné par ses fruits.

Il lui a semblé impossible d'admettre qu'une réforme d'intérêt général, jugée nécessaire et votée par les pouvoirs publics, pût plus longtemps être tenue en échec par les hésitations ou le mauvais vouloir des assemblées départementales ; qu'il importait en conséquence, si la loi de 1875 était jugée insuffisante pour vaincre ces résistances, de la compléter par des dispositions nouvelles.

Il convenait d'autant mieux de le faire qu'il semblait probable qu'on s'était jusqu'à présent fort exagéré l'importance des dépenses à faire. Une étude attentive des économies réalisées par quelques-uns des états voisins dans la construction de certaines prisons cellulaires, et des prix obtenus en France même à d'autres époques, démontrait, en effet, que des types plus simples et mieux combinés pouvaient apporter des réductions considérables dans le coût de la cellule. Il ne paraissait même pas impossible d'abaisser notablement au moyen de combinaisons facilement réalisables, telles que la concentration de certaines catégories de condamnés dans une même prison, ou l'établissement de dortoirs communs pour les cas d'encombrement accidentel, les prévisions d'abord formées sur le nombre des cellules à créer. Ces modifications devaient, en allégeant à la fois la charge de l'État et celle des départements, faciliter l'élaboration d'une solution nouvelle.

Il restait à déterminer dans quelle forme et dans quelle mesure cette solution devait être cherchée. Fallait il, ainsi que le demandait la proposition, revenir, à peu de chose près au projet d'abord soumis à l'Assemblée nationale ! Fallait-il trouver quelque autre combinaison ?

La commission avait commencé à s'engager dans cet examen, lorsque M. le directeur de l'Administration pénitentiaire, délégué auprès d'elle par M. le ministre de l'Intérieur, est venu lui apporter, au nom du Gouvernement, une importante communication.

Le Gouvernement reconnaissait l'utilité et l'urgence d'une application plus complète de la loi de 1875, et, comme la commission, il en étudiait les moyens. Un projet de loi était sur le point d'être présenté sur ce sujet au Sénat, son objet devait être d'attribuer à l'État une initiative plus efficace et d'imposer, dans certains cas, aux départements l'obligation de déférer à son invitation.

L'Administration préparait en outre, au moyen de questionnaires envoyés au service pénitentiaire, un nouveau programme d'application de la loi, en vue de fixer d'une manière plus rigoureuse le nombre des cellules nécessaires.

Enfin, elle se préoccupait d'appeler l'attention des hommes spéciaux sur les modifications à apporter aux plans de construction cellulaire actuels pour en abaisser la dépense au strict nécessaire.

Ces vues étaient trop conformes à celles mêmes de la commission pour qu'elle ne dût pas en tenir un grand compte. Elle a reconnu à l'unanimité qu'il y avait avantage à suspendre à cet égard sa décision jusqu'à ce que le Gouvernement eût pu formuler et déposer ses résolutions.

Mais elle n'a pas cru qu'elle dût également surseoir en ce qui touche les autres objets de la proposition.

La libération conditionnelle, le régime disciplinaire, le patronage et la réhabilitation, tout en ayant avec la transformation du système pénitentiaire un lien direct, ne s'y rattachent pas en effet par une connexité nécessaire, et il importe, s'ils en peuvent être séparés, de ne pas différer de s'assurer les bons effets qu'on en peut attendre dès à présent.

Leur influence a, en effet, sur celle des autres mesures proposées cet avantage de pouvoir être immédiate et directe. Leur réalisation peut, en outre, être obtenue sans aucun trouble dans la législation et sans charge pour le Trésor.

Libération conditionnelle et régime disciplinaire
des prisons.

La libération conditionnelle ou préparatoire appelée parfois improprement liberté provisoire est, dit l'exposé des motifs, l'acte par lequel on accorde au condamné qui a mérité cette récompense par son application au travail et sa bonne conduite, sa mise en liberté anticipée, à charge de continuer à se conduire honnêtement, et sous la condition qu'il sera réintégré pour achever de subir sa peine s'il donne de nouveaux sujets de plaintes.

Bien qu'elle n'ait pas reçu chez nous l'extension qu'elle a prise à l'étranger, on ne peut contester qu'elle soit d'origine française. C'est en 1832 qu'elle fut introduite comme un dérivé de la grâce, non dans la loi, mais dans la pratique pénitentaire, en ce qui concerne les jeunes détenus.

Le mouvement d'opinion qui entrainait alors tous les esprits vers les idées dont Howard s'était fait, de l'autre côté du détroit, l'apôtre éminent, s'était d'abord principalement porté vers l'amélioration du régime appliqué à l'enfance.

On venait de construire, pour les mineurs de seize ans, la maison cellulaire de la Petite-Roquette.

Dans le but à la fois de tempérer la rigueur du nouveau système, et d'essayer de l'action que pourrait avoir l'espoir de la liberté sur la moralisation de ces enfants, on résolut de mettre les meilleurs en apprentissage avant l'expiration de leur peine.

Le préfet de police, à la fois philanthrope éclairé et administrateur habile, M. Benjamin Delessert, s'entendit avec les fondateurs de la société de patronage des jeunes détenus du département de la Seine, qui venait de naître (1), il fit partager ses idées au

---

(1) MM. Charles Lucas, Bérenger.

ministre de l'intérieur, M. d'Argout, et une circulaire ministérielle, en date du 9 décembre 1832, prescrivit que les enfants détenus à la Petite-Roquette pourraient, à titre ne récompense, être confiés à cette société à l'état de libération anticipée. La société prenait la charge de les placer en apprentissage et de surveiller leur conduite. Elle recevait, en échange de ce service, une allocation par chaque enfant de 0 fr. 75 par jour.

Les résultats dépassèrent, en peu d'années, toutes les espérances, et bientôt le président de la société de patronage des jeunes détenus pouvait constater, dans un rapport officiel, que la récidive annuelle qui, d'après les renseignements fournis par la préfecture de police, était supérieure, avant l'application de la mesure, au chiffre de 75 p. 100, était brusquement descendue et semblait devoir se maintenir à celui de 7 p. 100.

Dès 1840, un magistrat distingué, M. Bonneville de Marsangy, faisait ressortir ces résultats et affirmait que la mesure n'aurait pas de moins salutaires effets si elle était appliquée aux adultes. « S'il est juste, disait-il, d'aggraver la peine à raison de l'état de récidive du coupable, c'est-à-dire de sa conduite antérieure, n'est-ce pas un devoir de l'alléger eu égard à sa conduite ultérieure ? » Et il ajoutait en citant M. Charles Lucas : « Le but de la peine étant la réforme du coupable, il faudrait qu'on pût élargir tout condamné dont la régénération morale est suffisamment garantie. »

Cette doctrine n'eut pas moins de retentissement que les heureux effets de l'expérience commencée. Aussi, lorsque en 1850, un courant de réaction contre l'application du système cellulaire à l'enfance amena la substitution de l'éducation dans les colonies agricoles à l'emprisonnement individuel pour les mineurs de seize ans, la libération conditionnelle qui, jusque là, n'avait eu que le caractère d'une mesure administrative, reçut-elle la consécration de la loi.

« Les jeunes détenus des colonies pénitentiaires, dit l'article 9 de la loi du 5 août 1850, peuvent obtenir, à titre d'épreuve et sous des conditions déterminées par le règlement d'administration publique, d'être placés provisoirement hors de la colonie. »

Quant aux adultes, les essais ont été jusqu'à présent bien timides et bien limités. Le décret du 28 mars 1852 et la loi du 30 mai 1854 ont, à la vérité, admis une sorte de libération préparatoire pour les condamnés soumis au régime de la transportation, et la loi du 23 janvier 1874, sur la surveillance de la haute police, a autorisé l'Administration à accorder la remise provisoire de cette peine ; mais, tout en reconnaissant hautement l'efficacité pratique du système, on a jusqu'à présent différé de l'appliquer aux détenus de nos maisons ordinaires de répression.

Sa fortune a été bien différente à l'étranger. Il a reçu en peu de temps une très grande extension. Admis à peu près partout à l'heure qu'il est en Europe et en Amérique, il est devenu, sous la forme des maisons intermédiaires dues à l'initiative de sir Crafton, le fondement même du régime progressif si vanté en Irlande, et l'Angleterre, en renonçant à la transportation, en a fait dès 1853, une des bases principales de son nouveau système pénal.

L'institution a même pris de l'autre côté du détroit ce caractère particulier, qu'elle n'y est plus pour le condamné une faveur, mais un droit. Quand ce dernier a obtenu pour la conduite et pour le travail le nombre de bons points fixé par les règlements, il ne dépend pas de l'Administration de lui refuser sa liberté. Il l'a conquise, elle doit lui être donnée.

Mais il faut reconnaître que la libération conditionnelle n'y a pas d'abord réuni sous cette forme tous les suffrages. L'opinion, habituée depuis plus d'un siècle à la sécurité relative que donne l'expulsion des criminels, s'est d'abord montrée très vivement alarmée de voir relâcher au milieu de la population avant l'expiration de leur peine, ceux des condamnés qui avaient le plus gravement offensé la loi. Deux enquêtes faites à quelques années d'intervalle (1857-1864) démontrèrent qu'une assez notable augmentation de la criminalité s'était produite depuis l'application de la nouvelle mesure. Mais il fut en même temps reconnu qu'on avait manqué de prévoyance en n'entourant les libérations en masse des premières années d'aucune condition d'expiation, d'amendement, de résidence obligée, de patronage et de surveillance, et, loin de condamner le système, on constata que, plus judicieusement pratiqué, il avait produit en Irlande les meilleurs résultats au point de vue à la fois moral et matériel. La libération conditionnelle devait en conséquence être conservée; mais il fallait la soumettre à des conditions analogues à celles qui en avaient assuré le succès dans ce dernier pays.

Les bills de 1857 et de 1864 ont réalisé ces conditions. Elles consistent dans le système disciplinaire des marques auquel nous avons fait allusion tout à l'heure, dans l'organisation d'une surveillance active quoique bienveillante, après la mise en liberté, et dans l'assistance d'un patronage efficace des libérés.

Ansi conçue, l'institution n'a plus recueilli que des approbations. Elle a contribué, disent les rapports officiels du surintendant général des prisons de la Grande-Bretagne, à diminuer le nombre

des crimes et délits, et fonctionne avec un succès complet: *per--
fectly well.*

La liste des pays qui l'ont depuis introduite dans leurs codes est
nombreuse.

Ce sont, dès 1862, la Saxe et le Grand-Duché d'Oldenbourg; en
1868, le canton d'Argovie; en 1871, l'Allemagne; en 1873, le Danemark et le canton de Neufchâtel; en 1875, le canton de Vaud;
en 1881, les Pays-Bas. Enfin, on la voit figurer dans les projets de
code pénal actuellement en élaboration en Autriche, en Italie et en
Portugal.

Il n'est donc pas d'institution consacrée par un assentiment plus
général, éprouvée par une pratique plus complète.

Nous devons, à notre tour, suivre ce mouvement. Les avantages
que nous en recueillerons seront, en premier lieu, d'introduire
dans nos prisons, aussi bien dans celles qui sont au régime commun que dans les autres, un élément d'ordre, de bonne discipline
et d'émulation qu'on ne saurait dédaigner, ensuite de soumettre
le bon vouloir et le repentir souvent simulé de la prison à l'épreuve
de la liberté, de soutenir les défaillances si fréquentes de la première heure, de couper court par une correction immédiate aux
premiers écarts, enfin de donner aux sociétés de patronage le moyen
d'action le plus efficace.

Peu de mesures semblent plus propres à influer sur la récidive.

Mais sous quelle forme et avec quel caractère convient-il de
l'appliquer ?

La proposition n'admet pas qu'elle puisse constituer un droit
pour le condamné qui a satisfait aux conditions réglementaires,
comme en Angleterre. Ce serait suivant son auteur, s'exposer à
donner à l'hypocrisie si commune parmi les détenus ce qui ne
doit appartenir qu'au repentir et à l'amendement sincères. Il convient d'ailleurs que l'Administration puisse tenir compte d'autres
éléments que de la conduite ou du travail à l'intérieur de la prison,
et notamment qu'elle ne se voie pas la main forcée par le malfaiteur avéré dont la mise en liberté prématurée risquerait de
causer une juste émotion.

La commission a partagé sa manière de voir (art. 1er).

Elle a également approuvé la disposition du projet qui appelle
les courtes peines, à partir de six mois d'emprisonnement, à
profiter de la nouvelle mesure et celle qui fixe à la moitié de la
peine le délai à partir duquel elle peut être réclamée. Elle ne se
dissimule pas cependant que ces deux dispositions constituent des
innovations importantes. On a longtemps pensé, en effet, que les

longues peines devaient seules y participer. C'est ainsi que l'Angleterre ne l'a appliquée qu'à la servitude pénale, dont le minimun est de cinq ans, la Saxe et le canton de Zurich qu'aux peines des travaux forcés et de la réclusion.

D'autre part, la durée d'abréviation accordée par les législations étrangères, sauf en Saxe où elle est facultative, ne dépasse pas le quart ou le tiers de la peine.

Nous n'avons pas cru devoir nous arrêter à ces précédents.

Si la mesure est bonne en elle-même, il est sage de l'étendre jusqu'à la limite du possible, et nous pensons tenir un compte suffisant de la nécessité sociale de ne pas affaiblir la répression en maintenant en dehors de la règle les peines inférieures à six mois.

En ce qui touche la réduction de la moité au lieu du quart ou du tiers de la peine prononcée, c'est une tradition ancienne en France que la grâce, généralement refusée au début de l'expiation, peut être accordée après l'expiration de la moitié de la peine. Pourquoi accorderait-on moins à la libération conditionnelle, généralement mieux justifiée et d'ailleurs toujours susceptible de révocation.

Mais la commission n'a pas cru devoir accueillir la disposition du projet par laquelle le droit de révocation accordé à l'Administration devait avoir, dans tous les cas et quelle que fût l'importance de la peine, une durée minimum d'une année. Elle a considéré que ce serait donner à la condamnation un effet qu'elle ne comportait pas et faire empiéter l'action administrative sur le domaine judiciaire, que de faire survivre à l'expiration de la peine un droit même indirect, dérivé de la peine elle-même.

Les formes de procédure proposées ont été adoptées avec quelques modifications de détail propres à les mieux préciser et à en mieux dégager l'esprit.

La libération conditionnelle sera prononcée par le ministre de l'Intérieur, après avoir pris l'avis du directeur de la prison, de la commission de surveillance et du chef du parquet (art. 3).

Le libéré ne pourra s'en voir retirer le bénéfice qu'en cas d'inconduite notoire ou d'infraction aux conditions spéciales exprimées dans son permis de libération. Ces conditions laissées à l'appréciation de l'Administration seront le plus souvent l'interdiction d'habiter le lieu où il a commis son crime, ou de rester éloigné de certains centres (art. 2).

L'Administration et la Justice auront également le droit d'ordonner provisoirement son arrestation dans l'intérêt de l'ordre public; mais le droit de la maintenir en révoquant la libération accordée n'appartiendra qu'au ministre de l'Intérieur (art. 3).

L'honorable M. Bardoux a critiqué la compétence du ministre de l'Intérieur en cette matière, et demandé qu'on attribuât plutôt au garde des Sceaux le droit de statuer soit sur la mise en liberté soit sur la révocation. C'était, suivant lui, porter atteinte au principe de la séparation des pouvoirs, que d'accorder à l'autorité administrative le droit de modifier l'exécution de la peine. Il y aurait, d'ailleurs, plus d'impartialité à attendre, en certaines matières, notamment en matière politique, de l'action d'un ministre moins directement engagé dans la poursuite. Enfin, il était naturel de remettre la mesure qui adoucit la peine dans les mains du pouvoir qui dispose seul de la grâce.

Ces considérations ont paru très importantes à la commission, elle n'a pas cru toutefois devoir les accepter. C'est une question très grave, fréquemment agitée par les publicistes et dont le Gouvernement a eu plus d'une fois à s'occuper, de savoir s'il ne conviendrait pas de rattacher le service pénitentiaire au ministère de la Justice. La plupart des États voisins ont été conduits à le faire par la considération que la condamnation ne recevant son effet que par l'exécution de la peine, et pouvant se trouver exposée à subir des modifications graves suivant le mode d'infliction, le service pénitentiaire.institué pour assurer cette exécution appartenait bien plutôt au domaine judiciaire qu'au pouvoir administratif.

Mais il ne pouvait convenir de trancher incidemment un aussi important débat.

A tort ou à raison, c'est aujourd'hui le ministre de l'Intérieur qui a la direction du service et la police des prisons. C'est lui qui règle et qui surveille leur discipline. C'est encore lui, d'ailleurs, qui, par l'action de la police, est le mieux en mesure d'exercer une surveillance sérieuse sur les libérés. Comment serait-il possible de ne pas lui remettre le double soin de juger de la conduite des détenus et de l'opportunité de leur réintégration?

On ne pouvait transporter cette attribution au pouvoir judiciaire qu'à la condition de lui accorder en même temps une autorité directe sur le service intérieur des prisons et sans risquer de créer des conflits.

La Justice qui a prononcé la peine, ne doit pas toutefois être dépouillée de tout contrôle sur les mesures qui peuvent en modifier l'exécution. Mais sa part d'action paraît suffisamment assurée par l'obligation imposée à l'Administration par l'article 3 de prendre l'avis du magistrat qui a requis la poursuite, et par le droit accordé par l'article 4 à l'autorité judiciaire de faire réintégrer provisoirement le libéré, lorsqu'il y a un intérêt d'ordre public.

Quel devra être le mode de surveillance employé vis-à-vis des libérés conditionnels? C'est là une question délicate : car de l'organisation qui sera adoptée peut dépendre le succès ou l'échec de la mesure. Nous empiéterions sur le domaine de l'Administration si nous voulions régler législativement ces détails. Mais il est un point qui doit être expressément mis en relief : c'est que cette surveillance ne saurait avoir aucun rapport avec la surveillance de la haute police instituée contre les repris de justice jugés dangereux.

On sait en effet le mal que cette institution a causé. Notre police très habile à rechercher les délits, très vigilante et très ferme dans l'exercice de ses devoirs habituels, ne s'est pas montrée jusqu'à présent aussi apte que celle d'autres pays à remplir cette sorte de ministère. Des règlements nouveaux devront nécessairement intervenir pour fixer ses attributions et ses devoirs à ce sujet, et ils devront soigneusement tenir compte de la différence essentielle à établir entre la catégorie supposée amendée des libérés conditionnels et les surveillés actuels de la haute police. C'est ce que la commission a voulu indiquer d'une manière formelle en qualifiant du mot «spéciale» dans le texte de l'article 5, la surveillance de nature particulière à établir.

Elle a une seconde fois exprimé la même pensée en adoptant le dernier paragraphe du même article, qui donne à l'Administration le droit de se substituer pour cette surveillance les sociétés de patronage agréées par elle,

Une dernière question restait à examiner.

Quelles devaient être les conditions dont l'accomplissement donnerait droit à profiter de la libération conditionnelle ?

La commission a pensé, avec l'auteur de la proposition, qu'il n'était pas possible de s'en rapporter absolument à cet égard à l'arbitraire des appréciations, que la libération devait être une mesure de justice, non de faveur, qu'il importait en conséquence de lui donner une base déterminée avec précision et en quelque sorte tangible.

Il ne peut être question, en cette matière, des motifs de situation personnelle, d'intérêts de famille ou de patronage qui, le plus souvent, déterminent la grâce. Instituée à titre de récompense et comme moyen d'émulation, sa base ne peut être, ailleurs que dans la conduite même du détenu. Mais, à cet égard, les moyens de constatation sont actuellement incomplets. L'Administration a bien créé dans certaines prisons, particulièrement dans les maisons centrales, des quartiers d'amendement et elle a l'habitude de se diriger principalement dans le choix des sujets qu'elle y envoie, comme dans les propositions de grâces, par l'examen de la situation morale des détenus. Mais elle n'a d'autres moyens d'établir cette situation que le témoignage des agents de la prison.

La commission n'a pas trouvé qu'il y eût là une garantie suffisante de la certitude des informations, et elle a jugé qu'il y aurait tout avantage à remplacer ce mode incomplet de preuve par la pratique, depuis longtemps établie à l'étranger, d'une sorte de comptabilité écrite, constatant jour par jour les notes méritées par chaque détenu.

C'est ce que l'Angleterre appelle le système des marques. Il consiste à inscrire chaque jour au nom de chaque détenu une note correspondante à sa conduite et une autre à son travail. On a ainsi la constatation exacte et officielle des efforts faits par le condamné en vue de racheter sa faute et les mesures de faveur dont il peut devenir l'objet ont l'assise la plus sûre et la mieux justifiée.

Il importe qu'un régime analogue prenne place dans nos institutions pénitentiaires. Il y constituerait par lui-même une des améliorations des plus notables qui puissent y être intróduites. Car il ne peut y avoir un meilleur stimulant à la bonne conduite que la certitude que tout se compte, que rien, ni dans le bien ni dans le mal, ne peut passer inaperçu et que les faveurs de l'Administration comme ses rigueurs ne peuvent s'égarer.

Mais si la libération conditionnelle vient ajouter une sanction comme récompense finale, au système, combien ne devient-elle pas un agent plus puissant de bon ordre et d'amendement ?

Il ne peut y avoir en effet dans la vie captive de stimulant comparable à celui qu'on peut tirer du désir ardent de liberté qui domine, quelle que soit sa condition, l'âme tout entière du prisonnier. Lui montrer qu'il peut exercer par sa conduite une influence sérieuse sur l'époque de sa libération, n'est-ce pas provoquer de la part du moins bien disposé l'habitude de l'effort continu et du respect de la règle, par la préoccupation de faire un pas de plus vers la liberté et le préparer presque inconsciemment à s'en montrer digne, quand l'heure de sa libération sonnera ?

La commission a d'ailleurs compris qu'elle empiéterait sur le terrain administratif, si elle arrêtait elle-même les règles du régime à établir. Elle a laissé à cet égard toute latitude à l'Administration et s'est bornée à déterminer son caractère général. Tel est l'ensemble des mesures qui devront réaliser l'institution de la libération conditionnelle.

M. le Directeur de l'Administration pénitentiaire, tout en se montrant partisan décidé de cette réforme, a fait quelque réserve sur son opportunité. Il pense qu'il conviendrait, avant de lui faire prendre place dans notre système pénitentiaire, de la préparer par des institutions spéciales.

Il est notamment dans les intentions de l'Administration de donner une plus grande extension aux catégories d'amendement. Elle se proposerait à cet égard de créer des maisons spéciales pour les condamnés jugés dignes de faveur et serait disposée à accorder alors, comme dernière récompense, à la population soigneusement triée de ces prisons une libération anticipée. Il serait peut-être prématuré d'adopter la proposition avant d'avoir réalisé ce projet.

La commission n'a pas été de cet avis; sans vouloir se prononcer sur le mérite de maisons spéciales d'amendés, elle a pensé que ce serait subordonner l'établissement d'une institution dont l'avantage était démontré à un événement peut-être aléatoire, ou tout au moins peu prochain et très coûteux, que de l'ajourner après la création de ces maisons.

La libération conditionnelle peut, dans sa pensée, s'adapter sans inconvénient à tous les régimes et y apporter immédiatement une notable amélioration. Elle peut donc être immédiatement établie.

Elle peut l'être sans aucune charge pour le Trésor, et son application ne peut nullement faire obstacle aux projets éventuels de la direction pénitentiaire.

Il y donc lieu d'adopter, dès maintenant, la proposition.

Une objection a enfin été faite sur la faculté accordée à l'Administration de se substituer les sociétés de patronage agréées par elle pour la surveillance des liberés conditionnels. Les sociétés de patronage, a-t-on dit, ne se soucieront pas d'exercer ce pouvoir. Il y aurait, d'ailleurs, des inconvénients à le leur confier, à raison de l'inégalité des garanties qu'elles peuvent actuellement offrir. — On a répondu que l'Administration ayant le droit, d'une part, de retirer son agrément aux sociétés qu'elle ne jugerait plus dignes de sa confiance, et de l'autre de n'user de la faculté qu'à son gré, il n'y avait aucun inconvénient à maintenir l'article 6, § 2, et que, suivant les cas, il pourrait présenter de sérieux avantages.

Patronage.

L'utilité du patronage au point de vue spécial de la diminution de la récidive n'est pas contestable.

On ne saurait mieux la définir que ne l'a fait récemment le

rapport présenté à la Chambre des députés sur le budget du ministère de l'Intérieur, au sujet de l'amendement de M. Martin Nadaud, relatif au crédit à accorder aux institutions de patronage.

« Une des plus grandes difficultés de l'œuvre pénitentiaire, dit-il (1), consiste dans l'action à exercer sur les condamnés après l'expiration de leur peine, afin de les garantir et de garantir le public contre leur retour au mal. »

« Le rôle des institutions de patronage est donc tout indiqué : suivre et encourager les efforts que les condamnés ont pu commencer à tenter à l'époque de leur détention pour s'amender ; les mettre en garde contre les entraînements et les périls de toute nature qui les menacent à leur sortie de prison ; leur donner conseil et appui pour éviter l'oisiveté, les fréquentations mauvaises, les associations dangereuses qui se forment dans les prisons et se continuent trop souvent au dehors ; leur épargner l'isolement, les affronts, le mépris qu'ils peuvent trouver parmi les honnêtes gens, lorqu'ils viennent avec sincérité peut-être, demander les moyens de travail et de subsistance ; les sauver du découragement qui fait trop vite évanouir les résolutions les plus louables et les plus péniblement formées, les arracher à l'influence des malfaiteurs endurcis qui se font comme les professeurs du vice et du crime, aux suggestions de la misère, aux passions haineuses qui transforment en implacables ennemis de la Société ceux qui ne peuvent trouver place dans cette Société ; réveiller l'idée du devoir, .'attachement à la famille, le sentiment d'honneur, le désir de devenir un homme comme les autres, pouvant marcher tête droite et front haut. »

« Telle est la tâche du patronage des libérés. »

Le congrès pénitentiaire de 1878 a reconnu que « le patronage des libérés adultes est le complément indispensable d'une discipline pénitentiaire réformatrice » et qu'il est une des mesures « qui peuvent efficacement concourir à la diminution de la récidive. »

On peut ajouter qu'il peut seul donner toute son efficacité à la libération conditionnelle.

Il suffit de se représenter la situation faite aux condamnés, à l'heure où sonne leur libération, par le sentiment de répulsion qui s'attache, particulièrement chez nous, à tout ce qui subit l'atteinte

---

(1) Rapport de M. Thomson, député, sur le budget de 1884. L'amendement de M. Martin Nadaud avait pour objet de faire élever le crédit relatif aux institutions de patronage de 40.000 à 100.000 francs.

de la loi, pour comprendre quelle action une assistance même momentanée peut exercer sur la récidive.

Que de délits ne vont pas se commettre, si une main secourable ne se présente pour offrir le travail, qui seul peut avoir raison du besoin ou de la tentation ? Que de rechutes ne seront pas, au contraire, épargnées si ce recours rencontre de bonnes intentions et un repentir sincère ?

Toute l'utilité, toute la portée sociale du patronage est là.

La plupart des États qui ont donné quelque attention à l'amélioration de leurs lois pénales en ont compris l'importance, et se sont occupés d'organiser ce complément indispensable, suivant l'expression du congrès, de leurs réformes. Quelques-uns ont voulu en faire une institution officielle, ce qui n'est peut-être pas le moyen de lui donner le plus d'extension et d'autorité. D'autres, en plus grand nombre, se sont étudiés à encourager les sociétés créées par l'initiative privée et à les soutenir à l'aide de subventions. C'est ainsi que se sont créées en Belgique, en Danemark, en Hollande en Italie et particulièrement en Amérique et en Angleterre de très nombreuses sociétés pour le patronage des libérés.

C'est le système qui a également prévalu chez nous.

« L'Administration, dit encore sur ce point le rapport déja cité de M. Thomson, peut-elle se charger elle-même des actes et des œuvres de bienfaisance, de charité, qui doivent revêtir tant de formes diverses ? Doit-elle par ses fonctionnaires et ses agents officiels, pénétrer chez le libéré, dans le secret des familles, suivre l'homme qui a payé sa dette, dans la retraite où il se réfugie, dans les professions qu'il exerce, dans le milieu social où il s'efforce de prendre place ? Pourra-t-elle avec discrétion, avec secret, pressentir les dispositions, les faiblesses, les souffrances de ce libéré, dans les multiples situations et conditions d'existence où il aura besoin, sans l'avouer toujours, soit d'un avis sévère ou d'un appui direct, d'un secours ou d'un métier, d'une exhortation vigoureuse ou d'un mot de recommandation, de pain ou de vêtements, d'outils ou de médicaments, d'une intervention quelconque en sa faveur ou en faveur de sa femme et de ses enfants. »

« L'intervention directe des fonctionnaires et agents de l'autorité ne dévoilerait-elle pas d'ordinaire le passé même que le libéré veut cacher à tout prix ? Ne raviverait-elle pas la honte et les effets de la condamnation qu'il faudrait, si elle est réparée par une bonne conduite, pouvoir faire oublier à tous, hormis à celui qui doit en garder la terrible leçon ? »

« C'est donc à l'initiative. privée que cette tutelle officieuse, ces fonctions de bienfaisance ont dû être laissées. C'est à cette conclusion que se sont arrêtés les hommes qui se sont occupés avec le plus de compétence de ces questions délicates et complexes du patronage. »

« Il est reconnu aujourd'hui, par toutes les administrations pénitentiaires de l'Europe et de l'Amérique, et par tous les publicistes versés dans l'étude de ces questions, que l'État doit laisser à l'initiative privée la tâche d'assurer le patronage, que son rôle doit se borner à prêter son appui moral aux sociétés et à les encourager par des subventions. »

Le nombre des sociétés de patronage est aujourd'hui de 60. Mais le bien que font la plupart d'entre elles est à l'heure actuelle fort limité et la cause en est uniquement dans le peu de ressources dont elles disposent. Les œuvres de cette nature sont encore, il faut bien le reconnaître, peu populaires. La charité privée ne se sent pas entraînée vers elles et elle leur mesure très parcimonieusement ses dons.

D'un autre côté, les subventions de l'État, bien que le crédit alloué au budget ait été élevé il y a quelques années de 20.000 à 40.000 francs et vienne d'être porté cette année, par la bienveillance des Chambres et du Gouvernement, à 60.000 francs sont très limitées. La société qui reçoit le plus aujourd'hui du Gouvernement n'a qu'une allocation de 15.000 francs, alors que l'Angleterre donne annuellement près de 90.000 francs à une seule des institutions analogues.

De plus, ces allocations sont toujours sujettes à réduction, même à retrait, de sorte qu'il n'est pas une de nos sociétés qui ait un budget réellement assuré. C'est là la raison principale qui s'oppose à leur développement.

Car s'il est peu d'institutions qui soient moins assurées de leurs ressources, il faut reconnaître qu'il n'y en a pas qui exigent davantage. Ce n'est point qu'elles aient beaucoup à donner à ceux qu'elles soutiennent. La règle de la plupart d'entre elles est que le patronage doit bien plus consister à procurer du travail qu'à donner de l'argent. Les quelques secours qu'exigent parfois le rapatriement ou quelques circonstances exceptionnelles ne sont donc pas ce qui constitue la grosse dépense des sociétés de patronage. Mais l'organisation nécessaire pour la recherche du travail et la surveillance des patronnés exige, à côté du personnel de direction ou de contrôle, qui n'est jamais rétribué, un service actif dont il est impossible de ne pas rémunérer le labeur. Il faut de plus, un vestiaire pour que le libéré puisse se débarrasser des haillons qu'il apporte le plus souvent de la prison, et se présenter décemment au patron qu'il va solliciter.

Enfin, et c'est la charge la plus lourde, la plupart des sociétés ont aujourd'hui reconnu la nécessité d'ouvrir des asiles où les libérés puissent passer, sous une surveillance plus attentive, les quelques jours nécessaires pour trouver à s'occuper. On comprend, en effet, combien l'action du patronage peut se trouver compromise lorsque, faute de pouvoir les loger et les nourrir pendant ce court temps de recherche et d'attente inévitable, il faut, avec le bon de nourriture ou de logement dans quelque pauvre garni, les replonger oisifs dans le milieu où ils ont une première fois trouvé leur perte.

La société royale des prisons de Londres a dépensé, en 1881, pour 590 hommes et 69 femmes secourus, une somme de 117.134 fr. ou 107 francs par libéré.

Si l'on veut organiser sérieusement le patronage, c'est surtout de ce côté qu'il faut porter l'attention.

On ne saurait trop, en effet, le répéter. Ce qu'il faut avant tout et ce qui nous manque le plus, c'est l'argent.

Il faut sortir d'une situation aussi précaire.

Le Gouvernement et la Chambre l'ont compris et, si insuffisant que soit encore le crédit affecté au budget, il faut les remercier de la sollicitude que le patronage rencontre de leur part. L'avenir permettra sans doute de faire mieux.

Mais il y a autre chose à faire dès maintenant.

Il faut que les sociétés de patronage puissent, à la condition que le Gouvernement ait approuvé leur organisation, être assurées d'avoir la protection de l'État.

Accomplissant une œuvre sociale, il faut qu'elles aient un droit reconnu de participer à des subventions dans la mesure de leurs œuvres.

Il faut encore, si la libération conditionnelle doit être instituée, leur accorder, à l'imitation de ce qui se passe pour les sociétés de jeunes détenus, une allocation par chaque libéré conditionnel confié à leur sollicitude.

Ce sont les trois propositions que contenait le projet. La commission se les est appropriées, en modifiant toutefois leur forme.

Sur le premier point elle a rejeté, tout en approuvant la pensée qu'elle avait pour but d'exprimer, la déclaration de principe formulée par le premier paragraphe de l'article 11 : « Les sociétés de patronage sont placées sous la protection du Gouvernement ».

Il lui a semblé que de pareilles déclarations sortaient des formes ordinaires de la loi, et que, d'ailleurs, le droit à participer aux subventions de l'État fixé par le paragraphe suivant caractérisait suffisamment l'esprit de la disposition nouvelle.

En ce qui touche la rémunération à attribuer, en cas de libération conditionnelle, elle a substitué le chiffre de 0 fr. 50 par jour à celui de 1 franc, jugeant que les allocations supérieures de 0 fr. 70 à 0 fr. 80, accordées pour les jeunes détenus, s'expliquaient par la charge, imposée aux sociétés, de les conserver pendant un temps prolongé dans leurs établissements, charge qui ne devait pas se produire pour les adultes.

Enfin, elle a décidé que les sociétés admises à jouir de ces dispositions nouvelles seraient seulement celles qui auraient été agréées par le Gouvernement. Pourquoi agréées et non reconnues, comme le portait l'article précédent de la proposition ?

On a pensé que la reconnaissance, impliquant une longue procédure et l'intervention du conseil d'État, pourrait entraîner, aussi bien pour le retrait que pour la demande, des inconvénients réels, que le Gouvernement n'avait pas besoin de formalités aussi complexes pour s'assurer de la bonne direction d'une société de patronage, et qu'il devait en même temps conserver toute liberté d'intervenir par de promptes mesures contre les institutions qui ne présenteraient plus les garanties propres à justifier sa confiance. L'agrément ministériel devait suffire. C'est, du reste, le terme dont se sert la loi en matière d'association.

Ces diverses mesures ont été de la part de M. le Directeur de de l'Administration pénitentiaire l'objet de quelques critiques.

L'Administration ne pouvait être privée du droit de dispenser ses faveurs suivant l'appréciation qu'elle pouvait avoir à faire du mérite des diverses sociétés. Elle ne pourrait être mise dans la nécessité d'accorder des subsides à une institution indigne ou incapable. Certaines sociétés pourraient même se former dans un but de spéculation.

La commission a cependant persisté. Elle n'a pas cru que du moment que le ministre aurait le droit de refuser ou de retirer son agrément, il put y avoir une gêne sérieuse pour lui dans la règle nouvelle, et elle a pensé que la répartition des allocations suivant le nombre de libérés assistés était une trop juste base pour qu'elle pût être repoussée sans des motifs plus considérables. Elle n'a pas jugé d'ailleurs que la pensée de spéculation qui peut se rencontrer parfois de la part des institutions qui profitent du travail des détenus, pût jamais exister de la part de sociétés qui se bornent à en procurer sans en retirer aucun avantage. Là, d'ailleurs encore, le droit appartenant au ministre de retirer l'agrément du Gouvernement suffit pour couper court à tout abus.

Réhabilitation.

La réhabilitation rentre essentiellement dans le même ordre d'idées que la libération conditionnelle et le patronage.

De toutes les sources que la science pénitentiaire met à la disposition du législateur pour amender le coupable, il n'en est pas, dit l'exposé des motifs, de plus efficace et de plus active que l'espoir de la réhabilitation. Il n'en est pas en même temps de plus morale, de plus élevée et de plus conforme aux idées de justice et d'humanité.

La conception d'une réintégration de l'homme qui a racheté sa faute par une vie exemplaire dans tous les droits dont la condamnation l'a privé, est fort ancienne. On la trouve sous des formes diverses dans le droit romain comme dans nos vieilles coutumes. Elle est en quelque sorte de droit naturel, car elle puise sa source dans un des sentiments les plus profonds de la conscience humaine.

Si la Société a le droit d'infliger des peines, n'a-t-elle pas, en effet, le devoir d'affranchir de ses effets celui qui s'est notoirement relevé?

Relever ne lui importe d'ailleurs pas moins que punir. Le pardon est une des formes les plus salutaires de l'exemple. Le spectacle d'une réhabilitation justement prononcée peut porter plus de fruits que la vue d'un échafaud.

Depuis que la philosophie moderne a placé le devoir de corriger à côté du droit de punir la réhabilitation a pris en outre une nouvelle importance. Elle est devenue le but et le complément d'un bon système pénitentiaire. A quoi bon provoquer le détenu au repentir par le régime de la peine, à quoi bon le soutenir par le patronage après sa libération, si aucun but n'est proposé à ses efforts, aucune récompense promise à sa persévérance?

La justice, l'intérêt social, l'humanité se réunissent donc pour constater la haute utilité de la réhabilitation, et la nécessité d'en ouvrir largement l'accès à ceux qu'une constance suffisamment éprouvée dans le bien en rend réellement dignes.

Aussi n'est-il pas une législation en Europe dont elle n'occupe une place importante.

En France, elle a été tenue en honneur à toutes les époques de notre histoire judiciaire. Elle fait actuellement l'objet d'un chapitre spécial de notre code d'instruction criminelle. (Chap. 4 du titre VII.)

Malheureusement le caractère qui lui est attribué et les formalités auxquelles elle se trouve subordonnée en restreignent singulièrement l'application. Par suite de ces vices de son organisation, pendant longtemps et jusqu'en 1860, le nombre des réhabilitations n'a pu atteindre le chiffre de cent par année. Si depuis il s'est sensiblement accru, grâce à quelques modifications de la législation, grâce surtout aux efforts faits par l'Administration pour atténuer les difficultés de la procédure légale, il ne s'est point encore élevé au-dessus de cinq cent cinquante. Résultat plus que médiocre, comparé aux deux cent à deux cent dix mille condamnations prononcées chaque année par nos juridictions de tout ordre.

Il ne peut être douteux pour aucun de ceux qui ont concouru à un titre quelconque à l'œuvre de la Justice que ce chiffre de cinq cents réhabilitations serait considérablement augmenté, au grand avantage à la fois des condamnés et de la Société, si la loi n'opposait à la plupart des demandes des obstacles devant lesquels on voit souvent les plus légitimes reculer.

Le principal est le suivant :

Il faut que la demande d'abord adressée au procureur de la République, soit soumise par ce magistrat à l'examen des conseils municipaux de toutes les communes que le suppliant a pu habiter, et les délibérations dressées à cet effet doivent faire mention expresse qu'elles ont été rédigées pour servir à l'appréciation d'une demande en réhabilitation (art. 624 du code d'instruction criminelle).

« Voilà un homme, dit un magistrat (1), qui, sa peine subie s'est, à force de patience et de courage, créé une existence nou velle. Afin de mieux attester sa ferme volonté de rompre avec un passé déplorable, il s'est expatrié. Dans le milieu où il s'est établi, il est parvenu à dissimuler ses antécédents. »

« Comme on ne le juge que par ses œuvres actuelles, il a la réputation d'un honnête homme et personne ne lui refuse l'estime. Nul mieux que lui n'a mérité la réhabilitation ; mais la sollicitera-t-il si vous l'obligez à faire revivre un passé définitivement racheté ?

---

(1) Discours de rentrée prononcé devant la cour d'appel de Grenoble, en 1881, par M. Duhamel, substitut du procureur général.

Il a tout à perdre à étaler sa honte devant ses nouveaux concitoyens. Le succès de ses démarches ne sera pas un remède complètement réparateur du préjudice occasionné par un aveu de sa faute. Même en déclarant que l'expiation a été complète, le pouvoir souverain le laissera sous le coup de la défaveur qui s'attachera à sa qualité désormais publique de repris de justice. Mais un échec est possible!.. En ce cas le rejet de sa demande le couvrira de confusion et équivaudra à une nouvelle condamnation plus douloureuse que la première... »

Les sociétés de patronage savent combien de ces malheureux se croyant arrivés, après de longues années de persévérants efforts, à toucher le but, sont vaincus par le découragement lorsque, se présentant avec leur demande, ils apprennent la condition rigoureuse, presque inacceptable, à laquelle la loi en a subordonné l'examen.

Une autre exigence n'est pas moins cruelle pour certaines catégories de condamnés. Ils doivent justifier d'une résidence continue dans le même arrondissement de trois ou cinq années suivant la nature de la condamnation sur lesquelles deux années doivent avoir été passées dans la même commune (art. 621). Cette règle n'avait rien que de naturel à une époque où le travail de l'ouvrier était généralement sédentaire. Elle se trouve aujourd'hui en contradiction avec les conditions économiques du travail moderne. Le terrassier lui-même est obligé de suivre d'une commune, d'un arrondissement, parfois d'un département à l'autre les travaux qui lui assurent son salaire. L'ouvrier d'industrie est plus exposé encore, par l'effet du mouvement incessant, de la concurrence, des chômages, des déplacements industriels, ou par les nécessités de son éducation professionnelle, à changer de lieu. Comment pourront-ils l'un et l'autre satisfaire au vœu de la loi.

Il faut, en outre, aux termes de l'article 623, justifier du payement des frais de justice, de l'amende et des dommages-intérêts ou de la remise qui en a été faite.

La condition est assez rigoureuse en ce qui concerne les frais de justice. Car la solidarité légale qui existe à cet égard entre coauteurs ou complices des mêmes faits, peut en rendre la charge très lourde dans les affaires comprenant plusieurs condamnés, et divers arrêts de la cour de cassation décident, malgré la géné-

---

(1) Arrêt de la cour de cassation du 17 novembre 1871 et circulaire du 17 mars 1853.

ralité des termes de la loi qu'aucune remise ne peut être accordée à cet égard (1). Les pratiques administratives ont de plus sensiblement aggravé la disposition de la loi relativement aux dommages-intérêts prononcés ; on exige encore de lui, au cas où la partie lésée n'en a pas réclamé, une réparation, fixée administrativement, du dommage causé. On va même jusqu'a lui demander, lorsqu'il s'agit d'un attentat contre les personnes resté sans préjudice matériel, la réparation morale du pardon de la victime (1).

La pensée qui a inspiré ce surcroît d'exigence prend assurément sa source dans une préoccupation élevée, celle de ne laisser à la partie lésée aucune cause de revendication ou même de mécontentement. Mais il est impossible de ne pas constater qu'elle a ajouté de nouvelles entraves à celles de la loi, il est facile de montrer que ces nouvelles entraves aboutissent parfois pour le condamné à une impossibilité absolue d'en réclamer le bénéfice.

Qu'arrive-t-il, en effet, si le postulant est manifestement sans ressource, si la partie lésée refuse sans motif, ou par quelque raison d'injustifiable malveillance, de recevoir la réparation pécuniaire offerte ou de donner le pardon réclamé, ou encore si le temps souvent fort long écoulé depuis la condamnation a fait perdre toute trace de sa résidence ? Les traditions généralement bienveillantes et libérales de la chancellerie ont à la vérité souvent admis des tempéraments à cette règle. Mais il suffit qu'ils puissent être refusés pour que la demande ne puisse aboutir.

La conséquence de ces diverses observations est aussi cruelle qu'évidente. La réhabilitation n'est guère en fait accessible à l'homme sans autre ressource que son travail journalier. N'est-ce pas dire que l'institution ne s'adresse en réalité qu'à un bien petit nombre de condamnés ?

Tels sont les obstacles tirés des conditions imposées à la demande et des formes d'instruction auxquelles elle se trouve soumise. Ceux qui naissent du caractère attribué par la législation actuelle à l'acte qui statue définitivement, quoique d'une gravité moindre, ne sont pas non plus sans importance.

La réhabilitation n'est plus, comme l'avait créée le droit romain, comme l'avaient voulue nos anciennes ordonnances, comme l'Assemblée constituante l'avait à son tour décrétée, une sorte de recours de justice constituant un droit accordé au repentir sincère

---

(1) M. Billecocq, chef de division au ministère de la Justice et des Cultes. *De la réhabilitation en matière criminelle, correctionnelle et disciplinaire,* 1868, p. 25.

et à la bonne conduite constatée, et produisant la *restitutio in integrum*, c'est-à-dire non seulement la restitution des droits enlevés par la peine au condamné, mais encore et surtout, suivant le langage expressif de notre vieux droit, sa réintégration dans *sa bonne fame et renommée*. Elle n'est plus aujourd'hui, comme la grâce, qu'un simple acte de bienveillance et de faveur.

La Justice y intervient à la vérité, mais c'est uniquement pour vérifier l'accomplissement des conditions imposées et donner un avis sur la légitimité de la demande. Sa décision, souveraine s'il s'agit du rejet, n'a pas de force pour l'admission qu'autant qu'elle est approuvée par le chef de l'État, c'est-à-dire par le pouvoir ministériel. En outre elle n'a pas d'autre caractère que de relever le postulant des incapacités attachées à la condamnation.

De là deux conséquences. La demande, même accueillie par la Justice, peut-être repoussée. C'est le manuel spécial publié sous les auspices du ministère de la Justice qui le dit (1) et les comptes rendus de la statistique criminelle témoignent qu'assez fréquemment, au moins au début, il a été usé de ce droit. En second lieu, son admission, n'effaçant que les conséquences de la peine, laisse en réalité subsister la condamnation et la flétrissure morale.

Voici donc la situation dans laquelle la loi met le condamné qui est parvenu, à force de persévérance et de courage, à se donner des droits légitimes à l'estime publique.

Il faut d'abord qu'il s'astreigne, en dépit des exigences de sa situation, de sa profession, de ses intérêts, à fixer sa résidence pendant trois ou cinq ans dans un lieu déterminé.

Il faut ensuite qu'il se soumette à la loi, plus dure, de raviver publiquement le souvenir, sans doute oublié, de sa faute, au risque de compromettre la considération, peut-être la situation acquise à grand'peine.

Pauvre ou riche, il faut encore qu'il trouve le moyen de satisfaire le Trésor, et de désintéresser celui qui a souffert de son délit, heureux si on ne l'oblige pas à faire amende honorable devant lui.

S'il recule devant l'une ou l'autre de ces formalités ou s'il est dans l'impossibilité d'en remplir quelqu'une, la loi n'existe pas pour lui. Eût-il en fait, vingt fois mérité d'être remis au rang des honnêtes gens, la réhabilitation lui est interdite.

S'est-il résigné et est-il parvenu à satisfaire à toutes les exi-

---

(1) Billecocq, p. 57.

gences de la loi, il n'est point encore assuré de voir sa demande accueillie. Car le pouvoir ministériel a le droit, même après constatation par Justice de l'accomplissement de toutes les conditions, de rejeter la requête, sans même être astreint à donner les motifs de son refus.

Mais les lettres de réhabilitation, si longuement, si ardemment désirées, si chèrement achetées, arrivent enfin. Hélas! elles ne peuvent lui donner ce qui a été le but principal de sa recherche, la seule chose peut-être qui a soutenu sa constance et que leur titre semblait si bien lui promettre : l'effacement de la condamnation. Par leur effet, il peut désormais être électeur, juré; mais il ne cesse pas d'être un libéré. Le casier judiciaire subsiste, et ce n'est que par une concession assurément fort louable de la chancellerie, mais toute récente et peut-être en opposition avec l'esprit de la loi, que les extraits qui en sont délivrés au public ne relèvent pas la condamnation (1).

Peut-on s'étonner que dans de pareilles conditions le nombre annuel des demandes soit aussi restreint et que les salutaires effets qu'on devrait recueillir de l'institution se trouvent à peu près paralysés?

La plupart de ces vices de législation ont été depuis longtemps et très fréquemment signalés. L'éminent auteur du *Traité de l'instruction criminelle* a particulièrement relevé l'inconséquence qu'il y a, en droit, à faire dépendre de la faveur gouvernementale ce qui ne devrait être qu'un acte de justice intervenant sur un véritable recours de droit (2), et combien il est contradictoire d'exiger des formes de publicité qui ont pour effet de « flétrir l'homme dont on veut effacer la flétrissure » (3).

Un grand nombre d'auteurs ont, comme lui, réclamé une réforme de l'institution (4).

La même opinion s'est produite au congrès international de patronage des libérés tenu pendant la dernière exposition universelle

---

(1) Circulaires du bureau de la statistique du 25 novembre 1871 et du 6 décembre 1876.

(2) Faustin-Hélie, tome IX, p. 576.

(3) — — p. 572.

(4) Lair, *de la Réhabilitation*, 1859. — Gabriel Demante, *Étude sur la réhabilitation, Revue du droit français et étranger*, t. XVI. — Lajoye, *la Loi du pardon*, 1882, et l'article publié par le *Bulletin de la société générale des prisons*, de novembre 1880. — Molinier, *de la Réhabilitation des condamnés*, 1870. — Serrigny, *Traité du droit public des Français*, t. Ier, p. 107. — Alianelli, conseiller à la cour de cassation de Naples.

au palais du Trocadéro. Divers orateurs y ont établi, avec une grande vigueur, tout ce que certaines des formalités légales avaient d'impraticable (1). Les travaux de la société générale des prisons attestent que cette préoccupation est partagée par la réunion d'hommes particulièrement compétents qui la composent (2). La magistrature si bien placée pour juger des imperfections de nos lois, ne demeure pas étrangère à ce mouvement d'opinion, témoin le remarquable discours de rentrée cité plus haut.

Enfin, la chancellerie elle-même semble, au moins partiellement, le favoriser de son adhésion. On lit, en effet, dans le dernier rapport du compte général de l'administration de la justice criminelle publié sous ses auspices, ce vœu très net bien qu'indirect que « peut-être il y aurait un plus grand nombre de réhabilitations si la loi, en exigeant des attestations des conseils municipaux, n'obligeait le condamné à réveiller le souvenir d'une faute, après plusieurs années d'oubli ».

Il est temps de donner satisfaction à d'aussi unanimes et aussi justes réclamations.

La question est assurément délicate. Il ne faudrait pas, en effet, pour ouvrir plus largement la porte aux demandes légitimes, risquer de donner des facilités trop grandes aux prétentions injustes ou simplement trop hâtives. La Société a le devoir de ne pas sacrifier à l'intérêt individuel les garanties sociales dont elle a la responsabilité et le dépôt.

Mais il ne semble pas impossible de concilier ce double intérêt.

L'étude des diverses transformations que l'institution a subies avant de devenir ce que le code d'instruction criminelle en a fait, peut aider utilement dans la recherche des réformes propres à l'améliorer.

Notre ancien droit, dit l'exposé des motifs, s'inspirant de la législation romaine, avait donné avant tout à la réhabilitation le caractère d'un acte de justice, d'une réparation d'honneur, réintégrant d'abord le réhabilité dans la situation morale dont l'infamie de la condamnation l'avait fait déchoir et que la constance de sa bonne conduite lui faisait justement recouvrer. La restitution légale des droits dont la peine avait pu le priver n'était, à proprement parler, que la conséquence du relèvement de son indignité morale. Les lettres de réhabilitation, dit Rousseau de la Combe, rétablis-

---

(1) Compte rendu du congrès international de patronage.

(2) *Bulletin de la société générale des prisons.* Rapport de M. Dubois ,ancien magistrat.

saient le condamné « en sa bonne fame et renommée sans qu'il pût lui être imputé aucune incapacité ni aucune note d'infamie, lesquelles demeurent ôtées et effacées avec pouvoir de contracter et de faire tous actes civils ».

Aucune condition n'était d'ailleurs imposée à la demande. Le pouvoir royal, de qui émanait toute justice, s'enquérait comme il le jugeait bon, et prononçait par lettres spéciales, enregistrées sans remontrances.

L'Assemblée constituante qui, dans sa préoccupation d'isoler l'action de la Justice de toute ingérence du pouvoir royal, allait jusqu'à supprimer le droit de grâce, ne pouvait maintenir ces formes. Mais les modifications qu'elle y apporta témoignent avec une grande évidence qu'elle n'entendit nullement altérer le double caractère d'acte de justice et de réparation sociale que lui avait donné la monarchie. Loin de là, le fait que la décision fut transportée au pouvoir judiciaire fit désormais de la demande un véritable recours de droit, et la formule solennelle mise dans la bouche du président en accentua encore la signification.

Pour mieux préciser, la demande, soumise d'abord à la double condition d'un séjour de deux années dans la même commune et d'un laps de temps de dix années courues depuis l'expiration de la peine, était instruite par les soins de la commune. En cas d'admission par le conseil, deux officiers municipaux conduisaient le condamné devant le tribunal criminel, déclaraient que la tache de son crime était effacée ; puis le président du tribunal prononçait la formule suivante : « Sur l'attestation et la demande de votre pays, la loi et le tribunal effacent la tache de votre crime ».

Bien que s'inspirant dans son essence des principes sur lesquels doit reposer la matière, cette procédure à la fois insuffisante et théâtrale produisit de médiocres effets. Les demandes légitimes hésitèrent à affronter une publicité trop retentissante, et les complaisances municipales ouvrirent, paraît-il, un trop large accès aux sollicitations mal justifiées.

Aussi, lorsqu'au commencement de ce siècle, l'ensemble de nos lois pénales fut soumis à une refonte générale, l'institution fut-elle bien près d'être condamnée. Cambacérès la sauva en démontrant que les abus constatés ne pouvaient être imputés au principe de justice et d'incontestable utilité sociale sur lequel elle reposait. Mais il ne fut pas libre de faire admettre sans modifications la logique et juridique organisation qu'il avait conçue. Dans sa pensée, la demande instruite par le soin des parquets devait être soumise à l'appréciation de la cour d'appel du ressort. Celle-ci statuait sur l'admission ou le rejet par un arrêt rendu en la forme ordinaire. Seulement son arrêt ne devenait exécutoire, en cas d'admission, qu'en vertu de lettres du prince. A ces règles fut substituée la procédure hétérogène encore en vigueur aujourd'hui, d'après laquelle la cour, saisie après enquête du parquet, a tout pouvoir pour rejeter, mais ne peut, en cas d'admission, donner qu'un avis sur lequel le pouvoir exécutif reste libre de statuer comme il le juge bon.

Par l'effet de cette seule substitution la réhabilitation a cessé d'être un recours de droit, pour devenir un simple acte de clémence. Car il n'y a pas de recours de justice là où la décision dépend de la faveur administrative, quels que soient d'ailleurs les principes de justice dont elle puisse avoir coutume de s'inspirer.

Mais une modification peut-être plus grave encore est résultée du remaniement de la loi. La réhabilitation cessa d'être une mesure de réparation sociale et de produire l'effacement de la condamnation et de l'infamie encourues. Elle fut réduite aux proportions d'une simple mesure d'ordre civil mettant fin aux incapacités entraînées par la condamnation. « La réhabilitation, se borne à dire l'article 634 du code d'instruction criminelle, fait cesser pour l'avenir, dans la personne du condamné, toutes les incapacités qui résultaient de la condamnation. »

On fit plus. On restreignit la faveur de la loi aux seuls individus frappés de peines afflictives et infamantes, ce qui excluait le plus grand nombre des condamnés.

Les conseils municipaux perdirent le droit de prononcer sur les demandes. Mais ils durent être consultés dans toutes les communes successivement habitées par le postulant et leurs délibérations durent faire mention expresse du but de la demande. L'enquête devait comprendre en outre les avis du maire, du juge de paix, du procureur impérial et du procureur général. Enfin la demande devait être insérée pendant un délai déterminé dans certains journaux. Quant aux conditions d'admission adoucies en un point, la durée du laps de temps exigé depuis l'expiration de la peine, qui était réduite de dix ans à cinq ans, elles étaient aggravées de l'obligation d'une résidence de cinq années dans le même arrondissement. Le récidiviste ne pouvait invoquer le bénéfice de la loi.

. Ces formes et conditions sont encore celles qui nous régissent, sauf qu'une loi plus libérale, celle du 3 juillet 1852, a supprimé la formalité de l'insertion dans les journaux et a acquis les condamnés correctionnels et certaines catégories de récidivistes au bénéfice de la réhabilitation. Mais en même temps a été introduite la condition du payement des frais de justice, de l'amende et des dommages-intérêts ou de la justification d'une remise. Nous avons dit plus haut en quoi quelques-unes d'entre elles paraissaient justifier la critique. Il est temps d'indiquer les modifications dont elles sont susceptibles.

Cet exposé montre suffisamment ce qu'il y a à faire.

I

Attestations des conseils municipaux.

Pour parler d'abord des attestations municipales :

« On comprendrait, dit le magistrat déjà cité, qu'on hésitât à y renoncer, si elles offraient une garantie efficace, difficile à suppléer par d'autres moyens. Qu'on me permette de douter, sans vouloir porter atteinte à la légitime autorité des mandataires de la commune, qu'il y ait lieu d'attribuer une semblable valeur à ces délibérations. Dans les grandes villes, le condamné sera habituellement un inconnu pour le conseil municipal ; l'avis de cette assemblée reflétera des renseignements recueillis par un employé subalterne bien plutôt que le sentiment éclairé de l'opinion, qui n'a pas eu l'occasion de se manifester. Dans les communes rurales les dangers sont d'une autre nature. Les passions locales, les petites rivalités auront d'une manière inconsciente part aux délibérations. La politique cherchera à faire sentir son influence toujours pernicieuse pour la justice. On doit aussi compter avec la crainte qu'inspirent quelquefois les condamnés libérés, et il n'est pas sans exemple qu'une lettre confidentielle soit venue rectifier et atténuer une attestation trop élogieuse arrachée à une faiblesse excusable. »

Il est donc douteux que la formalité offre les avantages qu'on en attendait. Ne peut-il y être suppléé ? La commission a pensé comme l'auteur de la proposition que le témoignage du ou des maires, contrôlé par celui du juge de paix, du sous-préfet, du procureur de la République, et finalement soumis à l'appréciation du procureur général, suffisait à toutes les exigences de l'enquête la plus approndie. Il ne faut pas d'ailleurs oublier que la cour d'appel a toujours le droit, si les renseignements qui lui sont apportés ne paraissent pas suffisants, d'ordonner un supplément d'information (art. 624 et 627).

La rédaction nouvelle proposée par le projet a en conséquence été adoptée.

II

Obligation d'une résidence continue de cinq ans dans le même arrondissement et de deux ans dans la même commune.

La chancellerie a depuis longtemps reconnu qu'elle était dans la nécessité de se départir de ces conditions de résidence à l'égard des militaires appelés sous les drapeaux.

« Pour le temps passé sous les drapeaux ou à la mer, depuis la libération des condamnés, dit M. Billecocq, les certificats des chefs de corps ou des commissaires de l'inscription maritime tiennent lieu des attestations qui viennent d'être énumérées. » La même faveur est accordée en cas de séjour à l'étranger.

La condition n'est donc pas considérée par l'Administration comme indispensable. On reconnaît qu'il peut dans certains cas y être suppléé sans danger pour les intérêts sociaux.

Le cas de l'ouvrier qui a été obligé de subir les conditions du travail auquel il demande son pain, n'offre pas moins d'intérêt que celui du militaire appelé sous les drapeaux ou du condamné qui est allé chercher à l'étranger des moyens d'existence. La justice veut que ces divers cas soit assimilés. Il convient en outre que ce soit par l'effet de la loi et non par la faveur d'une immunité administrative, qu'ils bénéficient d'une exception.

La commission a en conséquence admis que ces catégories de postulants doivent être affranchies de la condition de résidence imposée par la loi, s'ils justifient, les uns d'attestations satisfaisantes de leurs chefs militaires, les autres de certificats de leurs patrons ou chefs d'administration, constatant leur bonne conduite.

Elle a toutefois, sur ce point, fait quelques modifications de détail au texte de la proposition.

III

Payement des frais de justice, de l'amende et des dommages-intérêts, ou justification de la remise qui en a été faite.

Il convient en premier lieu qu'il ne puisse être ajouté aucune exigence administrative aux prescriptions déjà bien rigoureuses de la loi que l'obligation des condamnés se borne en conséquence à acquitter les frais de justice, l'amende et les dommages-intérêts auxquels ils ont été réellement condamnés, ainsi que le porte expressément le texte de la loi, article 623, et qu'ils ne soient point astreints à des réparations soit pécuniaires soit morales, que la Justice n'a point prononcées et dont personne n'a même songé à la saisir.

La commission n'a pas cru devoir donner une forme législative à l'expression de ce vœu. Mais elle a décidé qu'il serait formellement mentionné dans le rapport.

Il est juste en outre que la cour ait le droit, en cas d'insolvabilité constatée du postulant, de passer outre en le dispensant, par l'arrêt même de réhabilitation, de justifier du payement de tout ou partie des frais de justice et qu'elle puisse, s'il y a eu condamnation solidaire, réduire ses obligations aussi bien pour le payement des dommages-intérêts et du passif de la faillite (en cas de banqueroute) que des dépens à une contribution proportionnelle.

Il faut enfin lui donner un moyen de poursuivre sa demande au cas où la partie lésée refuserait les réparations prescrites par la loi ou ne pourrait être retrouvée.

La commission, d'accord sur tous ces points avec la proposition, a cru, cependant, devoir lui faire subir deux modifications importantes.

En premier lieu, il ne lui a pas paru que la forme proposée pour donner à la cour d'appel le droit de diminuer les obligations pécuniaires du postulant, fût en harmonie avec nos principes de droit public.

Il n'appartient pas au pouvoir judiciaire de faire remise des condamnations pécuniaires.

L'expression était impropre. On lui a substitué la disposition assurément plus juridique qui suit: « Si le demandeur justifie, qu'il est hors d'état de se libérer des frais de justice, la cour peut accorder la réhabilitation, même dans le cas où ils n'auraient pas été payés ou ne l'auraient été qu'en partie (art. 623).

Elle a en outre décidé, par un motif de justice inutile à justifier, que dans le cas où le postulant devrait consigner la somme destinée aux réparations civiles, cette somme lui serait restituée si la partie lésée ne la réclamait pas dans le délai de cinq ans.

IV

Caractères de la demande, nature et conséquences de la décision.

Nous en avons assez dit sur le caractère originel de l'institution, sur les déviations que son principe a subies, sur les inconvénients du système actuel, pour avoir fait pressentir les solutions proposées sur ce point.

Il y a deux manières de comprendre la réhabilitation. L assimiler à la grâce et alors supprimer comme inutiles les conditions, les formalités et les procédures. Le pouvoir du chef de l'État suffit dans ce cas à tout. Car la décision dépendant de sa seule faveur, il est libre de la dispenser de toutes règles, comme il l'est d'affranchir son appréciation de tout frein. C'est ce que vient de faire la nouvelle législation belge. Plus de formalisme, plus d'instruction, plus d'intervention du pouvoir judiciaire. La réhabilitation se demande, s'instruit et s'obtient comme la grâce, car elle n'est, en réalité, qu'une grâce étendue portant sur les incapacités encourues comme sur la peine.

Ou bien la subordonner à des conditions rigoureuses, la rendre difficile et dure, ne l'admettre que sur la justification sévèrement contrôlées des règles imposées, mais alors en faire un droit et placer l'exercice de ce droit sous la protection de la Justice. Ainsi a fait, dès 1874, la législation fédérale de la Suisse.

Toute solution intermédiaire est illogique et fausse.

La commission s'est prononcée à l'unanimité pour le second système.

Où serait, en effet, la justice, où en serait la bonne foi et la sincérité si, après avoir excité le condamné au repentir, après avoir fait luire à ses yeux pendant une épreuve de longue durée la perspective du pardon, on ne lui donnait, une fois le but atteint, que l'espoir d'une faveur au lieu de la certitude d'un droit? Il faut, pour provoquer les grands efforts, pour maintenir la constance et l'énergie de la volonté, autre chose qu'une vague espérance. Donner moins qu'un droit serait un leurre.

Il faut donc que la réhabilitation soit un recours de droit et, comme conséquence, il faut qu'elle dépende uniquement du pouvoir judiciaire. Il suffit pour cela de revenir aux règles de notre ancien droit et aux traditions de l'Assemblée constituante, et de transformer en arrêt l'avis demandé actuellement aux cours d'appel.

Mais cela ne saurait être assez.

Il faut encore rendre à la réhabilitation le caractère moral si élevé, si conforme à l'esprit de l'institution et si salutaire qu'il avait avant la revision de nos codes criminels. Cela importe avant tout à son efficacité, et ici, encore, il suffit, pour remédier à l'état actuel, de revenir purement et simplement aux traditions de 1789 et de notre ancien droit.

Pourquoi le législateur de 1808, l'a-t-il dépouillé de ce qui était depuis le droit romain, son essence propre, de ce qui faisait en même temps, par le caractère si éminemment réparateur qui lui était imprimé, son attrait et sa force. On n'en trouve pas la raison dans les travaux préliminaires des codes. Mais tout porte à croire que ce fut par un respect trop strict du principe, juste en lui-même, que le domaine de la loi est purement civil et ne saurait s'étendre au delà des intérêts civils.

Mais une application rigoureuse de cette règle aux matières pénales conduirait à d'étranges conséquences. Elle aurait, en effet, pour résultat de priver la loi criminelle du secours si considérable qu'elle puise dans le sentiment de l'honneur. Elle condamnerait, au grand détriment de la Société, le caractère infamant que la plupart des législations attachent aux peines les plus graves ; elle proscrirait en même temps le système des récompenses, auquel la science accorde justement une place si importante dans tout bon régime pénitentiaire. C'est donc avec les exemples les plus considérables que nous sommes en droit d'en repousser l'application à la réhabilitation.

Il n'est pas douteux, en effet, que l'avantage purement théorique qu'on semble avoir cherché n'ait profondément altéré le caractère et gravement compromis les effets de l'institution. Elle s'est trouvée en quelque sorte matérialisée par la supression de ses conséquences morales.

Sans doute la majorité des condamnés n'est point insensible à la perspective de recouvrer les droits perdus par l'effet de la condamnation et il peut s'en trouver chez qui cette préoccupation soit la cause déterminante de la demande ; mais il faudrait ne point connaître la force des sentiments les plus profonds du cœur humain, il faudrait n'avoir jamais pénétré dans une conscience agitée par le regret de la faute commise, par l'espoir du relèvement, pour contester que le mobile le plus puissant comme le plus fréquent chez le condamné est moins le désir de redevenir électeur ou juré, que l'ambition passionnée de faire effacer la tache de sa vie, et d'obtenir de la puissance publique un titre qui annule sa condamnation et lui restitue l'honneur.

Le législateur de 1808 ne s'est donc pas rendu compte qu'en restreignant à une simple restitution de droits les effets de la réhabilitation, il paralysait dans les cœurs les plus dignes de l'obtenir le ressort même de leur énergie à la mériter.

Ce serait d'ailleurs singulièrement borner les effets de la réhabilitation que de n'en accorder le bénéfice qu'aux condamnés privés, par une conséquence accessoire de la peine, de certains droits.

Un très grand nombre de condamnations correctionnelles échappent en effet à cette conséquence.

Il faut, encore une fois, revenir au passé, et rendre à la réhabilitation le caractère d'une réparation morale.

Et si on veut qu'elle redevienne .telle, il faut être conséquent et déclarer que la peine prononcée ne subsiste plus, et que le casier judiciaire doit cesser de faire mention de la condamnation.

C'est pour satisfaire à cet ordre d'idées que la commission a approuvé la substitution à la forme actuelle de l'article 628 du code d'instruction criminelle : « La cour donne son avis motivé », de l'expression : La cour rend un arrêt d'admission ou de rejet » a décidé que « la réhabilitation efface la condamnation » (art. 634). Comme conséquence « mention de l'arrêt de réhabilitation sera faite au casier judiciaire » et « les extraits qui en seront délivrés à la demande des tiers ne devront plus relever la condamnation ».

Ces dernières dispositions sont d'ailleurs, nous l'avons déjà indiqué, conformes aux instructions dues actuellement à l'esprit libéral qui préside à la direction du casier judiciaire. Des circulaires ministérielles en date des 25 novembre 1881 et 6 décembre 1876 prescrivent, en effet, de ne point porter sur les extraits délivrés aux particuliers ou aux administrations publiques les condamnations effacées par la réhabilitation, même avec la mention du décret de réhabilitation.

Mais il convient de donner à ces instructions l'autorité de la loi.

Après avoir ainsi rendu à la réhabilitation le caractère d'un droit acquis au repentir et à la bonne conduite ; après avoir simplifié ses formes pour en rendre l'accès plus facile, la commission a pensé que l'intérêt social était en droit d'exiger du condamné les garanties les plus complètes de moralité et de retour au bien. Le temps seul peut donner, à cet égard, quelque certitude, car, il il ne peut y avoir d'autre témoignage de la persévérance des efforts et de la solidité des résolutions.

La loi qui impose justement une épreuve de cinq ans au condamné criminel, fait-elle sagement d'abaisser à trois années la garantie réclamée au condamné correctionnel ?

La commission ne l'a pas pensé. Elle ne s'est pas expliquée d'ailleurs cette différence dans l'épreuve à subir. Le degré de l'immoralité de l'acte et surtout celui de l'agent qui le commet n'est pas toujours en raison de la gravité légale du fait imputé, et certains condamnés correctionnels offrent beaucoup moins de garanties morales que certains criminels qualifiés. En conséquence, elle a cru juste d'uniformiser la règle et, ajoutant à la proposition une disposition nouvelle, elle a modifié l'article 620 du code en ce sens que la demande en réhabilitation aussi bien pour les condamnés a une peine correctionnelle que pour ceux condamnés à une peine afflictive ou infamante ne pourrait être faite que cinq ans après la libération.

Elle a ensuite porté son attention sur la dernière disposition du code qui exclut de la réhabilitation l'individu condamné deux fois pour crime à une peine afflictive et infamante et celui qui retombe, quelle que soit la condamnation encourue, après une première réhabilitation.

Il ne lui a pas semblé que la gravité même de ces deux cas, si évidente qu'elle fût, pût justifier cette sorte de mise hors la loi contre des individus qui, bien qu'exceptionnellement coupables pourraient se trouver touchés par le repentir ; qu'il était à la fois inhumain et contraire à l'intérêt social de leur interdire tout espoir et de risquer par cela même de les plonger plus profondément dans le crime, et qu'il suffisait, pour tenir un juste compte de leurs fautes et accorder une protection suffisante à la Société de leur imposer des conditions plus dures.

C'est dans cet esprit que, par une nouvelle addition au projet, l'article 634 a été modifié. La rédaction proposée dispose que l'épreuve de cinq ans sera portée à dix ans pour les individus qui y sont mentionnés. La commission a même trouvé juste d'étendre cette aggravation des conditions légales à tous les individus en état de récidive légale.

Ainsi modifiée, nous avons la confiance que l'institution pourra, sans affaiblir les garanties sociales, profiter à un beaucoup plus grand nombre d'efforts louables et méritants, et qu'elle répondra d'une manière plus complète aux espérances qu'on est en droit d'en attendre, tant au point de vue de la régénération des condamnés qu'à celui de la diminution de la récidive.

Tel est l'ensemble des dispositions que nous soumettons à l'approbation du Sénat.

Nous croyons que seules elles pourraient être de nature à exercer une influence considérable sur l'état de la récidive ; car leur inévitable effet doit être de séparer les détenus, dès leur entrée en prison suivant les dispositions qu'ils y apportent ; de relever le courage de celui qui peut encore se reprendre au bien, de le soutenir dans ses efforts par les stimulants les plus propres à l'encourager, et d'enlever par conséquent aux rechutes tout ce qui est susceptible d'être sauvé.

S'il faut arriver, contre les malheureux qui ne voudraient pas profiter de leurs secours, aux aggravations pénales proposées d'autre part, on aurait du moins la satisfaction d'avoir fait le possible pour leur permettre de s'affranchir de leur sévérité et la certitude de n'atteindre, en les votant, que les pires des criminels.

Elles auraient encore l'avantage d'apporter à la loi nouvelle le plus utile secours en limitant son champ d'action, en diminuant ses conséquences financières, en comblant ses lacunes trop évidentes et en tempérant, par des mesures de bienveillance et d'humanité, ce qu'elle peut avoir de rigueur.

A ces divers titres, le Sénat jugera peut-être opportun d'en commencer l'examen avant celui de la loi de la relégation.

PROPOSITION DE LOI

PROPOSITION DE LOI	PROJET DE LA COMMISSION
TITRE PREMIER	
Modification de la loi du 5 juin 1875 sur la transformation des prisons départementales.	
Article premier	
Le ministre de l'Intérieur détermine chaque année les prisons départementales qui doivent être transformées. Il fait dresser les plans et devis des travaux a exécuter et les notifie avec sa décision aux préfets des départements intéressés.	
Art. 2	
Les conseils généraux sont appelés à délibérer dans leur plus prochaine session sur la participation des départements à la dépense.	
En cas de dissentiment, un décret du Président de la République, rendu dans la forme des règlements d'administration publique, fixe définitivement la part contributive de l'État et du département.	

<table>
<tr><td>

PROPOSITION DE LOI

ART. 3

Toutefois le département peut s'exonérer de tout ou partie de sa part contributive au moyen de la rétrocession à l'État de la propriété des prisons départementales.

En cas de dissentiment sur les conditions de la rétrocession, elles sont définitivement réglées par décret du Président de la République rendu dans la forme des règlements d'administration publique.

ART. 4

Les paragraphes 1 et 2 de l'article 61 de la loi du 10 août 1871 sont applicables aux dépenses mises à la charge de l'État.

TITRE II

Régime disciplinaire des prisons.

ART. 5

Un régime disciplinaire de punitions et de récompenses, basé sur la conduite et le travail journalier des condamnés, sera établi par l'Administration dans les divers lieux de répression.

Tout condamné qui aura satisfait aux conditions réglementaires fixées à cet égard pourra être admis, après avoir subi la durée de peine déterminée dans les articles suivants, à la libération conditionnelle.

TITRE III

Libération conditionnelle.

ART. 6

Tout condamné à une peine emportant privation de la liberté, qui s'est rendu digne d'indulgence par sa bonne

</td><td>

PROJET DE LA COMMISSION

TITRE PREMIER

Régime desciplinaire des prisons et libération conditionnelle.

ARTICLE PREMIER

Un régime disciplinaire de punitions et de récompenses basé sur la conduite et le travail journalier des condamnés sera établi par l'Administration dans les divers lieux de répression.

ART. 2

Tout condamné à une peine emportant privation de la liberté « pendant six mois au moins peut, après avoir subi la

</td></tr>
</table>

PROPOSITION DE LOI

Art. 6 *(Suite.)*

conduite, ses témoignages de repentir et son travail, peut, à titre d'épreuve, être mis conditionnellement en liberté, si la durée de la peine prononcée est d'au moins six mois, et s'il en a subi plus de la moitié.

Cette mise en liberté peut être révoquée en tout temps, si le condamné se conduit mal, ou s'il commet une infraction aux conditions spéciales exprimées dans son permis de libération.

Art. 7

Les arrêtés de mise en liberté sous condition et de révocation sont pris par le ministre de l'Intérieur après avoir pris l'avis du directeur de la prison, du conseil de surveillance et du chef du parquet près la juridiction qui a prononcé la condamnation.

Art. 8

L'arrestation du libéré conditionnel qui se conduit mal ou commet une infraction aux conditions de son permis peut être ordonnée, dans l'intérêt de l'ordre public, par l'autorité administrative ou judiciaire du lieu où il se trouve.

Le ministre de l'Intérieur prononce la révocation, s'il y a lieu.

L'effet de la révocation remonte au jour de l'arrestation.

Art. 9

La réintégration a lieu pour toute la durée de la peine non subie au moment de la libération.

Le temps pendant lequel le libéré peut y être soumis ne peut être inférieur à une année. Il est de toute la durée de la partie non subie de la peine, si elle est supérieure à un an.

PROJET DE LA COMMISSION

Art. 2 *(Suite.)*

moitié de sa peine, être mis conditionnellement en liberté s'il a satisfait aux conditions réglementaires fixées en vertu de l'article premier ».

La mise en liberté peut être révoquée « en cas d'inconduite notoire » ou d'infraction aux conditions spéciales exprimées dans le permis de libération.

Art. 3

Les arrêtés de mise en liberté sous condition et de révocation, sont pris par le ministre de l'Intérieur, après avoir pris l'avis du directeur de la prison, « de la commission » de surveillance et du chef du parquet près « le tribunal ou la cour » qui a prononcé la condamnation.

Art. 4

L'arrestation du libéré conditionnel peut-être « provisoirement » ordonnée, dans l'intérêt de l'ordre public, par l'autorité administrative ou judiciaire du lieu où il se trouve « à la charge d'en donner immédiatement avis au ministre de l'Intérieur ».

Le ministre prononce la révocation, s'il y a lieu.

L'effet de la révocation remonte au jour de l'arrestation.

Art. 5

La réintégration a lieu pour toute la durée de la peine non subie au moment de la libération.

<table>
<tr><td>

PROPOSITION DE LOI

ART. 10

Un règlement d'administration publique déterminera la forme des permis de libération, les conditions auxquelles ils peuvent être soumis et le mode de surveillance des libérés conditionnels.

L'Administration peut se substituer les sociétés de patronage reconnues, pour la surveillance des libérés.

TITRE IV

Patronage.

ART. 11

Les sociétés instituées pour le patronage des libérés sont placées sous la protection du Gouvernement.

Elles reçoivent une subvention annuelle proportionnée au nombre de libérés patronnés par elles.

ART. 12

Dans le cas où l'Administration se substitue une société de patronage pour la surveillance des libérés conditionnels, elle alloue à cette société une subvention d'un franc par jour par chaque libéré pendant un temps égal à celui de la durée de la peine.

Le maximum de cette allocation ne peut toutefois dépasser 100 francs.

TITRE V

Réhabilitation.

ART. 13

Les articles 621, 623, 624, 628, 630, 631, 632, 633, 634 du code d'instruction criminelle sont modifiés ainsi qu'il suit :

</td><td>

PROJET DE LA COMMISSION

ART. 6

Un règlement d'administration publique déterminera la forme des permis de libération, les conditions auxquelles ils peuvent être soumis et le mode de surveillance spécial des libérés conditionnels.

L'Administration peut se substituer les sociétés de patronage « agréées par elle » pour la surveillance de ces libérés.

TITRE II

Patronage.

ART. 7

Les sociétés « fondéés avec l'agrément du Gouvernement » pour le patronage des libérés, reçoivent une subvention annuelle proportionnée au nombre de libérés patronnés par elles.

ART. 8

Dans le cas du « paragraphe 2 de l'article 6, l'Administration alloue à la société de patronage » une subvention de « 0 fr. 50 » par jour par chaque libéré pendant un temps égal à celui de la durée de la peine, « sans toutefois » que le maximum de cette allocation « puisse » dépasser 100 francs.

TITRE III

Réhabilitation.

ART. 9

Les articles 620, 621, 623, 624, 628, 629, 630, 631, 632, 633 et 634 sont modifiés ainsi qu'il suit :

</td></tr>
</table>

<table>
<tr><td valign="top" width="50%">

PROPOSITION DE LOI

ART. 621. — Ajouter le paragraphe suivant :

Les condamnés qui ont passé tout ou partie de ce temps sous les drapeaux, ceux que la nature de leur profession oblige à des déplacements inconciliables avec une résidence fixe, pourront être affranchis de cette condition s'ils justifient, les premiers d'attestations suffisantes de leurs chefs militaires, les seconds de certificats réguliers de leurs patrons ou chefs d'administration, constatant leur bonne conduite et la nécessité où ils se sont trouvés de changer de lieu pour trouver du travail.

ART. 623. — Ajouter au texte actuel :
Toutefois si le demandeur est, dans un état d'indigence reconnu, la cour peut lui accorder, par l'arrêt de réhabilitation, une remise totale ou partielle des frais de justice. La remise partielle est de droit quand l'instruction a compris plusieurs inculpés.

Dans le cas où la partie lésée ne peut être retrouvée, ou refuse de recevoir, il est fait dépôt de la somme due à la caisse des dépôts et consignations.

</td><td valign="top" width="50%">

PROJET DE LA COMMISSION

ART. 620. — La demande en réhabilitation ne peut être formée que cinq ans après le jour de la libération.
Néanmoins ce délai court, etc....
« Suppression des derniers mots . »
Le délai est réduit à trois ans pour les condamnés à une peine correctionnelle.

ART. 621. — Modifier le paragraphe premier ainsi :
Le condamné ne peut être admis à demander sa réhabilitation s'il n'a résidé dans le même arrondissement depuis cinq ans, et, pendant les deux dernières années, dans la même commune.
Supprimer le paragraphe 2. Ajouter à l'article le paragraphe suivant :
Les condamnés qui ont passé tout ou partie de ce temps sous les drapeaux ceux que leur profession oblige à des déplacements inconciliables avec une résidence fixe, pourront être affranchis de cette condition s'ils justifient, les premiers d'attestations satisfaisantes de leurs chefs militaires, les seconds de certificats de leurs patrons ou chefs d'administration constatant leur bonne conduite.

ART. 623. — Ajouter au texte actuel :
« Néamoins, si le demandeur justifie qu'il est hors d'état de se libérer des frais de justice, la cour peut accorder la réhabilitation même dans le cas où ils n'auraient pas été payés ou ne l'auraient été qu'en partie. »
« En cas de condamnation solidaire, la cour fixe la part des frais de justice, des dommages-intérêts ou du passif qui doit être payée par le demandeur. »
« Si » la partie lésée ne peut être retrouvée ou si elle refuse de recevoir, il est fait dépôt de la somme due à la caisse des dépôts et consignations « dans la forme des articles 812 et suivants du code de procédure civile; si la partie ne se présente pas dans

</td></tr>
</table>

<table>
<tr><td>

PROPOSITION DE LOI

</td><td>

PROJET DE LA COMMISSION

</td></tr>
<tr><td>

</td><td>

Art. 621 (*Suite*). — un délai de cinq ans, pour se faire attribuer la somme consignée, elle est restituée au déposant sur sa simple demande ».

</td></tr>
<tr><td>

Art. 624. — Le procureur de la République provoque, par l'intermédiaire des sous-préfets, des attestations des maires des communes où ....
Le procureur de la République prend en outre l'avis des juges de paix.

</td><td>

Art. 624. — Modifier le commencement du paragraphe premier et le paragraphe 2 comme il suit :
Le procureur de la République provoque par l'intermédiaire des sous-préfets des attestations des maires des communes où.....
Le procureur de la République prend en outre l'avis des juges de paix « des cantons et celui des sous préfets des arrondissements où le condamné a résidé ».

</td></tr>
<tr><td>

Art. 628. — La cour, le procureur général entendu, rend un arrêt d'admission ou de rejet.

</td><td>

Art. 628. — La cour, le procureur général entendu, rend un arrêt d'admission ou de rejet.

Art. 629. — « En cas de rejet, une nouvelle demande... »

</td></tr>
<tr><td>

Art. 630, 631 et 632. — Supprimés.

</td><td>

Art. 630, 631 et 632. — Supprimés.

</td></tr>
<tr><td>

Art. 633. — En cas d'admission, une expédition authentique de l'arrêt est adressée par le procureur général à la juridiction qui a prononcé la condamnation. Mention en est faite en marge de la minute de l'arrêt ou du jugement.
Le casier judiciaire du lieu d'origine du réhabilité reçoit une mention semblable, et les extraits qui en sont délivrés ne peuvent plus mentionner la condamnation.
Le réhabilité peut se faire délivrer une expédition de l'arrêt de réhabilitation sans frais.

</td><td>

Art. 633. — Remplacer le texte entier du code d'instruction criminelle par la disposition suivante :
En cas d'admission « un extrait » de l'arrêt est adressé par le procureur général à la « cour ou au tribunal » qui a prononcé la condamnation « pour être transcrit » en marge de la minute de l'arrêt ou du jugement. « Mention en est faite » au casier judiciaire, et les extraits qui en sont délivrés « à la demande des tiers ne doivent plus relever » la condamnation.
Le réhabilité peut se faire délivrer une expédition de l'arrêt de réhabilitation « et un extrait du casier judiciaire rectifié » sans frais.

</td></tr>
<tr><td>

Art. 634. — La réhabilitation efface la condamnation et fait cesser pour l'avenir toutes les incapacités qui résultaient de la condamnation.

</td><td>

Art. 634. — La réhabilitation efface la condamnation et fait cesser pour l'avenir toutes les incapacités qui résultaient de la condamnation.

</td></tr>
</table>

<table>
<tr><td align="center">PROPOSITION DE LOI</td><td align="center">PROJET DE LA COMMISSION</td></tr>
</table>

ART. 634 *(Suite).* — Les interdictions prononcées par l'article 612 du code de commerce sont maintenues nonobstant la réhabilitation obtenue en vertu des dispositions qui précèdent.

«Les individus qui sont en état de récidive légale, ceux qui après avoir obtenu la réhabilitation, auront encouru une nouvelle condamnation, ne seront admis au bénéfice des dispositions qui précèdent, qu'après un délai de dix années écoulées depuis leur libération».

TEXTE DU CODE D'INSTRUCTION CRIMINELLE

TITRE VII, CHAPITRE 4.

De la réhabilitation des condamnés.

Les dispositions ou expressions dont la modification ou la suppression est proposée sont entre guillemets.

ART. 619. — Tout condamné à une peine afflictive ou infamante, ou à une peine correctionnelle, qui a subi sa peine ou qui a obtenu des lettres de grâce, peut être réhabilité.

ART. 620. — La demande en réhabilitation pour les condamnés à une peine « afflictive ou infamante » ne peut être formée que cinq ans après le jour de la libération.

Néanmoins ce délai court, au profit des condamnés à la dégradation civique, du jour où la condamnation est devenue irrévocable ou de celui de l'expiration de la peine de l'emprisonnement, si elle a été prononcée.

Il court au profit du condamné à la surveillance de la haute police prononcée comme peine principale, du jour où la condamnation est devenue irrévocable.

Le «délai est réduit à trois ans pour les condamnés à une peine correctionnelle».

Art. 621. — Le condamné « à une peine afflictive ou infamante » ne peut être admis à demander sa réhabilitation, s'il n'a résidé dans le même arrondissement depuis cinq ans et pendant les deux dernières années dans la même commune.

« Le condamné à une peine correctionnelle ne peut être admis à demander sa réhabilitation s'il n'a résidé dans le même arrondissement depuis trois années et pendant les deux dernières années dans la même commune. »

Art. 622. — Le condamné adresse la demande en réhabilitation au procureur de la République de l'arrondissement, en faisant connaître: 1° la date de sa condamnation; 2° les lieux où il a résidé depuis sa libération, s'il s'est écoulé après cette époque un temps plus long que celui fixé par l'article 620.

Art. 623. — Il doit justifier du paiement des frais de justice, de l'amende et de dommages-intérêts auxquels il a pu être condamné, ou de la remise qui lui en a été faite.

A défaut de cette justification, il doit établir qu'il a subi le temps de contrainte par corps déterminé par la loi, ou que la partie lésée a renoncé à ce moyen d'exécution.

S'il est condamné pour banqueroute frauduleuse, il doit justifier du payement du passif de la faillite en capital, intérêts et frais, ou de la remise qui lui en a été faite.

Art. 624. — Le procureur de la République provoque par l'intermédiaire du sous-préfet, des attestations délivrées « par les conseils municipaux des communes » où le condamné a résidé, faisant connaître: 1° la durée de sa résidence dans chaque commune avec indication du jour où elle a commencé et de celui où elle a fini; 2° sa conduite pendant la durée de son séjour; 3° ses moyens d'existence pendant le même temps. Ces attestations doivent contenir la mention expresse qu'elles ont été rédigées pour servir à l'appréciation de la demande en réhabilitation. Le procureur de la République prend, en outre, l'avis « du maire des communes et des juges de paix des cantons où le condamné a résidé, ainsi que celui du sous-préfet de l'arrondissement ».

Art. 625. — Le procureur de la République se fait délivrer: 1° une expédition de l'arrêt de condamnation; 2° un extrait des registres des lieux de détention où la peine a été subie, constatant quelle a été la conduite du condamné. Il transmet les pièces avec son avis au procureur général.

Art. 626. — La cour, dans le ressort de laquelle réside le condamné est saisie de la demande. Les pièces sont déposées au greffe de cette cour par les soins du procureur général.

ART. 627. — Dans les deux mois du dépôt, l'affaire est rapportée à la chambre d'accusation ; le procureur général donne ses conclusions motivées et par écrit. Il peut requérir en tout état de cause, et la cour peut ordonner, même d'office, de nouvelles informations, sans qu'il puisse en résulter un retard de plus de six mois.

ART. 628. — La cour, le procureur général entendu, «donne son avis motivé».

ART. 629. — « Si l'avis de la cour n'est pas favorable à la réhabilitation», une nouvelle demande ne peut être formée avant l'expiration d'un délai de deux années.

ART. 630. — « Si l'avis est favorable, il est, avec les pièces produites, transmis par le procureur général, et, dans le plus bref délai possible au ministre de la Justice, qui peut consulter la cour ou le tribunal qui a prononcé la condamnation. »

ART. 631. — « Le Président de la République statue sur le rapport du ministre de la Justice. »

ART. 632. — « Des lettres de réhabilitation seront expédiées en cas d'admission de la demande. »

ART. 633. — « Les lettres de réhabilitation sont adressées à la cour qui a délibéré l'avis. Une copie authentique en est adressée à la cour ou au tribunal qui a prononcé la condamnation. Les lettres seront transcrites en marge de la minute de l'arrêt du jugement de condamnation. »

ART. 634. — La réhabilitation fait cesser pour l'avenir, dans la personne du condamné, toutes les incapacités qui résultaient de la condamnation. Les interdictions prononcées par l'article 612 du code de commerce sont maintenues, nonobstant la réhabilitation obtenue en vertu des dispositions qui précèdent. « Aucun individu condamné pour crime qui aura consommé un second crime et subi une nouvelle condamnation à une peine afflictive ou infamante ne sera admis à sa réhabilitation. Le condamné qui, après avoir obtenu la réhabilitation aura encouru une nouvelle condamnation ne sera plus admis au bénéfice des dispositions qui précèdent. »

SÉNAT

DOCUMENTS PARLEMENTAIRES

SÉANCE DU 13 MARS 1884

RAPPORT SUPPLÉMENTAIRE fait au nom de la commission (1) chargée d'examiner la proposition de loi de M. Bérenger sur les moyens préventifs de combattre la récidive (régime des prisons, libération conditionnelle, patronage, réhabilitation), par M. Bérenger, sénateur.

Messieurs, la commission, après avoir entendu les observations de M. le Garde des Sceaux et de M. le Directeur de l'Administration pénitentiaire, a cru devoir modifier certaines parties de sa rédaction première.

Ces modifications portent sur quatre points et se justifient par les considérations suivantes :

Libération conditionnelle.

Le texte de l'article 4 pouvait prêter à une équivoque. On pouvait se demander si le droit d'arrêter provisoirement le libéré conditionnel attribué à l'autorité administrative ou judiciaire du lieu de sa résidence, ne pouvait pas être exercé en dehors de tout motif imputable au libéré, pour satisfaire à quelque nécessité

---

(1) Cette commission est composée de MM. Schœlcher, président; Bardoux, secrétaire; Xavier Blanc, Bérenger, Ribière, Scherer, Salneuve, de Verninac, Michaux. — (Voir les nᵒˢ 235, Sénat, session extraordinaire 1882, 134, session ordinaire 1883, et 149, session extraordinaire 1883.)

7

d'ordre public. Telle n'était pas l'intention de la commission. Sa rédaction nouvelle a pour but de mieux préciser que l'arrestation ne peut avoir lieu que dans les conditions mêmes qui pourraient motiver la révocation.

Patronage.

Art. 7. — Les mots « fondées avec l'agrégation du Gouvernement » n'ont paru à l'Administration réserver suffisamment son droit de refus vis-à-vis des sociétés qui auraient pu, depuis leur fondation, perdre sa confiance. Ceux « agréées par l'Administration » feront cesser tout doute à cet égard.

La substitution de l'expression « en rapport avec le nombre des libérés réellement patronnés » à celle de « proportionnée au nombre de libérés patronnés » a pour but de permettre à l'Administration d'exercer un droit de contrôle sur les états qui lui seront produits pour justifier les demandes de subvention.

Réhabilitation.

Art. 619 du code d'instruction criminelle. — Suppression des mots: « ou qui a obtenu des lettres de réhabilitation, » qui se trouvaient en contradiction avec les dispositions de la nouvelle loi.

L'article 620 se trouvait modifié dans la première rédaction, par suite de la décision prise par la commission d'unifier le délai d'épreuve imposé à tous les condamnés, quelle que fût la peine prononcée, en élevant à cinq ans le délai de trois ans fixé au cas de peine correctionnelle par le code d'instruction criminelle.

M. le Garde des Sceaux a fait observer que lorsque le délai ne paraissait pas suffisant, la magistrature n'hésitait pas à ajourner la réhabilitation, que les statistiques criminelles ne laissaient aucun doute à cet égard, qu'on pouvait en conséquence s'en fier à son appréciation pour écarter les demandes trop hâtives, et qu'il serait dur d'imposer, par une règle trop absolue, une aussi longue attente à des demandes souvent fort dignes d'intérêt, dont la présentation dans un délai moindre s'explique le plus souvent par le peu d'importance des condamnations subies.

Il nous a communiqué, à l'appui de cette observation des documents statistiques témoignant d'une part que dans certains ressorts, notamment dans celui de Paris, les avis défavorables sont dans une proportion à peu près égale aux admissions, et qu'ils sont fondés pour près d'un tiers sur le trop peu de durée de l'épreuve morale subie par le demandeur, d'autre part, qu'on ajournerait le plus souvent sans motifs suffisamment justifiés, un dixième des demandes actuellement accueillies en augmentant le délai. La commission s'est rendue à ces raisons. Elle ne propose, en conséquence, aucune modification à l'article 620.

ART. 629. — Également sur la demande de M. le Garde des Sceaux, elle a admis à l'article 629 une disposition additionnelle dans un esprit de bienveillance vis-à-vis du libéré qui, une première fois ajourné, persiste dans ses efforts de relèvement et dans le désir d'en obtenir la récompense et demande à engager une nouvelle instance. Le texte actuel du code d'instruction criminelle ne lui permet d'introduire sa nouvelle demande qu'au bout d'un délai de deux ans. La disposition proposée accorde au garde des Sceaux la faculté d'abréger ce délai.

NOUVELLE RÉDACTION DE LA COMMISSION

DES MOYENS DE PRÉVENIR LA RÉCIDIVE

TITRE PREMIER

Régime disciplinaire des prisons et libération conditionnelle.

ARTICLE PREMIER. — Un régime disciplinaire de punitions et de récompenses basé sur la conduite et le travail journaliers des condamnés sera établi par l'Administration dans les divers lieux de répression.

ART. 2. — Tout condamné à une peine emportant privation de la liberté pendant six mois au moins peut, après avoir subi la moitié de sa peine, être mis conditionnellement en liberté, s'il a satisfait aux conditions réglementaires fixées en vertu de l'article premier.

La mise en liberté peut être révoquée en cas d'inconduite notoire ou d'infraction aux conditions spéciales exprimées dans le permis de libération.

ART. 3. — Les arrêtés de mise en liberté sous condition sont pris par le ministre de l'Intérieur après avoir pris l'avis du directeur de la prison, de la commission de surveillance et du chef du parquet près le tribunal ou la cour qui a prononcé la condamnation.

ART. 4. — L'arrestation du libéré conditionnel peut toutefois être provisoirement ordonnée par l'autorité administrative ou judiciaire du lieu où il se trouve, à la charge d'en donner immédiatement avis au ministre de l'Intérieur.

Le ministre prononce la révocation, s'il y a lieu.

L'effet de la révocation remonte au jour de l'arrestation.

ART. 5. — La réintégration a lieu pour toute la durée de la peine non subie au moment de la libération.

ART. 6. — Un règlement d'administration publique déterminera la forme des permis de libération, les conditions auxquelles ils peuvent être soumis et le mode de surveillance spécial des libérés conditionnels.

L'Administration peut se substituer les sociétés de patronage agréées par elle pour la surveillance de ces libérés.

TITRE II

Patronage.

ART. 7. — Les sociétés agréées par l'Administration pour le patronage des libérés reçoivent une subvention annuelle en rapport avec le nombre de libérés réellement patronnés par elle.

ART. 8. — Dans le cas du paragraphe 2 de l'article 6, l'Administration alloue à la société de patronage une somme de 0 fr. 50 par jour par chaque libéré pendant un temps égal à celui de la durée de la peine, sans toutefois que le maximum de cette allocation puisse dépasser 100 francs.

TITRE III

Réhabilitation.

ART. 9. — Les articles 619, 621, 623, 624, 628, 629, 630, 631, 632, 633, et 634 du code d'instruction criminelle sont modifiés ainsi qu'il suit:

« *Art. 619.* — Tout condamné à une peine afflictive ou infamante ou à une peine correctionnelle, qui a subi sa peine, peut être réhabilité. »

« *Art. 621.* » — Modifier le paragraphe premier ainsi conçu:

« Le condamné ne peut être admis à demander sa réhabilitation s'il n'a résidé dans le même arrondissement depuis cinq ans, et, pendant les deux dernières années, dans la même commune. »

Supprimer le paragraphe 2.

Ajouter à l'article le paragraphe suivant:

« Les condamnés qui ont passé tout ou partie de ce temps sous les drapeaux, ceux que leur profession oblige à des déplacements inconciliables avec une résidence fixe, pourront être affranchis de cette condition s'ils justifient, les premiers d'attestations satisfaisantes de leurs chefs militaires, les seconds de certificats de leurs patrons ou chefs d'administration constatant leur bonne conduite.

« Ces attestations et certificats sont délivrés dans les conditions de l'article 624. »

« *Art. 623.* » — Ajouter au texte actuel:

« Néanmoins, si le demandeur justifie qu'il est hors d'état de se libérer des frais de justice, la cour peut accorder la réhabilitation même dans le cas où ces frais n'auraient pas été payés ou ne l'auraient été qu'en partie.

« En cas de condamnation solidaire, la cour fixe la part des frais de justice, des dommages-intérêts ou du passif qui doit être payée par le demandeur.

« Si la partie lésée ne peut pas être retrouvée ou si elle refuse de recevoir, il est fait dépôt de la somme due à la caisse des dépôts et consignations dans la forme des articles 812 et suivants du code de procédure civile; si la partie ne se présente pas dans un délai de cinq ans, pour se faire attribuer la somme consignée, cette somme est restituée au déposant sur sa simple demande. »

« *Art 624.* » — Modifier le commencement du paragraphe premier et le paragraphe 2 comme il suit:

« Le procureur de la République provoque des attestations des maires des communes où...

« Le procureur de la République prend en outre l'avis des juges de paix des cantons et celui des sous-préfets des arrondissements où le condamné a résidé. »

« *Art. 628.* — La cour, le procureur général entendu, rend un arrêt d'admission ou de rejet. »

« *Art. 629.* — En cas de rejet, une nouvelle demande ne peut être formée avant l'expiration d'un délai de deux années. »

« Ce délai peut être abrégé par décision du ministre de la Justice. »

« *Art 630, 631, et 632.* » — Supprimés.

« *Art. 633.* » — Remplacer le texte entier du code d'instruction criminelle par la disposition suivante:

« En cas d'admission, un extrait de l'arrêt est adressé par le procureur général à la cour ou au tribunal qui a prononcé la condamnation pour être transcrit en marge de la minute de l'arrêt ou du jugement. Mention en est faite au casier judiciaire. Les extraits qui en sont délivrés à la demande des tiers ne doivent pas relever la condamnation.

« Le réhabilité peut se faire délivrer une expédition de l'arrêt de réhabilitation et un extrait du casier judiciaire rectifié, sans frais. »

« *Art. 634*. — La réhabilitation efface la condamnation et fait cesser pour l'avenir toutes les incapacités qui en résultaient.

« Les interdictions prononcées par l'article 612 du code de commerce sont maintenues nonobstant la réhabilitation obtenue en vertu des dispositions qui précèdent.

« Les individus qui sont en état de récidive légale, ceux qui, après avoir obtenu la réhabilitation, auront encouru une nouvelle condamnation, ne seront admis au bénéfice des dispositions qui précèdent, qu'après un délai de dix années écoulées depuis leur libération.

SÉNAT

DOCUMENTS PARLEMENTAIRES

Séance du 20 mars 1884

Première délibération sur la proposition de loi relative
aux moyens préventifs de combattre la récidive.

M. le Président. — L'ordre du jour appelle la première délibération sur la proposition de loi de M. Bérenger sur les moyens préventifs de combattre la récidive.

Quelqu'un demande-t-il la parole pour la discussion générale ?

M. Émile Gayot. — Je demande la parole.

M. le Président. — La parole est à M. Gayot.

M. Émile Gayot. — Je m'étonne, Messieurs, que personne n'ait demandé la parole sur le titre premier réservé de la proposition de loi de M. Bérenger. C'est pourquoi je monte à la tribune ; je n'ai, d'ailleurs, que quelques mots à dire.

L'honorable M. Bérenger, à la haute compétence duquel je rends absolument hommage, demande, sinon dans les articles de sa proposition eux-mêmes, mais surtout dans l'exposé des motifs, que l'on procède à l'achèvement aussi prompt, aussi rapide que possible, du système cellulaire en France. Cette opinion paraît partagée par le Gouvernement.

Messieurs, je ne suis pas de cet avis ; j'estime, au contraire, que l'on doit apporter beaucoup de tempérament, beaucoup de prudence et de circonspection dans la transformation des prisons départementales.

Cette transformation demandera, en effet, des sommes considérables. Il n'y a encore que 10 prisons transformées sur 437. Or, dans les circonstances budgétaires où nous nous trouvons, alors que l'on déclare ne pouvoir élever le traitement des instituteurs, serait-il prudent, serait-il sage, serait-il véritablement opportun d'imposer des sacrifices aussi lourds à l'État, aux départements et aux communes déjà surchargés ? Je ne le crois pas.

Je suis loin, d'ailleurs, d'être un admirateur du système cellulaire ; j'en suis plutôt l'adversaire : je n'ai pas visité d'établissements cellulaires en France ; mais j'en ai visité en Belgique. La Belgique, dont je ne veux pas dire du mal, tout au contraire, car je n'en pense que du bien, a cru devoir adopter avec faveur et avec un grand esprit de suite le système cellulaire. J'ai donc visité certains établissements de ce genre en Belgique, et j'en suis sorti véritablement effrayé et navré.

Le malheureux soumis au régime cellulaire est enfermé vivant comme dans un tombeau ; il ne voit jamais figure humaine ; sa pitance même lui est donnée à l'aide d'un tour, afin qu'il ne puisse pas même apercevoir le visage de son geôlier.

M. Schœlcher. — Il y a quarante ans de cela !

M. Émile Gayot — Je vous demande pardon ; c'est tout récent. De plus, lorsqu'il traverse un corridor, qu'il est conduit dans un préau, ou qu'il se rend au service religieux, on lui applique une cagoule sur la figure ; pendant le service religieux il est encore isolé dans une cellule.

Ces malheureux, condamnés à un tel système d'isolement, à une solitude continuelle, se livrent à tous les excès sur leur personne, tentent de se suicider, deviennent idiots ou fous. S'ils échappent à la folie, au suicide ou à l'idiotisme, ils amassent en eux-mêmes, dans cette solitude, la plus effroyable haine contre leurs semblables, et quand, à l'expiration de leur peine, ils sortent, — j'allais dire de leur tombeau — ils sont comme des furieux contre la Société et, loin de s'amender, ils se précipitent de nouveau et immédiatement dans le crime. Voilà la vérité.

Le système cellulaire est absolument contre nature, c'est la barbarie.

Je tenais, pour dégager ma responsabilité, à faire nettement cette déclaration au seuil de cette discussion.

M. le colonel Meinadier. — Très bien !

M. Schœlcher. — Il n'est pas question du système cellulaire.

M. Émile Gayot. — On en a parlé, et très longuement, dans l'exposé des motifs.

M. LE PRÉSIDENT. — Quelqu'un demande-t-il la parole pour la discussion générale ?

M. BÉRENGER, rapporteur. — Je demande la parole.

M. LE PRÉSIDENT. — La parole est à M. le Rapporteur.

M. BÉRENGER. — Messieurs, je ne monte pas à la tribune pour répondre à la courte allocution que vous venez d'entendre. Peut-être, en effet, est elle moins à sa place aujourd'hui qu'elle ne pourra l'être dans quelque temps. Le projet que nous vous apportons ne traite pas, en effet, de la transformation des prisons départementales : ceux d'entre vous qui ont lu le rapport ont pu voir que, tandis que nous nous occupions de cette grave question, la plus importante assurément de celles posées par la proposition de loi, M. le Ministre de l'Intérieur nous a apporté ses idées personnelles, sous forme de contre-projet, et que, pour pouvoir nous livrer à une étude plus approfondie, nous avons résolu d'en faire ultérieurement l'objet d'un projet de loi spécial.

J'ajournerai donc, au moment où ce projet pourra être apporté, ce que j'aurais à répondre à l'honorable M. Gayot; je lui dirai simplement que je crains qu'il n'ait observé un peu superficiellement le système pénitentiaire de la Belgique, car il est plus que probable que s'il produisait les effets effrayants que nous a dépeints notre honorable collègue, la Belgique n'en serait pas à se féliciter, chaque année, dans les documents officiels qu'elle publie, de l'avoir appliqué, et n'attacherait pas tous ses soins à le perfectionner encore.

M. SCHŒLCHER. — C'est cela ! Très bien !

M. LE RAPPORTEUR. — Messieurs, je suis monté à la tribune pour parler d'une façon plus générale de la proposition de loi qui vous est soumise.

Elle est relative, comme vous le savez, aux moyens de prévenir la récidive. Elle se rattache donc, par la communauté des intentions et du but, au projet de loi, présenté par le Gouvernement et déjà voté par la Chambre des députés, sur la relégation des récidivistes; mais elle en diffère essentiellement par les moyens.

Le projet de loi sur la relégation prenant uniquement le fait actuel de l'émotion causée au pays, principalement dans les grandes villes, par l'agglomération des criminels en état de récidive, et cherchant à apporter le plus prompt remède à cette situation, propose de supprimer le mal par la mesure énergique de la transportation des incorrigibles au delà des mers.

La proposition de loi sur laquelle vous avez à délibérer actuellement, sans nier qu'il puisse y avoir des mesures de rigueur à prendre contre les individus, s'étudie à rechercher quelles sont les causes de l'augmentation si douloureuse de la criminalité et du développement de la récidive, et à s'attaquer à ces causes par des mesures spéciales et appropriées à chacune d'elles.

Elle n'a pas d'ailleurs, pour les découvrir, de longues études à faire.

Elles ont été depuis longtemps, en effet, précisées et définies par la science pénitentiaire, et elles ne sont inconnues aujourd'hui d'aucun des hommes qui, par l'impulsion d'un sentiment généreux, par la spécialité de leurs études ou par les fonctions qu'ils exercent, sont au courant des choses pénitentiaires. Ces causes, pour ne parler que des principales, sont le plus souvent l'inefficacité de la peine, ou les vices de son mode d'infliction, la réprobation qui s'attache au libéré au sortir de la prison, et qui l'empêche trop souvent de se reconstituer une vie honnête par le travail, puis encore les obstacles qu'il rencontre devant lui quand il cherche à reprendre par la réhabilitation le rang qu'il a perdu dans la Société.

Or, toutes çes causes se rencontrent chez nous au degré le plus grave; nous avons à la fois et cette inefficacité de la peine, quand il s'agit au moins des peines de courte durée, et le vice de son mode d'infliction; l'absence d'institution propre à préserver celui qui a satisfait à la loi, en exécutant sa peine, contre le découragement et la rechute, et les difficultés accumulées contre son désir légitime de faire oublier sa faute.

L'auteur de la proposition a jugé que si, en frappant quelques individus, on laissait subsister ces causes, les expulsés d'aujourd'hui seraient promptement remplacés et que la plaie fermée pour un moment ne tarderait pas à se rouvrir.

Croyant combler une lacune évidente, il s'est attaqué à chacune de ces causes. Sa proposition, s'il ne s'abuse pas sur l'efficacité des remèdes qu'il conseille, lui semble avoir par elle-même une véritable utilité sociale; mais il la considérerait comme absolument nécessaire, s'il était donné suite au projet de loi sur la relégation. Elle en serait, en effet, à son avis, une préparation, et, en même temps, un complément indispensable.

J'ai énuméré tout à l'heure les vices ou les lacunes qu'il importe de corriger dans nos institutions. La proposition espère apporter sur chaque point un remède sérieux. Pour fortifier l'efficacité de la peine, et, en même temps, pour remédier au mal trop évident de son mode actuel d'infliction, elle demandait simplement une application plus réelle du système de la séparation individuelle, institué depuis dix ans déjà par la loi du 5 juin 1875, et encore à peine appliqué à l'heure actuelle à un petit nombre de prisons. Par cette simple mesure, d'une part, l'application de la peine devait devenir à la fois plus rigoureuse, c'est-à-dire plus exemplaire, et on devait couper court, de l'autre, aux dangers de contagion morale résultant de la promiscuité actuelle des détenus. C'était la première disposition ; j'ai dit par quelles circonstances la commission avait dû la réserver pour un projet ultérieur.

Pour remplacer en même temps les éléments de corruption, fruit inévitable du régime actuel, par les excitations salutaires de l'encouragement, on demandait ensuite l'application dans la prison d'un système de punitions et de récompenses avec la libération anticipée pour couronnement, qui intéresse le condamné à faire des efforts pour devenir meilleur.

On réclamait en outre, pour lui assurer, après sa libération, le moyen de se soutenir dans la bonne conduite et le travail, quelques dispositions propres à provoquer la création et à mieux garantir l'existence des sociétés de patronage.

Enfin, Messieurs, envisageant les difficultés que le libéré de bonne volonté et de bonne conduite trouve, même après le plus long temps d'épreuve, à reprendre sa place dans la Société, une dernière disposition cherchait à enlever aux formalités actuelles de réhabilitation le caractère compliqué, étroit, hérissé de difficultés parfois insurmontables, qui résulte des règles actuelles.

Ce sont, Messieurs, les propositions relatives à ces quatre objets, régime disciplinaire des prisons, libération conditionnelle, patronage et réhabilitation, qui vous sont aujourd'hui apportées.

La commission s'est en effet entièrement approprié les sentiments qui inspiraient la proposition et le texte du projet qu'elle vous soumet en est la complète réalisation.

Permettez-moi, bien que je ne doive pas, paraît-il, rencontrer de contradicteurs, de vous donner quelques explications sur chacun de ces points. Elles ne seront pas inutiles au moins pour ceux de vos collègues qui ne sont pas familiers avec ces questions peut être un peu abstraites et arides, et qui n'ont pas eu le loisir d'étudier les documents qui justifient les propositions de la commission.

Messieurs, je ne puis m'empêcher de vous dire d'abord, bien que ce soit anticiper sur une discussion réservée, que notre plus grand espoir est placé dans l'exécution de la loi de 1875. C'est là que sera surtout le remède salutaire et efficace, et s'il faut que j'en parle, c'est que nous y voyons la base même des solutions d'ordre différent sur lesquelles vous avez à statuer aujourd'hui. La cause principale de la récidive n'est-elle pas en effet, avant tout, dans ce contact, aujourd'hui inévitable dans le milieu corrompu de la prison, de l'homme à sa première faute, de celui qu'on a appelé le criminel d'accident avec la foule des repris de justice, des hommes essentiellement pervers, irrémédiablement corrompus qui en font la population habituelle, contact qui, après l'avoir d'abord humilié, effrayé peut-être, finit peu à peu par le pénétrer et par exercer sur lui une inévitable influence ; n'est-ce pas également par là que se formeront les associations criminelles, ou que se prépareront, après la sortie de la prison, ces chantages, ces persécutions pour le mal, et ces entraînements auxquels tant de faibles succombent ?

Il y a près d'un siècle qu'on a exposé les dangers de l'emprisonnement en commun, et qu'on a reconnu les avantages indiscutables, tant au point de vue de la préservation sociale qu'à celui de la correction de l'individu, du système de l'isolement. On relevait tout à l'heure, devant vous, cette vieille objection, la seule qui a, pendant longtemps, tenu le système en échec, que l'individu placé en cellule est fatalement condamné à l'abrutissement, à la folie ou au suicide. L'honorable M. Gayot ignorait assurément les enquêtes très considérables faites à cet égard chez nous, comme à l'étranger.

S'il y avait jeté les yeux, il aurait appris ce fait qui réduit son objection à néant, c'est que le suicide et l'aliénation mentale sont plus fréquents dans les maisons en commun que dans les maisons où règne l'isolement.

M. Schœlcher. — C'est un fait acquis.

M. le Rapporteur. — C'est donc par la statistique, et non par des raisonnements plus ou moins hypothétiques qu'on répond aujourd'hui. Lorsque nous avons fait, en France, cette grande enquête pénitentiaire dont l'honneur revient à l'Assemblée nationale, nous avons recommencé ces recherches. Nous avons fait comparaître tous ceux qui avaient quelque compétence dans la question ; nous avons fouillé dans les archives de toutes les maisons pénitentiaires en commun, aussi bien que dans celles qui étaient au régime cellulaire ; nous avons réuni les documents contradictoires, et, à notre tour, nous avons constaté le fait de la manière la plus indiscutable.

Cela peut paraître paradoxal, on peut en être étonné ; mais, quand les faits parlent avec l'évidence des chiffres, il n'est pas possible de contester. Des tableaux ont été publiés à cet égard dans le rapport de la loi du 5 juin 1875. On peut y recourir. C'est la vérité même. On ne l'avait d'abord contesté que parce qu'on s'était borné à apporter la statistique de la mortalité, de la démence ou du suicide pour les maisons cellulaires seulement. Un examen comparé avec les documents pris dans les maisons en commun a rectifié l'erreur ; on trouve d'ailleurs facilement la justification de la statistique dans l'observation des faits.

Le suicide et la folie ont des cas fréquents parmi les condamnés, quel que soit le régime auquel ils sont soumis.

La cause en est d'abord que la prison reçoit une foule d'intelligences incomplètes, mal équilibrées, ébranlées déjà par la misère et les excès, de nature débile, impressionnable, qui doivent mal se défendre contre les influences extérieures. Il arrive, en outre, fréquemment que l'acte criminel qui a motivé l'arrestation est la première manifestation d'un dérangement des facultés.

Il faut aussi se rendre compte des émotions souvent terribles par lesquelles passe le prévenu, avant de devenir un condamné. Ce sont d'abord celles de l'entraînement auquel il a cédé, de la perpétration du crime ou du délit lui-même, puis l'arrestation, l'interrogatoire de la police, la comparution devant les juges, le débat public, enfin la condamnation.

Il est facile de comprendre ce que cette série de coups répétés peut successivement apporter d'ébranlement à ce qu'il peut avoir d'intelligence ou à sa fermeté. C'est ce qui explique la fréquence du suicide comme de la démence dans les prisons. Mais si ces épreuves sont communes à tous les genres d'emprisonnement, l'observation démontre qu'elles se trouvent encore aggravées dans l'emprisonnement en commun. Le repos est le meilleur remède contre l'effet des secousses morales. L'homme isolé, laissé au silence de ses réflexions, retrouve plus vite le calme et la paix. Celui qui se trouve jeté, dans l'intervalle de ces épreuves, au milieu de gens curieux, indiscrets, qui l'épient, le tournent en dérision peut-être, renouvellent en lui son humiliation ou sa colère, qui, dans tous les cas, sont pour lui des étrangers, des indifférents au milieu desquels se prolonge et s'aggrave son excitation, ne retrouve pas aussi facilement son assiette.

Il y a d'autres raisons encore, celle notamment que le moindre signe suspect mieux observé chez l'homme isolé peut immédiatement provoquer des soins, un transport à l'infirmerie, le traitement nécessaire. Je n'insiste pas davantage. Voilà donc l'objection fondamentale aujourd'hui résolue par la pratique et l'observation.

Mais je m'en veux de m'attarder aussi longtemps sur un sujet qui n'est pas soumis actuellement à vos délibérations, et je m'abstiendrai donc de rappeler ses avantages. Je ne dois pas oublier d'ailleurs que ce système, qu'on critique, est aujourd'hui l'expression de la loi même, que, depuis le 5 juin 1875, il est votre régime légal pour l'application des courtes peines, c'est-à-dire de celles ayant moins d'un an et un jour de durée, et que c'est uniquement par suite de l'insuffisance de nos ressources financières et des quelques résistances opposées par les conseils généraux, par l'effet d'un vice de la loi, que l'isolement n'est pas appliqué aujourd'hui sur une plus grande échelle ; je le répète, notre confiance dans la généralisation de son application fait notre plus ferme espoir.

Il suffit de faire le tableau rapide des différentes épreuves par lesquelles passe l'individu qui va, pour la première fois, tomber sous le coup de la loi, pour comprendre son incontestable efficacité.

Prenons, par exemple, un des délits les plus communs, et en même temps un de ceux qui, tout au moins, supposent le moins de perversité : le vagabondage. J'entends le vagabondage que j'appellerai accidentel. Car le vagabondage d'habitude, qui sans cesse, ramène l'individu devant les tribunaux, suppose, sinon une corruption réelle, au moins un dégoût profond du travail et l'aversion des moyens réguliers de gagner sa vie ; et, sous ce rapport, au point de vue social, il peut présenter un caractère dangereux. Tel n'est pas assurément le cas du vagabondage accidentel.

Si je le prends de préférence comme exemple, c'est qu'il entre pour un chiffre considérable dans la criminalité, et qu'il figure dans le chiffre de la récidive, non, comme une faute d'impression me l'a fait dire à tort dans le rapport, pour 74 p. 100, mais pour 20 à 25 p. 100, c'est-à-dire pour une proportion qui varie du quart au cinquième.

Voici ce qui se passe tous les jours.

Je suppose un homme laborieux. Le travail vient à lui manquer ; avec l'absence de travail, ses économies s'épuisent. Un beau jour, il ne peut plus payer le logement qui l'abrite. Le voilà sans asile, sans ressources, sans métier ni profession. C'est la qualification légale du vagabondage. Il est possible qu'il ne soit pour rien dans ce qui lui arrive ; qu'il ait sérieusement cherché du travail. Il n'en est pas moins sous le coup de la loi.

Sans doute on ne l'arrêtera pas dès le premier jour. Mais cet état se prolonge. L'homme quitte sa résidence pour chercher ailleurs. Il devient un inconnu. On le voit rôder. On l'arrête. On l'interroge: Votre domicile? — Je n'en ai pas. — Vos moyens d'existence? — Je n'en ai plus. — Travaillez-vous? — Hélas ! non. Voilà le vagabondage constaté.

Il arrive à la prison, dans la cour commune, dans l'atelier commun —atelier, hélas ! le plus souvent sans travail, d'une de nos maisons d'arrêt. — Qu'y trouve-t-il ? A côté de quelque pauvre diable comme lui, qui cache sa honte dans un coin, il y trouve la lie corrompue qui peuple les prisons. On en a fait bien souvent le tableau, et M. le ministre de l'Intérieur, il n'y a pas bien longtemps, à la Chambre des députés, y ajoutait quelques traits saisissants : population de repris de justice, familiarisés avec toute honte, qui revient, sans regret, à la prison, la recherche même, suivant les saisons, sachant y trouver la satisfaction régulière de ses besoins, un vêtement et un lit, dont elle n'est pas toujours assurée au dehors, avec une nourriture saine et exactement servie.

Ce qui se lit sur les physionomies, c'est l'audace et le cynisme, et aussi le sarcasme pour celui qui paraît sentir le poids de sa faute.

Que peut devenir alors ce sentiment de honte naturelle et de repentir, qu'il serait si facile de fortifier après une première faute ? Tout ce qui reste de bon dans le cœur se trouve paralysé par la fausse honte, et il ne veut pas avoir l'air de rougir là où d'autres plus coupables portent le front haut.

Voilà la première initiation de la criminalité ; le langage qu'il entend, langage de forfanterie et de haine, fait le reste.

Il sort donc de la prison pire qu'il n'y est entré. L'exécution de la peine va-t-elle au moins faire cesser la situation qui a été la cause de sa condamnation ? Loin de là, il se trouve dans un état pire.

J'ai supposé messieurs, un homme sans travail, coupable seulement de vagabondage. Pensez-vous qu'il va trouver du travail plus facilement ? Assurément, non. Au contraire, il n'a plus de certificats récents à produire. On va lui demander d'où il vient et, si on l'apprend, les portes vont plus que jamais se fermer devant lui. L'état de vagabondage va donc se perpétuer chez lui, et la prison s'ouvrira de nouveau pour lui à courte échéance. Et, combien de fois ceci ne se renouvellera-t-il pas ?

Mais il peut arriver pis. Supposez qu'au moment où il souffre la misère et la faim, il rencontre un ex-camarade de prison prêt à l'embaucher pour le délit ou pour le crime, où est la certitude qu'il résistera ?

Voilà les causes de récidive qui naissent de l'état actuel de nos prisons. (*Très bien! très bien!*) C'est pour cela, Messieurs, que l'isolement est nécessaire au plus haut chef. Oh ! nous ne partageons pas les illusions que l'on se faisait autrefois sur les vertus de la cellule, lorsque, sous le Gouvernement de juillet, on discutait devant la Chambre cette grave question avec l'autorité et l'ampleur que vous n'avez pas oubliées.

On disait alors volontiers que la cellule, par elle-même, faisait germer dans le cœur le plus corrompu des réflexions salutaires, que l'isolement avait l'heureuse vertu de rendre le condamné meilleur à la Société. Nous ne tombons pas, Messieurs, dans ces exagérations, mais nous avons la certitude qu'il l'empêche, du moins, pendant l'exécution de sa peine, de devenir pire, ce qui est déjà beaucoup ; on peut, de plus, espérer qu'il sera plus accessible aux bonnes influences. Car personne, en demandant l'isolement, n'a la pensée de le laisser dégénérer en une véritable torture, d'en faire l'instrument de barbarie que dépeignait l'honorable orateur qui m'a prédédé ; nous ne voulons pas que l'isolement soit trop long, ni qu'il soit absolu.

Sur le premier point, une disposition très sage de la loi de 1875 l'a limité aux peines inférieures à un an et un jour, et, comme, en outre, elle accorde à celui qui exécute sa condamnation dans l'isolement une réduction d'un quart de sa peine, il en résulte que l'emprisonnement chez nous ne dépasse jamais neuf mois.

Sur le second point, il est évident qu'étroitement fermée aux mauvaises influences, la cellule doit s'ouvrir largement aux bons conseils. Il a été entendu à cet égard, lors du vote de la même loi, qu'on favoriserait les visites extérieures, visites de la famille, visites des sociétés de patronage et des agents divers de l'Administration. Ainsi entendu, il ne peut être douteux que l'isolement préparera le détenu à un salutaire retour sur lui-même et fortifiera les bonnes résolutions que le châtiment a dû faire naître chez lui. (*Très bien ! très bien ! sur divers bancs.*)

M. Schoelcher. — C'est absolument vrai.

M. le Rapporteur. — Il faut donc que l'emprisonnement individuel passe du texte de la loi dans l'application réelle.

J'ai le plaisir de voir devant moi le directeur éclairé de l'Administration pénitentiaire. Il sait les services que ce système peut rendre. Il s'en est déclaré le partisan décidé ; je sais qu'il joint ses efforts aux nôtres pour arriver à le faire fonctionner plus largement. Je m'en félicite et j'abandonne enfin un sujet que je n'aurais peut-être pas dû aborder aussi longuement, mais qui était la préparation indispensable des explications qui vont suivre.

Il faut arriver, Messieurs, tandis que l'exécution de la peine met le condamné à la disposition de l'Administration, à profiter de cette circonstance pour faire tourner le temps de sa captivité au profit de son amélioration, ce qui est en même temps le moyen le plus efficace de travailler à la préservation sociale. Nous le devons d'autant plus si les mesures de rigueur proposées d'autre part, ou quelques mesures analogues, doivent être votées.

Il ne nous semble, en effet, possible d'aggraver la loi contre l'homme qui a subi plusieurs condamnations qu'à la condition de donner d'abord au malheureux capable d'efforts et de repentir la possibilité d'échapper à ces mesures en réagissant vers le bien. Les premières mesures que vous demande la proposition de loi ont précisément pour but de faire un triage indispensable entre l'homme chez qui il y a encore de bons instincts, de saines résolutions à fortifier, et celui dont la perversité n'appelle plus que la sévérité de la loi *(Très bien ! très bien !)*

Ceci m'amène à la libération conditionnelle et au régime disciplinaire qui doit en faire la base. Messieurs, la science pénitentiaire n'a jamais trouvé un moyen d'encourager, de fortifier les bonnes résolutions, plus puissant que l'institution de la libération conditionnelle. Qu'est-ce que cette institution ? C'est, comme le dit le rapport, l'acte par lequel on met, par anticipation, en liberté, un individu condamné à une peine d'emprisonnement, avec la réserve que, s'il se conduit mal pendant tout le temps de la durée de la peine qui reste à courir, il pourra être repris et contraint à exécuter entièrement sa condamnation. D'où vient l'efficacité de cette institution ? Vous le pressentez facilement. Il n'y a pas dans l'homme placé sous les verrous de sentiment plus profond que celui de recouvrer sa liberté. Tous ses désirs, tous ses actes se rapportent à cette unique pensée. Elle l'absorbe et le domine absolument, exclusivement.

Actuellement, c'est par l'évasion seule qu'un condamné peut l'accomplir, ou encore par la grâce ou l'abréviation de la peine. Vous savez ce qui s'accumule dans les prisons de tentatives hardies ou de pressantes sollicitations pour y arriver par l'un ou l'autre de ces deux moyens. C'est la ruse ou la faveur.

Nous voudrions diriger tout ce qui se dépense d'efforts et de combinaisons dans ce but vers un objet plus noble. Nous voudrions que le condamné pût, par l'effet seul de sa bonne conduite, mériter et obtenir l'abréviation de sa peine. Nous pensons qu'on obtiendrait de lui, en l'intéressant ainsi à rapprocher le jour de sa liberté, une somme d'efforts qu'aucun autre système ne produira jamais.

Une pareille réforme répond d'ailleurs à cette pensée philosophique que, s'il est naturel d'aggraver la peine vis-à-vis de l'homme qui se conduit mal, il est juste, aussi, de l'adoucir et de l'abréger, vis-à-vis de celui qui se conduit bien. (*Approbation.*)

Il y a longtemps que l'Angleterre a songé à utiliser ainsi la libération conditionnelle au profit de la réforme du condamné, et, par suite, de la préservation sociale. Mais lorsque l'Angleterre l'a appliquée, l'idée était déjà née en France. Elle n'y avait à la vérité reçu encore qu'un commencement d'application, mais un commencement dont les effets avaient été assez notables pour que je croie bon de les mettre sous les yeux du Sénat.

C'est sous le Gouvernement de juillet qu'est née, pour la première fois, l'idée d'intéresser un condamné à abréger sa peine par sa bonne conduite ; c'était l'encourager à des habitudes et à des efforts dont lui et la Société doivent recueillir à la fois le bénéfice.

Ce ne fut pas d'abord par la loi, mais par un simple essai administratif que l'initiative s'introduisit. M. Gabriel Delessert, alors préfet de police, avait une sollicitude toute particulière pour les enfants détenus dans les prisons de Paris. Il essayait sur eux l'application de l'isolement. Une société se forma sous le titre de « société de patronage pour les jeunes détenus » dans le but de favoriser ces efforts de moralisation. Elle eut l'idée, pour leur venir plus efficacement en aide, de lui offrir de prendre ces enfants avant l'expiration de leur peine en s'engageant à les ramener à la prison s'ils se conduisent mal.

M. Delessart consentit, mais sans dissimuler à la société de patronage, que la proportion des rechutes dans l'année même de la libération, était, pour ces malheureux, supérieure à 70 p. 100. Très peu d'années après le président de la société pouvait constater avec une légitime satisfaction, dans un rapport officiel, que cette récidive n'était plus que de 7 p. 100.

M. Schœlcher. — Disons que c'est votre père qui a eu l'honneur de fonder cette société de patronage.

M. le Rapporteur. — Non pas seul ; il était assisté par l'honorable M. Charles Lucas dont il est impossible de ne pas citer le nom éminent quand on parle de matières pénitentiaires.

M. Schœlcher. — C'est juste.

M. le Rapporteur. — On sauvait ainsi chaque année de la récidive plus de 60 enfants sur 100. Comment se fait-il que, devant un exemple aussi démonstratif, les législateurs n'aient pas appliqué l'institution aux adultes? C'est ce qu'il est difficile de comprendre. Je dois dire, cependant, que, depuis quelques années, diverses applications en ont été faites, mais dans des cas spéciaux. Ainsi, quand on a fait de la transportation pénale le nouveau mode d'exécution de la peine des travaux forcés, on a organisé une sorte de libération conditionnelle au profit des transportés.

De même, lorsque l'Assemblée nationale a voté une nouvelle loi en 1873, je crois, sur la surveillance de la haute police, il a été déclaré dans un article spécial — et je m'honore d'avoir été l'initiateur de cette proposition — que le Gouvernement pourrait libérer provisoirement de la surveillance de la haute police l'individu qui y était soumis. Mais tandis que nous nous bornions là, les nations voisines nous empruntaient à l'envie l'instrument utile que nous négligions. L'Irlande la première, l'Angleterre ensuite, puis un grand nombre d'autres nations se l'appropriaient.

En Irlande, il est devenu la base d'un système tout entier. Sir Walter Crafton, un nom illustre en ces matières, a organisé une sorte de libération conditionnelle et de patronage par l'État, bien connu sous le nom de « Maisons intermédiaires ». Ce sont encore des prisons en ce sens qu'il n'y a là que des condamnés; mais ce sont des prisons dont la porte est ouverte dès le matin. Le libéré, auquel on a trouvé du travail au dehors, va à sa journée, et, s'il rentre le soir, l'épreuve de cette dernière liberté se continue à son profit jusqu'à ce qu'il reçoive, par une remise définitive de sa peine, la récompense de sa bonne conduite.

Telle est la libération conditionnelle irlandaise.

L'Angleterre avait la transportation à laquelle l'esprit public était très favorable. Vous savez vraisemblablement, pour la plupart, Messieurs, à la suite de quels faits, de quelles enquêtes, de quelles manifestations, l'Angleterre a fini par la supprimer depuis 1867. Très hardie dans ses conceptions en matière pénitentiaire, elle a eu l'idée de remplacer la transportation, ce système commode et populaire qui débarrassait le sol national de toute son écume de criminels, par le système, ultra-libéral alors et bien essentiellement différent, de la libération conditionnelle. Au lieu de continuer à envoyer ses criminels, après un certain temps d'épreuve, à l'étranger, elle leur a simplement ouvert les portes des prisons et les a laissé se répandre en liberté sur son territoire.

Il y a eu d'abord une émotion très considérable et bien naturelle. Des réclamations très ardentes se sont produites, la criminalité augmentait, disait-on, la sécurité publique était compromise. La ville de Londres surtout faisait entendre les plaintes les plus vives. Vous savez, Messieurs, avec quel soin les Anglais recueillent toutes les manifestations de l'opinion publique et quelles enquêtes monumentales sortent en général de leur sollicitude à cet égard. On fit deux enquêtes en 1854 et en 1867. Elles établirent directement que les plaintes étaient en partie légitimes, que la libération conditionnelle n'avait pas produit ce qu'on en attendait, que la population était effrayée ; on persévéra cependant. La mesure avait été sans doute mal appliquée. Il n'était pas possible que ce qui réussissait si bien en Irlande produisît de mauvais effets en Angleterre.

On prescrivit certaines mesures de précaution et de prévoyance. Depuis, l'Angleterre vit avec le régime de la libération conditionnelle ; elle détient ses prisonniers beaucoup moins longtemps dans ses prisons. Et voyez-vous quel est le résultat ? C'est que la criminalité diminue par périodes et l'éminent M. Ducane, qui centralise entre ses mains tout ce qui se rattache au système pénitentiaire, pouvait déclarer, il y a peu de temps, qu'il y a aujourd'hui moins de crimes qu'au temps où l'Angleterre expulsait ses pires malfaiteurs. Voilà les fruits que la libération conditionnelle a d'abord produits à l'étranger.

Elle s'est imposée depuis à l'Italie, à l'Allemagne, à la plupart des cantons suisses, aux Pays-Bas et à l'Autriche. Quant à nous, chez qui elle est née, à nous qui avons eu l'honneur d'en avoir la première idée, nous sommes encore à demander aux pouvoirs publics de la laisser pénétrer dans nos lois !

Nous vous demandons, Messieurs, de vous montrer sensibles à l'autorité de semblables exemples et de l'introduire à votre tour dans la législation française. Mais nous ne vous demandons pas de le faire sans précautions et sans mesure. Nous ne voulons pas que la libération conditionnelle puisse être accordée à tout le monde ; nous ne voulons pas qu'elle puisse être accordée sans épreuve et par l'effet d'une simple faveur administrative, non ; et voici avec quelles précautions nous vous la proposons : nous demandons, d'abord, à l'Administration par l'article premier de notre loi, d'introduire dans nos prisons un régime disciplinaire nouveau fondé sur la constatation journalière de la conduite et du travail, c'est-à-dire de créer une véritable comptabilité morale des condamnés, un système, en un mot, analogue à celui qu'on appelle, en Angleterre et dans plusieurs autres États, le système des marques. Ces notes, prises exactement chaque jour sur le travail et la conduite du condamné, permettront de constater à tout moment son bilan moral et deviendront, le temps venu, de sûrs garants que la libération ne sera ni facilement ni arbitrairement accordée.

Nous pensons, en second lieu, que la libération conditionnelle ne doit pas s'appliquer à de trop courtes peines, car elle risquerait, combinée surtout avec la réduction du quart accordée par la loi de 1875, de faire disparaître presque entièrement la répression et mettrait ainsi gravement en échec l'autorité de la chose jugée.

Elle ne sera possible, d'après le projet, que pour les peines de six mois au moins de prison. Elle ne pourra de plus être accordée que lorsque la moitié de la peine aura été subie ; c'est la règle qui est, sauf exceptions, exceptions parfois trop nombreuses, appliquée en matière de grâce ou de commutation de peine.

Il recevra, en quittant la prison, un « permis de libération ». L'Administration aura le droit, sur ce permis, de lui imposer certaines conditions particulières. Pour en citer une, s'il s'agit d'un homme qui ait commis un attentat de quelque gravité, elle pourra lui interdire d'habiter la commune où réside sa victime.

La libération conditionnelle commencée, ou le libéré se conduit bien jusqu'au jour de l'expiration de sa peine, alors sa libération est définitive ; — et permettez-moi de le dire, lorsque ceci se réalisera, la Société aura gagné le résultat le plus heureux, le plus appréciable, car soyez convaincus que la bonne conduite, continuée pendant plusieurs mois sous la menace de la réintégration, se maintiendra le plus souvent sans effort, et c'est un citoyen honnête que la Société aura reconquis (*Très bien ! à gauche*) ; — ou, au contraire, il se conduit mal, et, alors quel que soit le moment de la libération, l'autorité locale, aussi bien l'autorité administrative que l'autorité judiciaire, intervient, opère d'abord l'arrestation et en réfère au ministre de l'Intérieur·qui seul a le droit de prononcer la révocation du permis, comme seul il a le droit de l'accorder.

Voilà les conditions, fort analogues à ce qui existe à l'étranger, à ce qui y a réussi, que vous propose la commission.

Nous espérons que cet ensemble de mesures obtiendra l'adhésion du Sénat.

J'aborde maintenant un autre ordre d'idées : les patronages. Nous nous plaçons au moment où le libéré sort définitivement de prison, après avoir payé sa dette à la Société. J'ai dit la situation souvent douloureuse où il se trouve. S'il n'a pas, en effet, une famille qui le recueille, s'il n'a pas de ressources personnelles, s'il ne trouve pas un ancien patron qui consente à le reprendre, dites-le moi, que va-t-il devenir ? (*Très bien ! à gauche.*)

Ce qu'il va devenir, vous le savez. C'est un récidiviste en quelque sorte prédestiné. Combien y en a-t-il de ceux-là, parmi ceux qui ont aujourd'hui cinq, dix condamnations peut-être, qu'un peu d'aide eût préservés cependant, et qui, faute de l'avoir reçu, vont tomber sans doute sous le coup des rigueurs qui se préparent !

C'est le secours qui leur a manqué que nous venons vous demander d'organiser par les dispositions relatives au patronage.

La proposition de loi ne renferme que deux dispositions à cet égard. Mais, dira-t-on : pourquoi faire figurer une institution de patronage dans un projet de loi ? Est-ce donc que vous voulez, comme en Irlande, que l'État patronne lui-même les individus ? Nullement, Messieurs. Cette question a beaucoup été agitée à une autre époque et nous croyons qu'on l'a sagement résolue en décidant que l'État ne pouvait directement remplir ce devoir. L'honorable M. Thomson dans un récent rapport sur le budget du ministère de l'Intérieur, à propos d'un amendement de M. Martin Nadaud, sur l'allocation destinée au patronage, en a donné très complètement la raison. J'y renvoie le Sénat. Ajoutons que l'État, à moins de créer des services nouveaux, ne pourrait exercer cette action que par sa police. Or, vous savez, Messieurs, que la police française, dont il faut louer sans réserve l'activité, la probité, la sagacité, s'est toujours montrée assez peu propre à cette mission de surveillance des condamnés, et que, notamment, pour ce qui concerne la surveillance de la haute police, on a eu bien souvent à signaler des vices considérables.

Non, l'État ne peut patronner lui-même. C'est à des sociétés spéciales d'initiative privée que doit en incomber la mission ; c'est seulement dans leur sein qu'on peut trouver le dévouement, la discrétion qui se font les confidents des malheureux, qui les suivent avec bienveillance, recherchent leur famille, s'efforcent de les réconcilier avec elle, pénètrent pour eux dans les ateliers privés et leur cherchent du travail.

Tout cela, Messieurs, offre des difficultés extrêmes, et c'est seulement la charité qui peut accomplir cette mission.

Mais si l'État ne doit pas faire lui-même du patronage, une chose est indispensable, et sans laquelle — je le dis avec l'expérience des faits — le patronage ne peut exister, ne peut même pas naître, c'est un régime d'encouragements et de subventions de la part de l'État très sérieusement organisé.

Il est absolument indispensable, si l'on veut développer ces institutions, que des crédits, des crédits médiocres si l'on ne peut faire mieux, mais des crédits assurés, puissent permettre à ces sociétés d'envisager l'avenir sans effroi, et de se fonder avec l'espérance de pouvoir vivre.

En effet, s'il y a peu d'institutions qui soient plus utiles que celles qui consentent à s'occuper de l'homme qui sort de prison pour chercher à le confirmer dans ses bonnes intentions et à en faire un bon citoyen, s'il est peu d'institutions plus utiles socialement parlant il faut dire qu'il y en a peu pour lesquelles la charité privée ait moins de faveur. Préoccupée par des infortunes plus saisissantes et peut-être plus faciles à comprendre, elle s'est presque toujours détournée de ces œuvres de patronage.

Celles-ci ont beau faire des appels aux souscriptions, ou simplement à des dons passagers, ce n'est jamais qu'un petit nombre d'hommes éclairés qui leur donnent. Il en résulte que rien n'est plus aléatoire que leur budget. Et, sans budget, vous ne pouvez pas avoir de société de patronage.

M. Schœlcher. — Très bien ! — C'est très juste.

M. le Rapporteur. — Il y a, en effet, Messieurs, une chose à dire, c'est que les dépenses de ces sociétés sont très considérables, non pas qu'elles donnent de l'argent — leur règle est de pas en donner, il faut réserver l'argent pour les misères d'une autre nature, et les sociétés dont nous parlons n'ont besoin que de travail — mais pendant le temps nécessaire pour trouver du travail, il faut bien un abri ? Ici s'impose la nécessité d'avoir des asiles au moins provisoires qui puissent soustraire les libérés aux inconvénients, aux dangers des mauvais garnis. Eh bien, du moment que vous avez des asiles, vous avez à subvenir à la dépense d'un loyer, à celle des impôts, à l'entretien des malheureux qui y sont recueillis. Il faut en outre un personnel, un personnel de direction, puis encore un personnel pour se tenir en communication avec les industriels et les commerçants. Il faut donc pour cela des agents, c'est-à-dire des traitements.

L'entretien des asiles, les traitements, en y ajoutant les frais de vestiaire, tout cela entraîne des dépenses considérables, tout cela exige, par conséquent, des ressources.

Tous les États qui ont voulu pratiquer le patronage l'ont compris. Savez-vous, Messieurs, ce que l'Angleterre donne à une seule de ces sociétés de patronage, la société royale des prisons, qui ne s'occupe pas de plus de 5 à 600 individus par an ? Elle lui donne annuellement jusqu'à 90.000 francs ; 90.000 francs pour une seule société ! Et l'Angleterre en compte peut-être, à l'heure actuelle, plus de cent. Maintenant, savez-vous ce que notre budget accorde à l'ensemble des sociétés de patronage qui existent en France ? 60.000 francs ! Voilà la situation.

Nous ne demandons pas cependant que le budget soit fortement augmenté. Non ! les crédits votés peuvent, au moins quant à présent, être suffisants, et j'espère même que les mesures d'une nature particulière dont je parlerai tout à l'heure, à propos de la libération conditionnelle, dispenseront peut-être l'État de faire pour l'avenir un sacrifice·beaucoup plus lourd ; mais ce que nous demandons, ce sur quoi nous insisterons avec toute l'énergie dont nous sommes capables, c'est qu'à l'égard de l'allocation votée par les Chambres, les sociétés de patronage, du moment qu'elles sont agréées par l'État, y aient un droit reconnu et qu'elles y participent en proportion du nombre des patronnés dont elles s'occupent réellement à l'heure actuelle.

Messieurs, la plupart des sociétés de patronage, une entre autres, la plus considérable, avec laquelle j'ai actuellement des liens étroits, la plupart de ces sociétés de patronage, dis-je, ont, vis-à-vis de l'Administration, la plus profonde reconnaissance. Elles savent avec quelle équité se partage la subvention ; elles savent qu'elles peuvent y compter, mais leur espérance ne peut reposer que sur la bonne volonté des hommes, et cette bonne volonté, quand les hommes changent, peut changer également. Or il ne suffit pas d'avoir l'espoir d'un budget pour pouvoir conduire des machines aussi compliquées et aussi difficiles à mener que des institutions semblables. Il faut la certitude, sinon de toutes les ressources nécessaires, au moins d'un certain fonds de ressources auquel la charité privée viendra ajouter ce qu'elle pourra.

Il est une seconde demande de nature analogue qui complète la première, et cela nous ramène pour un moment à la libération conditionnelle.

Les libérés conditionnels doivent être l'objet d'une certaine surveillance. L'État manquerait à un devoir essentiel s'il ne l'organisait pas. Il ne faut point oublier, en effet, qu'ils sont toujours sous le coup de la peine. Mais il est bien entendu que la surveillance spéciale dont il s'agit ici ne doit rien avoir de commun avec la surveillance de la haute police pratiquée contre les malfaiteurs déclarés dangereux pour la Société par les tribunaux mêmes qui les ont condamnés. Non ; la surveillance qu'il s'agit d'organiser concernant les individus considérés comme améliorés dans la prison, comme ayant gagné par leur·bonne conduite la liberté provisoire dont ils jouissent, doit avoir un caractère différent.

Eh bien, Messieurs, nous avons pensé que l'État aurait peut-être quelque peine à organiser un mode de contrôle qui ne fût pas celui dont il use habituellement à l'aide de sa police, et nous lui avons donné dans la loi cette faculté, qui n'est qu'une faculté dont il usera vraisemblablement d'abord avec ménagement, avec réserve, mais qui, je l'espère, finira par devenir un jour la règle habituelle, nous lui avons donné la faculté de se décharger sur les sociétés de patronage de la surveillance qu'il aura à exercer sur les libérés conditionnels. Quoi de plus naturel?

Il trouvera là, sans avoir besoin de créer des organes nouveaux, la surveillance active, bienveillante et ferme qui convient à l'institution. Nulle crainte d'abus. Une société de patronage qui apprendrait la mauvaise conduite d'un libéré qu'elle aurait été appelée par l'Administration à surveiller ne tomberait pas, en effet, dans la faute assurément très lourde de dissimuler à l'Administration cette mauvaise conduite; elle y exposerait sa responsabilité; elle compromettrait les rapports de bienveillance dont elle a besoin avec l'Administration, et elle compromettrait, en outre, l'estime dont elle peut jouir dans le public.

Non; il est certain que la société de patronage aura, pour exercer cette mission, les qualités nécessaires.

Eh bien, nous donnons au Gouvernement cette faculté, et, lui donnant cette faculté, nous lui demandons comme conséquence et c'est en cela que la seconde mesure se rattache à la première, de rémunérer la société qu'il se substituera d'une façon spéciale.

Il y a, Messieurs, un précédent qu'il était bien naturel d'invoquer, et que nous avons suivi: c'est celui relatif aux jeunes détenus. Lorsqu'un jeune détenu est remis à une société de patronage, l'État, considérant qu'il fait une économie du moment qu'il n'a plus à entretenir ce détenu dans le sein de la prison, abandonne à la société de patronage, pendant toute la durée de sa peine, une allocation de 0 fr. 75 par jour.

Nous disons à l'État: la situation est la même. La libération conditionnelle va vous faire réaliser une économie probablement importante; il est naturel que, si vous vous déchargez sur les sociétés de patronage de la surveillance des individus dont votre devoir est de contrôler la conduite, vous les fassiez participer aux avantages pécuniaires que vous trouvez vous-même dans la mesure.

Il n'y a pas là de sacrifices pécuniaires à faire. Il y a seulement une économie moindre à réaliser.

L'économie sera de 2 francs par jour environ, car je crois qu'on peut évaluer à ce chiffre le coût d'un individu dans les maisons d'arrêt. Nous demandons que l'État abandonne 0 fr. 50 sur cette somme en stipulant toutefois que la somme totale à recueillir ainsi pour chaque libéré ne devra pas dépasser 100 francs.

Voilà l'encouragement dont ces sociétés ont besoin; voilà le budget qui leur est nécessaire, et voilà en même temps le stimulant qui leur permettra de pénétrer dans les prisons à la demande des familles, d'y visiter les détenus intéressants, de les intéresser par leurs conseils à la bonne conduite, de réclamer leur libération lorsqu'il sera temps, et, une fois qu'elles les auront recueillis, de les soutenir jusqu'au bout dans leurs salutaires efforts.

Voilà à quoi se bornent les deux dispositions de la proposition en ce qui touche le patronage.

Reste, Messieurs, ce qui est relatif à la réhabilitation.

L'homme s'est bien conduit; sa peine est terminée, sa probité, son assiduité au travail se sont maintenues sans défaillance pendant un long temps; il a reconquis l'estime publique; il est entouré de l'affection, de la considération de ceux qui le connaissent; ce qu'il réclame en droit, la réhabilitation, existe déjà en fait pour lui; tout le monde le considère comme un honnête homme; s'il vient à réclamer la récompense de cette conduite dont chacun a été témoin, il ne rencontrera autour de lui que faveur et appui.

Il se présente donc le front haut pour réclamer cette grande réparation ; il se présente à l'Administration, je me trompe, à la Justice, sa demande de réhabilitation à la main. Chose triste à dire, il arrive souvent que, lorsque l'officier du parquet lui fait connaître les conditions auxquelles cette réhabilitation est soumise, le malheureux retire sa demande et préfère vivre dans l'état d'humiliation et de précarité où il est plutôt que d'en poursuivre l'accomplissement au prix des formalités qu'il faut subir. Pourquoi donc ?

Pourquoi, Messieurs ? C'est que la loi faite au commencement de ce siècle, et qui a tranché, à cet égard, d'une façon bien fâcheuse avec la législation antérieure, la loi a fait des formalités de la réhabilitation quelque chose de si difficile, de si compliqué et de si funeste à celui qui la réclame que, véritablement, il a le plus souvent intérêt à y renoncer.

Je ne vous citerai qu'une ou deux de ces formalités. Le code d'instruction criminelle exige que l'individu qui demande à se réhabiliter ait habité pendant trois ans, s'il s'agit d'un condamné correctionnel, pendant cinq ans s'il s'agit d'un condamné criminel, dans le même arrondissement, et au moins deux ans dans la même commune. Il exige, en outre qu'il apporte des attestations délibérées et votées par les conseils municipaux de toutes les résidences qu'il a occupées depuis sa libération.

Eh bien, si vous réfléchissez que le malheureux qui cherche du travail et qui n'en trouve pas facilement est souvent obligé de se déplacer pour trouver de l'occupation ; si vous réfléchissez que, le plus souvent, dans ses déplacements, il a fait perdre sa trace, il a fait oublier sa tache d'origine ; que, dans le lieu où il habite, on ne connait que sa bonne conduite, sa bonne réputation, non sa faute, et qu'il lui faut, au moment où il va en recueillir le bénéfice, qu'il lui faut, pour ne parler que de cette dernière formalité, venir révéler au conseil municipal, c'est-à-dire à la population tout entière d'un pays, le vice de sa situation, vous comprenez que c'est à décourager les plus résolus.

Je pourrais vous citer des exemples très nombreux ; j'ai dans mon dossier plus de 30 demandes de gens condamnés il y a quinze ans, vingt ans même pour quelques-uns, souvent pour des fautes légères, fautes absolument oubliées, et qui attendent une légistation plus douce pour oser se produire.

Laissez-moi vous citer un exemple. C'est un homme dans une position relativement importante à Paris. Du rang de simple employé, il s'est élevé à celui d'associé d'une maison de banque. Il était clerc d'agent de change dans une de nos grandes villes de province, lorsqu'à dix-sept ans une parente lui confia une petite somme pour la placer en valeurs. Il eut la faiblesse de disposer d'une partie de cette somme. Ce qu'il avait pris d'ailleurs n'était pas considérable. Le fait fut cependant constaté. Il fallut poursuivre. La considération du cabinet de l'agent de change l'exigeait. Il fut condamné à six mois de prison. Au sortir de son emprisonnement il est venu a Paris. Il a pu entrer dans une maison de banque. Dix-huit ans de probité, de travail. Je l'ai dit, il est aujourd'hui l'associé de l'homme dont il a été longtemps l'employé. Il a, dans le meilleur monde, une situation qui est faite pour satisfaire les plus difficiles.

Eh bien, il y a une chose qui vient périodiquement renouveler toutes ses douleurs et ses humiliations ; il n'a pas le droit de voter. Lorsqu'arrive le moment d'une élection, il lui faut simuler une absence, une maladie, se cacher. Il ne peut avouer qu'il n'est pas électeur. Il lui faut éconduire les sollicitations qu'on lui adresse au nom de ses opinions, et trembler qu'on ne découvre la cause de sa prétendue indifférence. N'est-il pas digne entre tous d'obtenir la réhabilitation ? Qui, mieux que lui, l'a méritée ? Mais vous

vous rappelez quelles en sont les conditions. Depuis sa condamnation il a habité trois communes ; il faut qu'il aille faire la cruelle confidence aux conseils municipaux de ces trois communes — Paris en est une — et que, par conséquent il jette au public son secret et risque de perdre à tout jamais sa situation. Est-ce possible ?

Et puis, il ne faut pas croire que la réhabilitation demandée soit la réhabilitation obtenue. Il se passe généralement six mois, souvent une année entre la demande et les lettres de réhabilitation. De plus, il peut arriver qu'on n'aboutisse pas, car il y a, pour ces demandes, une chose qui est très certaine, c'est la publicité qu'il faut leur donner ; mais il y en a une autre qui est toujours douteuse, c'est le résultat de la demande, et pendant ce temps il faut rester exposé à la malignité publique et à ses conséquences. Vous le comprenez, les plus fermes courages reculent.

Il faut avoir été membre d'une société de patronage et avoir contemplé ces misères de près pour savoir ces détails. Je vous assure qu'il n'y a rien de plus poignant que de voir un homme véritablement digne se débattre avec les difficultés de la loi. C'est, à mon sens, une des misères les plus dignes de pitié qui puissent exister ! (*Très bien ! à gauche.*) Eh bien, nous avons cherché quels étaient les moyens de vaincre ces difficultés, et ces moyens nous ont semblé faciles à organiser. Il ne faut pas désarmer la Société ; il est bien clair qu'il ne faut pas que la réhabilitation soit trop facile ; il ne faut pas que l'escroc, le coquin, l'hypocrite puissent venir réclamer une réhabilitation qu'ils n'ont nullement gagnée ; il faut que les garanties actuelles restent les mêmes, et, par conséquent, qu'il soit possible de résoudre le problème sans les affaiblir.

Les magistrats se sont souvent préoccupés de ces questions, et je pourrais vous citer tel discours de rentrée prononcé dans une de nos cours d'appel où l'on appelait récemment sur elles l'attention des législateurs. Des autorités considérables, telles que celle de M. Faustin Hélie, ont réclamé depuis longtemps comme eux des modifications aux dispositions du code d'instruction criminelle que je viens de critiquer. Les remèdes que nous proposons viennent de là.

Nous décidons d'abord que l'avis du conseil municipal sera remplacé par l'avis du maire.

Messieurs, qui, mieux que le maire, est en état de donner un certificat de bonne conduite et un avis favorable ou non sur ces sortes de demandes ?

Si c'est le conseil municipal qui est consulté, n'est-ce pas le maire qui fait l'instruction, qui recueille les documents, et n'est-ce pas sur son avis, le plus souvent, que le conseil municipal calquera sa décision? Eh bien, ce que le maire faisait avec l'aide du conseil municipal, nous pensons qu'il peut très bien le faire seul. Voilà la première modification.

Quant au séjour permanent, en quelque sorte, exigé dans le même arrondissement ou dans la même commune, tout en maintenant l'obligation dans les situations ordinaires, nous prévoyons le cas où l'individu intéressé a été contraint, par la nécessité ou un devoir impérieux, de manquer à ces conditions.

Ainsi fallait-il priver le jeune soldat appelé sous les drapeaux du droit de faire une demande?

Nous ne l'avons pas pensé, et déjà la chancellerie, qui dirige ces procédures spéciales avec un sentiment d'humanité et de libéralisme qu'on ne saurait trop louer, avait décidé qu'elle n'obligerait pas l'individu qui a passé une partie de son temps d'épreuve sous les drapeaux à compléter le temps exigé par la loi dans la même commune. Mais c'était une tolérance; nous la transformons en disposition de loi. Nous avons cru ensuite devoir étendre l'exception au demandeur qui exerce une profession dont la nature exige des déplacements.

Nous décidons en conséquence que, dans ces deux cas, la Justice pourra se contenter des certificats délivrés, soit par les chefs de corps, soit par les chefs d'établissement ou d'atelier, mais avec cette condition, réclamée par M. le Garde des Sceaux, que ces certificats devront faire mention que c'est pour obtenir la réhabilitation qu'ils ont été demandés. La règle est donc admise, mais en même temps toute possibilité de surprise est écartée.

Nous réclamons encore quelques autres modifications, mais elles vous seront expliquées, Messieurs, au fur et à mesure qu'elles se présenteront au cours de la discussion; je me borne, pour le moment, à vous indiquer ce point: la réhabilitation, dans notre ancien droit, avait un caractère considérable; elle effaçait la peine et restituait l'impétrant, selon l'expression de nos anciens jurisconsultes, *dans sa bonne fame et renommée*. De plus, c'était un acte de justice, et la demande constituait un véritable recours de droit.

L'homme qui avait satisfait aux conditions de la loi s'adressait donc aux tribunaux et demandait à ceux-là même qui l'avaient condamné de juger s'il s'était rendu suffisamment digne de la réparation sollicitée.

N'y avait-il pas dans la solennité de ces formes quelque chose de grand et de bien propre à relever le prestige de la réhabilitation?

Messieurs, je n'entrerai pas dans l'examen des motifs qui ont fait supprimer cet ordre de choses, cela m'entraînerait trop loin; mais, depuis le commencement du siècle, il a été remplacé par ce formalisme assez singulier.

On saisit aujourd'hui l'officier du parquet, qui, à son tour, saisit la cour d'appel. La cour d'appel donne un avis; elle ne rend pas une décision, elle donne un avis, et l'avis est transmis au garde des Sceaux, qui accorde alors ce qu'on appelle des lettres de réhabilitation.

Vous voyez, Messieurs, que si la chancellerie était animée de sentiments qu'heureusement elle n'a pas, et si elle voulait se réserver le droit d'appréciation que lui donne positivement la loi, indépendamment de l'appréciation faite par la Justice, elle pourrait, après un avis favorable, déclarer qu'il n'y a pas lieu à réhabilitation. A quoi bon alors saisir la Justice si c'est le Gouvernement qui a la décision suprême? Il est vrai — je viens de le dire — que le Gouvernement renonce aujourd'hui à sa prérogative. Mais il y a, Messieurs, des exemples que les choses ne sont pas toujours passées ainsi et l'on peut aisément concevoir qu'il pourrait quelque jour en être autrement, de sorte que le malheureux qui s'est décidé à surmonter toutes les difficultés que je décrivais tout à l'heure, qui a, pendant cinq ans, fixé sa résidence, en dépit de ses intérêts ou de ses affections, dans le même lieu, qui a consenti à révéler aux conseillers municipaux des communes qu'il a habitées le fait, oublié sans doute, peut-être toujours ignoré de sa faute; ce malheureux qui est parvenu à surmonter toutes ces difficultés, qui, de plus, a obtenu un avis favorable de la Justice, est encore exposé au dernier moment à rencontrer le refus du Gouvernement.

Mais il est une difficulté d'un ordre plus grave peut-être, dont j'ai omis de parler : je veux parler et je ne fais que l'énoncer, de l'obligation de payer les frais de justice. Assurément si ces frais de justice sont en rapport avec la situation du libéré, il n'y a rien de plus naturel, mais s'ils sont élevés et que le demandeur soit sans ressources, cette condition équivaut à une impossibilité absolue.

Il faut remarquer, en effet, qu'il n'est pas permis de faire remise des frais de justice; l'État peut relever de la peine, décharger de l'amende il ne peut faire remise des frais; c'est une créance d'État; le chef du Gouvernement lui-même ne peut pas en relever.

De telle sorte que si le requérant a été impliqué dans une affaire dont l'instruction a été longue, ou qui a comporté plusieurs inculpés et que les frais de justice aient atteint une somme supérieure à ses ressources, il n'y a pas de réhabilitation possible pour lui, ce qui équivaut à dire dans un grand nombre de cas que le pauvre est exclu de la faveur de la loi.

Nous proposons, Messieurs, de faire cesser cette injustice en autorisant la cour à statuer, en cas d'insolvabilité constatée, même lorsque les frais n'ont pas été payés ou qu'ils ne l'ont été qu'en partie. Enfin cet ensemble de mesures devra être complété par la restitution à l'institution de son ancien caractère.

Revenant à la jurisprudence et à la législation anciennes, et suivant en cela les vœux qui ont été maintes fois exprimés par des autorités importantes, nous décidons qu'il faut restituer à la réhabilitation, pour la rendre à la fois plus morale et plus exemplaire, plus considérable et plus efficace, les deux caractères qu'elle avait autrefois ; il faut qu'elle soit un recours de droit, il faut que ce soit la justice qui la prononce.

Puis, étendant ses conséquences, nous demandons qu'elle produise, comme autrefois aussi, cet effet considérable d'effacer la peine elle-même.

Tel n'est plus, vous le savez, aujourd'hui son effet. Toute sa portée se réduit à relever des incapacités qu'entraînait la condamnation. Ainsi, si par suite de la peine encourue, un condamné a cessé d'être électeur, s'il ne peut plus être juré, tuteur ou membre d'un conseil de famille, on lui rend tous ces droits ; il pourra les exercer, mais il n'en restera pas moins un condamné.

Si les choses se passaient suivant la rigueur de la loi son casier judiciaire devrait même encore livrer à tous le secret de sa situation.

Il est vrai qu'une mention de la réparation accordée y serait inscrite ; mais à quoi bon maintenir au moins pour les tiers la constatation d'une peine rachetée ?

Eh bien, tout cela est mauvais. Ou il ne faut pas de réhabilitation, et il suffit de se borner à prononcer des commutations de peines et des grâces, ou si on la permet, il faut lui faire produire des effets conformes à son nom. Que dit ce grand mot de réhabilitation, sinon restitution entière, réintégration complète dans l'état momentanément perdu ? La commission a partagé ce sentiment et vous propose une disposition qui la consacre expressément.

Il est d'autant plus nécessaire de l'adopter, Messieurs, qu'il y a dans nos lois une institution fort utile, nécessaire même, mais assurément moins respectable, qui produit le complet effacement de la peine : c'est l'amnistie ! L'amnistie, qui, le plus souvent n'a pas été méritée par la bonne conduite et qui, quelquefois, intervient dans des conditions tout à fait opposées, l'amnistie, qui est une simple mesure d'intérêt politique, a le pouvoir d'effacer la condamnation, de détruire le casier judiciaire.

Comment serait-il possible que la réhabilitation, gagnée péniblement par les efforts les plus constants, les mieux constatés, après les épreuves les plus multipliées et les formalités les plus rigoureuses, et qui va être prononcée solennellement par décision de justice, ne produisît pas les mêmes effets? (*Très bien! Très bien!*)

Tel est, Messieurs, l'ensemble des mesures que nous avons l'honneur de proposer au Sénat. Vous voudrez bien remarquer qu'elles ont un triple avantage; en premier lieu, elles ne changent rien à l'économie de nos lois pénales; elle ne coûteront pas un sou à l'État. Loin de là, l'une d'elles au moins, la libération conditionnelle, sera l'occasion si elle est appliquée dans son véritable esprit, d'une économie qui peut devenir fort importante au bout de quelques années.

Il en sera peut-être également ainsi du patronage, si, répondant à l'espoir que nous plaçons en lui, il détourne du crime un certain nombre de libérés. Tous les projets qui cherchent à atteindre la récidive n'en sont assurément pas là.

Il est un troisième avantage, Messieurs, auquel vous ne serez pas non plus insensibles, c'est que ces mesures procèdent bien réellement contre le mal lui-même, et non contre les individualités qu'il a pu produire, qu'elles s'attaquent bien réellement à la source véritable, qu'enfin elles s'en prennent à la maladie, non aux malades. Il n'en est guère, en outre, qui n'aient subi l'expérience des pays étrangers; elles vous reviennent aujourd'hui avec l'autorité d'une longue application et de rapports décisifs sur leurs excellents résultats. J'ose espérer, Messieurs, que le Sénat ne verra pas de difficultés à les voter.

Un dernier mot. Nous avons eu l'espoir, jusqu'à ces jours derniers, que nous nous présenterions devant vous avec un assentiment absolu du Gouvernement, non seulement sur la question des principes que soulève le projet, mais même sur les détails de la rédaction.

Des conférences antérieures fort multipliées avec M. le Directeur de l'Administration pénitentiaire, délégué à cet effet par M. le Ministre de l'Intérieur, et avec M. le Garde des Sceaux, nous avaient donné cette confiance.

Elle s'est trouvée un peu déçue au dernier moment. Non pas que nous soyons en désaccord avec tous les membres du Gouvernement. J'aime à croire que, sur la question de la réhabilitation, l'accord établi avec M. le Garde des Sceaux persistera, et qu'aucune discussion de quelque importance ne s'élèvera entre nous. Mais M. le Directeur de l'Administration pénitentiaire, tout en maintenant sa complète adhésion sur le fond des choses, nous demande, sur chacun des articles du projet, d'assez sérieuses modifications, et, quoiqu'il ne s'agisse que de détails, la commission ne cesse pas d'en avoir quelque préoccupation. Nous n'avons pas eu le temps, car c'est seulement une heure avant la séance que nous avons eu l'honneur d'entendre M. le Directeur de l'Administration péniten tiaire, nous n'avons pas eu le temps d'examiner entièrement chacune des modifications qu'il nous propose. Je suis, dès à présent, certain que quelques-unes seront acceptées. Elles sont faites au nom de la pratique administrative, et, à ce titre, elles méritent toute la considération de la commission.

Il y en a d'autres qui, vraisemblablement, bien que n'atteignant pas les principes, y touchent cependant d'assez près pour que la commission ait besoin, au moins, de délibérer avant de prendre un parti.

Il est donc possible, Messieurs, qu'au cours de la délibération nous vous demandions le renvoi de quelques dispositions. Nous avons pensé cependant que ces divergences de détail ne devaient pas nous dispenser de nous présenter devant vous.

Nous étions à l'ordre du jour, nous y étions depuis longtemps, nous y étions les premiers, c'était autant de raisons pour accepter le débat. Nous l'avons donc accepté et, sous le bénéfice des observations que je viens de faire, il se continuera.

Laissez-moi vous dire encore que les dispositions que nous avons l'honneur de vous apporter sont des mesures d'humanité, des mesures de bienveillance, qu'elles peuvent être néanmoins comptées parmi celles qui pourront exercer le plus d'action sur le fléau redoutable de la récidive.

Nous espérons que ce double caractère les recommandera à votre approbation, et que vous serez heureux, s'il faut arriver à prendre contre les individus des dispositions d'une autre nature, de commencer du moins par adopter celles-ci.

Elles vous donneront, en effet, cette sécurité, toujours précieuse quand il faut user de sévérité, que, si un grand nombre de malheureux doivent être l'objet de rigueurs exceptionnelles, vous aurez fait du moins votre possible pour donner aux malheureux qui ont conservé dans leur cœur quelque sentiment d'honnêteté, la possibilité de s'y soustraire par des efforts énergiques. (*Très bien ! très bien ! et applaudissements sur un grand nombre de bancs.*)

SÉNAT

DÉBATS PARLEMENTAIRES

*Suite de la première délibération sur la proposition de loi
relative à la récidive.*

M. le Président. — L'ordre du jour appelle la suite de la
première délibération sur la proposition de loi de M. Bérenger
sur les moyens préventifs de combattre la récidive (Régime des
prisons, libération conditionnelle, patronage, réhabilitation).

Personne ne demande la parole pour la discussion générale ?...
La discussion générale est close.
Je vais donner lecture de l'article premier.

M. Bérenger, *rapporteur*. — Je demande la parole.

M. le Président. — La parole est à M. le Rapporteur.

M. le Rapporteur. — Messieurs, j'ai à rendre compte au Sénat
d'une légère modification que la commission, sur la demande de
M. le Directeur de l'Administration pénitentiaire, a apportée au
texte de l'article premier, que vous avez sous les yeux.

Ce texte portait «qu'un régime disciplinaire de punitions et de
récompenses, basé sur la conduite et le travail journalier des condamnés, serait établi par l'Administration dans les divers lieux de
répression».

Les modifications que nous avons apportées à ce texte sont les
suivantes: nous supprimons les mots «par l'Administration» et
nous remplaçons les derniers mots «dans les divers lieux de
répression » par ceux-ci : « dans les divers établissements péni-

tentiaires autres que ceux consacrés à l'exécution de la peine des travaux forcés ».

Les raisons de ces deux modifications sont les suivantes :

Pour ce qui concerne la première, on nous a fait observer que le régime disciplinaire des prisons est généralement réglé par des règlements d'administration publique, et que les mots : « par l'Administration » semblaient indiquer l'intention de substituer, à la procédure, une forme différente. Il n'en est rien, et en supprimant ces mots, nous nous sommes rattachés à la tradition qui existe aujourd'hui en ces matières.

Pour la seconde modification, l'Administration pénitentiaire nous a fait observer qu'il était nécessaire d'exclure, des lieux de répression pour lesquels nous demandons l'établissement d'un nouveau système, les établissements actuellement consacrés à la transportation, c'est-à-dire à l'exécution de la peine des travaux forcés.

Pourquoi ? Le voici. C'est qu'un décret récent a institué, par application de la loi du 30 mai 1854, une sorte de libération conditionnelle spéciale pour la transportation.

Lorsque la proposition de loi a été examinée, ce décret, qui a passé inaperçu, était inconnu de la commission. Nous savions bien que la loi du 30 mai 1854 instituait une libération conditionnelle; mais comme pour les détails de cette institution, elle se référait au décret à intervenir, et comme nous croyions que le décret n'était pas encore intervenu, nous avions la pensée naturelle de comprendre les établissements de la transportation dans l'application de la loi nouvelle.

Mais il nous a été justifié que le décret existait, que le régime de libération conditionnelle qu'il applique fonctionne depuis longtemps; en conséquence, Messieurs, ce régime étant consacré par un texte précis, et, d'ailleurs, par une expérience qui remonte déjà à plusieurs années et ayant produit de bons fruits, nous n'entendons le modifier en rien. Il s'agissait de préciser cette intention par des expressions nouvelles; c'est ce que nous avons fait, en changeant, comme je viens de le dire, le dernier mot de l'article.

M. Herbette, *commissaire du Gouvernement.* — Je demande la parole.

M. le Président. — La parole est à M. le Commissaire du Gouvernement.

M. Herbette, *commissaire du Gouvernement.* — Messieurs, l'honorable M. Bérenger vient de vous indiquer quelles avaient été les observations communiquées à la commission au sujet de l'article premier.

Le Gouvernement avait grand désir, surtout à l'occasion d'une première délibération, de laisser s'affirmer l'idée, et se dessiner les lignes générales d'une réforme aussi importante, sans s'arrêter à quelques difficultés qui pourraient d'ailleurs être examinées à loisir avant le jour de la seconde délibération.

Il ne semble donc pas indispensable d'insister en ce moment sur quelques points dont M. le Rapporteur vous a signalé l'intérêt.

Je rappellerai seulement que l'article premier doit, d'après le sentiment du Gouvernement, consacrer le principe d'un régime destiné à favoriser l'amendement des condamnés et à préparer leur libération conditionnelle.

Il avait donc paru que cette expression même, dont le sens est spécial et précis, « l'amendement » pourrait trouver utilement place dans le texte de la loi. Il a de même été compris par nous que les notes qui doivent encourager, marquer les efforts et les progrès du détenu vers l'amendement, porteraient sur la conduite générale du détenu, y compris, sans doute, son application au travail lorsque le travail lui serait offert. Il devrait donc, en tous cas, demeurer entendu que ces mots : « régime basé sur la conduite et le travail journalier des condamnés » ne peuvent préjudicier à la libération d'un condamné dont la conduite serait notée comme excellente, mais qui ne se livrerait pas au travail, soit par suite de chômage dans l'établissement pénitentiaire, soit en cas d'infirmité, de maladie, de faiblesse, de circonstances fortuites ou indépendantes de sa volonté.

M. le Rapporteur et M. Schœlcher, *président de la commission.* — Cela va sans dire.

M. le Commissaire du Gouvernement. — Je constate, en conséquence, que le travail n'est qu'un des éléments d'appréciation de la conduite générale et ne constitue pas une condition absolue, imposée à tout détenu sous peine de perdre toute chance de libération conditionnelle.

Dans ses derniers termes, le même article décide que le régime d'encouragement au bien par punitions et récompenses sera établi dans les divers établissements pénitentiaires autres que ceux consacrés à l'exécution de la peine des travaux forcés.

Cela ne signifie pas, assurément, que le système d'amendement ne peut être mis en pratique dans les établissements consacrés à la transportation. Le projet, sans exclure ceux-ci, ne vise expressément que les établissements ordinaires où sont subies des peines temporaires.

Sous réserve de ces réflexions, nous ne voyons pas d'objection au vote, en première lecture, des dispositions présentées dans cette forme, car elles répondent aux intentions communes du Gouvernement et de la commission. Il est possible que des explications pratiques soient à préciser sur la désignation des établissements «autres que ceux consacrés à l'exécution de la peine des travaux forcés».

Certains condamnés sont légalement détenus en maisons centrales bien qu'ayant encouru la peine des travaux forcés. Tel est, en vertu d'une loi spéciale, le cas de ceux qui ont commis des crimes, étant incarcérés en maison centrale. D'autres condamnés de même catégorie peuvent n'être pas soumis à la transportation effective pour des causes diverses et il convient d'indiquer que la commission ne veut pas les priver du bénéfice d'amendement institué en France. Accord étant ainsi reconnu entre le Gouvernement et la commission sur l'esprit général et l'application de l'article premier, si des questions de rédaction étaient posées et débattues dans l'intervalle de temps qui séparera les deux délibérations, il n'y serait pas fait obstacle par l'adhésion ici donnée.

M. le Président. — Personne ne demande plus la parole sur l'article premier. J'en donne lecture :

TITRE PREMIER

Régime disciplinaire des prisons et libération conditionnelle.

« Article premier. — Un régime disciplinaire de punitions et de récompenses basé sur la conduite et le travail journalier des condamnés sera établi dans les divers établissements pénitentiaires autres que ceux consacrés à l'exécution de la peine des travaux forcés. »

(L'article premier, mis aux voix, est adopté.)

M. le Président. — Quelques modifications ont été apportées à la rédaction primitive de l'article 2; je donne lecture de la nouvelle rédaction de cet article :

«Art. 2. — Tout condamné ayant à subir une peine emportant

privation de la liberté pendant six mois au moins peut, après avoir accompli moitié de sa peine, être mis conditionnellement en liberté, s'il a satisfait aux conditions réglementaires fixées en vertu de l'article premier.

« La mise en liberté peut être révoquée en cas d'inconduite notoire ou d'infraction aux conditions spéciales exprimées dans le permis de libération. »

Quelqu'un demande-t-il la parole sur cet article ?

M. LE COMMISSAIRE DU GOUVERNEMENT. — Je demande la parole.

M. LE PRÉSIDENT. — M. le Commissaire du Gouvernement a la parole.

M. LE COMMISSAIRE DU GOUVERNEMENT. — Messieurs, comme précédemment, pour l'article premier, il n'est pas fait objection par le Gouvernement à l'adoption de ce second article. Mais certains points peuvent comporter un complément d'explications.

Il est tout d'abord entendu que la libération conditionnelle pourra être conférée au détenu, après accomplissement de la moitié de la peine à subir effectivement par lui, en tenant compte des commutations ou réductions qui ont pu modifier la pénalité primitivement prononcée par le jugement ou l'arrêt.

Mais supposons plusieurs peines à subir par le même détenu sans se confondre, et qu'au total elles excèdent six mois d'emprisonnement. On pourrait citer, par exemple, le cas de tel individu déjà coupable de coups et blessures, qui commet en état d'ivresse, un acte de rébellion contre les agents de la force publique, au moment même de son arrestation.

Les peines devront être subies sans interruption l'une après l'autre. Si les deux fractions de peine réunies dépassent le chiffre de six mois, le détenu sera-t-il admis à bénéficier de sa bonne conduite pour obtenir la libération conditionnelle ?

Une autre question s'est offerte. Après trois mois de peine accomplie, un condamné peut être libéré, s'il avait six mois à subir. Le pourra-t-il, s'il n'avait que cinq mois ou quatre mois à subir, c'est-à-dire s'il semble moins coupable et plus digne d'intérêt, d'après les décisions mêmes prises à son égard ? Le texte actuel de l'article 2 s'y oppose. Doit-on prévoir, en conséquence, que le public s'étonnerait de voir un condamné de six mois plus favorisé qu'un condamné de cinq, le premier recevant sa liberté au bout de trois mois, le second restant incarcéré bien qu'ayant — je suppose — meilleure conduite ?

Ne pourrait-on imaginer une autre solution? Après avoir accompli trois mois, au moins, d'emprisonnement et moitié, au moins, de sa peine à subir, un détenu ne pourrait-il espérer la libération conditionnelle, s'il l'a méritée par sa conduite? La loi de 1875 fournit un exemple de ce genre de dispositions, en décidant que tout condamné qui a subi en cellule trois mois, au moins, d'emprisonnement bénéficie de la réduction du quart de peine.

Telles sont, Messieurs, les hypothèses et les doutes qui ont été soumis à la commission. On ne peut se dissimuler les objections qui se présentent en divers sens.

Tout d'abord, lorsqu'il s'agit de faire pénétrer dans nos lois et dans nos mœurs cette institution de la libération conditionnelle, on peut hésiter à en tirer à la fois toutes les conséquences.

Elle n'a souvent paru praticable que pour l'exécution de peines relativement longues. Ceux qui ont la charge d'une innovation peuvent désirer ne pas l'étendre trop hardiment au début, et la commission a jugé préférable de ne modifier que l'exécution des peines de six mois au moins.

L'examen des doctrines peut néanmoins garder quelque intérêt, et les déductions logiques, qui ne sont pas sans agir sur l'esprit public, feront demander pourquoi, dans la même prison, un homme obtiendra la libération conditionnelle, après trois mois de peine, parce qu'il a eu le tort d'encourir six mois d'emprisonnement, tandis que son complice, ayant seulement quatre mois à subir, les subira tous quatre et restera par suite incarcéré un mois de plus.

Appréciant la complexité des débats de ce genre en matière toute nouvelle, je n'insisterai pas ici. Il n'est pas pas interdit de réserver des recherches et des réflexions qu'une seconde délibération peut rendre plus faciles.

Le paragraphe 2 est ainsi conçu :

« La mise en liberté peut être révoquée en cas d'inconduite notoire ou d'infraction aux conditions spéciales exprimées dans le permis de libération. »

Il importe, sans doute, que le détenu libéré puisse être ressaisi lorsqu'il fait infraction sérieuse aux conditions mêmes de la libération, lorsqu'il crée un danger pour la moralité, pour la sécurité publique.

Mais on s'est demandé si quelque expression plus précise que celle « d'inconduite notoire » ne pouvait être cherchée. Le sens de celle-ci peut paraître variable, selon les dispositions personnelles de ceux qui auront à l'interpréter ; un article ultérieur du projet donne à l'autorité administrative du lieu où résident les libérés, c'est-à-dire au maire d'une commune le droit de les faire arrêter et détenir provisoirement, s'il les considère comme en état d'infraction aux conditions de leur permis.

Est-on assuré de la façon dont pourra parfois se trouver traduit et appliqué ce mot d'« inconduite notoire »?

Nul n'ignore la difficulté de trouver des termes assez larges pour embrasser les différents cas où l'autorité peut intervenir, et cependant assez mesurés pour exclure, au moins en principe, les chances d'abus sérieux. On s'est demandé si cette formule « révocation pour cause d'indignité », ou quelque autre analogue mériterait examen. Mais il ne peut convenir d'insister maintenant sur ces détails.

En réservant des observations de ce genre, que deux personnes se concertant ensemble et une commission dans ses travaux peuvent examiner plus aisément qu'une assemblée dans ses délibérations, je me borne à signaler que le Gouvernement s'associe à l'idée même de l'article 2.

M. LE PRÉSIDENT. — La parole est à M. le Rapporteur.

M. LE RAPPORTEUR. — Messieurs, je regrette que M. le Directeur de l'Administration pénitentiaire en vous apportant ici quelques objections à la rédaction de la commission, objections qu'il a déjà développées plusieurs fois devant elle, n'ait pas terminé son discours par une demande de renvoi de l'article à la commission. Cela nous aurait permis de saisir le Sénat utilement de la question et de savoir si, dans le dissentiment — dissentiment de détail, du reste — qui s'est élevé entre lui et nous, nous avions à suivre une autre inspiration que celle qui nous a déterminés.

Faute de cette conclusion, nous discutons en quelque sorte dans le vague.

M. DE GAVARDIE. — Je demande le renvoi à la commission! (*Exclamation à gauche.*)

M. LE PRÉSIDENT. — Vous aurez la parole, Monsieur de Gavardie, si vous la demandez.

M. LE RAPPORTEUR. — La situation n'est plus alors la même, et je m'en félicite, parce qu'il m'est permis d'espérer que les arguments que j'ai à vous présenter en réponse aux objections qui viennent d'être faites pourraient avoir une sanction.

Les observations de M. le Directeur de l'Administration pénitentiaire portent, si je ne me trompe, sur deux points.

En premier lieu, il nous a dit ceci : vous ne permettez la libération conditionnelle que pour la peine qui est au moins de six mois d'emprisonnement; pourquoi ne voulez-vous pas l'accorder à l'individu qui a à subir six mois d'emprisonnement en plusieurs peines prononcées successivement? En d'autres termes, ne vaudrait-il pas mieux dire que la libération conditionnelle sera applicable à tout détenu qui se trouve dans un lieu de répression pour six mois au moins, quels que soient les titres de condamnation en vertu desquels il a été incarcéré ?

C'est, Messieurs, une extension qui n'est pas sans importance, des propositions de la commission. Nous aurions volontiers suivi à cet égard l'Administration, car l'orsqu'on entre dans la voie de la bienveillance et de l'humanité, on est naturellement disposé à s'y engager de plus en plus. Nous avons cependant pensé qu'il y avait un point où il était nécessaire de s'arrêter.

Il faut, Messieurs, partir de cette considération, que la libération conditionnelle est une faveur spéciale, d'un caractère assurément grave; car, elle a pour effet de supprimer, si la conduite du libéré répond à ce qu'on en a pu espérer, une partie des décisions rendues par la Justice. Il faut considérer, en outre, qu'indépendamment de ce caractère, déjà fort sérieux par lui-même, il y en a un autre qui se rencontre dès que la libération commence; c'est que la population, au milieu de laquelle le délit qui a motivé la condamnation s'est commis, peut concevoir de cette liberté anticipée certaines préoccupations, mêmes certaines alarmes.

De sorte que, tout en introduisant la libération conditionnelle dans une législation, il faut tenir compte de cette double considération : en premier lieu, qu'elle affecte gravement la peine; en second lieu, que son exécution peut causer dans la population au milieu de laquelle elle s'exécute, une certaine émotion.

C'est cette considération qui, dans toutes les législations, a déterminé à n'admettre la libération que dans certaines conditions de durée de la peine sévèrement précisées. On a unanimement pensé qu'il y avait une limite au-dessous de laquelle elle ne pouvait être accordée. Cette limite a varié suivant les pays, mais elle existe partout.

Certains États ont poussé si loin la préoccupation à cet égard, notamment l'Angleterre, qui a fait l'application la plus ancienne de la libération conditionnelle, que c'est seulement aux longues peines qu'elle a voulu l'appliquer. La législation anglaise ne la contient que pour la servitude pénale, c'est-à-dire pour des peines dont le minimum est de cinq ans.

Ailleurs, dans d'autres États, soit en Italie, soit en Autriche, soit en Allemagne, soit dans divers cantons de la Suisse, on s'est un peu départi de cette rigueur, mais, à l'heure actuelle, il n'y a pas une législation dans laquelle l'institution ait été appliquée aux peines inférieures à une année.

Messieurs, nous sommes allés au delà : nous avons cru avec l'expérience faite, surtout pendant ces dernières années à l'étranger, qu'il était encore possible de franchir même la dernière de ces limites ; nous avons pensé que si la mesure était bonne, si elle devait produire de salutaires effets, il fallait l'étendre dans toute la mesure du possible et, dépassant, je le répète, tout ce qui a été fait avant nous, nous avons abaissé la limite aux peines de six mois d'emprisonnement.

Mais ne faut-il pas s'arrêter là, Messieurs? Je crois que c'est absolument indispensable. Je sais bien qu'en s'arrêtant à une limite, quelle qu'elle soit, il y a certaines inconséquences qui se produisent et on peut toujours venir vous dire, comme l'a fait tout à l'heure l'honorable directeur de l'Administration pénitentiaire : Mais les individus qui se trouvent placés immédiatement au-dessous du terme que vous avez fixé, quelle va être leur situation? Ils seront plus maltraités que de plus coupables condamnés à une peine plus forte, c'est certain. L'individu condamné à six mois d'emprisonnement peut voir, s'il se conduit bien dans sa prison, par la libération conditionnelle, sa peine réduite à trois mois d'exécution effective ; tandis que celui qui aura été condamné à cinq mois et qui sans doute est moins coupable, sera obligé d'exécuter l'intégralité de sa peine. Il est très évident que la situation entre eux ne sera pas égale.

Messieurs, je le répète, ces anomalies se rencontrent partout où l'on se trouve obligé de fixer une limite ; et cela n'empêche jamais, que lorsque quelque considération grave impose le devoir d'en déterminer une, on ne se soumette à cette obligation. C'est ce qui se présente pour la situation actuelle.

Il y a une certaine quotité de la peine au-dessous de laquelle il semble impossible de descendre. La raison unanime l'a jusqu'à présent proclamé ; on a varié sur la limite, mais on a toujours pensé qu'il en fallait une. En effet, Messieurs, si vous alliez admettre que toute peine, quelle qu'elle soit, peut donner lieu à l'application de la libération conditionnelle, cela aurait pour conséquence, dans beaucoup de cas, de supprimer, en quelque sorte, la condamnation elle-même. « Chez nous, notamment, où le régime de l'isolement entraîne déjà la réduction d'un quart de la peine, que resterait-il de la répression elle-même, si à ce quart déjà obtenu, parce que l'emprisonnement s'exécute dans l'isolement, on ajoutait encore la moitié de la peine, parce que la libération conditionnelle serait accordée ? Supposez une peine de trois mois d'emprisonnement : il faudrait d'abord réduire le quart pour l'application de l'isolement, soit vingt jours ou à peu près ; en outre, supprimer trois semaines pour la libération conditionnelle, vous réduiriez la répression à un nombre de jours à peu près insignifiant. Cela vous indique qu'il faut une limite, une barrière. Cette limite, nous l'avons fixée à six mois, et alors, conséquents avec nous-mêmes, nous avons inscrit dans la loi que toute peine inférieure ne pourrait pas en bénéficier.

Nous ne nous sommes pas dissimulé d'ailleurs les inégalités de conditions regrettables qui en pourraient résulter, mais ces inégalités nous pourrons y parer grâce à un remède que chacun de vous a déjà deviné, c'est la remise de peine qu'il est toujours permis à l'Administration d'accorder à celui qu'elle en juge digne, et dont elle aura actuellement à disposer dans un intérêt de plus, celui de rétablir l'égalité entre les condamnés. Messieurs, si nous entrions dans la voie que nous ouvre M. le Directeur de l'Administration pénitentiaire, vous sentez que nous ferions brèche à notre principe et que la limite établie serait immédiatement dépassée.

Voilà un individu —c'est le cas qui a été prévu — qui, au lieu d'avoir été condamné à six mois d'emprisonnement, a été condamné deux fois à trois mois par deux condamnations différentes. Il a deux peines qui sont inférieures à la limite qui a été prescrite par la loi, et nous ne pourrions pas accorder, dans ce cas, la libération conditionnelle sans violer, aussitôt après l'avoir posé, le principe lui-même que nous vous proposons comme base de l'institution.

Voilà pourquoi nous n'avons pas cédé à la tentation bien naturelle qui nous était offerte.

Je vous dirai, Messieurs, au surplus que la question a fort peu d'intérêt. Pour chercher à rendre intéressante la situation des individus dont on vous a parlé, on vous disait: Ce seront souvent deux délits simultanés, deux délits connexes, qui auront donné lieu aux deux condamnations.

J'ai quelque pratique de l'action de la Justice, de la manière dont les délits sont poursuivis et dont les peines s'appliquent ; je vous avoue qu'il m'est impossible de me figurer cette hypothèse de deux délits connexes ou simultanés, donnant lieu à des peines différentes.

Si l'un de ces délits est poursuivi, l'autre le sera inévitablement en même temps; la connexité suppose des relations telles, une solidarité si complète entre les faits qu'il est impossible qu'on ait pu apporter l'un d'eux devant le tribunal de répression sans lui soumettre, en même temps, l'autre. Les dépositions ont dû les reproduire à la fois, de sorte qu'il m'est impossible de me représenter le cas où ils aient pu être l'objet de condamnations différentes.

On a voulu nous en donner un exemple : un homme a pu commettre un vol, puis résister aux agents, et ajouter à son premier délit, le délit de rébellion. Mais, comment voulez-vous que les agents ne témoignent pas devant le tribunal des deux délits, et si, par hasard, ils ne l'ont pas fait, si le fait a échappé à la connaissance du ministère public, comment voulez-vous que plus tard, après que la première condamnation a été prononcée, le parquet vienne réveiller ce second fait, oublié alors pour réclamer une deuxième condamnation. J'ajoute que si la chose pouvait se produire, les magistrats saisis pour la deuxième fois, ne manqueraient pas d'user du pouvoir que leur donne la loi de confondre la première condamnation avec la deuxième. Ainsi, vous vous trouverez réduits au cas d'une peine unique ; vous n'auriez alors qu'à en considérer la durée pour savoir si elle peut donner lieu à l'application de la libération conditionnelle. Voilà, Messieurs, les explications que j'avais à donner.

Nous avons une autre raison pour ne pas accéder à la demande de l'honorable directeur de l'Administration pénitentiaire, c'est qu'une fois cette brèche ouverte, il n'y aura plus moyen véritablement de s'arrêter. Aussi, l'Administration elle-même ne s'arrêtait-elle pas dans les propositions quelle présentait à la commission. Elle ne vous a pas fait connaître à la tribune qu'elle était sa seconde demande, mais je suis obligé, pour justifier notre résistance, de vous la faire connaître. On nous demandait d'appliquer également la libération conditionnelle aux peines inférieures à six mois, à celles de cinq mois, de quatre mois, de trois mois et demi ; à toutes celles en un mot qui pouvaient comporter une exécution de trois mois dans la prison sans épuiser la condamnation. C'était nous demander de modifier les bases de notre règle et de décider que la libération serait applicable non plus aux peines de six mois au moins, mais à tout individu ayant passé trois mois en prison.

On peut le faire, assurément, Messieurs ; si le Sénat veut être plus libéral que n'a été l'auteur de la proposition et que n'a voulu l'être la commission, il en est libre ; mais nous croyons véritablement qu'une pareille expérience serait prématurée. Il n'est point temps, il ne serait pas prudent, alors que nous introduisons dans la loi une mesure qui peut justifier une certaine préoccupation, qui jusqu'à présent, bien qu'elle soit employée depuis de longues années pour l'enfance, n'a jamais pu recevoir son application pour ce qui concerne les adultes, d'exagérer à ce point tout ce que l'expérience a essayé à l'étranger, et de franchir d'un bond dans des conditions aussi considérables, les limites que nous y trouvons posées. Voilà pourquoi la commission maintient sa rédaction et vous demande de ne pas prononcer le renvoi de l'article à une nouvelle délibération.

Maintenant il y a un second point. Le paragraphe 2 de l'article 2 prévoit la révocation de la liberté conditionnelle. Dans quel cas cette révocation doit-elle être prononcée? Il y avait là une difficulté, vous le sentez; il ne fallait pas que l'homme qui a gagné, par sa bonne conduite dans la prison, par le témoignage de ses bons sentiments, par un retour déjà sérieux au bien, le droit d'être mis en liberté conditionnelle, fût livré discrétionnairement à l'action de l'Administration et de la police. Il ne fallait pas faire peser sur lui un droit arbitraire et sans limite, car cette liberté qu'on lui donne devait être une liberté réelle. Il fallait la protéger, sous peine d'en faire un don moins profitable que fatal, mais en même temps il fallait pouvoir le réintégrer, même en l'absence de tout délit, s'il abjurait sa bonne conduite et devenait menaçant.

Comment préciser les conditions dans lesquelles la réintégration pourrait avoir lieu. Nous avons eu à nous prononcer entre différentes expressions.

Nous nous sommes arrêtés, après un examen assez long, à l'expression, déjà consacrée par certaines de nos lois, « d'inconduite notoire». Son sens nous a paru suffisamment déterminé. Il ne suffira pas qu'on puisse alléguer la mauvaise conduite, un acte isolé ou même un acte qui ne pourrait se constater qu'en pénétrant dans le domicile. Il faudra, et le mot l'indique, une sorte d'ensemble, de continuité d'actes répréhensibles dont l'éclat a frappé le public et a pu l'émouvoir.

Le mot se rencontre dans certains documents législatifs. La commission d'enquête pénitentiaire à l'Assemblée nationale l'a employé dans un projet de loi sur l'enfance; elle considérait l'inconduite notoire des parents comme une condition suffisante, pour motiver certaines mesures de rigueur.

Si je ne me trompe, quand vous avez voté le projet de loi sur l'enfance abandonnée, dont l'honorable M. Théophile Roussel a été rapporteur, il s'y est trouvé reproduit parmi les cas qui peuvent amener la déchéance de la puissance paternelle. C'est donc une expression consacrée par la loi ; quoi de plus naturel que de l'appliquer à notre sujet.

Cependant, Messieurs, cette expression est l'objet d'une critique de la part de l'Administration : l'honorable directeur de l'Administration pénitentiaire préférerait la remplacer par celle « d'indignité ». Eh bien, Messieurs, la commission n'a pas cru pouvoir l'accueillir. Elle en a jugé le sens vague, peu défini, susceptible de tout comprendre, en quelque sorte.

De plus, l'indignité dépend beaucoup moins du fait auquel on peut la rattacher que de l'appréciation qu'en fait la personne qui doit en être juge ; l'indignité suppose une appréciation ; ce n'est pas un fait public, un fait notoire, sur lequel la conscience publique ne se trompe pas. C'est une appréciation individuelle livrée aux fonctionnaires de qui dépendra la réintégration.

Le mot nous a donc paru moins propre et plus dangereux que celui de notre texte.

Les considérations qu'on vous a exposées tout à l'heure n'ont pas affaibli notre conviction à cet égard, et sur ce point, comme sur l'autre, nous repoussons le renvoi de l'article à la commission. (*Très bien ! très bien ! sur plusieurs bancs.*)

M. le Président. — Quelqu'un demande-t-il la parole sur l'article 2 ?

M. de Gavardie. — Je demande le renvoi de l'article à la commission. (*Exclamations à gauche.*)

Mais, Messieurs, il me semble que j'use de mon droit. Vous allez voir que mon observation est fondée.

J'ai fait observer tout à l'heure que je demandais le renvoi de l'article à la commission, pour les excellentes raisons qui ont été données par M. le Commissaire du Gouvernement et auxquelles je me réfère. Je persiste donc dans la demande que j'ai faite.

M. le Président. — Je mets aux voix le renvoi à la commission qui est demandé par M. de Gavardie.

(Le renvoi n'est pas adopté.)

M. le Président. — Je mets aux voix l'article 2.

(L'article 2, mis aux voix, est adopté.)

M. le Président. — Nous arrivons maintenant à l'article 3 auquel plusieurs modifications ont été apportées en dernier lieu par la commission.

Monsieur le Rapporteur veut-il donner quelques explications au Sénat?

M. LE RAPPORTEUR. — Je demande la parole.

M. LE PRÉSIDENT. — M. le Rapporteur a la parole.

M. LE RAPPORTEUR. — Messieurs, mes explications sont bien simples: l'article 3 parle des arrêtés qui doivent être pris par le ministre de l'Intérieur, soit pour mettre le condamné en liberté, soit pour révoquer cette mesure.

Ces arrêtés doivent être pris après avoir recueilli l'avis de certains fonctionnaires. La commission avait, dans l'article 3, confondu les arrêtés de mise en liberté et les arrêtés de révocation dans une formalité unique. On lui a fait observer avec quelque raison que ce n'était pas dans les deux cas les mêmes autorités dont il convenait de recueillir les avis. C'était parfaitement juste. Ainsi lorsqu'il s'agit de mise en liberté, les fonctionnaires qu'il convient de consulter sont naturellement les agents qui ont connu le détenu avant la condamnation ou dans la prison, ceux qui ont suivi sa conduite, c'est-à-dire d'une part, les agents de la prison, et de l'autre, le chef du parquet de la juridiction qui a prononcé la condamnation. Mais quand il s'agit, au contraire, de la révocation, les fonctionnaires compétents ne sont plus les mêmes. C'est à ceux qui ont pu être témoins de sa conduite dans le lieu de sa résidence qu'il convient de s'adresser.

Il y avait donc une distinction à faire, et c'est pour cela que la commission a modifié différentes expressions de l'article. Elle a décidé que, lorsqu'il s'agissait de mise en liberté, les avis a prendre étaient ceux du directeur de l'établissement ou de la circonscription pénitentiaire, de la commission de surveillance de la prison et du parquet près le tribunal ou la cour qui a prononcé la condamnation. C'est, à peu de chose près, ce que disait le texte primitif. Quand il s'agit au contraire, de révocation, les autorités à consulter seront le préfet, le procureur de la République du lieu de résidence du libéré.

M. BRUNET. — Messieurs, je ne connaissais pas la modification apportée à la rédaction de l'article 3 par la commission modification dont elle vient de vous entretenir.

Je trouve très justifiée cette distinction entre les pouvoirs, qui doivent être consultés, lorsqu'il s'agira de mettre en liberté sous condition un condamné détenu et lorsqu'il s'agira, au contraire, de révoquer cette mesure libérale.

Seulement, je ne m'occuperai, quant à présent, dans les observations que je veux soumettre au Sénat et à la commission, que de la première partie de ces deux propositions. Je ne veux parler que de la mise en liberté sous condition.

Vous savez, Messieurs, ce qui vous est proposé. On vous propose de décider que, dans certains cas déterminés, le condamné pourra être mis en liberté sous condition, liberté qui sera accordée par M. le Ministre de l'Intérieur, après avoir pris l'avis de certaines autorités et notamment du chef du parquet du tribunal ou de la cour qui aura prononcé la condamnation.

Il y a là, ce me semble, une sorte de confusion de pouvoirs que je voudrais voir disparaître.

Et tout d'abord je voudrais m'expliquer sur le caractère exact de cette création nouvelle, de la mise en liberté sous condition. Je ne crois pas qu'elle soit aussi différente du droit de grâce que le pense et le dit la commission, du droit de grâce proprement dit. Sans doute ce n'est pas absolument la même chose; mais je me permets de penser et je trouve qu'il y a une affinité singulière entre l'exercice du droit de mise en liberté conditionnelle et le fait de remettre tout ou partie d'une peine encourue, et il me semble que ce que la commission propose est une sorte de dévolution partielle du droit de grâce du souverain à l'administrateur, du pouvoir exécutif au pouvoir administratif.

Dans notre droit public, le droit de grâce appartient au souverain. Les décisions de la justice doivent être absolument respectées par l'Administration. L'Administration n'a pas le droit d'y toucher. Elle a seulement vis à vis d'elles un devoir à remplir, celui de les faire exécuter. L'autorité administrative ne peut pas modifier l'œuvre de la justice. Le souverain — et par cette locution juririque j'entends dire le pouvoir exécutif, quelle que soit du reste la forme gouvernementale — le pouvoir exécutif, représenté dans l'espèce par le Président de la République, a seul ce droit, et il peut l'exercer, soit en totalité, soit d'une façon partielle.

Eh bien! dans l'article 3, on déroge à cette règle de notre droit public, et on transmet à l'Administration; on fait descendre dans le domaine du pouvoir administratif ce qui ne relève que du pouvoir exécutif.

A certains égards, il me sera permis de dire qu'on diminue un peu l'importance de l'œuvre de la justice lorsqu'on en soumet ainsi l'appréciation à un pouvoir purement administratif, qui ne lui est pas supérieur. Et, sans vouloir, à ce point de vue, signaler un ordre de préoccupations qui peut se présenter à l'esprit, au sujet de certains abus possibles en cette matière, je dirai que les abus en général seront évidemment plus faciles, lorsque les pouvoirs ainsi attribués à l'Administration, seront exercés par le ministre de l'Intérieur, disons par les préfets, que lorqu'ils le seront par le chef du pouvoir exécutif.

Je sais bien quelle est la réponse que fera la commission. Elle me dira : Vous vous trompez absolument sur la portée de la mesure édictée par l'article 3. Il ne s'agit pas du droit de grâce, de la faculté pour le Gouvernement d'accorder une faveur à tel ou tel individu, de le mettre en liberté. Il s'agit du droit pour cet individu d'être mis en liberté, et du devoir obligatoire pour l'Administration de le libérer alors qu'il aura rempli certaines conditions déterminées qui seront constatées par un témoin muet, par un livre spécial, par un registre qui sera tenu pour faire connaître la conduite de chaque détenu, le nombre des punitions encourues, ou l'absence de peines disciplinaires. Cela est vrai dans une certaine mesure, mais ce n'est pas vrai d'une manière absolue et j'en trouve la preuve dans le texte même du projet, ensuite dans l'esprit de la loi, enfin dans les nécessités de la pratique journalière. Quoi qu'on fasse et quoi qu'on dise, il faudra toujours laisser une certaine part à l'arbitraire pris dans le bon sens du mot, dans la façon dont s'exercera le droit de mise en liberté conditionnelle.

D'abord, vous le dites vous-mêmes ; vous ne dites pas en effet que le condamné à une peine de plus de six mois sera mis en liberté, mais seulement qu'il pourra être mis en liberté s'il remplit certaines conditions ; c'est qu'en effet, vous vous êtes rendu compte de ceci, que tel individu qui remplit les conditions matérielles de libération au même degré que tel autre, pourra néanmoins se trouver par son tempérament, par son caractère, ses antécédents et les craintes qu'il inspire, dans une condition morale moins favorable, et qu'il pourra être nécessaire de faire des différences entre les deux, au moins quant au moment où chacun d'eux pourra être mis en liberté.

Aussi n'imposez-vous pas la mise en liberté comme une obligation ; mais vous en faites une faculté, et vous dites que le détenu signalé par sa bonne conduite pourra — vous entendez bien — pourra être mis en liberté.

Et il y a bien autre chose. Cet arbitraire dont je parle — dans le bon sens du mot, je le répète — cet arbitraire se retrouve surtout lorsqu'il s'agit de la réintégration du libéré conditionnel en prison, de la révocation de la mesure dont il a bénéficié. Or, remarquez que cela équivaut à donner à la mise en liberté le caractère d'une pure faveur, car, alors même que l'arbitraire n'existerait pas au moment de la mise en liberté, si vous le consacrez pour la révocation, autant dire que vous l'admettez dans l'un et dans l'autre cas ; si, le lendemain de la mise en liberté, suivant vous obligatoire, une décision arbitraire peut révoquer cette mise en liberté, autant dire que la mise en liberté elle-même est soumise à une appréciation arbitraire. Or, il en sera certainement ainsi. Votre texte porte qu'il y aura lieu à révocation dans le cas d'inconduite notoire. Cette inconduite notoire qui l'appréciera ?

M. le Rapporteur nous disait tout à l'heure que la commission n'avait pas voulu de vague. Quoi de plus vague que ces expressions : l'inconduite notoire ? Outre que je me demande si l'inconduite qu'on parvient à cacher doit vous paraître plus digne de sympathie que l'inconduite notoire et publique. L'inconduite notoire, cela veut tout dire et cela ne dit rien ; cela laisse un pouvoir d'appréciation qui ouvre le champ à l'arbitraire.

J'ai donc raison de dire que vous aurez beau préciser le plus possible les catégories dans lesquelles seront mis les détenus qui pourront être rendus à la liberté, vous n'arriverez jamais à éviter un pouvoir d'appréciation qui, je le répète, est chose nécessaire, qu'il faut même désirer, car autrement vous auriez une règle tellement inflexible que, dans ses applications, elle deviendrait souvent injuste.

Donc, je le répète, il n'est pas exact de dire que la mesure proposée par la commission, l'innovation utile — car je ne viens pas ici en adversaire, que la commission ne s'y trompe pas ; j'approuve beaucoup la proposition de loi, et si je fais des observations sur cet article, c'est que je voudrais l'améliorer, et nullement la faire rejeter — il n'est pas exact de dire que la mesure nouvelle proposée par la commission soit une mesure absolument étrangère à l'exercice du droit de grâce ; elle le rappelle par certains côtés ; elle s'y rattache d'une manière intime ; et par conséquent celui-là seul qui a le droit de grâce, devrait avoir le droit de suspendre provisoirement l'exécution de la peine.

C'est pour cela, Messieurs, que je vous propose de ne pas laisser au ministre de l'Intérieur seul le droit de modifier ainsi l'œuvre et les décisions de justice.

Je trouve même encore ici une autre incohérence.

Le ministre de l'Intérieur prendrait l'avis de qui ? Du chef du parquet, auquel il n'a pas le droit de poser des questions, et qui ne relève pas de lui. C'est le garde des Sceaux seul qui peut prendre cet avis et qui a le droit de demander des rapports aux membres des cours et des tribunaux. Je vous signale en passant cette nouvelle confusion des pouvoirs.

Quant à moi, je vous propose un amendement que je viens d'improviser ; la commission voudra bien le modifier dans le sens d'une rédaction plus heureuse, si le Sénat consent à le lui renvoyer ; le voici :

« La mise en liberté sous condition est ordonnée par décret du Président de la République pris sur la proposition du ministre de l'Intérieur et l'avis conforme du garde des Sceaux, ministre de la Justice. »

Dans cette rédaction, ce me semble, je concilie tous les intérêts ; je maintiens haut le droit de grâce qui n'appartient qu'au pouvoir souverain, et je maintiens également dans de bonnes conditions, au moins vis-à-vis de l'Administration, les droits de la justice représentée par son chef, le garde des Sceaux, ministre de la Justice. *(Très bien! à droite.)*

M. LE PRÉSIDENT. — La parole est à M. le Rapporteur.

M. LE RAPPORTEUR. — Votre amendement, dans votre pensée, porte également sans doute, sur la révocation ?

M. BRUNET. — M. le Rapporteur me fait l'honneur de me demander si mon amendement porte sur le droit de révocation aussi bien que sur le droit de mise en liberté sous condition. J'avais d'abord pensé, quant à moi, que la même règle devait être appliquée aux deux cas, et mon amendement avait d'abord été rédigé dans ce sens ; M. le Rapporteur qui l'a en ce moment dans les mains peut voir les ratures qui l'ont modifié.

Mais j'ai entendu, au moment où la discussion de cet article commençait, M. le Rapporteur nous expliquer qu'il pouvait y avoir une distinction à faire entre les autorités à consulter pour le cas de révocation et celles qui pourraient être consultées pour le cas de mise en liberté sous condition. J'ai pensé que dans cet état de choses il était meilleur, plus prudent et, dans tous les cas, plus modeste de ma part de me restreindre à l'une des deux hypothèses, au cas de la liberté sous condition, en laissant ensuite à la commission le soin de voir à quelle autorité on devra déléguer le pouvoir de la réintégration.

Le second pouvoir n'est pas absolument le même que le premier. Dans le premier cas, lorsque vous mettez en liberté sous condition un individu condamné par la justice, qu'est-ce que vous faites ?

Vous modifiez l'œuvre de la justice ; vous touchez à l'œuvre de la justice ; vous réformez les décisions de la justice.

Dans le second cas, lorsque, après avoir été libéral vis-à-vis du condamné, vous le réintégrez dans la prison pour qu'il subisse sa peine, loin de révoquer l'action de la justice, vous la confirmez et la rétablissez. J'admets la possibilité d'une distinction entre l'un et l'autre cas, et je ·m'en remets à la commission du soin d'établir la règle de cette distinction. *(Très bien sur divers bancs.)*

M. le Président. — La parole est à M. le Rapporteur.

M. le Rapporteur. — La question qui vient d'être soulevée par l'honorable M. Brunet a déjà été discutée dans la commission ; vous pourrez en trouver la preuve dans le rapport. Un des membres de la commission, l'honorable M. Bardoux, nous en avait saisis ; il s'était appuyé, pour réclamer la substitution du ministre de la Justice au ministre de l'Intérieur, sur les arguments qui ont été présentés à la tribune ·et sur cette grande considération, sur ce principe qui domine toutes nos lois, la séparation des pouvoirs.

Comme M. Brunet, il nous a représenté qu'il s'agissait d'une sorte, non d'analogie, mais de dérivation du droit de grâce, et que, du moment où le garde des Sceaux seul avait le droit de provoquer par décret du Président de la République les mesures portant atteinte aux décisions rendues par la justice, il était naturel que la libération conditionnelle qui a, sinon pour but, au moins pour effet de dissoudre une partie de la peine, rentrât dans ses attributions.

Messieurs, ces observations ont été trouvées par la commission excessivement importantes. Après, en avoir cependant mûrement délibéré, elle n'a pas cru pouvoir les admettre. Elle ne l'a pas cru, par cette raison dominante qu'il est bien difficile, dans l'état actuel des choses, d'investir le garde des Sceaux du droit de prononcer sur des faits dont tous les éléments se trouvent dans la prison, c'est-à-dire dans un lieu soumis à l'unique surveillance, à l'autorité entière de l'autorité administrative.

Il est peut-être fâcheux, Messieurs, que la surveillance, la police et l'administration des prisons soient déférées par nos lois au ministère de l'Intérieur...

M. Bardoux. — Oui, c'est fâcheux, très fâcheux !

M. le Rapporteur. — Cela ne se rencontre pas dans toutes les législations. A l'étranger on a souvent décidé que ce qui concernait l'exécution de la peine rentrait dans l'application de la décision prononcée par les tribunaux, et que c'était plutôt une continuation de l'œuvre judiciaire qu'une œuvre administrative. On a jugé qu'il pouvait arriver que la peine fût modifiée singulièrement par son application; qu'il appartenait à l'autorité judiciaire d'en préserver l'intégrale exécution. Enfin, il a paru peu logique, puisque son autorité devait se retrouver une fois l'exécution commencée, si une demande de grâce ou de commutation venait à se produire, de remettre en d'autres mains ce que j'appellerai la situation intermédiaire, c'est-à-dire le droit conféré à l'Administration sur le détenu entre le jour de la condamnation et celui où une mesure de clémence est sollicitée.

Ces observations, Messieurs, sont de toute gravité, il faut bien le reconnaître; et s'il avait été possible à la commission d'étendre son cadre, de jeter un regard sur cette organisation, d'en faire la critique et d'en proposer la réforme, je ne sais pas si une majorité ne se serait pas rencontrée pour remettre au ministère de la Justice les attributions qu'exerce actuellement le ministère de l'Intérieur en ces matières.

Si la commission se fût montrée défavorable, ce n'aurait pas été, dans tous les cas, son rapporteur qui se fût fait sur ce point, son organe à la tribune. Il se serait souvenu, en effet, qu'alors qu'il avait l'honneur d'être vice-président du Conseil supérieur des prisons, cette question avait été soumise à cette haute assemblée et qu'elle avait été tranchée sous sa présidence, et avec sa pleine adhésion, dans le sens d'un transport des attributions au ministère de la Justice.

Et ce ne sont pas seulement des assemblées spéculatives qui se sont occupées de la question. J'ai ouï dire, bien que je croie qu'il n'en reste pas de preuve dans des documents officiels, que souvent elle s'est présentée dans les conseils du Gouvernement; il est même tel garde des Sceaux...

M. BARDOUX. — Parfaitement.

M. LE RAPPORTEUR... — qui a soumis à ses collègues les considérations qui pouvaient recommander la solution que j'ai indiquée...

M. BARDOUX. — C'est M. Dufaure.

M. LE RAPPORTEUR... — et il s'en est fallu de fort peu qu'à un moment donné, il y a quelques années, elle ne fût adoptée et immédiatement appliquée.

Mais, Messieurs, cette étude dépassait notre sphère. Nous ne pouvions incidemment nous livrer à ce grave examen, et, les choses étant ce qu'elles sont, le ministre de l'Intérieur ayant sans conteste la direction de l'Administration pénitentiaire, la charge des condamnés, la surveillance de leur conduite, l'application des règlements disciplinaires auxquels ils sont soumis, la logique nous a conduits à lui attribuer également l'application des récompenses qui peuvent résulter de l'observation de ces règlements. Faire autrement eût été une véritable inconséquence.

Je vous présenterai d'abord, Messieurs, quelques observations pratiques à cet égard ; j'arriverai ensuite aux considérations de principe produites tout à l'heure.

Un premier point est qu'il semble difficile qu'un autre ministre que celui qui est chargé directement de la surveillance et de l'action pénitentiaire vienne, à un moment donné, sur la demande d'un libéré, prendre la place de celui qui en a la responsabilité, pour prendre une décision sur des faits que ce dernier seul peut connaître.

Sans parler de l'incompétence probable, il me semble, Messieurs, qu'il y aurait là des possibilités de conflits inévitables.

Et si, maintenant, je me place à un autre moment, à celui où, la libération conditionnelle ayant été accordée, le condamné donne lieu à quelques griefs et mérite d'être réintégré, croyez-vous que, dans l'état actuel des choses, il soit bien facile d'accorder le droit de prononcer au ministre de la Justice ?

Comment ! Mais il faut exercer une surveillance sur le libéré, il faut que l'on sache s'il continue à être digne de la faveur accordée. Qui peut exercer cette surveillance, sinon l'Administration.

L'enquête qu'il y aura lieu de faire pour constater les plaintes, qui pourra la faire, si ce n'est encore l'Administration ? Or, quand vous aurez employé l'Administration soit à surveiller le libéré, soit à faire l'enquête pour statuer sur son sort, est-il possible de transporter à une autre autorité le droit de rendre la décision ?

Cette situation est apparue, sans doute, tout à l'heure à l'honorable M. Brunet lorsqu'il disait : je ne demande rien en ce moment pour ce qui concerne les arrêtés de révocation ; je me borne à réclamer pour ce qui concerne les arrêtés de mise en liberté, car il y avait une sorte d'inconséquence à ne pas accorder le droit de révocation à la même autorité que le droit de mise en liberté.

Comment comprendrait-on en effet, que deux autorités différentes pussent statuer par des objets aussi connexes ?

Je parlais tout à l'heure de conflits ; vous voyez ceux beaucoup plus graves qui pourraient ici se produire. Supposez, Messieurs, que l'autorité judiciaire ait conservé, du crime ou du délit qui a entraîné la condamnation, un sentiment peut-être exagéré, trop vif encore, et qu'elle ne juge pas que l'individu soit véritablement digne de la mesure qui est sollicitée ; elle est chargée de la révocation, ne cédera-t-elle pas à la tentation de réintégrer celui qui, contrairement à son sentiment, aura obtenu de l'autorité administrative sa liberté ? Ne sera-t-elle pas libre, en usant de son droit, de paralyser les mesures prises contre son gré ?

C'est l'hypothèse contraire qu'on a prévue : le ministre de la Justice prononcerait la libération, le ministre de l'Intérieur statuerait sur la révocation. Mais, là encore, les dissentiments les plus regrettables, les plus préjudiciables au libéré peuvent se produire, et il suffirait d'une différence d'appréciation pour que la mesure au lieu d'être maintenue, fût rapportée, le plus arbitrairement, avant le temps voulu, et pour que la libération conditionnelle dont nous attendons d'heureux résultats ne pût pas produire ses fruits.

Messieurs, cette seule considération me paraîtrait suffisante, en l'état actuel des choses, pour ne pas admettre l'amendement qui vous est proposé.

Faut-il cependant nous élever aux principes, malgré l'autorité de ces raisons pratiques ?

Alors je vous dirai que c'est peut-être avec un peu d'exagération qu'on considère la libération conditionnelle comme un dérivé du droit de grâce. Il n'en est rien. Le but de la libération conditionnelle, ce n'est pas de modifier la peine, de supprimer une partie de la peine. Non ! Même suivie des conditions de bonne conduite qui, le temps fixé écoulé, affranchiront le condamné de la fin de sa peine, la libération conditionnelle n'entraîne aucune modification au jugement de condamnation, ce qui est le propre de la grâce. Un individu, par exemple, a été condamné à cinq ans de réclusion ; au bout de deux ans et demi, il obtient sa libération conditionnelle ; il gagne par sa bonne conduite, sa liberté définitive. Ce n'en est pas moins une peine de cinq ans qu'il a eu à subir. Il a été libéré deux ans et demi plus tôt par la faveur spéciale de la loi ; mais le casier judiciaire n'en continue pas moins à mentionner l'intégralité de sa condamnation, et le jugement qui l'a frappé ne reçoit aucune atteinte.

Vous voyez donc, Messieurs, qu'il y a des différences essentielles entre la libération conditionnelle et la grâce.

La vérité, quelle est-elle ? La voici : c'est que la grâce s'attaque à la peine ; elle la modifie en la faisant cesser, ou en abrégeant la durée.

Quant à la libération conditionnelle, elle la respecte et se borne à tenter une épreuve sur l'individu. Quelles que soient sa durée et ses conséquences, elle n'altère nullement le caractère de la peine et n'en change pas, en droit, la durée.

Voilà pourquoi, lorsqu'on nous dit que la logique nous oblige à remettre ce droit de libération conditionnelle au pouvoir qui dispose du droit de grâce, nous protestons et nous affirmons qu'on tire une fausse conséquence d'une assimilation inacceptable.

Maintenant, il y aura un arbitraire inévitable dans l'application, nous dit-on. Messieurs ; cette observation peut être fort juste, toujours en donnant à ce mot « arbitraire » la signification qu'on a eu soin, à plusieurs reprises, de préciser, mais je demanderai si ce n'est pas une raison de plus pour laisser cette appréciation à l'Administration.

Comment ! on craint comme une sorte d'arbitraire forcé, et l'on veut que ce soit la justice qui ait le souci et la responsabilité de prendre la mesure ?

Ces mots « arbitraire » et « décisions de justice » ne peuvent s'accorder.

Je ferai en outre remarquer au Sénat une grande différence qui existe, à un autre point de vue, entre la grâce et la liberté conditionnelle, et ceci m'amène à appeler votre attention, Messieurs, sur la disposition de notre loi qui doit être la base même de l'institution nouvelle.

La grâce, c'est un acte de simple bienveillance, de pure faveur, qui peut être accordée ou refusée suivant le bon plaisir. Il peut arriver qu'on ne se préoccupe même pas, en l'accordant, de la conduite du condamné. Son motif peut être un intérêt politique. On sait pour quelle part ces causes figurent dans les mesures de cette nature.

Quant à la libération conditionnelle, combien la chose est différente.

Elle doit être gagnée ; et, si elle est gagnée, elle doit être accordée.

Permettez-moi, pour bien caractériser ce point, d'attirer votre attention sur le caractère des épreuves que la loi entend instituer.

Tout en laissant à l'Administration le soin de les mieux préciser par un règlement d'administration publique, la loi en a très nettement fixé le principe dans sa première et je dirai presque dans sa principale disposition.

Elle ne veut point se contenter du régime disciplinaire actuellement existant, c'est-à-dire du système qui consiste à s'en rapporter, pour la conduite du condamné, à l'appréciation *in globo* faite par les agents pénitentiaires.

Elle demande, elle prescrit un régime de constatation détaillée et journalière, analogue à celui qui existe dans presque tous les États qui pratiquent la libération conditionnelle, à ce régime qui est né en Angleterre et qui y fonctionne encore sous le nom bien connu de système des marques.

On veut qu'il y ait une comptabilité écrite jour par jour de la conduite et du travail; que tout soit exactement observé et noté, de telle sorte que, lorsque le moment arrive d'apprécier la légitimité de la demande, il n'y ait en quelque sorte qu'à ouvrir un registre et qu'à faire une opération mathématique pour savoir si le détenu est digne ou non de la faveur qu'il sollicite.

Quel rapport y a-t-il dans tout cela, avec la grâce? Ce qui intervient, alors, ce n'est pas un acte de faveur, c'est un acte de justice, l'octroi d'une récompense sérieusement gagnée, la reconnaissance d'un droit, qu'il y aurait injustice véritable à repousser.

Je crois en avoir dit assez, Messieurs, pour vous montrer quelles ont été les préoccupations de la commission sur cette grave question, et pour vous faire connaître les motifs qui l'ont déterminée à l'écarter. *(Approbation sur un grand nombre de bancs.)*

M. Brunet. — Je demande la parole.

M. le Président. — La parole est à M. Brunet.

M. Brunet. — Messieurs, de même que j'avais improvisé un peu vite mon amendement, de même M. le Rapporteur — qu'il me permette de le lui dire — l'a lu un peu trop vite, car, en vérité, dans la réponse intéressante qu'il vient de faire, je n'ai presque rien trouvé qui s'adressât à mon amendement. M. le Rapporteur a combattu, non pas ma proposition, mais celle qui avait été faite dans la commission par un de ses membres les plus distingués.

L'honorable M. Bardoux avait, en effet, proposé de déférer, non plus au ministre de l'Intérieur, mais au garde des Sceaux, le droit de mettre en liberté sous condition.

Moi, je me permets de dire que je ne veux pas plus du garde des Sceaux en cette occasion que du ministre de l'Intérieur. Je ne voudrais pas que ce fût l'Administration qui modifiât l'œuvre de la justice: je voudrais que ce fût le pouvoir souverain, je voudrais que ce fût le Président de la République, parce que, aux termes de notre droit public, lui seul en a le droit. Or, toutes les observations que soumettait tout à l'heure au Sénat M. le Rapporteur sont bien applicables s'il s'agit du garde des Sceaux, mais elles ne peuvent pas recevoir leur application s'il s'agit du chef du pouvoir exécutif. Le garde des Sceaux, j'en suis d'accord, n'a pas l'Administration des prisons, il n'en a pas la surveillance, il ne sait pas ce qui s'y passe, et, par conséquent, ne peut pas savoir si tel détenu est ou n'est pas méritant de la faveur qu'on veut lui accorder. Je reconnais donc qu'il serait étrange, qu'il ne serait pas juste de conférer au garde des Sceaux ce pouvoir; aussi je ne demande pas qu'on l'enlève au ministre de l'Intérieur pour le donner au ministre de la Justice. Ce que je demande, c'est qu'on observe les principes de notre droit public qui veulent que l'œuvre de la justice, lorsqu'elle est définitive, les différents degrés de juridiction étant épuisés, ne puisse être modifiée par personne, si ce n'est par l'exercice du droit de ˈgrâce qui appartient au pouvoir exécutif, c'est-à-dire, aujourd'hui, au Président de la République. *(Bruit sur divers bancs.)*

Si le Sénat est fatigué de cette discussion *(Non! non!)* je ne la prolongerai pas: je n'ai nullement l'intention de m'imposer à sa patience... *(De toutes parts: Parlez! parlez!)*

M. Brunet. — Mais si le Sénat trouve que la question ait quelque intérêt, je lui demande encore quelques instants d'une bienveillante attention, dont j'ai besoin. *(Très bien! Parlez!)*

Je reconnais, dis-je, que la substitution du garde des Sceaux au ministre de l'Intérieur ne serait pas justifiée dans l'espèce; je regrette de me trouver à cet égard en opposition avec notre éminent collègue M. Bardoux, dans les lumières de qui j'ai une si haute confiance. Mais il me semble que, si, en ces matières, c'est l'Administration qui doit prononcer, mieux vaut que ce soit le ministre de l'Intérieur que le ministre de la Justice qui ait le droit de décision.

Le ministre de l'Intérieur, en effet, a l'œil dans les prisons, le ministre de la Justice ne l'y a pas.

Je déclare loyalement cela, parce que je le pense ainsi. Mais, en même temps, je ne crois pas qu'il soit bon de donner à l'Administration, qui n'est pas un pouvoir supérieur au pouvoir judiciaire, un droit de réformation, de modification de l'œuvre de la justice.

M. le Rapporteur disait: «Mais ce n'est plus la même chose; la mise en liberté sous condition, ce n'est pas la grâce! Songez-y donc: la mise en liberté sous condition, ne modifie par la condamnation; on est toujours condamné à cinq ans de prison, bien qu'on n'en fasse en réalité que deux; on est toujours condamné à cinq ans de réclusion, bien qu'on ne soit détenu que pendant deux ou trois ans!» Mais, Messieurs, est-ce qu'il en est autrement en matière de grâce? Est-ce que ce n'est pas la même chose? Est-ce que la grâce efface la condamnation? Non, jamais! Vous raisonnez de la grâce comme s'il s'agissait de l'amnistie; la grâce laisse la condamnation debout; les cinq ans de réclusion dont on parlait tout à l'heure, ne sont pas effacés par la grâce; elle ne porte que sur l'exécution de la peine, et il en est de même de la libération sous condition, avec cette différence seulement que la libération sous condition peut résulter dans certaines circonstances, d'une sorte de droit à une grâce particulière que l'on a fait gagner au détenu, au condamné, tandis que la grâce proprement dite peut n'être que le résultat d'une simple faveur.

Je trouve donc entre ces deux situations, ainsi précisées au point de vue moral, une différence considérable et toute en faveur de la liberté sous condition; mais quant aux principes qui les régissent, ce sont les mêmes; et quant aux résultats, ils sont également identiques, sauf pourtant cette différence, que la liberté sous condition permet de reprendre plus tard le condamné, tandis que la grâce ne le permet pas; et, dans cette faculté même, je trouve une raison de plus pour ne pas laisser une telle mesure soumise à l'arbitraire ou plutôt à l'appréciation — c'est un mot qui rend mieux ma pensée — à l'appréciation de l'Administration. Je pense, Messieurs, que vous honorerez d'autant plus votre loi que vous ferez dépendre la décision d'un pouvoir plus élevé, et qu'il est de bonne administration de ne pas déroger aux règles de notre droit public dans cette matière qui se rapproche tant — si vous ne voulez pas que ce soit absolument la même chose — de l'exercice du droit de grâce.

Je ne puis donc pas reconnaître pour démonstratives les raisons qui ont été apportées à cette tribune par l'honorable rapporteur, puisque, je le répète, ce n'est pas à moi qu'il a fait l'honneur de répondre, mais à l'honorable M. Bardoux qui propose, lui, toute autre chose que moi.

Maintenant, M. le Rapporteur m'a fait un reproche que je ne crois pas mériter. Il m'a dit: la logique vous conduirait à donner à la même autorité le pouvoir de révoquer et le pouvoir de libérer; si vous admettez que le Président de la République seul peut libérer, admettez donc que le pouvoir de révoquer devra appartenir également au Président de la République, et il ajoutait: Admettez qu'il devra appartenir tout au moins au garde des Sceaux.

Non; pas plus le pouvoir de révoquer que le pouvoir d'accorder la libération, je ne veux le donner au garde des Sceaux. Je ne veux pas qu'il puisse libérer parce qu'il n'a pas l'œil dans les prisons, et je ne veux pas qu'il puisse révoquer la libération parce qu'il n'a pas la police et la surveillance administratives qui sont dans les mains du ministre de l'Intérieur et non dans celles du ministre de la Justice. C'est pour cela que le garde des Sceaux ne doit avoir ni l'une ni l'autre faculté.

Admettrai-je pour cela que cette révocation doit émaner du ministre de l'Intérieur?

Non. Si j'avais voix au chapitre, si je pouvais me faire entendre par la commission, je lui dirais, que lorsqu'une libération sous condition aura été — c'est le système de mon amendement — prononcée dans des conditions si favorables et si hautes qu'elle émanera du Président de la République, il faut que ce ne soit pas un simple préfet qui puisse la révoquer — je dis un préfet, parce qu'il est bien évident que M. le Ministre de l'Intérieur, qui ne peut pas voir les choses par lui même et qui n'est pas dans les départements, s'en rapportera toujours aux préfets. Ce qui me plairait mieux, ce serait que, dans le cas de révocation encourue et proposée, ce fût la justice qui prononçât.

Cet homme, que vous trouvez indigne de rester désormais en liberté, dont l'inconduite est notoire, arrêtez le, déférez-le aux tribunaux ; les tribunaux diront s'il doit rentrer en prison ou rester en liberté.

Voilà la véritable garantie pour la liberté de l'homme auquel vous avez fait remise partielle de la peine. Ne trouvez-vous pas qu'il y aurait là une garantie plus sérieuse que celle que pourra donner une décision purement administrative, motivée par le simple rapport d'un préfet, auquel devra s'en rapporter le ministre de l'Intérieur, alors que le préfet lui-même ne sera le plus souvent que l'écho d'un commissaire de police ou d'un garde champêtre ?

Je maintiens mon amendement ; non tel qu'il a été combattu par le rapporteur, mais tel que je l'ai formulé, c'est-à-dire vous proposant que la décision soit prise par le Président de la République. Quant à la seconde partie, quant à la question de savoir à quelle autorité il faut laisser le droit de décider s'il y a lieu de rétablir le libéré conditionnel en prison, je crois qu'il serait sage — la commission avisera — de faire intervenir l'autorité judiciaire, au lieu de l'autorité administrative. (*Très bien! très bien ! à droite.*)

M. le Commissaire du Gouvernement. — Je demande la parole.

M. le Président. — La parole est à M. le Commissaire du Gouvernement.

M. le Commissaire du Gouvernement. — Je dois tout d'abord, Messieurs, comme représentant du Gouvernement, faire les plus expresses réserves, sur une question que l'honorable M. Bérenger a visée en passant, et qui ne paraît pas pouvoir faire l'objet d'un débat incident. L'attribution théorique des services de l'Administration pénitentiaire à tel département ministériel de préférence à tel autre, ne peut venir en discussion, à l'occasion d'une réforme intéressant le fonctionnement même de ces services et le rôle propre de cette Administration.

La distinction fondamentale des grands pouvoirs de l'État ne peut être nécessaire à reprendre ici, non plus que l'exposé des problèmes pratiques et des difficultés considérables qu'il faudrait envisager, en même temps que les hypothèses formulées tout à l'heure.

Il peut demeurer admis que le pouvoir judiciaire a rempli sa tâche, lorsque la sentence est rendue. Alors commence le rôle de l'Administration, représentant le pouvoir exécutif, qui assure l'exécution des peines dans les établissements pénitentiaires. Ajoutons, sans plus parler de doctrine, que l'organisation administrative de la France et son système de prisons rendraient assez singulières les conséquences matérielles d'un déclassement de l'Administration pénitentiaire. Certains établissements constituent la propriété de l'État. Tels sont les pénitenciers agricoles, les maisons centrales, les colonies publiques de jeunes détenus. Ces colonies sont consacrées à l'éducation correctionnelle, non à l'exécution de peines proprement dites.

Les enfants qui s'y trouvent, ont pour tuteurs les membres de l'Administration, presque au même titre que les enfants misérables ou abandonnés. Ils ont pu être acquittés comme ayant agi sans discernement; la Justice les remet à l'Administration, non pas même pour les châtier, mais pour les élever.

Si l'on passe aux prisons de courtes peines, on constate qu'elles sont la propriété des divers départements et les préfets interviennent nécessairement, en ce qui les concerne, au nom des intérêts départementaux, comme au nom du pouvoir central.

Que l'on songe aux services de transfèrements, aux expulsions d'étrangers, aux mesures concernant la transportation, au régime, à la garde et à la gestion des établissements de France, de Corse et d'Algérie, aux chambres et dépôts de sûreté, à la surveillance des libérés, on découvrira des difficultés assez fortes pour n'être pas abordées plus volontiers que les questions supérieures de principe.

M. le Rapporteur me permettra donc de ne pas m'appuyer sur

les arguments qu'il présentait en faveur du ministère de l'Intérieur et qui ne lui seraient avantageux qu'à demi.

Le véritable débat semble plus simple et moins haut. Qui est chargé de pourvoir à l'application des peines ? Le ministre de l'Intérieur. Qui détermine le régime pénitentiaire ? Le même ministre. M. le Garde des Sceaux conserve assurément le droit et le devoir de veiller à l'observation de la loi et de signaler les manquements aux décisions de la justice ; mais l'Administration garde la police et la direction des établissements. C'est elle, en Algérie, qui autorise le travail des détenus même en chantiers extérieurs, et qui les place hors des prisons, dans des exploitations agricoles, sous la garde de surveillants, par dérogation au mode normal d'exécution des peines.

Elle pourrait donc difficilement attendre les propositions de la Justice pour faire ratifier par M. le Président de la République les mesures prises en vue de la réglementation des peines.

En ce qui concerne spécialement la libération conditionnelle, la solution n'est-elle pas déjà fixée ? Peuvent être conditionnellement libérés les jeunes détenus des établissements d'éducation correctionnelle.

S'est-on étonné qu'ils le soient par la décision et sous la responsabilité de l'Administration, leur tutrice ?

Les attributions générales du chef de l'Administration ne lui imposent-elles pas l'obligation de veiller sur l'ordre intérieur et extérieur des prisons, sur la sécurité des populations voisines et du pays tout entier ? Les nécessités de police générale confirment donc sa mission pénitentiaire.

Comment s'expliquerait-on qu'il n'eût pas charge d'apprécier si le détenu qu'il fait garder et diriger, peut ou non recevoir quelque témoignage d'encouragement et de confiance ? La Justice a-t-elle sous ses ordres les directeurs de nos établissements ?

Dès maintenant, même pour une grâce ou réduction de peine, ces directeurs ont à donner leurs avis et leurs notes ; les inspecteurs généraux des services administratifs ont qualité pour se consulter en comité ; l'Administration fournit les éléments de chaque dossier. Pourtant les grâces impliquent suppression totale ou partielle des effets d'un jugement ou arrêt. Le pouvoir judiciaire voit par là ses décisions infirmées. De là l'idée de lui laisser le droit de proposition.

Au contraire, la libération conditionnelle, dans les termes où le projet la présente, se borne à tenir en suspens la peine tout entière, ne laissant le condamné se soustraire à ses effets que pour un temps, par simple tolérance et par mode d'épreuve pénitentiaire.

L'amendement exposé tout à l'heure semble donc se résumer en ceci : est-il nécessaire de transformer l'arrêté du ministre de l'Intérieur en décret présidentiel qu'aura provoqué la proposition du même ministre ?

De toute façon, ce même ministre gardera prééminence, mais la libération conditionnelle sera compliquée par la solennité d'un acte qu'il sera plus malaisé de retirer ensuite en cas de besoin.

En fait, une simple modification dans' la procédure, augmente-t-elle sensiblement les garanties de bonne décision ? La responsabilité directe et effective du ministre ne sera-t-elle pas suffisante ?

S'il est admissible que le ministre de l'Intérieur, c'est-à-dire celui qui fait exercer surveillance et qui tient la police, puisse modifier à propos ses déterminations et reprendre le lendemain comme dangereuse, une faveur accordée la veille, l'intervention personnelle du Président de la République ne pourra-t-elle pas rendre plus pénible ce retrait d'une mesure de clémence, qui aura pris indirectement le caractère de grâce, à raison même de son origine ?

Enfin, n'a-t-on pas précisément voulu marquer une distinction profonde entre la grâce et la libération conditionnelle ? La grâce, même non justifiée par la conduite ultérieure du libéré, reste définitivement acquise. C'est exactement en sens inverse que la commission a voulu tirer effet utile de la libération conditionnelle.

Telles sont les considérations, Messieurs, qui tout en m'obligeant à réitérer les plus grandes réserves sur la question générale incidemment indiquée par M. le Rapporteur, engagent le Gouvernement à s'associer aux conclusions de la commission, sur le texte soumis à votre vote. (*Très bien ! — Aux voix !*)

M. LE RAPPORTEUR. — Messieurs, je ne voudrais pas prolonger une discussion dont tous les éléments me paraissent avoir été saisis par le Sénat, mais je crois qu'il est utile d'ajouter quelques considérations à celles qui ont été exprimées avec tant de compétence, par M. le Directeur de l'Administration pénitentiaire.

Je ne pense pas, Messieurs qu'en répondant, tout à l'heure à l'honorable M. Brunet, je me sois trompé autant qu'il le croit, sur le sens de la proposition qu'il nous faisait. Il m'avait échappé, en effet, que l'amendement portât que la mise en libération conditionnelle serait mise en mouvement sur la proposition du ministère de l'Intérieur.

Seulement, Messieurs, si cette première expression semble indiquer une sorte de communauté de sentiments avec la commission, vous allez voir que les expressions qui la suivent tranchent immédiatement une différence qui m'a parfaitement autorisé à faire du caractère de la disposition l'interprétation que j'en ai donnée. L'amendement ajoute, en effet, que la proposition du ministère de l'Intérieur ne devra aboutir à un décret du Président de la République, qu'à la condition d'un avis conforme du garde des Sceaux. Or, soumettre le décret à la conformité de l'avis du garde des Sceaux lorsque le ministre de l'Intérieur n'a que la proposition, c'est faire absolument passer entre les mains du garde des Sceaux l'autorité tout entière.

Ce n'était peut-être donc pas sans motif que je voyais dans la disposition proposée une réelle substitution de l'autorité judiciaire à l'autorité administrative.

L'honorable M. Brunet vous dit maintenant que le point essentiel, c'est le décret! il revient à sa pensée qu'il s'agit d'une sorte de grâce, et qu'en vertu de notre droit constitutionnel, il faut que ce soit le Président de la République qui statue.

Messieurs, j'ajoute aux observations que j'ai faites tout à l'heure pour démontrer qu'il ne s'agit de rien d'analogue au droit de grâce cette simple considération que loin d'être une faveur assimilable a la grâce, la libération conditionnelle est expressément un mode d'exécution de la peine. *(A gauche. — C'est cela ! Très bien !)*

M. Schœlcher, *président de la commission.* — Voilà la vérité !

M. le Rapporteur. — L'individu mis en liberté provisoirement, conditionnellement, reste, en effet, placé sous l'action directe de la loi. L'Administration l'a sous la main, à toute heure elle peut le réintégrer, et, si elle le fait, c'est pour lui faire subir non une partie diminuée de sa peine, mais, la peine tout entière telle qu'elle reste à subir. La peine subsiste donc, elle subsiste jusqu'au dernier jour de la durée fixée par le titre de condamnation, et s'il arrive que ce jour là elle se dissolve par l'effet de la bonne conduite, ce n'est aucun pouvoir qui en fait la remise? On pourrait dire plutôt que c'est le condamné qu' s'est fait remise à lui-même ou plutôt que c'est la loi qui intervient pour la faire cesser par l'accomplissement des conditions qu'elle prescrit. *(Approbation.)*

Voilà quel est le véritable caractère de la libération conditionnelle. C'est une raison de plus pour décider que le ministre de l'Intérieur seul doit en disposer. C'en est une en même temps pour déclarer qu'il est inutile d'exiger un décret du pouvoir souverain.

J'ajouterai à cette considération deux raisons pratiques. M. Brunet le reconnaîtra, ce serait vouloir éterniser ces procédures de libération conditionnelle que d'exiger un décret. Il faudrait l'appréciation du ministre de l'Intérieur, premier délai de quinze jours pour l'obtenir ; l'avis conforme du garde des Sceaux, quinze autres jours, enfin le temps d'obtenir le décret : qui ne sait ce qu'il faut de temps pour les décrets les plus urgents, quand ils ne concernent qu'un intérêt privé ! Toute libération conditionnelle exigerait donc des mois d'instruction.

Autre inconvénient : la liberté, prononcée par décret, pourra-t-elle être révoquée autrement ? Ce serait contraire à toutes les règles. Il faudra donc que toutes les fois qu'un libéré — et nous pouvons dans quelques années en compter des milliers — se conduira mal, M. le Président de la République soit saisi et ait à statuer ; cela n'est pas possible.

M. Brunet. — Je n'ai pas proposé cela.

M. le Rapporteur. — Vous ne l'avez pas proposé, mais ce que vous avez dit conduit inévitablement à cette conséquence. Ou bien alors à quelle confusion de tous les pouvoirs n'aboutirez-vous pas ?

Qu'un décret rendu par le Président de la République pût être révoqué par décision ministérielle, est-ce possible ? Est-ce conforme aux plus simples notions de notre droit public ?

M. Brunet, *de sa place*. — Vous me faites dire ce que je n'ai point dit. Je n'ai pas dit qu'un décret du Président de la République pourrait être révoqué par un préfet ni par un ministre. Il ne s'agit pas en effet d'une mesure à prendre en contradiction avec un décret. Veuillez bien remarquer que le décret lui-même porte que la mise en liberté est accordée conditionnellement, qu'elle est révocable. Par conséquent révoquer la mise en liberté ce ne sera pas faire un acte contraire au décret, ce sera l'exécuter dans un des cas qu'il aura prévus.

En second lieu, je n'ai pas dit que ce serait au ministre de l'Intérieur qu'appartiendrait ce droit de révocation. J'ai refusé de m'en expliquer dans mon amendement, mais j'avais indiqué à titre de desideratum une solution différente de celle que vous proposez.

Je vous demande pardon de vous avoir interrompu, mais je ne pouvais pas vous laisser me prêter une théorie qui n'est pas la mienne.

M. le Rapporteur. — Je ne me suis pas, paraît-il exactement rendu compte de la proposition de l'honorable M. Brunet. Peu importe, car qu'il le veuille ou qu'il ne veuille pas, sa théorie conduit inévitablement aux conséquences que je viens d'indiquer, ce qui me paraît inadmissible.

M. Schœlcher. — Ou bien il faudra un autre décret.

M. le Rapporteur. — Enfin, Messieurs, il y a une observation qui doit tout dominer : la libération conditionnelle n'est pas absolument nouvelle dans notre législation, je l'ai déjà dit. Elle s'applique, à l'heure qu'il est, à certaines catégories de condamnés. Pour les jeunes détenus, la loi de 1850 l'a instituée expressément.

M. Brunet. — Ce ne sont pas des condamnés.

M. le Rapporteur. — Je vous demande pardon ; elle ne s'applique pas seulement aux jeunes détenus acquittés comme ayant agi sans discernement, elle s'applique encore à ceux qui ont subi une peine.

Qui l'accorde cette libération ? Qui la révoque ? Le ministre de l'Intérieur. Vous avez une libération conditionnelle spéciale, instituée par la loi du 30 mai 1854 pour les transportés, c'est-à-dire pour les condamnés aux travaux forcés. Qui est-ce qui prononce la libération conditionnelle ? Qui est-ce qui la révoque ? C'est le gouverneur de la colonie, c'est-à-dire l'autorité administrative.

Nous avons, enfin, une disposition analogue pour ce qui concerne la peine de la surveillance de la haute police, dans la loi votée par l'Assemblée nationale en 1874. Cette libération conditionnelle, c'est encore le ministre de l'Intérieur qui la prononce et qui peut la révoquer. Vous le voyez, il y a des traditions ; il y a mieux que cela, des lois précises sur la matière. Il faudrait déroger à tout cela, et le faire pour la catégorie toute seule, de condamnés dont il s'agit aujourd'hui pour arriver au système qu'on vous propose. Je pense que vous ne le voudrez pas et je vous demande de maintenir la rédaction de la commission. *(Approbation sur divers bancs.)*

M. le Président. — Personne ne demande plus la parole ?
Je donne une nouvelle lecture de l'amendement de M. Brunet :
« La mise en liberté sous condition est ordonnée par décret du Président de la République, pris sur la proposition du ministre de l'Intérieur et l'avis conforme du garde des Sceaux, ministre de la Justice. »
J'ai une demande de scrutin. *(Exclamations à gauche.)*
Vous laisserez, Messieurs, je l'espère, vos collègues exercer leur droit.
Cette demande est signée de MM. Audren de Kerdrel, le comte de

La Monneraye, Lucien Brun, Gaudineau, le vicomte de Champagny, Delbreil, Grandperret, Poriquet, Delsol, général marquis d'Andigné.

(Le scrutin a lieu. — MM. les Secrétaires opèrent le dépouillement des votes.)

M. LE PRÉSIDENT. — Voici le résultat du scrutin :

. Nombre des votants..................................... . 246

Majorité absolue...................................... 124

Pour l'adoption.............................:.............. 67

Contre... 179

Le Sénat n'a pas adopté.

Je donne lecture de l'article 3 :

« Art. 3. — Les arrêtés de mise en liberté sous condition et de révocation sont pris par le ministre de l'Intérieur, après l'avis, s'il s'agit de la mise en liberté, du directeur de l'établissement ou de la circonscription pénitentiaire, de la commission de surveillance de la prison et du parquet près le tribunal ou la cour qui a prononcé la condamnation, et, s'il s'agit de la révocation, du préfet et du procureur de la République de la résidence du libéré. »

Personne ne demande la parole ?

Je mets aux voix l'article 3.

(L'article 3, mis aux voix, est adopté.)

M. LE PRÉSIDENT. — « Art. 4. — L'arrestation du libéré conditionnel peut toutefois être provisoirement ordonnée par l'autorité administrative ou judiciaire du lieu où il se trouve, à la charge d'en donner immédiatement avis au ministre de l'Intérieur.

« Le ministre prononce la révocation s'il y a lieu.

« L'effet de la révocation remonte au jour de l'arrestation. » — (Adopté.)

La parole est à M. Brunet sur l'article 5.

M. BRUNET. — Messieurs, l'article est ainsi conçu :

« La réintégration a lieu pour toute la durée de la peine non subie au moment de la libération. »

Ce qui veut dire que, si un détenu condamné à deux ans d'emprisonnement, ayant fait un an de sa peine obtient la libération conditionnelle et se rend indigne, plus tard, de ce que je persiste à appeler une faveur, il est réintégré en prison et qu'il y devra passer l'année toute entière qui restait encore à courir pour l'exécution de sa peine le jour où il fut libéré conditionnellement.

J'ai, sur cet article, une observation ou plutôt une question à soumettre à la commission : je ne me hasarderais pas à proposer un amendement après l'échec que j'ai subi tout à l'heure. (*Sourires.*) C'est une simple question que je pose.

Je ne vois pas qu'il y ait dans l'article une limite de temps assignée à l'Administration pour provoquer cette révocation de la liberté conditionnelle. Je me demande — on peut se le demander — si pendant toute la vie de l'homme ainsi libéré on pourra le reprendre et le conduire en prison pour subir le reste de sa peine. Il ne peut pas,.évidemment. en être ainsi, parce que cela aurait cette conséquence inimaginable, et qui ne doit certainement pas être dans les intentions de la commission, de transformer une peine temporaire en une peine perpétuelle et de laisser le libéré sous le coup, sous la menace d'une réintégration en prison pendant dix, quinze ans et plus, parce qu'il lui sera arrivé de tomber au bout d'un si long délai sous cette vague incrimination d'inconduite notoire au sujet de laquelle je me suis déjà expliqué.

Je demande donc à la commission quelle est sa pensée sur ce point et de vouloir nous dire pendant combien de temps l'exécution de ce droit pourra avoir lieu ; je lui demande ce qui vaudrait mieux encore qu'une déclaration verbale, de vouloir bien le dire par un texte qui prendrait place dans la proposition de loi. (*Marques d'approbation.*)

M. LE RAPPORTEUR. — Messieurs, la pensée de la commission ne peut pas être douteuse. Tout le monde sait quelles sont les conditions dans lesquelles fonctionne partout où elle existe l'institution de la libération conditionnelle. Ces conditions bien connues seront les mêmes en vertu de la présente loi. Ainsi, l'individu qui est mis en liberté conditionnelle, ayant encore trois mois d'emprisonnement à subir, reste pendant trois mois seulement soumis à la condition résolutoire imposée par l'Administration. Si, à l'expiration des trois mois, sa conduite s'est maintenue bonne, la peine est exécutée ; si, au contraire, sa conduite est devenue mauvaise à un temps quelconque de ces trois mois, il est réintégré ; mais alors, le temps qu'il a passé en liberté ne compte pas dans l'exécution de la peine.

La commission n'avait pas jugé nécessaire, je vous l'avoue, de préciser ce point dans sa rédaction. Pourquoi ? Parce que, lorsque la libération conditionnelle a été appliquée par divers textes de nos lois à d'autres catégories de condamnés, on n'a jamais songé à les préciser, tant la chose a paru superflue.

Cependant, si le Sénat trouve qu'il soit utile de le mettre dans la loi, nous ne nous opposerons nullement à accepter un amendement que l'honorable M. Brunet voudra bien proposer dans ce sens, malgré l'échec de celui qu'il a présenté tout à l'heure.

M. Brunet, *de sa place*. — Je me tiens pour satisfait de la réponse. Seulement je crois qu'il vaudrait mieux, pour tout le monde, qu'il y eût un texte. Entre les deux délibérations, la commission pourrait insérer dans la proposition de loi une rédaction à ce sujet. (*Approbation. — Marques d'assentiment au banc de la commission.*)

M. le Président. — La commission a entendu le vœu formulé par M. Brunet : il désirerait que, dans l'intervalle des deux délibérations, il fût inséré dans la loi un texte plus explicite, qui rendrait mieux la pensée de la commission et la sienne.

M. le Rapporteur. — Oui, Monsieur le Président.

M. le Président. — Personne ne demande plus la parole sur l'article 5 ?

J'en donne lecture :

« Art. 5. — La réintégration a lieu pour toute la durée de la peine non subie au moment de la libération. »

(L'article 5, mis aux voix, est adopté.)

M. le Président. — « Art. 6. — Un règlement d'administration publique déterminera la forme des permis de libération, les conditions auxquelles ils peuvent être soumis et le mode de surveillance spécial des libérés conditionnels.

« L'Administration peut se substituer les sociétés de patronage pour la surveillance de libérés qu'elle leur désigne spécialement et dans les conditions qu'elle détermine. »

Quelqu'un demande-t-il la parole sur cet article ?

M. le Rapporteur. — Je demande la parole.

M. le Président. — La parole est à M. le Rapporteur.

M. le Rapporteur. — Messieurs, le Sénat remarque peut-être une légère différence entre le texte qu'il a sous les yeux et celui qui vient de lui être lu par M. le Président. Cela tient à ce que, donnant satisfaction à une observation du directeur de l'Administration pénitentiaire, la commission a voulu mieux préciser, en ce qui concerne la faculté accordée à l'État de substituer les sociétés de patronage pour la surveillance des libérés conditionnels, les deux points que voici :

En premier lieu, qu'il ne s'agissait pas, pour l'État, de se démettre en bloc de son droit de surveillance sur tous les libérés au profit d'une société de patronage, mais de prendre une décision pour chaque libéré spécialement désigné ;

En second lieu, qu'il pourrait subordonner l'exécution du droit ainsi conféré par lui aux sociétés, par exemple, d'une région, aux conditions qu'il pourrait trouver utiles.

M. LE PRÉSIDENT. — Personne ne demande plus la parole sur l'article 6 ?

Je le mets aux voix.

(L'article 6, mis aux voix, est adopté.)

M. LE PRÉSIDENT. — « ART. 7. — Les sociétés agréées par l'Administration pour le patronage des libérés reçoivent une subvention annuelle en rapport avec le nombre de libérés réellement patronnés par elle, dans les limites du crédit spécial inscrit dans la loi de finances. » — (Adopté.)

« ART. 8. — Dans le cas du paragraphe 2 de l'article 6, l'Administration alloue à la société de patronage une somme de 0 fr. 50 par jour par chaque libéré pendant un temps égal à celuï de la durée de la peine, sans toutefois que le maximum de cette allocation puisse dépasser 100 francs. » — (Adopté.)

M. LE PRÉSIDENT. — La commission s'est-elle préoccupée de la situation financière ?

M. BARDOUX. — Parfaitement, Monsieur le Président.

M. LE RAPPORTEUR. — Je demande la parole.

M. LE PRÉSIDENT. — La parole est à M. le Rapporteur.

M. LE RAPPORTEUR. — Messieurs, la commission rencontre autour d'elle quelques scrupules sur les conséquences financières que pourrait avoir cet article 8.

Je n'ai besoin, pour rassurer ces scrupules, que de rappeler ce que j'ai dit à cet égard dans le discours prononcé hier au commencement de la discussion.

Il s'agit d'attribuer aux sociétés de patronage qui seront chargées de diriger, de surveiller les libérés conditionnels une allocation de 0 fr. 50 par jour. Le budget ne sera-t-il pas grevé par cette faveur faite à ces sociétés ?

Non. Il n'en résultera aucune charge pour lui. Pourquoi ? Parce qu'il s'agit de libérés qui occasionnaient à l'État une dépense journalière de quelque importance dans la prison. L'État, en accordant la liberté conditionnelle, bénéficie de la décharge de cette dépense. Nous l'avons évaluée à 2 francs par jour. Je ne sais si l'Administration pénitentiaire ratifie ce chiffre.

M. le Commissaire du Gouvernement. — Ce n'est pas possible.

M. le Rapporteur. — Les documents statistiques que l'Administration publie annuellement varient un peu suivant les années. Généralement, cependant, ils ne s'écartent par beaucoup du chiffre de 1 franc par jour. Mais dans la supputation de la dépense qui compose ce chiffre, on ne fait entrer que les dépenses d'entretien personnel aux détenus. Or, à côté de ces dépenses, il y a l'entretien des bâtiments, la solde du personnel de surveillance, dépenses plus élevées qui ne figurent pas, je le répète, dans le calcul de ce chiffre et qu'il est juste d'y comprendre, parce que, si le chiffre de la population des prisons arrive à diminuer d'une façon assez importante, par l'effet de l'application de la mesure, il est naturel que des réductions de dépenses seront également réalisées de ce chef. Mais laissons cela de côté ; admettons qu'il ne faille compter, dans le chiffre de dépenses du détenu, que la véritable dépense qui lui est personnelle, c'est-à-dire la nourriture et le vêtement ; dans ce cas, l'Administration pénitentiaire reconnaît et déclare, par ses états statistiques annuels, que la dépense est de plus de 1 franc par jour.

Eh bien, nous disons à l'État : vous allez faire une économie de 1 franc par jour par libéré conditionnel ; il est naturel, puisque la société de patronage va avoir des charges relativement coûteuses par suite de la surveillance que vous allez lui déléguer, que vous lui abandonniez une partie de cet avantage. Consentez à faire une économie moindre ; c'est à cela que se réduit la conséquence de l'article.

Il n'y aura donc aucune aggravation financière à redouter, au contraire ; j'ai eu l'honneur de le dire déjà : un des avantages considérables des mesures que nous proposons, et particulièrement de celle-là, c'est de faire réaliser à l'État une économie, qui peut devenir véritablement importante au bout de quelques années, dans la dépense d'entretien des établissements pénitentiaires.

Ainsi, Messieurs, la réforme ne peut justifier aucune des préoccupations qui s'élevaient tout à l'heure.

M. LE PRÉSIDENT. — Monsieur le Rapporteur, ce n'est pas là l'objet de mon observation. Vous démontrez qu'il y aura grand avantage pour le Trésor dans la combinaison que vous proposez ; mon observation portait sur ce point, que, proposant une dépense, vous paraissez saisir, par voie d'initiative le Sénat d'une mesure qui n'aurait pas été au préalable votée par la Chambre des députés. Voilà l'observation que je faisais.

L'Administration, remarquez-le bien, doit allouer, aux termes de la proposition, une somme de 0 fr. 50 par jour par chaque libéré.

M. BARDOUX. — Il n'y a pas d'ouverture de crédits, Monsieur le Président.

M. LE PRÉSIDENT. — Vous avez raison, mais il y a une somme votée.

M. LE RAPPORTEUR. — Cela n'implique l'allocation d'aucune somme au budget. Dans quel cas arrive-t-il que le Sénat soit obligé de se dessaisir d'une proposition ? C'est lorsque cette proposition a pour conséquence d'entraîner une dépense nouvelle au budget.

Eh bien, le cas, ici, est différent.

La dépense qui est inscrite au budget, c'est la dépense d'entretien des établissements pénitentiaires, ce sont des crédits en rapport avec la population connue des établissements pénitentiaires.

Cette population diminue ; il y a, par conséquent, des reliquats vacants dans le budget qui a été voté.

Eh bien, c'est sur ces reliquats, sur l'économie qui se trouve réalisée, que l'allocation pourra être fournie par le ministre de l'Intérieur.

M. LE PRÉSIDENT. — Assurément, mais il faut alors une annulation de crédit et une loi qui impute cette annulation de crédit à un autre chapitre.

M. ÉMILE LABICHE. — Je demande la parole.

M. LE PRÉSIDENT. — La parole est à M. Labiche.

M. ÉMILE LABICHE. — Messieurs, je ne veux dire qu'un mot relatif à la question de règlement qui vient d'être soulevée.

Notre droit d'initiative serait infiniment restreint, si l'on devait appliquer la théorie que M. le Président vient d'exposer.

M. LE PRÉSIDENT. — Je n'ai pas apporté de théorie ; j'ai seulement fait une observation afin de prévenir le Sénat.

M. ÉMILE LABICHE. — Le droit d'initiative du Sénat serait très limité si l'observation que vient de présenter M. le Président, à titre de simple avertissement, je le reconnais, devait nous empêcher de statuer sur la proposition de la commission.

Il ne serait pas difficile de démontrer, en discutant les principes, que la préoccupation dont M. le Président s'est fait l'interprète n'est pas fondée, mais je crois qu'il sera beaucoup plus simple, beaucoup plus court de faire cette démonstration en citant des précédents.

Je me souviens parfaitement que c'est ici qu'a été présentée la loi sur les chemins de fer d'intérêt local et les tramways, dont j'ai eu l'honneur d'être le rapporteur ; eh bien, cette loi établissait en principe que des subventions seraient données par l'État aux départements, dans certaines circonstances déterminées.

Comme cette loi ne faisait qu'établir un principe sans ouvrir de crédit, il n'y a eu doute pour personne que le Sénat était régulièrement saisi.

Il en eût été autrement si, au lieu de poser en principe l'intervention financière de l'État, la loi en avait édicté l'application en autorisant l'ouverture d'un crédit. Il serait facile de citer d'autres précédents, mais celui-là est suffisant pour justifier que le Sénat a compétence pour statuer sur la proposition de la commission. (*Très bien !*)

M. LE PRÉSIDENT. — Il était de mon devoir de faire l'observation au Sénat.

Personne ne demande plus la parole sur l'article 8 ?

Je le mets aux voix.

(L'article 8 est adopté.)

M. LE PRÉSIDENT :

TITRE III

Réhabilitation.

« ART. 9. — Les articles 619, 621, 623, 624, 628, 629, 630, 631, 632, 633 et 634 du code d'instruction criminelle sont modifiés ainsi qu'il suit :

« *Art. 619.* — Tout condamné à une peine afflictive ou infamante ou à une peine correctionnelle, qui a subi sa peine, peut être réhabilité. »

On a modifié l'article 619 en supprimant ces mots : « ou qui a obtenu des lettres de grâce ».

M. le Rapporteur. — Il serait peut-être bon, Monsieur le Président, de réserver cet article ; nous ne savons pas encore, en effet, si le Sénat acceptera la modification qui consiste à supprimer l'usage des lettres de réhabilitation. Il conviendrait peut-être aussi de réserver la première disposition ainsi conçue :

« Les articles 619..., etc. »

M. le Président. — Ceci est toujours réservé.

Personne ne s'oppose à ce que l'article 619 soit réservé ?

L'article 619 est réservé.

« *Art. 621.* — Modifier le paragraphe premier ainsi :

« Le condamné ne peut être admis à demander sa réhabilitation s'il n'a résidé dans le même arrondissement depuis cinq ans, et, pendant les deux dernières années, dans la même commune. »

Les dispositions de l'ancien code portaient ceci :

« *Art. 621.* — Le condamné à une peine afflictive ou infamante ne peut être admis à demander sa réhabilitation s'il n'a résidé dans le même arrondissement depuis cinq années, et, pendant les deux dernières, dans la même commune. »

M. Batbie. — Pourquoi supprimer le paragraphe 2 ?

M. le Président. — Monsieur le Rapporteur, voulez-vous donner quelques explications ?

M. le Rapporteur. — Messieurs, le paragraphe 2 avait été supprimé parce que la commission, dans une rédaction précédente, avait uniformisé le délai d'épreuve pour le condamné correctionnel comme pour le condamné criminel. Sur les observations de M. le Directeur de l'Administration pénitentiaire, la commission est revenue sur cette décision et a, dès lors, maintenu les dispositions du code d'instruction criminelle ; c'est par oubli que l'on a supprimé du texte de la proposition de loi, le paragraphe 2 qui doit être maintenu. •

M. Batbie. — Alors, il n'y a pas à modifier le paragraphe premier !

M. le Rapporteur. — Pardon ; c'est que vous avez l'ancienne rédaction et non pas la nouvelle. La dernière est conçue en ces termes : « le condamné ne peut être admis... ».

M. Martin-Feuillée, *garde des Sceaux, ministre de la Justice et des Cultes*. — Il y avait autrefois : « Le condamné à une peine afflictive ou infamante » ; maintenant, on dit seulement « le condamné ».

M. le Rapporteur. — Il faut maintenir, dans le premier paragraphe de l'article 621, les termes du code d'instruction criminelle : « le condamné à une peine afflictive ou infamante ».

M. le Président. — Vous rétablissez le paragraphe 2, et vous demandez l'adjonction d'un paragraphe supplémentaire ?

M. le Rapporteur. — Oui, Monsieur le Président.

M. le Président. — Ainsi, Messieurs, la proposition de la commission consiste à maintenir les deux paragraphes de l'article 621 sans modification et à y ajouter le paragraphe suivant, dont je vais donner lecture :

« Les condamnés qui ont passé tout ou partie de ce temps sous les drapeaux, ceux que leur profession oblige à des déplacements inconciliables avec une résidence fixe, pourront être affranchis de cette condition s'ils justifient, les premiers d'attestations satisfaisantes de leurs chefs militaires, les seconds de certificats de leurs patrons ou chefs d'administration constatant leur bonne conduite.

« Ces attestations et certificats sont délivrés dans les conditions de l'article 624. »

Personne ne demande la parole sur le paragraphe additionnel ? Je le mets aux voix.

(Le paragraphe additionnel est adopté.)

M. le Président. — « *Art. 623*. — Ajouter au texte actuel... » Je vais donner lecture du texte actuel :

« *Art. 623*. — Il doit justifier du payement des frais de justice, de l'amende et des dommages-intérêts auxquels il a pu être condamné, ou de la remise qui lui en a été faite.

« A défaut de cette justification, il doit établir qu'il a subi le temps de contrainte par corps déterminé par la loi, ou que la partie lésée a renoncé à ce moyen d'exécution.

« S'il est condamné pour banqueroute frauduleuse, il doit justifier du payement du passif de la faillite en capital, intérêts et frais, ou de la remise qui lui en a été faite. »

La commission demande à ajouter à ce texte :

« Néanmoins, si le demandeur justifie qu'il est hors d'état de se libérer des frais de justice, la cour peut accorder la réhabilitation même dans le cas où ces frais n'auraient pas été payés ou ne l'auraient été qu'en partie.

« En cas de condamnation solidaire, la cour fixe la part des frais de justice, des dommages-intérêts ou du passif qui doit être payée par le demandeur.

« Si la partie lésée ne peut être retrouvée ou si elle refuse de recevoir, il est fait dépôt de la somme due à la Caisse des Dépôts et Consignations dans la forme des articles 812 et suivants du code de procédure civile ; si la partie ne se présente pas dans un délai de cinq ans, pour se faire attribuer la somme consignée, cette somme est restituée au déposant sur sa simple demande. »

Personne ne demande la parole sur le paragraphe additionnel ?

Je le mets aux voix.

(Le paragraphe additionnel est adopté.)

M. le Président. — « *Art. 624.* — Modifier le commencement du paragraphe premier et le paragraphe 2 comme il suit :

« Je donne lecture de l'ancien article 624 :

« *Art. 624.* — Le procureur impérial (procureur de la République) provoque par l'intermédiaire du sous-préfet des attestations délibérées par les conseils municipaux des communes où le condamné a résidé, faisant connaître : 1° la durée de sa résidence dans chaque commune, avec indication du jour où elle a commencé et de celui auquel elle a fini ; 2° sa conduite pendant la durée de son séjour ; 3° ses moyens d'existence. »

La commission propose de modifier ainsi le premier paragraphe :

« Le procureur de la République provoque des attestations des maires des communes où... »

M. le Rapporteur. — Le reste comme à l'article du code d'instruction criminelle.

M. le Président. — Sauf une autre disposition ainsi conçue :

« Le procureur de la République prend en outre l'avis des juges de paix des cantons et celui des sous-préfets des arrondissements où le condamné a résidé. »

Je mets aux voix les modifications dont j'ai donné lecture.
(Les modifications à l'article 624 sont adoptées.)

M. le Président. — « *Art. 628.* — La cour, le procureur général entendu, rend un arrêt d'admission ou de rejet. »

M. Mazeau. — C'est là, ce me semble, une mauvaise terminologie. Il vaudrait mieux dire « un arrêt admettant ou rejetant la réhabilitation ».

M. le Président. — C'est une question de délicatesse d'oreille. Quel est le sentiment de la commisssion ?

M. Mazeau. — Il y a confusion avec les termes employés ailleurs dans la loi.

M. le Président. — Quelle est, monsieur Mazeau, la rédaction que vous proposez ?

M. Mazeau. — « Un arrêt admettant ou rejetant la réhabilitation. »

M. le Rapporteur. — Je ne crois pas que, parce que ces expressions sont consacrées pour la cour de cassation, il soit impossible de les employer pour une autre juridiction.

M. Mazeau. — Je ne dis pas que ce soit impossible, mais il y aurait certainement là une confusion.

M. le Rapporteur. — Néanmoins, comme il s'agit d'un simple changement de forme, la commission ne fait pas de difficulté d'accepter la rédaction proposée.

M. le Président. — Ainsi, d'après l'accord qui vient d'intervenir entre M. Mazeau et la commission, au lieu de mettre « la cour, le procureur général entendu, rend un arrêt d'admission ou de rejet », on mettrait « la cour, le procureur général entendu, rend un arrêt admettant ou rejetant la réhabilitation ».

M. Batbie. — Je demande la parole.

M. le Président. — La parole est à M. Batbie.

M. Batbie. — Je désire faire observer au Sénat que la rédaction de la commission et celle que vient de proposer l'honorable M. Mazeau me paraissent avoir également l'inconvénient de dire

— qu'on me passe l'expression — quelque chose d'un peu puéril : « La cour, le procureur général entendu, rend un arrêt admettant ou rejetant la réhabilitation ». Il faut bien, en effet, qu'elle rende un arrêt, qu'elle admette ou qu'elle rejette : je ne vois même pas comment elle pourrait faire autrement. (*Sourires sur plusieurs bancs.*)

Je crois que l'idée que la commission a voulu exprimer, c'est que la cour doit prononcer sur les conclusions du procureur général « le procureur général entendu ».

Je comprendrais qu'on dît : « La cour prononcera sur la réhabilitation après avoir entendu le procureur général » ; mais : « La cour rend un arrêt admettant ou rejetant... », c'est une vérité qu'il me paraît un peu extraordinaire d'exprimer dans un article de loi. (*Assentiment.*)

M. Bardoux. — Ce que la commission a voulu, c'est modifier l'ancienne rédaction, d'après laquelle la cour ne donnait qu'un avis. (*Assentiment au banc de la commission.*)

Désormais, elle statuera. Voilà ce que nous avons voulu dire.

On pourrait mettre simplement : « La cour prononce après avoir entendu le procureur général. »

M. le Président. — La commission pourrait peut-être accepter cette rédaction : « La cour, le procureur général entendu, statue sur la demande. » (*Adhésion au banc de la commission.*) Ce qui comprend l'éventualité du rejet aussi bien que celle de l'admission.

Voici donc quelle serait la nouvelle rédaction de l'article 628 : « La cour, le procureur général entendu, statue sur la demande. » (*Oui ! oui ! — Très bien !*)

Je mets aux voix cette rédaction.

(L'article 628, ainsi modifié, est adopté.)

M. le Président. — « *Art. 629.* — En cas de rejet, une nouvelle demande ne peut être formée avant l'expiration d'un délai de deux années.

« Ce délai peut être abrégé par décision du ministre de la Justice. »

(L'article 629, mis aux voix, est adopté.)

M. le Président. — La commission propose de supprimer les articles 630, 631, 632.

C'est la conséquence des votes que le Sénat vient de rendre.

M. le Rapporteur a-t-il quelques explications à fournir ?

M. LE RAPPORTEUR. — Monsieur le Président, il suffira de donner lecture de ces articles du code d'instruction criminelle ; le Sénat votera ensuite sur leur suppression.

M. LE PRÉSIDENT. — Voici ces articles :

« *Art. 630.* — Si l'avis est favorable, il est, avec les pièces produites, transmis par le procureur général, et, dans le plus bref délai possible, au ministre de la Justice, qui peut consulter la cour ou le tribunal qui a prononcé la condamnation. »

Évidemment, il ne peut plus être question de cette transmission de pièces.

« *Art. 631.* — L'Empereur (le Président de la République) statue sur le rapport du ministre de la Justice. »

« *Art. 632.* — Des lettres de réhabilitation seront expédiées en cas d'admission de la demande. »

La suppression de cet article est implicitement nécessaire, puisque, désormais, c'est l'arrêt qui prononcera la réhabilitation. (*Assentiment.*)

Je consulte le Sénat.

(Les articles 630, 631 et 632 du code d'instruction criminelle sont supprimés.)

M. LE PRÉSIDENT. — « *Art. 633.* — Remplacer le texte entier du code d'instruction criminelle par la disposition suivante :

« En cas d'admission, un extrait de l'arrêt est adressé par le procureur à la cour ou au tribunal qui a prononcé la condamnation pour être transcrit en marge de la minute de l'arrêt ou du jugement. Mention en est faite au casier judiciaire. Les extraits qui en sont délivrés à la demande des tiers ne doivent pas relever la condamnation.

« Le réhabilité peut se faire délivrer une expédition de l'arrêt de réhabilitation et un extrait du casier judiciaire rectifié, sans frais. »

Quelqu'un demande-t-il la parole ?

M. BATBIE. — Je demande à faire une observation.

M. LE PRÉSIDENT. — La parole est à M. Batbie.

M. Batbie. — Je crois que, dans la pratique, en cas d'amnistie, il est fait mention de la condamnation au casier judiciaire, et qu'en même temps il est inscrit en marge que l'amnistie est intervenue pour effacer cette condamnation. (*Dénégations au banc de la commission.*)

Par conséquent, la disposition proposée me paraît excessive, en ce sens que la réhabilitation produirait désormais des effets plus étendus que l'amnistie elle-même.

M. Martin Feuillée, *garde des Sceaux, ministre de la Justice.* — Je ferai remarquer, en tout cas, que la prescription du nouvel article 633 ne vise que les extraits délivrés à la demande des tiers. Ces extraits ne doivent pas relever la condamnation.

Or, je puis dire au Sénat que déjà, dans la pratique, lorsqu'un extrait est délivré à la demande des tiers, il ne mentionne pas la condamnation quand il y a eu réhabilitation.

Par conséquent, le texte de la commission ne fait que sanctionner une pratique constante de la chancellerie.

M. Batbie. — En cas d'amnistie aussi ?

M. le Rapporteur. — En cas d'amnistie, le casier est délivré en blanc.

Un sénateur a gauche. — Et la récidive ?

M. le Président. — Il n'y a pas de récidive, lorsqu'une amnistie est intervenue.

M. le marquis de Maleville. — Je demande la parole.

M. le Président. — La parole est à M. de Maleville.

M. le marquis de Maleville. — Je crois que pour mettre le deuxième paragraphe de cet article en harmonie avec la rédaction qui a été adoptée pour l'article 628, il faudrait supprimer ces mots : « En cas d'admission » et les remplacer per ceux-ci : « En cas de réhabilitation. » (*Approbation sur divers bancs.*)

M. le Président. — Quel est l'avis de la commission ?

M. le Rapporteur. — La commission partage l'opinion de M. de Maleville ; seulement, il vaudrait peut-être mieux dire: « Si la réhabilitation est prononcée. »

M. le Président. — Personne ne demande la parole sur cette

rédaction nouvelle : « Si la réhabilitation est prononcée », qui serait substituée à celle-ci : « En cas d'admission... »

L'article 633 serait donc conçu en ces termes :

« Si la réhabilitation est prononcée, un extrait de l'arrêt est adressé par le procureur général à la cour ou au tribunal qui a prononcé la condamnation pour être transcrit en marge de la minute de l'arrêt ou du jugement. Mention en est faite au casier judiciaire. Les extraits qui en sont délivrés à la demande des tiers ne doivent pas relever la condamnation.

« Le réhabilité peut se faire délivrer une expédition de l'arrêt de réhabilitation et un extrait du casier judiciaire rectifié, sans frais. »

Je consulte le Sénat.

(L'article 633, ainsi modifié, est adopté.)

M. le Président. — « Art. 634. — La réhabilitation efface la condamnation et fait cesser pour l'avenir toutes les incapacités qui en résultaient.

« Les interdictions prononcées par l'article 612 du code de commerce sont maintenues nonobstant la réhabilitation obtenue en vertu des dispositions qui précèdent.

« Les individus qui sont en état de récidive légale, ceux qui, après avoir obtenu la réhabilitation, auront encouru une nouvelle condamnation, ne seront admis au bénéfice des dispositions qui précèdent, qu'après un délai de dix années écoulées depuis leur libération. »

M. Gustave Humbert. — Je demande la parole.

M. le Président. — La parole est à M. Humbert.

M. Gustave Humbert. — Messieurs, je crois devoir appeler l'attention du Sénat sur le paragraphe premier du nouvel article 634 proposé par la commission. Cette disposition, en effet, consacre une innovation des plus graves.

Voici comment est rédigé l'article 634 du code d'instruction criminelle, premier paragraphe :

« La réhabilitation fait cesser pour l'avenir, dans la personne du condamné, toutes les incapacités qui résultaient de la condamnation. »

Au contraire, le premier paragraphe de l'article 634 proposé est ainsi conçu : « La réhabilitation efface la condamnation. »

Je demande la suppression de ces mots « efface la condamnation »,
parce qu'ils entraîneraient les conséquences les plus graves, au
point de vue de notre droit criminel.

Tout le monde sait que l'on ne peut confondre la grâce, l'amnistie et la réhabilitation. Je ne vous ferai pas, Messieurs, une
conférence sur ce point; il est trop bien connu. La grâce fait
disparaître tout ou partie des pénalités matérielles; la réhabilitation,
quant à présent, ne fait disparaître que les incapacités légales pour
l'avenir; l'amnistie, au contraire, éteint, détruit non seulement la
condamnation, mais le fait lui-même qui est considéré comme non
avenu. Or, que décide le nouvel article 634 ? Que la réhabilitation
efface la condamnation.

Messieurs, avait-on besoin de cette disposition pour venir au
secours du libéré qui voudrait travailler et qui craindrait les notes
inscrites sur son casier judiciaire ? Pas le moins du monde, et la
commission elle-même a répondu à cette objection dans un passage
de son rapport que je trouve page 47, et que je vais vous lire :

« L'esprit libéral préside à la direction du casier judiciaire. Des
circulaires ministérielles en date des 25 novembre 1871 et 6 décembre 1876 prescrivent, en effet, de ne point porter sur les
extraits délivrés aux particuliers ou aux administrations publiques
les condamnations effacées par la réhabilitation, même avec la
mention du décret de réhabilitation. »

Par conséquent, même sous l'empire de la législation actuelle,
il n'est pas nécessaire de modifier l'article 634 du code d'instruction criminelle pour faciliter à celui qui veut obtenir du travail le
moyen d'en retrouver. Mais quelle sera la conséquence de l'innovation introduite? C'est que, la condamnation étant effacée, si
l'individu réhabilité n'est véritablement pas revenu à de meilleurs
sentiments, s'il n'a obtenu sa réhabilitation que par fraude, ou par
hypocrisie, si, dans tous les cas, une erreur a été commise, cet
individu pourra de nouveau commettre un crime ou un délit, sans
se trouver en état de récidive, il échappera à toutes les conséquences pénales de la récidive.

C'est là, Messieurs, je le répète, une innovation d'une gravité
considérable et qui dépasse, j'en suis sûr, les intentions de la commission; j'appelle sur ce point l'attention du Sénat.

Cette innovation présenterait toutes sortes d'inconvénients au
point de vue pénal; et à une époque où l'on se préoccupe si vivement des faits et gestes des récidivistes, où l'on recherche les
moyens de les empêcher de commettre de nouveaux crimes,
je ne puis admettre qu'on supprime, en faveur du réhabilité,

l'aggravation possible de pénalité qui résulte de la récidive.

Quand un individu s'est montré indigne de la réhabilitation qu'il n'a obtenu que par fraude ou par erreur, cette réhabilitation doit être réputée comme non avenue. Je trouve que l'indignité d'un tel homme est d'autant plus grande, qu'il a été l'objet d'une faveur moins méritée; il se montre d'autant plus coupable envers la Société en commettant un nouveau crime ou un nouveau délit. Nul n'a jamais été plus justement frappé des peines de la récidive.

M. le Président. — Proposez-vous un texte, monsieur Humbert?

M. Gustave Humbert. — Je demande la suppression des mots « ...efface la condamnation. »

M. le Rapporteur. — Je demande la parole.

M. le Président. — La parole est à M. le Rapporteur.

M. le Rapporteur. — Messieurs, c'est sciemment et après mûre réflexion que la commission a voulu donner à la réhabilitation le caractère nouveau qui vient d'être critiqué. Elle a été conduite à cette décision, non pas par le désir de soustraire à l'application des peines de la récidive le réhabilité qui commettrait une faute nouvelle — cette conséquence se trouve ressortir de sa décision sans avoir été le motif qui l'a déterminée — mais par des considérations d'un caractère et d'une importance supérieure. D'après le code d'instruction criminelle, qui a apporté une innovation considérable à l'institution telle qu'elle fonctionnait précédemment, la réhabilitation, une fois obtenue, n'a pas d'autre caractère que d'effacer les incapacités résultant de la condamnation.

Messieurs, je crois pouvoir dire que la conscience publique a souvent protesté contre les effets si restreints que le code donnait ainsi à la réhabilitation, et vous allez immédiatement comprendre pourquoi : déclarer que la réhabilitation n'était que le relèvement des incapacités encourues par le fait de la condamnation, c'était tout simplement priver de la possibilité de la réhabilitation un très grand nombre de condamnés. En effet, les condamnés à des peines légères, et qui n'emportent aucune privation de droit, n'ayant à réclamer contre aucune incapacité encourue, n'avaient rien à demander à la réhabilitation; l'individu frappé d'une amende ne pouvait pas davantage y recourir. C'était proscrire assurément les plus intéressants et les plus dignes.

En outre, on destituait la réhabilitation de ce qui avait fait jusque là son caractère principal, de ce qui constituait en même temps son attraction la plus puissante. Elle cessait d'être la réparation morale qui rendait au condamné l'intégrité de son état ancien. Réduite à ces termes, répondait-elle à son nom et à l'attente des malheureux qui l'invoquaient? Évidemment non. Combien son caractère était différent à la fois plus moral et plus élevé dans notre droit ancien, et jusque dans le droit romain. C'était la *restitutio in integrum* ou, pour rappeler une seconde fois .l'expression de nos vieux jurisconsultes, la réintégration dans la bonne fame et renommée.

Il nous a paru qu'il fallait revenir à cette tradition, si on voulait en faire un instrument de relèvement efficace. Proposer aux malheureux qui aspirent, avant tout, à faire disparaître jusqu'aux traces de leur passé, la simple satisfaction de se faire relever de quelques incapacités, était insuffisant. Il fallait leur offrir. un but plus élevé, plus noble, plus propre à stimuler leurs efforts. Ce but, c'est l'effacement de la condamnation elle-même. Il me semble, Messieurs, que l'honorable M. Humbert, en venant critiquer l'effet qui, indirectement se trouve produit par la restitution de son caractère ancien à l'institution, n'a fait entendre aucune objection contre la pensée qui nous a dirigés.

Il ne nous demande pas, ce me semble, de maintenir le principe du code d'instruction criminelle; s'attachant uniquement à une conséquence de la règle proposée, il se borne à demander que le principe nouveau n'ait pas pour effet d'empêcher que les peines de la récidive, au cas où un nouveau délit serait commis, ne puissent être appliquées.

Ainsi, Messieurs, il n'y a pas d'objection sur ce changement de principe, et je constate avec une entière satisfaction que le retour proposé à nos anciennes traditions ne rencontre au sein du Sénat, aucune opposition; que dis-je? la chose est déjà en partie votée, car vous venez d'admettre tout à l'heure par l'adoption de l'article précédent, que certains extraits du casier judiciaire cesseraient de mentionner la condamnation, ce qui est une des plus importantes conséquences de l'effacement de la peine.

Le caractère nouveau de la réhabilitation est donc un fait accepté par le Sénat et déjà presque voté. Cela acquis, que puis-je avoir à vous dire de la demande de l'honorable M. Humbert? La condamnation étant effacée, il faut bien aller, si l'on veut être logique, jusqu'à cette conséquence, qu'elle ne peut plus produire d'effets et que dès lors les peines de la récidive deviennent inapplicables.

·Là-dessus, quelques esprits s'effrayent; une minorité s'est un moment formée dans la commission, M. le garde des Sceaux a cru devoir nous apporter des observations ; j'ai l'espoir, il est vrai, qu'il s'est rendu aux considérations qui nous ont déterminés.

Enfin l'honorable M. Humbert nous soumet des objections.

Examinons donc. La principale considération qui vient d'être invoquée est que l'homme qui a été réhabilité et qui commet un nouveau délit, est plus coupable qu'un autre ; qu'il y a, dans son fait, une sorte d'abjuration de sa longue bonne conduite, qu'il a de plus trompé la justice, et il voit là des causes d'aggravation particulière de sa faute. Je n'entrerai pas, Messieurs, dans la discussion de ces appréciations ; peut-être y aurait-il plus d'une réponse à y faire.

Je ne sais pas, par exemple, s'il est bien juste de dire que l'homme qui a longtemps donné l'exemple de la bonne conduite et qui, par suite d'un recours de justice exercé —· car, aujourd'hui, la réhabilitation aura ce caractère — en a obtenu la récompense par la réhabilitation, est beaucoup plus coupable qu'un autre, s'il se laisse entraîner à commettre un nouveau délit ; je ne pense pas qu'il soit bien légitime de le juger *a priori* avec une pareille sévérité et de l'assimiler à l'homme qui a vécu dans l'inconduite ou s'est rendu dangereux par la réitération de ses crimes.

Je ne veux point insister davantage, car je comprends et je respecte l'impression qui peut exister dans certains esprits. Mais j'y réponds par un argument, à mon sens, bien décisif, tiré d'un simple rapprochement entre la réhabilitation et l'amnistie.

L'amnistie est-elle une récompense accordée à la bonne conduite, méritée par de longues et difficiles épreuves, accordée avec discernement et après enquête ? Non ; l'amistie peut tomber sur les sujets les plus dépravés, les moins dignes ; on en a vu, hélas ! bien des exemples. Elle ne s'inspire nullement de la considération des personnes, elle est un acte de pur intérêt politique. Eh bien ! je vous le demande, ne produit-elle pas par le seul fait qu'elle efface la peine, la conséquence qui choque l'honorable M. Humbert ? Ne relève-t-elle pas l'amnistié, en cas de nouveau délit, des peines de la récidive ? Si cela est accepté, voulez-vous que la réhabilitation, qui a pour base les épreuves multipliées que vous savez, et qui résulte d'une longue et bonne conduite constatée, qui n'a été admise qu'après justification d'un mérite éprouvé et· reconnu, produise moins d'effet ?

C'est, Messieurs, cette unique considération qui, après de sérieuses réflexions, a déterminé la commission.

Il ne lui a pas paru possible, en outre, lorsque cette grande réparation est intervenue, lorsqu'elle a enfin délivré le malheureux, qui n'a le plus souvent cherché en elle que le moyen d'effacer le passé qui l'obsède, de cette fatale robe de Nessus, si cruellement attachée à sa destinée, qu'on pût même, après une nouvelle faute, lui dire : Tout semble effacé, eh bien ! tout peut renaître pour t'écraser de nouveau !

Telles sont les considérations qui nous ont déterminés.

Maintenant, en conservant à la loi le caractère qu'on critique, vous exposerez-vous à ce que la justice soit absolument désarmée ?

Non, Messieurs, et je puis, à cet égard, rassurer et M. le Garde des Sceaux, le Sénat et l'honorable M. Humbert.

Vous avez pu remarquer que l'article précédent qui interdit la délivrance aux tiers d'un extrait du casier judiciaire contenant la condamnation effacée, n'a pas cependant prescrit que ce qu'on appelle le n° 1 du casier, fût déchiré et remplacé par un casier en blanc. La minute est secrète et elle se bornera à enregistrer l'arrêt de réhabilitation.

Si un délit nouveau se commet, si un dossier nouveau doit être réuni par le procureur de la République et porté devant un tribunal, la mention de la condamnation passera donc sous les yeux du magistrat.

Sans doute, une question ne pourra être posée à l'inculpé sur ses antécédents, sans doute on ne pourra les citer dans le jugement ni les prendre pour base de l'application des peines de la rédidive, mais l'élasticité de la loi est assez grande pour permettre aux magistrats informés de trouver dans l'écart considérable qui existe entre le maximum et le minimum de la peine, tous les moyens de satisfaire légitimement à la vindicte publique.

M. Gustave Humbert. — Je demande la parole.

M. le Président. — La parole est à M Humbert.

M. Gustave Humbert. — Messieurs, je répondrai très brièvement aux objections qui ont été présentées contre mon amendement par l'honorable rapporteur.

Il a dit que la réhabilitation ne produirait pas, véritablement, de résultats assez considérables, si elle se bornait à faire cesser les incompatibilités pour l'avenir. Je ne partage pas du tout cette opinion. Je vous rappellerai que l'article 42 du code d'instruction criminelle permet aux tribunaux correctionnels, et leur ordonne même, dans certains cas, de prononcer un très grand nombre d'incapacités partielles qui enlèvent des droits de citoyen, et même une partie des droits civils.

. Il faut aller plus loin. Toutes les lois qui ont statué en matière d'élections, soit d'élections municipales, soit d'élections au conseil général, soit d'élections au Sénat ou à la Chambre des députés, ont attaché des incapacités nombreuses à des cas qui n'étaient pas prévus à l'article 42 du code d'instruction criminelle. Il y en a un très grand nombre, et, par conséquent, beaucoup d'individus sont frappés d'incapacités en vertu de jugements correctionnels. Il faut aller plus loin : il faut dire que le but que l'on poursuit presque toujours quand on demande la réhabilitation, c'est de reconquérir sa capacité civile, c'est de faire cesser cette infamie légale. Voilà le but élevé de la réhabilitation, c'est celle à laquelle, dans la pratique, on s'attache le plus.

Quand on aura été condamné à une peine matérielle, qui n'entraînera aucune peine infamante, ni dans la loi, ni dans l'opinion publique, vous croyez qu'on recourra à la réhabilitation ? Non ! car cela ne touche pas à la bonne conduite ni à la probité de l'individu. Mais quand un homme a été rayé de la liste électorale, il se croit déshonoré aux yeux de ses concitoyens, et partout il cherche à échapper aux conséquences de cette peine. C'est là le grand but, le côté moral le plus élevé de la réhabilitation, c'est celui que je veux lui maintenir. J'ajoute que, dans ce cas où, malgré la réhabilitation, un citoyen vient à commettre un nouveau crime, un nouveau délit, c'est un homme qui n'était pas digne de la réhabilitation, de la faveur qu'il a obtenue ; il a trompé la Justice de son pays, il n'y a pas de réparation morale.

Tous les jours, vous voyez, dans Paris, des crimes et des délits commis par des récidivistes, il ne faut pas leur donner la facilité, après une réhabilitation hypocrite, de venir menacer la sécurité des personnes et des propriétés. On compare la réhabilitation à l'amnistie, mais il y a une espèce d'analogie.

L'amnistie est établie dans un intérêt public ; l'ordre public a voulu cette situation, elle subsiste alors même que l'individu qui en a profité s'est rendu indigne de l'amnistie qu'il avait obtenue. L'intérêt public subsiste ; au contraire, la cause qui devait faire placer l'individu qui recommence à commettre des infractions, sous l'application des peines de la récidive, subsiste toujours.

Il y aurait injustice à ne pas lui appliquer la peine de la récidive ; je persiste dans mon amendement.

M. DE GAVARDIE. — Messieurs, je viens vous demander de renvoyer l'article à la commission (*exclamations à gauche*), par les raisons suivantes que je recommande à votre bienveillante attention.

Il est certain que le caractère de la réhabilitation, comme le disait très bien notre honorable collègue M. Bérenger, est celui d'une *restitutio in integrum*. La commission ne va pas jusqu'aux conséquences logiques de son principe qui est parfaitement juste. Il faut, en effet, que le casier judiciaire disparaisse ; il faut que la condamnation soit effacée, complètement effacée.

Mais voici où je suis en désaccord avec la commission.

Dans l'ancien droit, la réhabilitation avait bien cet effet de la *restitutio in integrum ;* mais les juges anciens n'étaient pas liés comme les juges modernes par des limitations de peines. Les peines étaient arbitraires dans un certain sens ; le juge pouvait se mouvoir d'une façon pour ainsi dire indéfinie dans leur application et alors il n'avait pas à se préoccuper de la récidive. En effet, si après la réhabilitation, celui qui en avait été reconnu indigne, se présentait devant la Justice, le juge avait toute latitude pour l'atteindre.

Vous ne le pensez pas aujourd'hui, et, sous ce rapport, les observations de l'honorable M. Humbert sont parfaitement justes. Vous ne pourrez atteindre la récidive que dans le cas où la réhabilitation aura été obtenue par des moyens abusifs, ou lorsque le condamné n'aura pas été digne de cette grâce par sa conduite ultétérieure. Vous voyez donc que vous vous trouvez en présence d'une situation délicate. D'une part, vous n'allez pas jusqu'aux conséquences de votre principe qui est pourtant juste. Si vous effacez la condamnation, il n'y aura plus de casier judiciaire, car il serait grave de laisser une trace quelconque à l'égard d'un homme qui aura mérité par sa bonne conduite la réhabilitation, de laisser cette trace dans un document quelconque qui peut tomber entre les mains de tiers qui l'exploiteraient contre cet homme jugé digne de la réhabilitation. D'autre part, si, par des événements ultérieurs, le condamné montre qu'il n'est pas digne de la réhabilitation, il faut bien que la Justice retrouve ses droits, et comme vous n'avez pas la latitude dans la peine qu'avait le juge d'autrefois, que vous avez un maximum et un minimum, il faut évidemment prévoir le cas où le réhabilité ne sera pas digne de la faveur qui lui a été accordée.

Par conséquent, il est absolument nécessaire de soumettre à un nouvel examen, un article qui soulève des difficultés de cette nature. C'est pour cela que je demande le renvoi de l'article à la commission.

M. le Président. — M. de Gavardie demande le renvoi de l'article à la commission.

Je consulte le Sénat.

(*Le renvoi n'est pas ordonné.*)

M. de Gavardie — Alors, Monsieur le Président, je redemande la parole.

M. le Président. — Vous avez la parole.

M. de Gavardie — Messieurs, il faut véritablement que je ne me sois pas bien expliqué. (*Exclamations à gauche.*)

M. Faye. — C'est voté.

M. de Gavardie. — On a voté sur le renvoi, mais le fond de l'article est encore en discussion...

M. le Rapporteur. — Proposez un amendement.

M. de Gavardie. — ...et je puis présenter les observations que je croirai justes.

Eh bien, Messieurs, il n'a pas été répondu aux objections présentées par l'honorable M. Humbert.

M. Humbert vous dit : Si, en définitive, celui qui a obtenu la réhabilitation vient à commettre un nouveau crime, vous ne tiendrez pas compte de cette circonstance.

Évidemment, il y a quelque chose à faire. Et voilà pourquoi je vous ai demandé le renvoi à la commission. Je comprends très bien que, pour toute espèce de récidive, on ne puisse pas enlever le bénéfice de la réhabilitation à un homme qui a pu commettre un délit insignifiant ; il sera en récidive au point de vue légal ; au point de vue moral, il ne le sera pas, et alors l'effet de la réhabilitation doit rester.

Il y a donc ici une étude à faire des cas de récidive. Et voilà comment le renvoi s'imposait au Sénat. Il faut que j'explique maintenant mes raisons de voter contre l'article tel qu'il est rédigé.

Si vous ne voulez pas accepter comme vous en avez encore le droit, le renvoi à la commission.. (*Réclamations à gauche.*)

Plusieurs sénateurs. — C'est jugé !

M. de Gavardie. — Il n'y a pas de chose jugée en pareille matière, vous le savez très bien !...

M. le Président. — Ne revenez pas sur cette question, Monsieur de Gavardie. Parlez sur l'article en discussion.

M. de Gavardie. — Je demande que le dernier paragraphe de l'article soit ainsi modifié :

« La réhabilitation efface la condamnation et fait cesser pour l'avenir toutes les incapacités qui en résultaient, sauf le cas de récidive. »

M. le Président. — Vous demandez l'adjonction de ces mots : « sauf le cas de récidive » au paragraphe premier de l'article 634 ?

M. de Gavardie. — Oui, Monsieur le Président.

M. le Rapporteur. — Je demande la parole.

M. le Président. — La parole est à M. le Rapporteur.

M. le Rapporteur. — Je ne sais si l'honorable M. Humbert se rallie à la rédaction qui vient d'être proposée par M. de Gavardie ; elle me semble assez bien appliquer la pensée qu'il a développée à la tribune, ou s'il demande la suppression entière du paragraphe ?

M. Gustave Humbert. — Non.

M. le Rapporteur. — Il me semble assez difficile de comprendre quelle est la portée que M. Humbert veut donner à sa proposition. Il ne paraît pas vouloir faire repousser par le Sénat la disposition prise par la commission, en vue d'attribuer désormais à la réhabilitation le caractère d'effacer la condamnation...

M. Gustave Humbert. — C'est la seule disposition capitale de votre texte. Elle modifie l'article 634 du code d'instruction criminelle. Quant aux dispositions contraires qui auraient pu être votées accessoirement, elles seraient évidemment effacées par un vote de principe qui déclarerait que la réhabilitation fait cesser pour l'avenir toutes les incapacités.

M. Martin Feuillé *garde des Sceaux, ministre de la Justice.* — M. Humbert demande la suppression des mots : « efface la condamnation ».

M. de Gavardie. — Si l'on efface ces mots-là, tout le projet est changé !

M. LE RAPPORTEUR. — Messieurs, bien que les propositions soient différentes, cependant la pensée qui les inspire est la même ; c'est d'arriver à cet unique résultat que l'individu réhabilité puisse être frappé, en cas de faute nouvelle, des peines de la récidive. J'ai exposé, et je ne veux pas insister davantage, les considérations qui ont déterminé la commission à décider le contraire. Je ne suis remonté à la tribune — je ne veux pas fatiguer l'attention du Sénat — que pour lui mettre sous les yeux deux documents qui, ce me semble, ont une autorité bien considérable sur ce point et qui vont démontrer au Sénat que les études si longues, si consciencieuses, les débats si considérables qui ont eu lieu dans une autre enceinte sur la question même de la récidive et des récidivistes ont abouti, avec l'approbation du Gouvernement — je me trompe, sur la pro position du Gouvernement — à la solution même que nous proposons.

Si j'ouvre en effet le projet de loi sur la relégation qui a été déposé par le Gouvernement devant la Chambre des députés, j'y lis à l'article 3 : « Les condamnations qui auront fait l'objet de grâces, commutations et réductions de peines, seront comptées en vue de la relégation. »

Cela ne nous concerne pas, mais écoutez la fin de l'article : « ne le seront pas celles qui auront été effacées par la réhabilitation. »

Ainsi, Messieurs, le Gouvernement connaissait que la réhabilitation effaçait assez complètement la condamnation précédente qu'il ne fût plus possible d'y trouver une cause de récidive.

La commission de la Chambre des députés a examiné le projet du Gouvernement et, dans son article 12, la disposition a été reproduite : « Ne seront pas comptées en vue de la relégation » — c'est-à-dire, ne pourront compter pour la récidive, si je sais comprendre les textes — « celles qui auront été effacées par la réhabilitation »

J'apprends à l'instant que la commission que vous avez nommée au Sénat pour examiner ce projet de loi, a, à peu près, arrêté ses résolutions puisqu'elle est en train d'écouter la lecture du rapport ; eh bien, ce texte y est intégralement maintenu. J'en tire, Messieurs, cette seule considération, c'est que, lorsqu'on examine la question avec réflexion, avec une étude suffisante, on se rencontre en quelque sorte de tous les points de l'horizon pour arriver à la même solution, celle que nous vous proposons. (*Très bien ! aux voix ! à gauche.*)

M. LE PRÉSIDENT. — Vous êtes en présence, Messieurs, de deux propositions : l'une, de M. Humbert, qui consiste à supprimer du paragraphe premier de l'article 634 les mots : « efface la condamnation ». Puis vient un amendement de M. de Gavardie, qui propose d'ajouter après le premier paragraphe ces mots : « sauf en cas de récidive ».

Je mets aux voix la partie qui n'est pas contestée :

« Art. 634. — La réhabilitation.......... fait cesser pour l'avenir toutes les incapacités qui en résultaient. »

Nous reprendrons ensuite les amendements.

(La partie de l'article 634, lue par M. le Président, mise aux voix, est adoptée.)

M. LE PRÉSIDENT. — Je mets aux voix les mots : « efface la condamnation. — (Adopté.)

Reste maintenant l'amendement de M. de Gavardie qui consiste à terminer le premier paragraphe par ces mots : « sauf en cas de récidive ».

(L'amendement mis aux voix n'est pas adopté.)

M. LE PRÉSIDENT. — Je mets aux voix le paragraphe 2 qui n est l'objet d'aucune contestation :

« Les interdictions prononcées par l'article 612 du code de commerce sont maintenues nonobstant la réhabilitation obtenue en vertu des dispositions qui précèdent. »

(Le paragraphe 2 est adopté.)

M. LE PRÉSIDENT. — Le paragraphe 3 est ainsi conçu :

« Les individus qui sont en état de récidive légale, ceux qui, après avoir obtenu la réhabilitation, auront encouru une nouvelle condamnation, ne seront admis au bénéfice des dispositions qui précèdent, qu'après un délai de dix années écoulées depuis leur libération ». — (Adopté.)

M. LE PRÉSIDENT. — Je mets aux voix l'ensemble de l'article 8.

(L'ensemble de l'article 8 est adopté.)

M. LE PRÉSIDENT. — Je mets aux voix l'article 619, qui a été réservé et qui est ainsi conçu :

« Art. 619. — Tout condamné à une peine afflictive ou infamante ou à une peine correctionnelle, qui a subi sa peine, peut être réhabilité. »

(L'article 619 est adopté.)

M. le Président. — Je dois faire observer au Sénat que le titre III relatif à la réhabilitation et qui est précédé des mots suivants : « Les articles 620, 621, 623, 624, 628, 629, 630, 631, 632, 633 et 634 sont modifiés ainsi qu'il suit :

« Art. 9. — Les articles 630, 631 et 632 du code d'instruction criminelle sont supprimés. »

« Les articles 619, 621, 623, 624, 628, 629, 633 et 634 sont modifiés ainsi qu'il suit : ...»

M. le Rapporteur. — Parfaitement.

(Cette partie de l'article ainsi modifié est adoptée.)

M. le Président. — Je consulte le Sénat sur la question de savoir s'il entend passer à une seconde délibération.

(Le Sénat décide qu'il passe à une seconde délibération.)

SÉNAT

DÉBATS PARLEMENTAIRES

Séance du 1er avril 1884

DEUXIÈME DÉLIBÉRATION sur la proposition de loi sur les moyens de combattre la récidive.

M. LE PRÉSIDENT. — L'ordre du jour appelle la deuxième délibération sur la proposition de loi de M. Bérenger sur les moyens préventifs de combattre la récidive (Régime des prisons, libération conditionnelle, patronage, réhabilitation).

Quelqu'un demande-t-il la parole ?

M. BÉRENGER, *rapporteur*. — La commission est à la disposition du Sénat.

M. LE PRÉSIDENT. — Je donne lecture de l'article premier.

TITRE PREMIER

Régime disciplinaire des établissements pénitentiaires et libération conditionnelle.

« ARTICLE PREMIER. — Un régime disciplinaire basé sur la constatation journalière de la conduite et du travail sera institué dans les divers établissements pénitentiaires de France et d'Algérie, en vue de favoriser l'amendement des condamnés et de les préparer à la libération conditionnelle. »

(L'article premier, mis aux voix, est adopté.)

M. LE PRÉSIDENT. — « ART. 2. — Tous condamnés ayant à subir une ou plusieurs peines emportant privation de la liberté pendant six mois au moins peuvent, après avoir accompli la moitié de leur peine, être mis conditionnellement en liberté, s'ils ont satisfait aux dispositions réglementaires fixées en vertu de l'article premier.

« La mise en liberté peut être révoquée en cas d'inconduite habituelle et publique dûment constatée ou d'infraction aux conditions spéciales exprimées dans le permis de libération.

« Si la révocation n'est pas intervenue avant l'expiration de la durée de la peine, la libération est définitive. » — (Adopté).

« ART. 3. — Les arrêtés de mise en liberté sous condition et de révocation sont pris par le ministre de l'Intérieur :

« S'il s'agit de mise en liberté, après avis du préfet, du directeur de l'établissement ou de la circonscription pénitentiaire, de la commission de surveillance de la prison et du parquet près le tribunal ou la cour qui a prononcé la condamnation.

« Et, s'il s'agit de révocation, après avis du préfet et du procureur de la République de la résidence du libéré. » — (Adopté.)

« ART. 4. — L'arrestation du libéré conditionnel peut toutefois être provisoirement ordonnée par l'autorité administrative ou judiciaire du lieu où il se trouve, à la charge d'en donner immédiatement avis au ministre de l'Intérieur.

« Le ministre prononce la révocation, s'il y a lieu.

« L'effet de la révocation remonte au jour de l'arrestation. » — (Adopté.)

« ART. 5. — La réintégration a lieu pour toute la durée de la peine non subie au moment de la libération. »

M. LE RAPPORTEUR. — Je demande la parole.

M. LE PRÉSIDENT. — La parole est à M. le Rapporteur.

M. LE RAPPORTEUR. — Messieurs, sur la demande de M. le Directeur de l'Administration pénitentiaire, nous vous proposons de voter après le paragraphe de l'article 5 dont il vient d'être donné lecture, un paragraphe qui ne figure pas dans le texte imprimé que vous avez sous les yeux et qui serait ainsi conçu :

« Si l'arrestation provisoire n'est pas suivie de révocation, le temps de sa durée compte pour l'exécution de la peine. »

Le Sénat comprend quelle est l'importance de cette addition :

il s'agit d'un libéré conditionnel dont l'inconduite a motivé l'arrestation. Cette arrestation, pour être maintenue, doit être suivie de la révocation de la libération conditionnelle précédemment accordée. L'article 5, par texte distribué au Sénat, a pour objet de dire que, lorsque la révocation aura été prononcée, la peine recommencera à courir du jour de l'arrestation; mais la commission n'avait pas prévu le cas où l'arrestation ne serait pas suivie de révocation et où l'individu arrêté pendant un temps, serait remis en liberté, lorsque le ministre de l'Intérieur ne jugerait pas suffisants les motifs invoqués contre lui et se refuserait de révoquer sa libération.

Ce cas ne saurait donner lieu à une disposition différente, car il est incontestablement plus favorable. La commission est en conséquence d'avis de compléter l'article par l'addition dont je viens de vous donner connaissance et dont l'objet est de déclarer expressément que, pour le libéré dont l'arrestation n'aura pas été maintenue, comme pour celui qui aura été l'objet d'un arrêté de révocation, le temps passé en état d'arrestation devra compter pour l'exécution de la peine.

M. le Président. — Il va être donné une nouvelle lecture de l'article 5 avec l'addition que vient d'indiquer M. le Rapporteur:

« Art. 5. — La réintégration a lieu pour toute la durée de la peine non subie au moment de la libération.

« Si l'arrestation provisoire n'est pas suivie de révocation, le temps de sa durée compte pour l'exécution de la peine. »

Je consulte le Sénat.

(L'article 5, avec l'addition proposée, est mis aux voix et adopté.)

M. le Président. « Art. 6. — Un règlement d'administration publique déterminera la forme des permis de libération, les conditions auxquels ils peuvent être soumis et le mode de surveillance spécial des libérés conditionnels.

« L'Administration peut charger les sociétés ou institutions de patronage de veiller sur la conduite des libérés qu'elle leur désigne spécialement et dans les conditions qu'elle détermine. » — (Adopté.)

TITRE II

Patronage.

« Art. 7. — Les sociétés ou institutions agréées par l'Administration pour le patronage des libérés reçoivent une subvention annuelle en rapport avec le nombre de libérés réellement patronnés par elle, dans les limites du crédit spécial inscrit dans la loi des finances. » — (Adopté.)

« ART. 8. — Dans le cas du paragraphe 2 de l'article 6, l'Administration alloue à la société ou institution de patronage une somme de 0 fr. 50 par jour pour chaque libéré pendant un temps égal à celui de la durée de la peine sans que cette allocation puisse dépasser 100 francs. » — (Adopté.)

Dispositions transitoires.

« ART. 9. — Les dispositions des articles 1, 2 et 6, en ce qui touche le régime disciplinaire et le règlement d'administration publique prévus par la présente loi ne feront pas obstacle à ce que la libération conditionnelle puisse être antérieurement accordée aux condamnés qui en seraient reconnus dignes.

« L'exécution de la loi ne pourra toutefois avoir lieu que trois mois après la date de promulgation. »

M. LE RAPPORTEUR. — Je demande la parole.

M. LE PRÉSIDENT. — La parole est à M. le Rapporteur.

M. LE RAPPORTEUR. — Messieurs, la disposition sur laquelle le Sénat est appelé à voter est une disposition transitoire.

Les articles 1, 2 et 6 du projet de loi disposent, d'une part, qu'un nouveau régime disciplinaire, un régime d'amendement, sera institué dans les divers établissements pénitentiaires, et de l'autre, qu'un règlement d'administration publique sera fait pour déterminer les dispositions administratives indispensables à l'application de la loi.

Or, il arrive nécessairement qu'il faudra un temps plus ou moins long pour que ce règlement d'administration publique et ce régime disciplinaire puissent être délibérés et adoptés.

Eh bien, l'Administration a trouvé et la commission a été de cet avis, qu'il n'était pas juste, une fois la loi votée, de priver du bénéfice de la libération conditionnelle les détenus qui se seraient montrés dignes de cette faveur pendant tout le temps nécessaire à son élaboration.

De là la nécessité de la disposition transitoire.

La commission en avait arrêté hier la forme, après avoir entendu M. le Directeur de l'Administration pénitentiaire. Diverses objections se sont produites ce matin sur sa rédaction et M. le Ministre de l'Intérieur représenté, à cette séance, par l'honorable directeur de l'Administration pénitentiaire, nous a fait tout à l'heure informer que la rédaction de la commission péchait par certaines incorrections, et il nous a fait remettre un texte qui peut, en effet, paraître plus satisfaisant.

Comme il s'agit d'une disposition dont l'application intéresse particulièrement l'administrateur, il est bien naturel d'accepter le texte qui lui semble préférable et qui ne diffère du nôtre que par la forme. (*Assentiment.*) En conséquence, Messieurs, nous demandons au Sénat de substituer à la rédaction imprimée qu'il a sous les yeux, la rédaction manuscrite dont je vais avoir l'honneur de lui donner lecture.

Elle est ainsi formulée :

Dispositions transitoires.

« Avant qu'il ait pu être pourvu à l'exécution des articles 1, 2 et 6, en ce qui touche la mise en pratique du régime d'amendement et le règlement d'administration publique à intervenir, la libération conditionnelle pourra être prononcée à l'égard des condamnés qui en auront été reconnus dignes dans les cas prévus par la présente loi, trois mois au plus tôt après sa promulgation. »

Le délai indiqué dans les derniers termes de cette rédaction répond à cette idée, qu'il est indispensable que l'Administration ait quelque latitude, après le vote de la loi, pour se préparer à son exécution.

La durée de ce délai est d'ailleurs conforme à l'esprit de celles des dispositions de la loi qui sont relatives aux conditions de constatation de la bonne conduite. Elles prescrivent en effet que, pour obtenir la libération conditionnelle, le détenu doit être l'objet des observations de l'Administration pendant une durée de trois mois au minimum. Il est naturel d'accorder ce même délai après la promulgation de la loi, pour qu'on puisse se rendre compte de la situation des condamnés avant de leur en accorder le bénéfice.

Nous vous demandons donc la substitution de ce texte à la rédaction imprimée. (*Approbation.*)

M. LE PRÉSIDENT. — M. le Rapporteur vient de faire connaître au Sénat la nouvelle rédaction adoptée par la commission pour l'article 9; personne ne demande la parole sur les modifications proposées ?

Je consulte le Sénat.

(L'article 9, nouveau, proposé par la commission, est mis aux voix et adopté.)

M. le Président.

TITRE III

Réhabilitation.

« Art. 10. — Les articles 630, 631 et 632 du code d'instruction criminelle sont supprimés.

« Les articles 619, 621, 623, 624, 628, 629, 633 et 634 du même code sont modifiés ainsi qu'il suit:

« Art. 619. — Tout condamné à une peine afflictive ou infamante ou à une peine correctionnelle, qui a subi sa peine, peut être réhabilité. » — (Adopté.)

« Art. 621. — Le condamné à une peine afflictive ou infamante ne peut être admis à demander sa réhabilitation s'il n'a résidé dans le même arrondissement depuis cinq années et pendant les deux dernières dans la même commune.

« Le condamné à une peine correctionnelle ne peut être admis à demander sa réhabilitation s'il n'a résidé dans le même arrondissement depuis deux années, et pendant les deux dernières dans la même commune. »

M. le Rapporteur. — Il y a là une erreur d'impression. Il ne s'agit pas d'une résidence dans le même arrondissement depuis deux années; il faut lire: « depuis trois années et pendant les deux dernières... » C'est le texte même du code d'instruction criminelle.

M. le Président. — Le paragraphe 2 de l'article 621 modifié se termine donc ainsi: « ... depuis trois années et pendant les deux dernières dans la même commune ».

Je poursuis la lecture de l'article:

« Les condamnés qui ont passé tout ou partie de ce temps sous les drapeaux, ceux que leur profession oblige à des déplacements inconciliables avec une résidence fixe, pourront être affranchis de cette condition s'ils justifient les premiers d'attestations satisfaisantes de leurs chefs militaires, les seconds de certificats de leurs patrons ou chefs d'administration constatant leur bonne conduite.

« Ces attestations et certificats sont délivrés dans les conditions de l'article 624. » — (Adopté.)

« ART. 623. — Il doit justifier du payement des frais de justice, de l'amende et des dommages-intérêts auxquels il a pu être condamné, ou de la remise qui lui en a été faite.

« A défaut de cette justification, il doit établir qu'il a subi le temps de contrainte par corps déterminé par la loi ou que la partie lésée a renoncé à ce moyen d'exécution.

« S'il est condamné pour banqueroute frauduleuse, il doit justifier du payement du passif de la faillite en capital, intérêts et frais, ou de la remise qui lui en a été faite.

« Néanmoins, si le demandeur justifie qu'il est hors d'état de se libérer des frais de justice, la cour peut accorder la réhabilitation même dans le cas où ces frais n'auraient pas été payés ou ne l'auraient été qu'en partie.

« En cas de condamnation solidaire, la cour fixe la part des frais de justice, des dommages-intérêts ou du passif qui doit être payée par le demandeur. »

« Si la partie lésée ne peut être retrouvée, ou si elle refuse de recevoir, il est fait dépôt de la somme due à la Caisse des Dépôts et Consignations dans la forme des articles 812 et suivants du code de procédure civile; si la partie ne se présente pas dans un délai de cinq ans, pour se faire attribuer la somme consignée, cette somme est restituée au déposant sur sa simple demande.

M. GILBERT-BOUCHER. — Je demande la parole.

M. LE PRÉSIDENT. — La parole est à M. Gilbert-Boucher.

M. GILBERT-BOUCHER. — J'ai eu l'honneur de déposer un amendement à propos de l'article 623. Le premier paragraphe de cet article commence ainsi:

« Il doit justifier du payement des frais de justice, de l'amende et des dommages intérêts, auxquels il a pu être condamné, ou de la remise qui lui en a été faite. »

Je demande au Sénat de substituer aux mots : « auxquels il a pu être condamné » les mots : « auxquels il a été condamné. » Voici, Messieurs, les motifs de mon amendement.

Lorsqu'un individu sollicite sa réhabilitation, alors même qu'il n'a encouru aucune condamnation à des dommages-intérêts, il est dans les usages de la chancellerie d'exiger de lui la production d'un certificat de la partie civile constatant qu'elle a été désintéressée. Or, la plupart du temps, lorsqu'un condamné se présente devant une partie civile, pour obtenir le certificat demandé par le ministère de la Justice, il se produit, le plus souvent, une espèce de chantage ; celle-ci dit : « Ah ! je n'ai pas demandé de dommages-intérêts, je ne croyais pas avoir le droit d'en solliciter des tribunaux, mais puisque vous avez besoin de mon concours pour obtenir votre réhabilitation, je veux en profiter », et alors elle tient ce langage au condamné : donnez moi 5, 6, 10.000 francs ou je ne donne pas mon consentement.

Eh bien, il importe de faire cesser cet état de choses. Je comprends que, quand les tribunaux ont alloué des dommages-intérêts, on exige, en effet, que le payement de ces condamnations ait eu lieu avant d'accorder la réhabilitation. Mais quand les tribunaux n'ont pas jugé utile d'accorder des dommages-intérêts à une partie civile quelconque, je ne vois pas pourquoi la chancellerie exigerait, comme elle le fait, la production de cette pièce qui est, je le répète, une occasion de chantage. Je demande donc qu'on veuille bien substituer aux mots : « auxquels il a pu être condamné » ceux de : « auxquels il été condamné ».

M. le Rappporteur. — La commission accepte l'amendement.

M. Schœlcher, *président de la commission.* — A l'unanimité !

M. le Président. — Quel est l'avis du Gouvernement ?

M. Martin-Feuillée, *garde des sceaux, ministre de la Justice.* — Le Gouvernement accepte également l'amendement.

M. le Président. — La commission acceptant l'amendement à l'unanimité, de M. Gilbert-Boucher, je le mets au voix.

(L'amendement est adopté.)

(L'ensemble de l'article 623, ainsi modifié, est adopté.)

M. le Président. — « *Art. 624.* — Le procureur de la République provoque des attestations des maires des communes où le condamné a résidé, faisant connaître :

« 1° La durée de sa résidence dans chaque commune, avec indication du jour où elle a commencé et de celui où elle a fini ;

« 2° Sa conduite pendant la durée de son séjour ;

« 3° Ses moyens d'existence pendant le même temps.

« Ces attestations doivent contenir la mention expresse qu'elles ont été rédigées pour servir à l'appréciation de la demande en réhabilitation.

« Le procureur de la République prend en outre l'avis des juges de paix des cantons et celui des sous-préfets des arrondissements où le condamné a résidé. » — (Adopté.)

« *Art. 628.* — La cour, le procureur général et la partie ou son conseil entendus, statue sur la demande. » — (Adopté.)

« *Art. 629.* — En cas de rejet, une nouvelle demande ne peut être formée avant l'expiration d'un délai de deux années.

« Ce délai peut être abrégé par décision du ministre de la Justice. » — (Adopté.)

« *Art. 633.* — Si la réhabilitation est prononcée, un extrait de l'arrêt est adressé par le procureur général à la cour ou au tribunal qui a prononcé la condamnation pour être transcrit en marge de la minute de l'arrêt ou du jugement. Mention en est faite au casier judiciaire. Les extraits qui en sont délivrés à la demande des tiers ne doivent pas relever la condamnation.

« Le réhabilité peut se faire délivrer une expédition de l'arrêt de réhabilitation et un extrait du casier judiciaire sans frais. » — (Adopté.)

Art. 634. — La réhabilitation efface la condamnation et fait cesser pour l'avenir toutes les incapacités qui en résultaient.

« Les interdictions prononcées par l'article 612 du code de commerce sont maintenues nonobstant la réhabilitation obtenue en vertu des dispositions qui précèdent.

« Les individus qui sont en état de récidive légale, ceux qui, après avoir obtenu la réhabilitation, auront encouru une nouvelle condamnation, ne seront admis au bénéfice des dispositions qui précèdent qu'après un délai de dix années écoulées depuis leur libération. » — (Adopté.)

Je mets aux voix l'ensemble de l'article 10.

(L'ensemble de l'article 10 est adopté.)

M. le Président. — « Art. 11. — La présente loi est applicable aux établissements pénitentiaires des colonies, autres que ceux affectés à l'exécution de la peine des travaux forcés. »

M. le Rapporteur. — Je demande la parole.

M. le Président. — Vous avez la parole.

M. le Rapporteur. — Messieurs, l'article 11 est relatif à l'extension de la loi aux colonies.

C'est sur la demande de deux sénateurs des colonies que nous l'avons introduit dans le texte voté en première lecture.

M. le Ministre de la Marine a été consulté par M. le Président de la commission et y a donné son assentiment.

Seulement, on nous a fait observer que la forme que nous avons donnée à la disposition nouvelle est un peu étroite et qu'elle pourrait être interprétée dans le sens restreint que les mesures intéressant les établissements pénitentiaires, c'est-à-dire le régime disciplinaire nouveau et la libération conditionnelle, devraient seuls être appliquée aux colonies.

Cette interprétation excluerait les dispositions relatives au patronage et à la réhabilitation.

La commission n'a pas eu cette intention. Elle a voulu, au contraire, rendre toutes les dispositions de la loi applicables aux colonies, et, pour rendre sa pensée plus claire, elle consent volontiers à substituer au texte que vous avez sous les yeux et qui est ainsi conçu : « La présente loi est applicable aux établissements pénitentiaires des colonies... » la disposition suivante :

« La présente loi est applicable aux colonies. »

Elle remplace en outre la fin de l'article ainsi concue :

« .... autres que ceux affectés à l'exécution de la peine des travaux forcés. » — par la rédaction suivante :

« Sous réserve des dispositions des lois ou règlements spéciaux relatifs à l'exécution de la peine des travaux forcés. »

Cette réserve s'explique par cette circonstance que, dans les établissements de nos colonies, où s'exécute la peine des travaux forcés, il y a, en vertu de la loi du 30 mai 1854 et d'un règlement d'administration publique très récemment élaboré et promulgué seulement le 18 juin 1880, des dispositions spéciales en vue du régime disciplinaire et de la libération conditionnelle qui ne devront subir aucune modification de la loi actuelle.

M. le Président. — Je mets aux voix l'article 11 avec les modifications qui viennent d'être proposées par M. le Rapporteur.

(L'article 11, ainsi modifié, est adopté.)

M. le Président. — Je mets aux voix l'ensemble du projet de loi.

(L'ensemble du projet de loi est adopté.)

SÉNAT

DOCUMENTS PARLEMENTAIRES

SÉANCE DU 20 MAI 1884

PROPOSITION DE LOI, adoptée par le Sénat, sur les moyens de prévenir la récidive (libération conditionnelle, patronage, réhabilitation), transmise à la Chambre des députés, au nom du Sénat, par M. le Président du Sénat.

Paris le 8 avril 1884.

A Monsieur le Président de la Chambre des députés.

Monsieur le Président,

Dans ses séances des 22 mars et 1er avril 1884, le Sénat a adopté une proposition de loi sur les moyens de combattre la récidive (libération conditionnelle, patronage, réhabilitation).

Conformément aux dispositions de l'article 27 du règlement du Sénat, j'ai l'honneur de vous adresser une expédition authentique de cette proposition dont je vous prie de vouloir bien saisir la Chambre des députés.

Je vous serai obligé de m'accuser réception de cet envoi.

Agréez, Monsieur le Président, l'assurance de ma haute considération.

Le Président du Sénat

E. LE ROYER.

PROPOSITION DE LOI

Le Sénat a adopté la proposition de loi dont la teneur suit :

TITRE PREMIER

Régime disciplinaire des établissements pénitentiaires et libération conditionnelle.

ARTICLE PREMIER. — Un régime disciplinaire basé sur la constatation journalière de la conduite et du travail sera institué dans les divers établissements pénitentiaires de France et d'Algérie, en vue de favoriser l'amendement des condamnés et de les préparer à la libération conditionnelle.

ART. 2. — Tous condamnés ayant à subir une ou plusieurs peines emportant privation de la liberté pendant six mois au moins, peuvent, après avoir accompli la moitié de leurs peines, être mis conditionnellement en liberté, s'ils ont satisfait aux dispositions réglementaires fixées en vertu de l'article premier.

La mise en liberté peut être révoquée en cas d'inconduite habituelle et publique dûment constatée ou d'infraction aux conditions spéciales exprimées dans le permis de libération.

Si la révocation s'est pas intervenue avant l'expiration de la durée de la peine, la libération est définitive.

ART. 3. — Les arrêtés de mise en liberté sous condition et de révocation sont pris par le ministre de l'Intérieur :

S'il s'agit de la mise en liberté, après avis du préfet. du directeur de l'établissement ou de la circonscription pénitentiaire, de la commission de surveillance de la prison et du parquet près le tribunal ou la cour qui a prononcé la condamnation ;

Et, s'il s'agit de révocation, après avis du préfet et du procureur de la République de la résidence du libéré.

ART. 4. — L'arrestation du libéré conditionnel peut toutefois être provisoirement ordonnée par l'autorité administrative ou judiciaire du lieu où il se trouve, à la charge d'en donner immédiatement avis au ministre de l'Intérieur.

Le ministre prononce la révocation, s'il y a lieu.

L'effet de la révocation remonte au jour de l'arrestation.

ART. 5 — La réintégration a lieu pour toute la durée de la peine non subie au moment de la libération.

Si l'arrestation provisoire n'est pas suivie de révocation, le temps de sa durée compte pour l'exécution de la peine.

ART. 6. — Un règlement d'administration publique déterminera les formes des permis de libération, les conditions auxquelles ils peuvent être soumis et le mode de surveillance spécial des libérés conditionnels.

L'Administration peut charger les sociétés ou institutions de patronage de veiller sur la conduite des libérés qu'elle leur désigne spécialement et dans les conditions qu'elle détermine.

TITRE II

Patronage.

ART. 7. — Les sociétés ou institutions agréées par l'Administration pour le patronage des libérés reçoivent une subvention annuelle en rapport avec le nombre des libérés réellement patronnés par elles, dans les limites du crédit spécial inscrit dans la loi de finances.

ART. 8. — Dans le cas du paragraphe 2 de l'article 6, l'Administration alloue à la société ou institution de patronage une somme de 0 fr. 50 par jour pour chaque libéré pendant un temps égal à celui de la durée de la peine, sans que cette allocation puisse dépasser 100 francs.

Disposition transitoire.

ART. 9. — Avant qu'il ait pu être pourvu à l'exécution des articles 1, 2 et 6, en ce qui touche la mise en pratique du régime d'amendement et le règlement d'administration publique à intervenir, la libération conditionnelle pourra être prononcée à l'égard des condamnés qui en auront été reconnus dignes dans les cas prévus par la présente loi, trois mois au plus tôt après sa promulgation.

TITRE III

Réhabilitation.

ART. 10. — Les articles 630, 631 et 632 du code d'instruction criminelle sont supprimés.

Les articles 619, 621, 623, 624, 628, 629, 633 et 634 du même code sont modifiés ainsi qu'il suit :

Art. 619. — Tout condamné à une peine afflictive ou infamante, ou à une peine correctionnelle, qui a subi sa peine, peut être réhabilité.

Art. 621. — Le condamné à une peine afflictive ou infamante ne peut être admis à demander sa réhabilitation s'il n'a résidé dans le même arrondissement depuis cinq années, et pendant les deux dernières dans la même commune.

Le condamné à une peine correctionnelle ne peut être admis à demander sa réhabilitation s'il n'a résidé dans le même arrondissement depuis trois années, et pendant les deux dernières dans la même commune.

Les condamnés qui ont passé tout ou partie de ce temps sous les drapeaux, ceux que leur profession oblige à des déplacements inconciliables avec une résidence fixe, pourront être affranchis de cette condition s'ils justifient, les premiers d'attestations satisfaisantes de leurs chefs militaires, les seconds de certificats de leurs patrons ou chefs d'administration constatant leur bonne conduite.

Ces attestations et certificats sont délivrés dans les conditions de l'article 624.

Art. 623. — Il doit justifier du payement des frais de justice, de l'amende et des dommages-intérêts auxquels il a été condamné, ou de la remise qui lui en a été faite.

A défaut de cette justification, il doit établir qu'il a subi le temps de contrainte par corps déterminé par la loi, ou que la partie lésée a renoncé à ce moyen d'exécution.

S'il est condamné pour banqueroute frauduleuse, il doit justifier du payement du passif de la faillite en capital, intérêts et frais, ou de la remise qui lui en a été faite.

Néanmoins, si le demandeur justifie qu'il est hors d'état de se libérer des frais de justice, la cour peut accorder la réhabilitation même dans le cas où ces frais n'auraient pas été payés ou ne l'auraient été qu'en partie.

En cas de condamnation solidaire, la cour fixe la part des frais de justice, des dommages-intérêts ou du passif qui doit être payé par le demandeur.

Si la partie lésée ne peut être retrouvée, ou si elle refuse de recevoir, il est fait dépôt de la somme due à la Caisse des Dépôts et Consignations dans la forme des articles 812 et suivants du code de procédure civile ; si la partie ne se présente pas dans un délai de cinq ans, pour se faire attribuer la somme consignée, cette somme est restituée au déposant sur sa simple demande.

Art. 624. — Le procureur de la République provoque des attestations des maires des communes où le condamné a résidé, faisant connaître :

1º La durée de sa résidence dans chaque commune avec indication du jour où elle a commencé et de celui où elle a fini ;

2º Sa conduite pendant la durée de son séjour ;

3º Ses moyens d'existence pendant le même temps.

Ces attestations doivent contenir la mention expresse qu'elles ont été rédigées pour servir à l'appréciation de la demande en réhabilitation.

Le procureur de la République prend en outre l'avis des juges de paix des cantons et celui des sous-préfets des arrondissements ou le condamné a résidé.

Art. 628. — La cour, le procureur général et la partie ou son conseil entendus, statue sur la demande.

Art. 629. — En cas de rejet, une nouvelle demande ne peut être formée avant l'expiration d'un délai de deux années.

Ce délai peut être abrégé par décision du ministre de la Justice.

Art. 633. — Si la réhabilitation est prononcée, un extrait de l'arrêt est adressé par le procureur général à la cour ou au tribunal qui a prononcé la condamnation pour être transcrit en marge de la minute de l'arrêt ou du jugement. Mention en est faite au casier judiciaire. Les extraits qui en sont délivrés à la demande des tiers ne doivent pas relever la condamnation.

Le réhabilité peut se faire délivrer une expédition de la réhabilitation et un extrait du casier judiciaire, sans frais.

Art. 634. — La réhabilitation efface la condamnation et fait cesser pour l'avenir toutes les incapacités qui en résultaient.

Les interdictions prononcées par l'article 612 du code de commerce sont maintenues, nonobstant la réhabilitation obtenue en vertu des dispositions qui précèdent.

Les individus qui sont en cas de récidive légale, ceux qui, après avoir obtenu la réhabilitation, auront encouru une nouvelle condamnation, ne seront admis au bénéfice des dispositions qui précèdent qu'après un délai de dix années écoulées depuis leur libération.

ART. 11. — La présente loi est applicable aux colonies, sous réserve des dispositions des lois ou règlements spéciaux relatifs à l'exécution de la peine des travaux forcés.

Délibéré en séance publique, à Paris, les 22 mars et 1er avril 1884.

CHAMBRE DES DÉPUTÉS

DOCUMENTS PARLEMENTAIRES

Séance du 18 novembre 1884

RAPPORT fait au nom de la commission (1) chargée d'examiner la proposition de loi, adoptée par le Sénat, sur les moyens de prévenir la récidive (libération conditionnelle, patronage, réhabilitation), par M. Gomot, député.

Messieurs, pendant que nous votions un projet de loi sur la relégation des récidivistes, le Sénat en préparait un sur les moyens de prévenir la récidive. Entre ces deux conceptions législatives, aucune antinomie ; néanmoins elles procèdent de deux principes bien différents. L'une, forgée dans le vieil arsenal des loi pénales, prépare une répression à outrance et a pour fin l'exil perpétuel du coupable ; l'autre, s'inspirant de sentiments plus généreux, plaçant miséricorde au-dessus de justice, s'occupe de son relèvement moral. Mais il est juste de faire remarquer aussi que la loi sur la relégation a été entreprise pour porter un prompt remède à un mal dont le pays ressént cruellement les atteintes ; elle s'adresse au présent ; celle que nous envoie le Sénat est surtout un moyen préventif, elle vise l'avenir.

Les deux études peuvent donc être poursuivies parallèlement. Sans doute notre commission a ses préférences, mais elle n'entend

---

(1) Cette commission est composée de MM. Achard, président ; Gerville-Réache, secrétaire ; Mazeron, Martin Nadaud, Ilippolyte Maze, Gomot, Marrot, Graux, Jullien, Leydet, Truelle. — (Voir Sénat n°s 235 (session extraordinaire de 1882), 134 (session de 1883), 149 (session extraordinaire de 1883) et 77 (session de 1884). — Chambre des députés (n° 2794).

pas faire prévaloir un projet au détriment d'un autre. Elle ne veut ni faire une critique ni même établir des comparaisons. Nous nous renfermerons donc dans l'étude du beau travail de l'honorable M. Bérenger, dont le Sénat a accepté les principales dispositions.

Les récidivistes sont aujourd'hui devenus une cause d'effroi pour le pays. Dans les grandes villes où ils cachent leurs antécédents et où ils trouvent des proies plus faciles, leur nombre va toujours croissant; pour unique ressource ils ont le vol ou l'escroquerie. On ne cesse d'écrire qu'ils constituent l'armée du mal, ils se chargent aussi de lui fournir des recrues. Dans presque toutes les affaires dont la cupidité est le mobile, il y a un récidiviste comme auteur principal ou comme complice. Des villes, le mal s'est répandu dans les campagnes; sur tous les points du territoire elles sont sillonnées par des gens sans aveu, familliers de la police correctionnelle et de la prison, aux mains déshabituées du travail; ils vivent de rapines ou bien mendient un asile et du pain. Si encore leur sollicitation n'était qu'importune! Mais ils ne se contentent pas toujours de demander l'aumône, ils l'exigent. La menace est puissante sur le cultivateur sans protection et sans secours dans une ferme isolée. La terreur exagère sans doute le péril, mais il voit dans chaque vagabond un voleur et un incendiaire. Voilà pourquoi les populations rurales réclament avec tant d'insistance notre intervention: toute loi sera bien accueillie qui modifiera l'état actuel.

Aucun pays, en effet, ne peut tolérer une classe d'individus ainsi placée en révolte ouverte contre la loi. Et la magistrature est impuissante! Sa seule arme est la prison; or, la prison n'est pas une peine pour celui qui ne la craint plus et qui même la considère comme un refuge où il trouve à son gré le vivre et le couvert.

Ces condamnations, régulièrement infligées par les tribunaux aux mêmes incorrigibles, l'indifférence avec laquelle ils les acceptent, leur empressement à retomber dans la faute qu'ils viennent d'expier, tout cela est d'un triste exemple et nuit au prestige de la Justice. Quand on a vu de près le fonctionnement des tribunaux dans la poursuite des récidivistes, on comprend l'inanité de nos lois répressives, et surtout l'insuffisance de nos moyens de moralisation.

Je ne sais rien d'effrayant pour l'avenir de notre Société comme les révélations de la statistique criminelle. Elle a la brutalité du chiffre, mais elle en a aussi l'éloquence.

Des comptes annuels dressés par M. le Garde des Sceaux, il résulte que, depuis cinquante ans, le nombre des récidivistes s'est développé en suivant une progression constante :

1851 à 1855................ 34.901	
1856 à 1860................ 40.255	
1861 à 1865................ 40.890	
1866........................ 53.963	Moyenne annuelle
1867........................ 59.303	des
1868........................ 65.211	
1878........................ 70.170	récidivistes.
1879........................ 72.265	
1880........................ 75.503	
1881........................ 81.341	

En trente ans, le nombre a doublé. Cet envahissement préoccupe, non sans motif, le moraliste et le législateur. Quelles en sont les causes ?

En dehors des raisons générales tirées de l'insuffisance de l'enseignement primaire et professionnel, il en est de particulières à notre système pénitentiaire. La plus grave est le régime corrupteur de la plupart de nos prisons. Le coupable primaire, entouré de mauvais exemples, gangrené par une promiscuité inévitable, en sort souvent plus mauvais qu'il n'y est entré ; c'est surtout dans la prison que se forme le récidiviste. Citons aussi comme cause corrélative à celle que nous venons d'indiquer l'insuffisance de la peine envers les repris de justice. Nos tribunaux présentent sur ce point un étrange spectacle. La masse des délits augmente et le niveau du châtiment s'abaisse, de sorte que la justice semble désarmer au moment même où le péril menace davantage.

Le sentiment qui dirige le juge est facile à analyser ; il n'a pas confiance dans l'efficacité de la peine, il la trouve mauvaise parce qu'il sait combien l'emprisonnement est peu favorable à l'amendement moral ; il répugne donc à appliquer un châtiment qui ne remplit pas dans ses effets le but de la loi. Il montre surtout une singulière indulgence pour les inculpés de mendicité et de vagabondage, qui tiennent une place si grande dans les statistiques correctionnelles. A la vérité, ces délits, qui supposent chez l'agent l'humilité, la faiblesse, la nonchalance et non l'habitude perverse, excitent au premier abord plus de pitié que d'indignation. Il ne

faut pas oublier cependant qu'au point de vue social, le vagabondage et la mendicité méritent les rigueurs de la loi pénale; le
mendiant et le vagabond sont dans un État une charge sans compensation, c'est l'arbre qui ne produit pas de fruits et qui stérilise
un terrain précieux.

Sans doute, une mesure radicale, violente, une exportation en
masse de toute cette gangrène sociale débarrasserait pour un temps
le pays. Mais les vides seraient remplis bien vite, car le mal n'étant
pas atteint dans sa racine, les mêmes causes produiraient mathé-
matiquement les mêmes résultats. Quand une épidémie frappe une
ville, il ne suffit pas d'isoler les malades et de les abandonner
comme au moyen âge dans des maisons murées ou des léproseries,
il faut les soigner et les guérir; il faut surtout par des moyens
préventifs empêcher la contagion de s'étendre. Il en est du mal
moral qui atteint un pays comme du mal physique. Peut-être est-il
indispensable, comme on l'a dit, de transporter aux colonies les
récidivistes, mais ce qu'il importe plus encore d'expulser de France,
c'est la récidive.

Ici, comme sur beaucoup de points, l'étude d'une réforme
sociale s'impose; mais si la grandeur de l'entreprise est faite pour
séduire, elle est aussi de nature à effrayer les esprits les plus
résolus. Un Parlement peut s'employer à des entreprises moins
vastes, mais non infécondes. Celle que nous a préparée le Sénat
sur les moyens de prévenir la récidive fait faire un grand pas à
la réforme pénitentiaire. Prendre le coupable au moment où il
commence à subir une première condamnation, faire luire à ses
yeux l'espoir de l'abréger par le repentir, le travail et la bonne
conduite, cultiver ses dispositions saines, lui assurer à sa sortie
de prison la vie matérielle par un labeur suffisamment rémunéré,
lui faciliter le relèvement moral en diminuant aux yeux du
monde sa déchéance, lui ouvrir plus large qu'elle ne l'était la
porte de la réhabilitation en lui rendant, sans trace du passé,
l'exercice de tous ses droits : tel est le but de la loi nouvelle.

Elle est divisée en trois parties : la libération conditionnelle, le
patronage, la réhabilitation.

Philosophes, moralistes, jurisconsultes, ont traité à l'envi ces
questions si dignes de notre intérêt. Je ne m'arrête pas aux
utopistes qui rêvent de renverser notre Société pour lui substituer
leurs conceptions irréalisables : mais parmi les esprits éclairés
et novateurs qui ont traité gravement ces graves problèmes
en tenant compte des nécessités humaines et de la lenteur
obligée des réformes, je puis affirmer que peu d'entre eux sont

allés aussi loin que le Sénat dans la voie du libéralisme et de la solidarité sociale.

Régime disciplinaire des établissements pénitentiaires et libération conditionnelle.

On a reproché à la loi que nous étudions d'être surtout au titre de la libération conditionnelle, une conception humanitaire, plutôt qu'une œuvre de répression juridique. Ce ne serait pas une critique faite pour nous émouvoir : car, à notre avis, il est grand temps de faire pénétrer dans notre législation pénale les idées d'amélioration morale, de charité et de pardon.

Les rédacteurs du code de 1810 ont poursuivi deux résultats : la répression et l'exemplarité. Frapper le coupable impitoyablement, effrayer par la sévérité de la peine ceux qui seraient tentés de suivre son exemple, voilà la morale de notre système répressif. Il n'admet que des solutions absolues.

Le magistrat est chargé d'appliquer la peine, l'agent du service pénitentiaire a pour tâche de la faire subir dans toute sa rigueur. En dehors de cela rien.

Cependant, depuis une quarantaine d'années, un souffle de mansuétude s'est fait sentir. On a compris qu'il ne suffit pas de punir ; le législateur doit faire ses efforts pour moraliser le coupable, réduire sa peine au temps strictement nécessaire à son amendement, enfin lui faciliter à sa rentrée dans la vie libre le travail et la régénération. La loi actuelle est conçue dans cet esprit.

Sans doute, l'emprisonnement garantit pour un temps la Société du contact du condamné ; mais cette Société ne lui est pas à jamais fermée. Il doit y rentrer. Y rentrera-t-il meilleur ? Tout est là. Si on le laisse sans soutien, dans la promiscuité pernicieuse de la vie pénitentiaire, si rien ne vient stimuler ce qui lui reste de sentiments d'honneur, il quittera la prison en révolté pour commettre de nouveaux méfaits.

Il faut donc rendre le détenu meilleur, le contraindre au bien par tous les moyens, notamment par un système rationnel de punitions et surtout de récompenses. C'est le grand levier pour l'enfant comme pour l'homme, pour celui qui est resté honnête et pour celui qui est déchu: *Præmio et pœna respublica continetur*, a dit Cicéron.

En fait de punitions disciplinaires, l'imagination des agents du service pénitentiaire a été fertile à l'excès ; ils se sont montrés moins ingénieux pour les récompenses. Ils ont tour à tour accordé certaines faveurs, adouci le régime, augmenté le *quantum* du pécule ; ce ne sont pas là des ressorts suffisants, l'expérience l'a démontré.

Le condamné primaire est toujours cruellement atteint lorsqu'il entre dans la maison d'arrêt ou de détention. Tout lui est occasion de froissements et de souffrances ; la perspective du séjour imposé pèse lourdement sur son esprit, c'est une période pendant laquelle il se considère comme retranché de la vie. Peu lui importent les quelques faveurs tolérées par le réglement ; pour les obtenir il ne cherchera pas à corriger sérieusement les mauvaises tendances de sa nature.

Une seule lueur peut briller dans sa nuit ; c'est l'espoir de la la liberté. Je ne parle pas de la date fixée à sa libération. Elle marque l'échéance d'un droit acquis ; qu'il se conduise mal ou bien, la levée d'écrou n'en sera ni retardée ni avancée d'une heure. Mais que par son repentir, sa soumission, ses habitudes laborieuses, il puisse obtenir l'abréviation de ce temps de souffrances, retrouver plus vite la famille, le travail productif, les intérêts, les jouissances de la vie. Dès que le rêve apparaîtra à ses yeux comme réalisable, un changement considérable se fera en lui. Désormais son existence de prisonnier aura une raison d'être, sa bonne conduite une sanction, son labeur une récompense. Rien n'est plus propre à relever le courage du détenu que l'appât de cette liberté qui, par cela même qu'elle est indéterminée, lui paraîtra prochaine.

Dans les conditions que nous venons d'indiquer, la libération anticipée sera d'autant plus précieuse au condamné qu'il la devra à lui-même. En poursuivant ce but, il comprendra qu'à côté des devoirs que la règle lui impose, il a certains droits. Lorsqu'il quittera conditionnellement la prison, il aura ce légitime orgueil d'avoir été l'artisan de sa libération. Relevé à ses propres yeux, il aura fait un pas dans l'estime de ses parents, de ses patrons, dont la confiance ébranlée se rétablira peut-être par cette preuve mani feste de retour au bien.

La libération anticipée ou conditionnelle qu'il s'agit d'introduire dans nos codes est donc la prime offerte au détenu repentant et amendé. Une telle mesure n'a pas seulement un caractère philan-tropique, elle peut s'expliquer en droit. Si, en effet, lors du jugement, le magistrat pouvait déterminer la dose nécessaire à l'expiation utile, il limiterait la peine au temps indispensable pour assurer l'amendement qui est le but principal à atteindre ; ainsi disparaîtrait le plus souvent l'exagération du premier châtiment que le juge intelligent applique toujours à regret, et pour lequel l'extrême indulgence est la véritable justice (1).

La dette contractée par le condamné n'est pas soldée d'une maniére définitive par la libération anticipée. Le lien de surveillance se relâche, mais il n'est pas brisé. Que l'amendement ne persiste pas, que le libéré retombe dans des fautes nouvelles, l'Administration pénitentiaire reprend sur lui tous ses droits. La mesure gracieuse dont il était l'objet est effacée, et il rentre, sans jugement nouveau, dans la servitude pénale.

On peut, avec l'éminent rapporteur de la loi devant le Sénat, définir la libération conditionnelle: « L'acte par lequel on accorde au condamné qui a mérité cette récompense par son application au travail et sa bonne conduite sa mise en liberté anticipée, à charge de continuer à se conduire honnêtement et sous la condition qu'il sera réintégré pour achever de subir sa peine s'il donne de nouveaux sujets de plaintes ».

Les deux principaux facteurs de la libération sont naturellement la bonne conduite et le travail, mais il faudra plus encore. Un détenu habile à maîtriser pour un temps ses instincts pervers pourrait, tout en travaillant avec assiduité et en se conduisant bien, ne pas être digne de la faveur qu'il poursuit. Elle n'est accordée qu'au condamné dont le repentir est jugé sincère et qui a donné des gages de son retour au bien. Tous ces éléments, appréciés par les agents du service pénitentiaire au moyen de notes

---

(1) La commission disposée à approuver des mesures sévères pour punir les récidivistes, s'est montrée au contraire très préoccupée de traiter avec indulgence les inculpés qui comparaîtront pour la première fois devant la justice. M. Truelle s'est fait le chaleureux interprète de ce sentiment. Néanmoins nous n'avons pas cru que la loi actuelle pût nous fournir une occasion de soumettre au Parlement une disposition législative dans ce sens.

Le Sénat, d'ailleurs, est lui-même saisi de cette importante question par un projet de l'honorable M. Bérenger qui modifie en ces termes l'article 463 du code pénal:

En cas de condamnation à l'emprisonnement, si les circonstances sont atténuantes, si en outre l'inculpé n'a pas subi de condamnation et que sa conduite antérieure, sa situation, ses marques de repentir paraissent offrir des garanties suffisantes, les tribunaux correctionnels sont autorisés, après avoir prononcé la condamnation, à ordonner par décision motivée qu'il sera sursis à l'exécution de la peine tant que le condamné ne donnera pas de nouveaux sujets de plainte.

En cas de seconde condamnation, dans le délai de cinq ans, la première peine est d'abord exécutée et ne peut se confondre avec la seconde.

Son exécution commence à partir du jour de l'arrestation.

quotidiennes et de leurs observations personnelles, doivent être pris en considération ; ils concourent à sa libération qui ne saurait être la récompense obligée de notes acquises par une attitude hypocrite.

On comprend aussi que cette faveur ne puisse pas être obtenue sans un certain temps d'épreuve. Le Sénat a adopté celui que l'usage a fixé pour l'obtention de la grâce, c'est-à-dire la moitié de la peine. Ce délai nous paraît nécessaire : en le diminuant, on enlèverait de la force à la répression et le service pénitentiaire serait dans l'impossibilité, du moins pour les courtes peines, d'apprécier avec certitude le degré d'amendement.

Au point de vue des engagements exigés du prisonnier, la libération a le caractère d'un contrat avec clause résolutoire. En dehors des mesures d'ordre et de précaution que les règlements pourront édicter, il promet de travailler et de vivre honnêtement. Vient-on à constater un acte punissable, des habitudes de débauche, une inconduite notoire, refuse-t-il de se soumettre aux injonctions insérées sur le permis de libération, il est réintégré dans la maison de justice, sans jugement, et pour toute la durée de la peine qui restait à subir au moment de la levée de l'écrou.

On l'a dit non sans raison, la libération conditionnelle est un moyen terme entre la grâce absolue et l'exécution intégrale de la peine. Fait-elle avec la grâce un double emploi ? Porte-t-elle atteinte à cette prérogative du chef de l'État ? Ces deux objections ont été faites, nous croyons facile de les réfuter.

Dans une république, comme dans une monarchie, le droit de grâce est un attribut indispensable du Gouvernement. Il tire son origine de l'imperfection des lois humaines et de l'imperfection plus frappante encore des jugements humains. C'est le remède extra-légal qui répare les erreurs juridiquement irréparables et qui atténue les rigueurs de la justice. Il vient en aide au repentir, il tient compte quelquefois des nécessités de la famille.

Quel parallèle établir entre ce pouvoir de miséricorde et de réparation émanant du chef de l'État et la libération conditionnelle, mesure administrative, restrictive et révocable, établie pour moraliser le prévenu et défendre la Société !

La grâce et la libération n'ont ni la même origine, ni le même but, ni les mêmes conséquences.

Il est un point cependant sur lequel elles paraissent se rencontrer. L'espoir de la grâce a été et est encore un des mobiles, de la régénération pénitentiaire. Ce n'est cependant pas là sa raison d'être, ni sa destination originelle, et M. de Tocqueville a pu dire avec beaucoup de vérité : « Le droit de grâce ne saurait, dans une société bien réglée, être employé comme moyen habituel d'administration des prisons ».

La magistrature et le service pénitentiaire s'en servent un peu à cette fin, je n'en disconviens pas ; ils y sont contraints par l'absence d'autres moyens de moralisation ; mais en détournant ainsi la grâce de son caractère ils démontrent qu'il manque à notre régime pénitentiaire un rouage indispensable : « la libération conditionnelle ». Cette faveur accordée à titre provisoire est accessible à tous, tandis que la grâce conférée sans condition, sans retour possible, ne saurait se généraliser sans de graves inconvénients. Loin de porter atteinte au droit de grâce, la libération lui viendra en aide et lui restituera son véritable caractère et son prestige de décision souveraine.

La commission a été unanime à accepter l'ensemble des dispositions dont je viens de faire connaître l'esprit. Quelques réserves ont été faites en ce qui concerne la procédure à suivre tant pour conférer la libération que pour en retirer le bénéfice. Le ministre de l'Intérieur, dit le projet, prononce la mise en liberté conditionnelle après avoir pris l'avis du directeur de la prison, de la commission de surveillance et du chef du parquet près le tribunal ou la cour qui a prononcé la condamnation ; lui seul a droit de révoquer la mesure qu'il a prise.

A ce sujet, la compétence du ministre de l'Intérieur a été contestée ; on a soutenu que le garde des Sceaux a exclusivement qualité pour statuer sur une situation qui est du ressort judiciaire, non du ressort administratif. N'y a-t-il pas là une sorte de confusion de pouvoirs ?

L'objection n'est pas sans valeur ; mais dans l'état actuel de notre législation pénitentiaire, il faut bien reconnaître que le garde des Sceaux serait mal placé pour apprécier ce qui se passe dans les prisons dont il n'a pas la surveillance. Elle appartient au ministre de l'Intérieur. Celui-ci est chargé de l'application des règlements, de la discipline ; il a donc dans ses attributions nécessaires le droit d'accorder les récompenses qui sont un moyen d'amendement.

La difficulté soulevée est subordonnée à une question plus haute, celle du rattachement au ministère de la Justice du service pénitentiaire. Beaucoup de bons esprits veulent cette réforme à l'appui de laquelle on peut invoquer en fait et en droit les plus sérieux motifs.

Mais une telle discussion sort évidemment du cadre dans lequel notre commission a dû se renfermer.

La libération conditionnelle sera une disposition nouvelle dans notre droit, mais elle a été expérimentée déjà par la plupart des nations de l'Europe. L'Angleterre l'applique sur une large échelle depuis qu'elle a renoncé à la transportation. Elle a introduit dans ses prisons le système des notes quotidiennes ou marques. Au début, il n'a pas produit de bons effets, et la criminalité a augmenté; peu à peu on a organisé une surveillance plus active du détenu mis en liberté, et on a établi ce qui manquait tout d'abord, un patronage efficace. Depuis ce moment, le nombre des récidivistes et par suite celui des crimes, a subi une diminution notable.

De 1862 à 1881, la libération anticipée a été adoptée et mise en pratique par la Saxe, le Grand-Duché d'Oldenbourg, l'Allemagne, le Danemark, les cantons d'Argovie, de Neufchâtel et de Vaud. De leur côté, l'Autriche, l'Italie, et le Portugal la font figurer dans les projets de législation pénale que leurs gouvernements étudient.

Cette expérience faite avec succès par tant de peuples, nous permet de nous avancer d'un pas plus assuré dans la réforme dont le Sénat a pris l'initiative.

Enfin les dernières hésitations, s'il en restait, seraient levées par les résultats obtenus en France même, grâce à la libération conditionnelle introduite en 1832, dans notre pratique pénitentiaire pour les jeunes détenus.

L'Administration voulut savoir quel effet produirait l'appât de la liberté sur les mineurs de seize ans détenus à la maison de la Petite-Roquette. Elle confia ceux qui s'étaient rendus dignes de la libération anticipée à la société de patronage du département de la Seine qui venait d'être fondée. La nouvelle institution les plaçait en apprentissage, surveillait leur conduite et recevait une indemnité de 0 fr. 75 par jour et par enfant.

Quel que fût l'optimisme des promoteurs de cet essai, toutes les prévisions furent dépassées par le résultat.

Avant l'application de la libération conditionnelle et du patronage, le chiffre des récidivistes était de 75 p. 100. Il descendit rapidement à 7 p. 100.

Voilà quarante ans que cet étonnant résultat a été proclamé, quarante ans que cet exemple aurait dû frapper le législateur, et nous en sommes encore à discuter sur la question de savoir s'il faut faire une place dans nos lois à la libération conditionnelle en faveur des adultes. Nous n'ignorons pas qu'entre la situation des mineurs dont nous venons de parler et celle des adultes la différence est grande; cependant il est permis de conclure de l'une à l'autre. Notons seulement ceci, c'est qu'en France la liberté préparatoire, inaugurée par de généreuses initiatives, n'est point une théorie, mais un fait dont les conséquences ont été éprouvées par l'expérience; si l'expérience a été favorable dans une espèce déterminée, il ne s'agit plus que d'en faire l'application d'une manière plus générale. Rappelons à ce propos ces lignes si vraies de Royer-Collard: « Toutes les améliorations sont contenues en germe dans notre Société; et pour résoudre les problèmes qui paraissent les plus difficiles, il n'y a qu'à étendre et à généraliser ce qui est bien. »

Patronage.

Le complément nécessaire de la libération conditionnelle est le patronage; ces deux institutions se complètent l'une par l'autre. Établir la libération conditionnelle sans la faire suivre du patronage serait œuvre vaine. Le condamné a donné des preuves de repentir et de retour au bien, on lui ouvre les portes de la prison. Triste récompense de ses efforts si on ne lui vient en aide: les périls se dressent devant lui plus redoutables encore qu'avant le jugement qui l'a frappé.

L'expiation, en effet, ne fait pas oublier la faute. On compare souvent le condamné dans ses rapports avec le corps social, au débiteur dans ses rapports avec son créancier. La comparaison manque de justesse. Le débiteur est libéré par le payement de sa dette; le condamné ne l'est pas entièrement par l'exécution de sa peine; il garde une tache indélébile, les mœurs le veulent ainsi. En vain montre-t-il son certificat de libération, la Société, créancier inassouvi, ne lui rend ni sa considération, ni son honneur.

Voilà le premier obstacle pour le libéré: ce n'est pas le seul.

Antérieurement à son méfait, il travaillait dans un atelier, un magasin, un bureau; depuis, atelier, magasin, bureau se sont fermés devant lui. Il vivait de crédit commercial ou industriel et sa signature n'a plus cours nulle part. Il possédait quelques avances: elles ont servi à sa famille, réduite peut-être à la misère par la privation de son chef.

Il lui faut encore, tâche difficile, se défendre contre lui-même. Après les longs jours d'abstinence, de contrainte, de servitude, la liberté sans limites s'offre à lui avec ses convoitises avivées par les privations.

Que de difficultés et de périls! Les âmes les mieux trempées y succombent, et l'amendement souvent fragile, obtenu dans la régularité de la prison sombre aux premiers orages des passions du dehors.

Le patronage est la seule ressource du libéré et sa nécessité apparaît si clairement que, dans notre pays réfractaire aux initiatives, des sociétés protectrices se sont formées en dehors de l'État. Elles se sont donné pour mission de recueillir le détenu amendé, de le soutenir contre les entraînements de la liberté, de lui faciliter le travail, de changer en pitié et en bienveillance la répulsion mêlée de terreur que souvent il inspire.

C'est une noble tâche. Elle est d'autant plus féconde que la récidive a bien souvent pour origine les difficultés insurmontables de l'expiation.

Il importe, toutefois, de s'entendre sur la portée et le sens du patronage. Longtemps il a été considéré par quelques criminalistes comme un acte de fausse philanthropie et même comme un encouragement au mal ; d'autres, au contraire, le réclamaient comme « l'âme du système pénitentiaire » comme le seul moyen de maintenir le niveau moral des libérés et de prévenir la récidive. Ces divergences d'opinion disparaissent quand on est bien fixé sur les conditions de la liberté préparatoire.

Le patronage serait évidemment une mesure dangereuse et inique, si on en faisait un privilège d'appui et de secours toujours et indistinctement ouvert à tous les libérés.

La première condition pour être digne de cette faveur est l'amendement constaté. En matière de libération conditionnelle, il le sera toujours, les amendés pouvant seuls obtenir la liberté d'essai.

Le patronage doit aussi être limité. Aider le libéré sans ouvrage, lui chercher du travail, compléter, au besoin par de légers secours, son salaire insuffisant, tel est son rôle : aller plus loin serait dépasser les limites que le bons sens assigne à cette institution.

Nous écartons sans hésiter l'idée souvent émise de créer, aux frais de l'État, pour les adultes amendés des maisons de refuge ou des ateliers.

En poussant à l'excès la philanthropie envers les criminels, on risque de les encourager au mal. Les condamnés trouvent actuellement dans les maisons de détention une nourriture abondante et saine, des dortoirs bien aérés, des vêtements convenables, du linge bien entretenu ; ils ont le travail et le salaire. Je suis loin de m'en plaindre ; mais je ne puis m'empêcher de constater que beaucoup d'ouvriers honnêtes sont loin d'être aussi favorisés. Ils ont la liberté, c'est vrai, et c'est le bien suprême, mais si le détenu conditionnellement libéré profitait encore du régime de la prison,

si l'État lut fournissait obligatoirement le logis, la nourriture et lui
assurait le travail régulier et rémunérateur, il y aurait à son profit un exorbitant privilège et, de plus, on lui enlèverait tout ressort.
Avant d'établir des ateliers et des refuges pour les criminels, même
corrigés, le Gouvernement aurait à résoudre la grande question du
paupérisme en assurant des moyens d'existence à tous les indi-
gents.

Le devoir de l'État est donc de ne pas créer un patronage légal,
officiel. Il approuve, soutient, stimule la bienfaisance, mais il n'intervient directement que par des subventions ; la charité privée peut
panser d'une main discrète et légère certaines plaies sociales auxquelles le législateur ne saurait toucher sans péril.

Laissons aux sociétés de patronage leur caractère. Elles ne sont
pas encore très répandues, mais elles se propageront d'elles-mêmes
dès qu'on en sentira le besoin et qu'on comprendra leur importance.
Le concours de tous les gens aimant le bien, de tous les travailleurs
leur est acquis ; ne sont-ils pas directement intéressés à sauve
garder par la moralisation du libéré la sécurité publique ?

Chez tous les peuples européens, le patronage affecte à peu près
le même caractère. Confié à des sociétés libres de bienfaisance, il
reçoit de l'État des subventions variables suivant les budgets et
suivant l'importance donnée par les Parlements à l'étude des questions pénitentiaires. Le patronage est toujours réduit à un appui
moral, à une surveillance protectrice et aux légers secours que peut
rendre nécessaires la position de certains libérés.

L'Angleterre compte de cinquante à soixante sociétés de patronage ;
avant peu elle en aura une auprès de chaque grande prison et c'est
là le but qu'elle poursuit. La charité privée suffit en général à
l'entretien de ces créations. Toutefois l'État ne refuse jamais les
subventions qu'on sollicite de lui ; elles varient de quelques
schellings à trois livres sterling pour chaque prisonnier.

En Hollande, l'œuvre du patronage appartient à une société
centrale qui, d'Amsterdam, rayonne dans tout le royaume par
des sections locales ou des membres correspondants ; à ces
sociétés se rattachent des comités de dames qui agissent sur les
prisonnières. Dans aucun pays du monde la propagande moralisatrice ne s'exerce avec plus de zèle. Les membres des associations s'imposent pour premier devoir la visite aux détenus dans
la prison, qui leur est toujours ouverte. Ils les exhortent à se
conduire honnêtement pendant la durée de la peine ; ils les préparent à la liberté et prennent sur eux une influence qui leur
permet plus tard d'être leur guide et de les arrêter dans la voie

du mal. Les résultats obtenus sont merveilleux et on peut les invoquer comme un exemple et un encouragement. L'esprit de l'œuvre a été caractérisé par quelques mots de M. Stuart qui en a été longtemps le secrétaire: « Plus la rudesse du prisonnier était grande envers moi, a-t-il écrit, plus ma patience et mes sentiments pour lui s'augmentaient, et la charité m'a toujours rendu vainqueur. »

Citons encore la Bavière, où chaque libéré est remis à un membre de la société de patronage, qui l'encourage et le conseille : « Pour cette raison, disent les statuts, il est appelé son père, parce qu'il regarde comme son devoir, en même temps comme un privilège, de s'acquitter envers lui des devoirs d'un bon père de famille. »

En France, les idées de préservation sociale qui sont la base du patronage, ont fait, depuis quarante ans, des progrès, mais nous sommes loin des peuples que nous venons de citer.

La première manifestation de cette œuvre est due à M. Duchâtel, ministre de l'Intérieur, qui en posa les bases dans sa remarquable circulaire du 28 mai 1842. Les détenus mineurs de seize ans furent d'abord les seuls à en profiter, mais elle s'étendit bientôt aux adultes : en 1871 fut fondée la société générale pour le patronage des libérés. L'œuvre du patronage ne comptait alors que quelques maisons, dont quelques-unes de fondation ancienne, telles que l'asile de Saint-Léonard pour les hommes, celui de Béthanie pour les femmes.

Malgré l'accueil peu encourageant qui lui fut fait, la société générale entreprit sa tâche avec courage. L'opinion publique, ramenée à de saines appréciations par l'expérience, se prononça en sa faveur, les conseils généraux et les conseils municipaux lui vinrent en aide et le Gouvernement la protégea efficacement. Aujourd'hui grâce à ces efforts multiples, presque tous les centres importants ont des comités qui s'occupent du classement des libérés et des moyens de combattre la récidive ; leur nombre est de soixante environ.

La rapidité d'expansion du patronage dans notre pays, donne pour l'avenir de sérieuses espérances. Comment n'en serait-il pas ainsi ? Pour les charitables et les humbles qui aiment le devoir pour lui-même, pour ceux qui sentent grandir leur courage par les difficultés de l'entreprise et leur dévouement s'affermir par l'indignité même de celui qui en est l'objet, il n'est pas d'occasion plus belle de noble renoncement et d'utile abnégation. La société de Saint-Léonard en a donné l'exemple. A l'origine elle recueillait de préférence, parmi les condamnés repentants, les plus rejetés, ceux soumis à la peine odieuse de, là surveillance de la haute police. Elle n'en est pas moins arrivée à un degré de prospérité que nulle autre n'a atteint peut-être, et on a pu dire d'elle qu'elle était par excellence « la maison de convalescence morale ».

La libération conditionnelle créera aux sociétés de patronage des obligations plus étroites ; elles auront sous leur direction des demi-libérés. Leur responsabilité augmentera, mais leur autorité grandira dans la même proportion, puisqu'elle aura pour sanction la réintégration du libéré conditionnel dans la maison de justice. Quoiqu'il en soit, l'institution sera à la hauteur de sa tâche si elle a, pour l'y aider, l'Administration pénitentiaire et les commissions de surveillance instituées près des maisons d'arrêt et les maisons centrales. Enfin elle recevra de l'État une assistance plus directe. L'article 6 du projet permet à l'Administration de charger les sociétés de patronage de veiller sur la conduite des libérés conditionnels. Dans ce cas, elle alloue une somme d'argent pour chaque libéré pendant un temps égal à celui de la durée de la peine restant à courir. Cette somme ne représente même pas la dépense que le condamné restant en prison, eût coûtée à l'État.

Le ministre de l'Intérieur se réserve un droit de surveillance et de contrôle sur les sociétés de patronage. L'article 6 indique que celles-là seules profitent du bénéfice des dispositions nouvelles qui sont agréées par le Gouvernement.

On a manifesté des craintes sur certaines tendances intolérantes, sur certaines propagandes indiscrètes. Suivant nous, il n'y a pas lieu de s'y arrêter, et nous pensons avec le rapporteur du Sénat, que le droit conféré au ministre de retenir l'agrément du Gouvernement suffit pour couper court à tout abus.

L'Administration des prisons comprendra les nouveaux devoirs que lui crée la loi votée par le Sénat. Malgré ses efforts incessants, malgré la bonne volonté des personnes bienfaisantes vouées aux œuvres de ce genre, nous avons beaucoup de progrès à faire en matière de patronage.

Nous donnons à l'appendice la liste des sociétés existantes. On verra combien peu elles sont nombreuses ; elles arrivent à peine au chiffre de soixante, encore en est-il qui n'existent pour ainsi dire que sur le papier (1).

Dans la plupart des arrondissements, les commissions de surveillance placées auprès des maisons d'arrêt seront forcément chargées

---

(1) Voir à l'appendice.

de l'organisation du patronage. Or, sur 319 commissions, 116 fonctionnent d'une manière normale, 99 ont un fonctionnement irrégulier et 97 ne fonctionnent pas du tout (1).

Sans doute, il est difficile dans beaucoup d'arrondissements de constituer les commissions de surveillance et d'obtenir d'elles un travail régulier : mais les préfets déploient-ils à ce sujet beaucoup de zèle ? Il est permis d'en douter.

L'ordonnance royale du 14 novembre 1847 institue auprès de chaque maison centrale de force et de correction, une commission de surveillance composée du préfet, du premier président et du procureur général près la cour d'appel, du président et du procureur de la République près le tribunal, de deux conseillers généraux, de deux conseillers d'arrondissement et du maire de la ville. Cette commission créée pour la surveillance des grands établissements où sont subies les longues peines, est facile à réunir, puisqu'elle est composée en partie de fonctionnaires. Partout où on les a constituées, elles ont rendu des services. Or, dans beaucoup de villes, au lieu de les stimuler, l'Administration les a laissées s'éteindre, faute de renouveler les pouvoirs des membres des corps électifs, dont le mandat était épuisé.

Il y a là une pratique déplorable, sur laquelle il est bon d'appeler l'attention de M. le Ministre de l'Intérieur.

De la réhabilitation.

Une législation pénale rationnelle ne doit pas admettre, même contre le coupable le plus endurci, de peine irrémédiable, de tache indélébile. Nul ne peut affirmer que le sentiment du bien et du juste soit à jamais éteint dans une âme ; l'observateur animé de l'esprit de charité l'y trouvera aisément, lueur vacillante et incertaine qu'il appartient à la Société de protéger contre les orages et non d'éteindre sous un souffle brutal. Lorsque le condamné entre en prison, il faut le soutenir par l'appât d'une libération prochaine ; lorsqu'après sa peine subie, il rentre (épreuve tout aussi périlleuse) dans la vie, il convient de ranimer son courage en lui montrant le moyen d'effacer sa flétrissure. Il a perdu certains droits, il pourra les reconquérir ; il est déchu, il sera relevé. Une récompense doit être offerte à ses efforts ; pour le détenu la liberté ; pour le libéré, l'honneur ; pour l'un et l'autre, l'espérance.

---

(1) Voir à l'appendice.

Renouveler la situation morale et matérielle que la prison lui a fait perdre, est le but principal que se propose le condamné après sa libération. Il l'atteint par la réhabilitation si, en lui rendant l'exercice de ses droits civils, politiques et de famille, elle efface par une fiction légale jusqu'à la trace du fait délictueux. On l'a appelée non sans raison la clef de voûte du régime pénitentiaire.

La réhabilitation a été admise dans presque toutes les législations répressives, tantôt comme mesure de clémence, tantôt comme œuvre de réparation et de justice. Le droit romain l'a réglementée sous ce titre expressif de *restitutio in integrum* ; nous la retrouvons aussi dans le vieux droit français, où souvent elle se confond avec le droit de grâce.

L'Assemblée constituante lui donna le caractère d'une réparation sociale émanant de la loi, non du prince ; sa portée est définie par le rapporteur du code pénal de 1798 :

« Nous vous proposons de décréter, y est-il dit, qu'à une époque déterminée, après l'expiration de sa peine, le condamné pourra être réhabilité par la Société et rétabli dans tous ses droits ; mais voici les conditions que nous avons jugé utile d'y apporter. D'abord il faut que plusieurs années se soient écoulées depuis l'époque à laquelle il a recouvré sa liberté, afin que sa conduite soit suffisamment éprouvée. Ensuite il est convenable que sa réintégration ne soit point un droit ouvert certain, mais plutôt une espérance, une faculté, qui lui présenteront des efforts à faire et un prix à obtenir. Le baptême civique doit être accompagné de solennités, et nul ne peut y être présenté que par les officiers municipaux du lieu de son domicile, c'est-à-dire par les magistrats et les organes du peuple, qui témoins habituels de la conduite du condamné pourront attester à la Société que tel, par un long repentir, a mérité que la Société lui rendît son estime. Ainsi, après avoir satisfait à l'exemple, le condamné osera reparaître aux yeux de ses concitoyens, il pourra se choisir une demeure, il y vivra sous la protection de l'espérance, il pourra y vivre avec probité, dans la vue d'y vivre un jour avec honneur ; la loi politique et la morale, tout ensemble, auront appelé dans son âme et récompensé les remords. »

Ces principes étaient bons ; mais on les étouffa sous un fouillis de formalités difficiles à accomplir et dont quelques-unes étaient humiliantes pour le postulant : dix années d'épreuve, la nécessité de remettre sa demande à la municipalité dont chaque membre avait un droit d'investigation sans limite ; une comparution solennelle et publique devant le tribunal du domicile : c'en était assez pour rebuter ceux qui auraient voulu poursuivre leur réhabilitation, aussi les demandes furent-elles extrêmement rares.

Elles le furent à ce point que les législateurs de 1808 hésitèrent à admettre la réhabilitation dans le code pénal. On comprit cependant que si l'institution n'avait pas produit les effets qu'on était en droit d'attendre d'elle, il fallait l'attribuer a un vice d'organisation, et sur l'insistance de Cambacérès, on la maintint en faisant à la loi existante d'importantes modifications.

L'instruction de la procédure fut confiée au pouvoir judiciaire et la municipalité ne fut appelée à donner qu'un avis. Le délai de dix années primitivement imposé fut ramené à cinq, les conditions de publicité devinrent moins rigoureuses.

A part quelques réformes apportées par les lois de 1832 et de 1852, cette partie de notre droit criminel est encore régie par le code de 1808. La réhabilitation est devenue moins rare que jadis ; néanmoins elle est sollicitée par un très petit nombre de libérés que les exigences de la loi et les longues formalités découragent; si dans ces dernières années on a vu un accroissement notable dans les statistiques, il faut en faire remonter le mérite à l'administration de la Justice, qui, ne voulant pas garder inerte dans sa main cet admirable instrument de moralisation, a tempéré par d'intelligentes concessions la rigueur des textes.

Il y a deux manières de comprendre la réhabilitation. Les uns la considèrent comme une faveur du chef de l'État, faveur soumise à certaines formalités ; les autres en font un droit dont le condamné peut poursuivre le bénéfice lorsqu'il se trouve dans les conditions voulues par la loi. Dans le premier cas, le pouvoir exécutif est souverain, c'est une grâce qu'on sollicite de lui, il l'accorde ou la refuse à son gré. Dans le second cas, le pouvoir judiciaire est seul saisi; il répond par cet acte qui constitue une suprême garantie, un jugement; la décision n'est pas guidée par la faveur, elle est commandée par la loi.

Notre législation a fait de la réhabilitation un acte administratif dans lequel la justice joue un rôle singulièrement restreint : elle donne un simple avis.

On comprend difficilement qu'en matière pénale la magistrature puisse intervenir autrement que par des décisions ; elle n'a pas été créée pour ce rôle consultatif ; mais ce n'est pas encore là le plus grave inconvénient à signaler. Il nous semble en effet qu'ainsi comprise la réhabilitatton perd son caractère et n'a plus sa portée.

Tout le monde proclame qu'elle est un moyen de relèvement

moral, et c'est là sa principale raison d'être ; or, le condamné devant qui on fait luire durant des années cette espérance suprême sera autrement encouragé si sa réhabilitation est un droit et non une faveur, s'il peut requérir tête levée sa réintégration dans la famille sociale au lieu de la solliciter humblement, et si l'on veut que cette mesure soit acceptée par tous, si l'on veut qu'elle efface la condamnation, il importe de lui conserver son caractère de décision judiciaire. Faveur de l'État, le public la supposera due à des influences ; jugement ou arrêt, elle sera plus respectée. Il y a entre ces deux procédés la distance d'une mesure de clémence à un acte de justice.

Le Sénat n'a pas manqué de réformer la loi dans le sens que nous venons d'indiquer. Désormais la réhabilitation s'instruira et se réglera comme une instance judiciaire. Au lieu d'un avis motivé transmis au garde des Sceaux, la cour d'appel compétente rendra un arrêt après avoir entendu la partie ou son conseil. Comme conséquence, l'intervention du chef de l'État se trouve supprimée.

Telle est l'économie de l'article 628 dont la nouvelle rédaction fait disparaître les articles 630, 631 et 632 désormais sans objet.

Il semble que la législation de 1808, admettant à regret le principe de la réhabilitation, ait cherché à lui enlever sa grandeur morale. La fiction romaine, nous l'avons déjà rappelé, était la *restitutio in integrum*, l'effacement de la condamnation encourue et en quelque sorte du crime commis, telle était aussi la tradition de notre ancien droit. La réhabilition était une réparation morale, elle rendait le rang de citoyen avec toutes ses immunités, elle rendait surtout l'honneur. Le code d'instruction criminelle a matérialisé les effets de l'institution : « La réhabilitation, dit l'article 634, fait cesser pour l'avenir dans la personne du condamné toutes les incapacités qui résultaient de la condamnation ».

Il en est qui poursuivent en effet leur réhabilitation pour reconquérir les droits dont ils ont été privés, notamment le droit électoral, dont le non-exercice révèle périodiquement la condamnation encourue. Mais ne peut-on faire vibrer dans l'âme du condamné un sentiment plus haut ? On rencontre des repris de justice qui dans la réhabilitation, recherchent avant tout l'oubli de la faute, la restitution de l'honneur, et mettent en seconde ligne le droit d'être électeur ou juré.

N'oublions pas non plus que certaines condamnations correctionnelles n'entraînent aucune incapacité ; si l'on s'en tenait aux termes de la loi, la réhabilitation serait sans effets pour cette catégorie de condamnés.

L'article 634 nouveau revient aux vrais principes qui dominent la matière par ces mots essentiels « la réhabilitation efface la condamnation ».

Cette réforme avait été préparée par les instructions de la Chancellerie en ce qui concerne le casier judiciaire. Étant donné le contexte de l'ancienne rédaction de l'article 634, les bulletins contenaient la condamnation et la réhabilitation qui l'avait suivie, de sorte que celui qui s'en servait ne pouvait les produire sans donner la preuve de sa flétrissure. Par les circulaires en date des 25 novembre 1871 et 6 décembre 1876, le garde des Sceaux, prescrivait de ne pas porter sur les extraits délivrés aux particuliers et aux administrations publiques, la condamnation effacée par la réhabilitation, même avec la mention du décret intervenu.

C'était une mesure juste et sage ; il convient de lui donner désormais l'autorité de la loi.

Nous avons tenu à mettre tout d'abord en relief ces deux innovations de principe :

La réhabilitation cessant d'être une faveur pour devenir un droit;

La réhabilitation faisant disparaître non plus certains effets de la condamnation, mais la condamnation elle-même.

Les autres modifications portent sur des questions de détail, mais elles ont leur importance, et sont certainement de nature à faciliter aux condamnés l'accès de la réhabilitation.

La conduite du libéré est pour la nature de la demande qui nous occupe, l'élément principal à prendre en considération : c'est la première pièce du dossier. Afin d'apprécier en pleine connaissance de cause ses habitudes de travail et sa moralité, le législateur de 1808 n'admet pas le condamné à une peine afflictive ou infamante à demander sa réhabilitation s'il n'a résidé dans le même arrondissement depuis cinq années, et pendant les deux dernières années dans la même commune.

Pour le condamné correctionnel, il suffit d'une résidence de trois ans dans le même arrondissement et dans la même commune pendant les deux dernières années.

Ces exigences de la loi s'expliquent par des considérations d'ordre public; elles doivent évidemment être maintenues.

Néanmoins, l'expérience a démontré la nécessité d'apporter dans certains cas un tempérament à cette disposition. Comment imposer une résidence de cinq et même de trois années au soldat forcé de suivre le sort de son régiment, à ceux dont la profession exige des déplacements continuels? Ils se trouvaient privés du bénéfice de la loi.

On ne pouvait légiférer sur cette matière sans modifier profondément l'article 634 ; c'est ce qu'a fait le Sénat.

Désormais, les condamnés qui, depuis l'expiration de leur peine ont passé un certain temps sous les drapeaux, ceux que leur profession oblige à des déplacements inconciliables avec une résidence fixe, pourront être affranchis de la condition de résidence, s'ils justifient, les premiers, d'attestations satisfaisantes de leurs chefs militaires, les seconds de certificats de leurs patrons ou chefs d'administration constatant leur bonne conduite.

La demande en réhabilitation doit être accompagnée de la quittance des frais auxquels a donné lieu le procès devant la justice répressive. Ils sont quelquefois considérables et s'il y a plusieurs inculpés condamnés solidairement, celui d'entre eux qui veut introduire une demande en réhabilitation est obligé de payer pour tous.

Il s'ensuit que l'indigence est un obstacle à la réhabilitation. Que de demandes légitimes ont été arrêtées par cette question d'argent sur laquelle le législateur a dû se montrer sévère pour ne pas compromettre les intérêts du Trésor.

Les nouvelles dispositions ajoutées par le Sénat à l'article 623, sans engager bien sérieusement nos finances, tiennent compte de l'assistance due à l'indigent honnête.

Il suffit au demandeur de justifier qu'il est hors d'état de se libérer des fais de justice pour que la cour puisse accorder la réhabilitation, même dans le cas où ces frais n'auraient pas été payés, ou ne l'auraient été qu'en partie.

Dans le cas de condamnation solidaire, la cour fixe la part des frais de justice, des dommages-intérêts ou du passif qui doit être payé par le demandeur.

Enfin un dernier paragraphe règle les rapports du réhabilité et de la partie lésée. Si celle-ci ne peut être retrouvée, ou si elle refuse de recevoir, il est fait dépôt de la somme due a la Caisse des Dépôts et Consignations dans la forme des articles 812 et suivants du code de prodédure civile : si la partie ne se présente pas dans un délai de cinq ans, pour se faire attribuer la somme consignée, cette somme est restituée au déposant sur sa simple demande.

L'article 624 a également été modifié. Il exigeait des attestations des conseils municipaux des communes où le demandeur en réhabilitation avait résidé, indiquant la durée de la résidence, la conduite et les moyens d'existence.

Cet appel, par délibération de l'assemblée municipale arrêtait beaucoup de condamnés qui ne voulaient pas rappeler avec trop d'éclat une situation sur laquelle souvent s'étaient faits le silence et l'oubli ; les inconvénients seraient bien plus grands encore aujourd'hui que les séances municipales sont devenues publiques. Il faut reconnaître d'ailleurs que cette formalité égarait la justice plus souvent qu'elle ne la servait. Dans les grandes villes, les membres du conseil ne connaissent presque jamais le demandeur et leur avis est dès lors sans portée ; dans les petites communes, il est rare que les magistrats municipaux aient la fermeté de répondre défavorablement à une requête de cette nature. Nous pensons donc, avec l'honorable rapporteur du Sénat, que le témoignage du maire, contrôlé par celui du juge de paix, du sous-préfet, du procureur de la République, et finalement soumis à l'appréciation du procureur général, suffit à toutes les exigences de de l'enquête la plus approfondie. Puis la cour d'appel a toujours le droit, si les renseignements qui lui sont apportés ne paraissent pas suffisants, d'ordonner un supplément d'information (art. 624 et 627).

En conséquence, nous pensons qu'il y a lieu de renoncer aux attestations des conseils municipaux.

Modifications proposées par la commission à la proposition de loi adoptée par le Sénat.

Comme vous l'avez vu, Messieurs, à la lecture de ce rapport, votre commission accepte dans ses grandes lignes le projet du Sénat.

Néanmoins nous avons à vous proposer quelques modifications légères sur quelques points de détail, et si nous y arrêtons votre attention, c'est dans la certitude que ces recherches sans importance ne retarderont pas le vote de la loi.

Art. 5. — La réintégration a lieu pour toute la durée de la peine restant à valoir au moment de la libération. Si l'arrestation prochaine n'est pas suivie de révocation, le temps de sa durée compte pour l'exécution de la peine.

La majorité de la commission a pensé qu'il était plus juridique et plus clair de substituer aux mots : « n'est pas suivi de révocation », ceux-ci : « est maintenue ».

Art. 8. — Dans le cas du paragraphe 2 de l'article 6 (lorsque l'Administration charge les sociétés de patronage de veiller sur la conduite des libérés), l'Administration alloue à la société ou institution de patronage une somme de 0 fr. 50 par jour pour chaque libéré pendant un temps égal à celui de la durée de la peine.

La majorité de la commission a également pensé que pour compléter le texte et enlever toute équivoque, il convenait d'ajouter ces mots : « restant à courir ».

Art. 10, § 2. — Le projet rédige ainsi le nouvel article 619 : «Tout condamné à une peine afflictive ou infamante, ou à une peine correctionnelle, qui a subi sa peine, peut être réhabilité ».

C'est l'ancien article 619 auquel on a retranché les mots : « ou qui a obtenu des lettres de grâce ».

Le prévenu qui a subi sa peine et celui qui a obtenu des lettres de grâce sont dans une situation identique; tous deux ont un droit égal à être réhabilités, et si ce membre de phrase a été retranché du texte adopté par le Sénat, il ne l'a été que par erreur. La Chambre ne verra aucun inconvénient à le rétablir.

Par suite, l'article 619 ne devra pas être compris parmi les articles modifiés ; il reste ce qu'il était.

Dans l'article 633 nous lisons la disposition ci-après : «Les extraits (du casier judiciaire) qui sont délivrés à la demande des tiers ne doivent pas relever la condamnation». Une telle prohibition est insolite, le casier judiciaire d'un citoyen ne devant jamais être délivré aux tiers. M. Dufaure, garde des Sceaux, s'en explique très clairement dans sa circulaire du 14 août 1876.

« Puisque je touche, dit-il, à un des devoirs imposés aux greffiers, je saisis cette occasion pour vous prier de leur faire connaître qu'il est formellement interdit de délivrer à des tiers le bulletin n° 2 du casier judiciaire. L'institution du casier a pour but de renseigner la justice criminelle sur les antécédents des inculpés. Ce serait en altérer le caractère que de la faire servir à donner satisfaction à des vues intéressées ».

Enfin l'article 634, paragraphe 3, nous a paru trop rigoureux. Il est ainsi conçu : «Les individus qui sont en état de récidive légale, ceux qui, après avoir obtenu la réhabilitation, auront encouru une nouvelle condamnation ne seront admis au bénéfice des dispositions qui précèdent qu'après un délai de dix années écoulées depuis leur libération».

Sur la proposition de M. Maze, votre commission a pensé qu'il fallait faire une différence entre les condamnés à des peines correctionnelles et ceux frappés de peines afflictives et infamantes. En conséquence, elle vous propose d'ajouter à l'article ci-dessus un paragraphe ainsi conçu : « Néanmoins les récidivistes qui n'auront subi aucune peine afflictive ou infamante, et les réhabilités qui n'auront encouru qu'une condamnation à une peine correctionnelle seront admis au bénéfice des dispositions qui précèdent après un délai de six années écoulées depuis leur libération. »

TEXTE ADOPTÉ PAR LE SÉNAT	PROJET DE LA COMMISSION
TITRE PREMIER	
Régime disciplinaire des établissements pénitentiaires et libération conditionnelle.	**Régime disciplinaire des établissements pénitentiaires et libération conditionnelle.**
ARTICLE PREMIER	**ARTICLE PREMIER**
Un régime disciplinaire basé sur la constatation journalière de la conduite et du travail sera institué dans les divers établissements pénitentiaires de France et d'Algérie en vue de favoriser l'amendement des condamnés et de les préparer à la libération conditionnelle.	(Conforme au texte du Sénat.)
ART. 2	**ART. 2**
Tous condamnés ayant à subir une ou plusieurs peines emportant privation de la liberté pendant six mois au moins, peuvent, après avoir accompli la moitié de leurs peines être mis conditionnellement en liberté, s'ils ont satisfait aux dispositions réglementaires fixées en vertu de l'article premier.	(Conforme au texte du Sénat.)
La mise en liberté peut être révoquée en cas d'inconduite habituelle et publique, dûment constatée ou d'infraction aux conditions spéciales exprimées dans le permis de libération.	
Si la révocation n'est pas intervenue avant l'expiration de la durée de la peine, la libération est définitive.	

<table>
<tr><td>

TEXTE ADOPTÉ PAR LE SÉNAT

ART. 3

Les arrêtés de mise en liberté sous condition et de révocation sont pris par le ministre de l'Intérieur :

S'il s'agit de la mise en liberté, après avis du préfet, du directeur de l'établissement ou de la circonscription pénitentiaire, de la commission de surveillance de la prison et du parquet près le tribunal ou la cour qui a prononcé la condamnation.

Et, s'il s'agit de révocation, après avis du préfet et du procureur de la République de la résidence du libéré.

ART. 4

L'arrestation du libéré conditionnel peut toutefois être provisoirement ordonnée par l'autorité administrative ou judiciaire du lieu où il se trouve, à la charge d'en donner immédiatement avis au ministre de l'Intérieur.

Le ministre prononce la révocation s'il y a lieu.

L'effet de la révocation remonte au jour de l'arrestation.

ART. 5

La réintégration a lieu pour toute la durée de la peine non subie au moment de la libération.

Si l'arrestation provisoire n'est pas suivie de révocation, le temps de sa durée compte pour l'exécution de la peine.

ART. 6

Un règlement d'administration publique déterminera la forme des permis de libération, les conditions auxquelles ils peuvent être soumis et le mode de surveillance spéciale des libérés conditionnels.

L'Administration peut charger les sociétés ou institutions de patronage de veiller sur la conduite des libérés qu'elle désigne spécialement et dans les conditions qu'elle détermine.

</td><td>

PROJET DE LA COMMISSION

ART. 3

(Conforme au texte du Sénat.)

ART. 4

(Conforme au texte du Sénat.)

ART. 5

La réintégration a lieu pour toute la durée de la peine non subie au moment de la libération.

Si l'arrestation provisoire est maintenue, le temps de sa durée compte pour l'exécution de la peine.

ART. 6

(Conforme au texte du Sénat.)

</td></tr>
</table>

TEXTE ADOPTÉ PAR LE SÉNAT

TITRE II

Patronage.

ART. 7

Les sociétés ou institutions agréées par l'Administration pour le patronage des libérés reçoivent une subvention annuelle en rapport avec le nombre de libérés réellement patronnés par elles, dans les limites du crédit spécial inscrit dans la loi de finances.

ART. 8

Dans le cas du paragraphe 2 de l'article 6, l'Administration alloue à la société ou institution de patronage une somme de 0 fr. 50 par jour pour chaque libéré pendant un temps égal à celui de la durée de la peine sans que cette allocation puisse dépasser 100 francs.

Disposition transitoire.

ART. 9

Avant qu'il ait pu être pourvu à l'exécution des articles 1, 2 et 6 en ce qui touche la mise en pratique du régime d'amendement et le règlement d'administration publique à intervenir, la libération conditionnelle pourra être prononcée à l'égard des condamnés qui en auront été reconnus dignes dans les cas prévus par la présente loi, trois mois au plus tôt après sa promulgation.

TITRE III

Réhabilitation.

ART. 10

Les articles 630, 631 et 632 du code d'instruction criminelle sont supprimés.

PROJET DE LA COMMISSION

TITRE II

Patronage.

ART. 7

(Conforme au texte du Sénat.)

ART. 8

Dans le cas du paragraphe 2 de l'article 6, l'Administration alloue à la société ou institution de patronage une somme de 0 fr. 50 par jour pour chaque libéré pendant un temps égal à celui de la durée de la peine restant à courir, sans que cette allocation puisse dépasser 100 francs.

Disposition transitoire.

ART. 9

(Conforme au texte du Sénat.)

TITRE III

Réhabilitation.

ART. 10

Les articles 630, 631 et 632 du code d'instruction criminelle sont supprimés.

<table>
<tr><td>

TEXTE ADOPTÉ·PAR LE SÉNAT

</td><td>

PROJET DE LA COMMISSION

</td></tr>
</table>

ART. 10 (*Suite*).

Les articles 619, 621, 623, 624, 628, 633 et 634 du même code sont modifiés ainsi qu'il suit :

Art. 619. — Tout condamné à une peine afflictive ou infamante, ou à une peine correctionnelle, qui a subi sa peine, peut être réhabilité.

Art. 621. — Le condamné à une peine afflictive ou infamante ne peut être admis à demander sa réhabilitation s'il n'a résidé dans le même arrondissement depuis cinq années, et pendant les deux dernières dans la même commune.

Le condamné à une peine correctionnelle ne peut être admis à demander sa réhabilitation s'il n'a résidé dans le même arrondissement depuis trois années, et pendant les deux dernières dans la même commune.

Les condamnés qui ont passé tout ou partie de ce temps sous les drapeaux, ceux que leur profession oblige à des déplacements inconciliables avec une résidence fixe, pourront être affranchis de cette condition s'ils justifient, les premiers d'attestations satisfaisantes de leurs chefs militaires, les seconds de certificats de leurs patrons ou chefs d'administration constatant leur bonne conduite.

Ces attestations ou certificats sont délivrés dans les conditions de l'article 624.

Art. 623. — Il doit justifier du payement des frais de justice, de l'amende et des dommages-intérêts auxquels il a été condamné, ou de la remise qui lui a été faite.

A défaut de cette justification, il doit établir qu'il a subi le temps de contrainte par corps déterminé par la loi, ou que la partie lésée a renoncé à ce moyen d'exécution.

ART. 10 (*Suite*).

Les articles 619, 621, 623, 624, 628 et 634 du même code sont modifiés ainsi qu'il suit :

Art. 619. — Tout condamné à une peine afflictive ou infamante ou à une peine correctionnelle qui a subi sa peine ou qui a obtenu des lettres de grâce peut être réhabilité. (Ancien texte du code.)

Art. 621. — (Conforme au texte du Sénat.)

Art. 623. — (Conforme au texte du Sénat.)

Art. 623 (*Suite*). S'il est condamné pour banqueroute frauduleuse, il doit justifier du payement du passif de la faillite en capital, intérêts et frais, ou de la remise qui lui en sera faite.

Néanmoins, si le demandeur justifie qu'il est hors d'état de se libérer des frais de justice, la cour peut accorder la réhabilitation même dans le cas où ces frais n'auraient pas été payés ou ne l'auraient été qu'en partie.

En cas de condamnation solidaire, la cour fixe la part des frais de justice, des dommages-intérêts ou du passif qui doit être payée par le demandeur.

Si la partie lésée ne peut être retrouvée, ou si elle refuse de recevoir, il est fait dépôt de la somme due à la Caisse des Dépôts et Consignations dans la forme des articles 812 et suivants du code de procédure civile ; si la partie ne se présente pas dans un délai de cinq ans, pour se faire attribuer la somme consignée, cette somme est restituée au déposant sur sa simple demande.

Art. 624. — Le procureur de la République provoque des attestations des maires des communes où le condamné a résidé, faisant connaître :

1° La durée de sa résidence dans chaque commune avec indication du jour où elle a commencé et de celui où elle a fini ;

2° Sa conduite pendant la durée de son séjour ;

3° Ses moyens d'existence pendant le même temps.

Ces attestations doivent contenir la mention expresse qu'elles ont été rédigées pour servir à l'appréciation de la demande en réhabilitation.

Le procureur de la République prend en outre l'avis des juges de paix des cantons et celui des sous-préfets des arrondissements où le condamné a résidé.

Art. 624. — (Conforme au texte du Sénat.)

<table>
<tr><td>

TEXTE ADOPTÉ PAR LE SÉNAT

Art. 628. — La cour, le procureur général et la partie ou son conseil entendus, statue sur la demande.

Art. 629. — En cas de rejet, une nouvelle demande ne peut être formée avant l'expiration d'un délai de deux années.

Ce délai peut être abrégé par décision du ministre de la Justice.

Art. 633. — Si la réhabilitation est prononcée, un extrait de l'arrêt est adressé par le procureur général à la cour ou au tribunal qui a prononcé la condamnation pour être transcrit en marge de la minute de l'arrêt ou du jugement. Mention en est faite au casier judiciaire. Les extraits qui en sont délivrés à la demande des tiers ne doivent pas relever la condamnation.

Le réhabilité peut se faire délivrer une expédition de la réhabilitation et un extrait du casier judiciaire, sans frais.

Art. 634. — La réhabilitation efface la condamnation et fait cesser pour l'avenir toutes les incapacités qui en résultaient.

Les interdictions prononcées par l'article 612 du code de commerce sont maintenues, nonobstant la réhabilitation obtenue en vertu des dispositions qui précèdent.

Les individus qui sont en état de récidive légale, ceux qui, après avoir obtenu la réhabilitation, auront encouru une nouvelle condamnation, ne seront admis au bénéfice des dispositions qui précèdent qu'après un délai de dix années écoulées depuis leur libération.

ART. 11

La présente loi est applicable aux colonies, sous réserve des dispositions des lois ou règlements spéciaux relatifs à l'exécution de la peine des travaux forcés.

</td><td>

PROJET DE LA COMMISSION

Art. 628. — (Conforme au texte du Sénat.)

Art. 629. — (Conforme au texte du Sénat.

Art. 633. — Si la réhabilitation est prononcée, un extrait de l'arrêt est adressé par le procureur général à la cour ou au tribunal qui a prononcé la condamnation pour être transcrit en marge de la minute de l'arrêt ou du jugement. Mention en est faite au casier judiciaire. Les extraits délivrés aux parties ne doivent pas relever la condamnation.

Le réhabilité peut se faire délivrer une expédition de la réhabilitation et un extrait du casier judiciaire, sans frais.

Art. 634. — (Conforme au texte du Sénat.)

§ 4. — Néanmoins les récidivistes qui n'auront subi aucune peine afflictive ou infamante et les réhabilités qui n'auront encouru qu'une condamnation à une peine correctionnelle, seront admis au bénéfice des dispositions qui précèdent après un délai de six années écoulées depuis leur libération.

ART. 11

(Comme au texte du Sénat.)

</td></tr>
</table>

SOCIÉTÉS DE PATRONAGE

DÉPARTEMENTS	SIÈGE DES SOCIÉTÉS	DATE de la FONDATION	RENSEIGNEMENTS
AISNE	Laon.......	1875	Paraît appelée à prendre de l'extension ; le nombre des détenus patronnés est de 5 p. 100.
ALPES (HAUTES-)	Gap........	1866	Le patronage se borne à des visites aux détenus et à des dons en nature et en argent au moment de la libération.
BOUCHES-DU-RHÔNE.......	Aix	1686	La société qui s'intitule « Œuvre des prisons » porte principalement son action sur les familles des détenus indigents.
CANTAL.......	Aurillac....	1881	Les détenus susceptibles d'être patronnés sont peu nombreux.
CHER .., ...	Bourges....	1879	
CORRÈZE......	Tulle.......	1880	
	Brives......	1880	
CÔTE-D'OR....	Dijon.......	1876	S'occupe très activement du patronage des jeunes détenus du quartier correctionnel de Dijon, pendant et après la détention.
DORDOGNE.....	Périgueux..	1876	Rend de réels services ; patronne en moyenne la moitié des détenus de la maison de correction.
	Sainte-Foy..	1876	Son action s'exerce exclusivement sur les jeunes détenus de la colonie de Sainte-Foy, qui ne reçoit que des enfants du culte protestant.
DOUBS	Besançon...	1883	Fondation récente.
	Beaune.....	1883	—
	Montbéliard.	1883	—
FINISTÈRE.....	Brest.......	1875	
GARD........	Nîmes......	1882	Œuvre encore à ses débuts.
GARONNE (HAUTE-)	Toulouse ...	1775	S'occupe surtout des jeunes libérés. Rend des services.

DÉPARTEMENTS	SIÈGE DES SOCIÉTÉS	DATE de la FONDATION	RENSEIGNEMENTS
GIRONDE......	Bordeaux...	1874	Fortement organisée, son action s'étend sur tout le département. Les libérés sont recueillis dans un refuge en attendant leur placement ; cet établissement en a ainsi reçu jusqu'à 100. Rend de réels services.
INDRE-ET-LOIRE	Tours	1876	
	—	1876	
JURA	Dôle........	1876	Donne au détenus des secours en nature et en argent ; assiste les passagers.
LOIR-ET-CHER.	Blois	1879	Résultats satisfaisants. Les membres de la société visitent les détenus dans la prison et leur donnent des secours à la sortie.
LOIRE........	Saint-Étienne..	1881	
LOIRE-INF^{re}....	Nantes	Dates diverses.	Trois œuvres fontionnent : 1° L'asile de Guillaud fondé en 1879, qui reçoit les femmes libérées ; rend des services très appréciés. 2° La société de patronage des jeunes détenus du quartier correctionnel de Nantes, fondée en 1877, qui rend aussi des services. 3° Le comité de patronage pour les hommes, qui est composé de membres du conseil de surveillance de la prison.
LOIRET	Orléans.....	1867	Deux sociétés : l'une pour les femmes libérées, l'autre pour les hommes. Résultats satisfaisants.
MARNE........	Sainte-Menehould..	1881	Se compose des membres de la commission de surveillance de la prison.
	Reims......	1875	Bonne organisation. Services réels.
	Châlons	1877	
MEURTHE-ET-MOSELLE.....	Nancy......	1876	Son action s'étend aux départements compris dans le ressort de la cour d'appel. Paraît appelée à rendre de grands services.

DÉPARTEMENTS	SIÈGE DES SOCIÉTÉS	DATE de la FONDATION	RENSEIGNEMENTS
NIÈVRE.......	Nevers.....	1881	Fondation encore récente.
NORD.........	Douai......	1880	Patronne les libérés adultes et les jeunes détenus des deux sexes.
	Valenciennes..	1861	A donné de bons résultats.
	Lille.......	1857	Résultats très satisfaisants.
PAS-DE-CALAIS.	Saint-Omer.	1883	Création récente.
PYRÉNÉES-(H^{tes})	Tarbes.....	1880	Fondation encore récente.
PYRÉNÉES-O^{les}.	Perpignan..	1875	A secouru en 1880, 84 libérés.
TERRITOIRE-DE-BELFORT.....	Belfort.....	1879	On espère que cette œuvre prendra de l'extension.
RHÔNE........	Lyon.......	1873	Rend de réels services, a secouru en 1883, 407 libérés.
	Villefranche	1876	Paraît être une annexe de la société de Lyon.
	Couzon.....	1865	Asile Saint-Léonard : possède un asile où les libérés sont reçus et occupés jusqu'à leur placement définitif; 15 a 17.000 journées de présence. Rend beaucoup de services.
SEINE........	Paris.......	1869	Société de patronage des prisonniers libérés protestants. Depuis son origine a patronné 1.516 libérés.
	—	1880	Société de patronage des enfants protestants insoumis. S'occupe des jeunes détenus. Très bonne organisation. A créé une école industrielle pour les enfants qui lui sont confiés.
	—	1830	Œuvre protestante des prisons de femmes de Paris. Excellents résultats.
	—	1879	Œuvre des libérées de Saint-Lazare. Assiste en moyenne de 600 à 800 libérées par an. A créé des asiles dans la banlieue de Paris.
	—	1878	Société de protection des engagés volontaires élevés dans les maisons d'éducation correctionnelle. Œuvre rendant des services sérieux.

DÉPARTEMENTS	SIÈGE DES SOCIÉTÉS	DATE de la FONDATION	RENSEIGNEMENTS
Seine (Suite.).	Paris........	1871	Société générale de patronage des prisonniers libérés. Prend chaque année une plus grande extension. A créé des asiles pour les libérés (un pour les hommes, un pour les femmes).
Seine-Inf.re ...	Rouen	1874	Rend des services.
	Yvetot	1879	
Seine-et-Marne.	Melun......	1877	Patronne les libérés de la maison centrale.
	Fontainebleau .	1876	
Seine-et-Oise.	Mantes	1877	Patronne environ 40 libérés par an.
	Versailles...	1876	Bonne organisation; sans négliger les libérés, elle s'occupe particulièrement des enfants délaissés et des jeunes vagabonds.
Vienne	Poitiers	1876	Composée de membres de la commission de surveillance.
	Colonie de St-Hilaire..	1876	Patronne les jeunes libérés de l'établissement.
Yonne........	Auxerre....	1878	A ses débuts.
	Tonnerre...	1878	

COMMISSIONS DE SURVEILLANCE

DES MAISONS D'ARRÊT, DE JUSTICE ET DE CORRECTION

Renseignements extraits des rapports des Inspecteurs généraux.

DÉPARTEMENTS	PRISONS	FONCTIONNE	NE FONCTIONNE PAS	FONCTIONNE irrégulièrement.	OBSERVATIONS
AIN	Bourg	1	»	»	Les rapports des Inspecteurs généraux ne contiennent aucun renseignement, relativement aux commissions de surveillance des prisons, en regard desquelles n'est porté aucun chiffre.
	Belley	»	»	1	
	Gex	1	»	»	
	Nantua	1	»	»	
	Trévoux	1	»	»	
AISNE	Laon	1	»	»	
	Château-Thierry	1	»	»	
	Saint-Quentin	1	»	»	
	Soissons	1	»	»	
	Vervins	1	»	»	
ALLIER	Moulins	1	»	»	
	Cusset	»	1	»	
	Montluçon	»	1	»	
	Gannat	»	1	»	
ALPES (BASSES-)	Digne	»	»	1	
	Barcelonnette	»	»	1	
	Castellane	»	»	1	
	Forcalquier	»	»	1	
	Sisteron	»	1	»	
ALPES (HAUTES-)	Gap	»	»	1	
	Briançon	1	»	»	
	Embrun	1	»	»	

DÉPARTEMENTS	PRISONS	FONCTIONNE	NE FONCTIONNE PAS	FONCTIONNE irrégulièrement.	OBSERVATIONS
ALPES-MARITIMES	Nice (arrêt, de justice)..	»	1	»	
	Nice (correction)	»	»	1	
	Grasse......	»	1	»	
ARDÈCHE	Privas	»	»	»	
	Largentière .	»	1	»	
	Tournon	1	1	»	
ARDENNES	Mézières (justice)	»	1	»	
	Charleville (ar-rêt, correction).	»	1	»	
	Rethel......	1	»	»	
	Rocroi......	1	»	»	
	Sedan.......	1	»	»	
	Vouziers	1	»	»	
ARIÈGE........	Foix	»	1	»	
	Pamiers.....	»	1	»	
	Saint-Girons.	1	»	»	
AUBE..........	Troyes......	»	»	»	
	Arcis-sur-Aube.	»	»	»	
	Bar-sur-Aube..	»	»	»	
	Bar-sur-Seine..	»	»	»	
	Nogent-sur-Seine.	»	»	»	
AUDE..........	Carcassonne.	»	1	»	
	Castelnaudary..	»	»	1	
	Limoux	»	»	1	
	Narbonne ...	»	1	»	

DÉPARTEMENTS	PRISONS	FONCTIONNE	NE FONCTIONNE PAS	FONCTIONNE irrégulièrement.	OBSERVATIONS
AVEYRON	Rodez	»	1	»	
	Espalion	»	1	»	
	Millau	»	»	1	
	Saint-Affrique	»	»	1	
	Villefranche	»	1	»	
BOUCHES-DU-RHÔNE	Marseille (arrêt)	»	»	»	
	Marseille (correction)	»	»	»	
	Marseille (arrêt, femmes et correction)	»	»	»	
	Aix	»	1	»	
	Tarascon	»	1	»	
CALVADOS	Caen	»	1	»	
	Bayeux	»	1	»	
	Falaise	»	1	»	
	Lisieux	»	1	»	
	Pont l'Évêque	»	1	»	
	Vire	»	1	»	
CANTAL	Aurillac	»	1	»	
	Mauriac	»	»	1	
	Murat	»	»	1	
	Saint-Flour	»	1	»	
CHARENTE	Angoulême	»	1	»	
	Barbezieux	»	1	»	
	Cognac	1	»	»	
	Confolens	»	1	»	
	Ruffec	»	1	»	

DÉPARTEMENTS	PRISONS	FONCTIONNE	NE FONCTIONNE PAS	FONCTIONNE irrégulièrement.	OBSERVATIONS
CHARENTE-INF^{re}.	La Rochelle.	1	»	»	
	Jonzac......	»	1	»	
	Marennes ...	»	1	»	
	Rochefort...	»	1	»	
	Saint - Jean - d'Angély...	»	1	»	
	Saintes......	1	»	»	
CHER..........	Bourges.....	1	»	»	
	Saint-Amand...	»	»	1	
	Sancerre....	»	»	1	
CORRÈZE.......	Tulle	1	»	»	
	Brives	»	»	»	
	Ussel	»	»	»	
CORSE.........	Ajaccio	»	»	»	
	Bastia	»	»	»	
	Calvi........	»	»	»	
	Corte.......	»	»	»	
	Sartène	»	»	»	
CÔTE-D'OR	Dijon (justice et correction) ...	1	»	»	
	Dijon (arrêt et dépôt)...	»	»	»	
	Beaune......	»	»	1	
	Châtillon-sur-Seine	»	1	1	
	Semur	»	»	1	

DÉPARTEMENTS	PRISONS	FONCTIONNE	NE FONCTIONNE PAS	FONCTIONNE irrégulièrement.	OBSERVATIONS
COTES-DU-NORD.	Saint-Brieuc.	1	»	»	
	Dinan.	»	»	1	
	Guingamp.	1	»	»	
	Lannion.	»	1	»	
	Loudéac.	»	»	1	
CREUSE	Guéret.	»	»	»	
	Aubusson.	1	»	»	
	Bourganeuf.	»	»	»	
	Chambon.	»	1	»	
DORDOGNE	Périgueux.	»	1	»	
	Bergerac.	»	1	»	
	Nontron.	»	1	»	
	Ribérac.	»	1	»	
	Sarlat.	»	»	»	
DOUBS	Besançon (arrêt et justice).	»	»	»	
	Besançon (correction).	»	1	»	
	Baume.	»	»	1	
	Montbéliard.	»	»	1	
	Pontarlier.	»	»	1	
DRÔME	Valence.	1	»	»	
	Die.	»	»	»	
	Montélimar.	»	1	»	
	Nyons.	»	»	1	

DÉPARTEMENTS	PRISONS	FONCTIONNE	NE FONCTIONNE PAS	FONCTIONNE irrégulièrement.	OBSERVATIONS
EURE	Évreux	»	1	»	
	Bernay	»	1	»	
	Les Andelys	»	»	»	
	Louviers	»	1	»	
	Pont-Audemer	»	1	»	
EURE-ET-LOIR	Chartres	1	»	»	
	Châteaudun	1	»	»	
	Dreux	1	»	»	
	Nogent-le-Rotrou	1	»	»	
FINISTÈRE	Quimper (arrêt et justice)	»	1	»	
	Quimper (correction)	»	»	1	
	Brest	»	»	1	
	Châteaulin	»	1	»	
	Morlaix	»	»	1	
	Quimperlé	»	»	»	
GARD	Nîmes	»	1	»	
	Alais	»	1	»	
	Le Vigan	»	1	»	
	Uzès	»	»	»	
GARONNE (HAUTE)	Toulouse	1	»	»	
	Muret	»	»	1	
	Villefranche	»	»	1	
	Saint-Gaudens	»	»	1	

DÉPARTEMENTS	PRISONS	FONCTIONNE	NE FONCTIONNE PAS	FONCTIONNE irrégulièrement.	OBSERVATIONS
GERS	Auch	»	»	1	
	Condom	»	»	1	
	Lectoure	»	»	1	
	Lombez	»	»	1	
	Mirande	»	»	1	
GIRONDE	Bordeaux (Fort du Hâ)	»	»	»	
	Bordeaux (La Bottière)	»	»	»	
	Bazas	»	»	»	
	Blaye	»	»	»	
	La Réole	»	»	»	
	Lesparre	»	»	»	
	Libourne	»	»	»	
HÉRAULT	Montpellier	»	»	»	
	Béziers	»	1	»	
	Lodève	»	1	»	
	Saint-Pons	1	»	»	
ILLE-ET-VILAINE.	Rennes	»	1	»	
	Fougères	1	»	»	
	Montfort	»	1	»	
	Saint-Malo	»	1	»	
	Redon	»	1	»	
	Vitré	»	1	»	
INDRE	Châteauroux	»	1	»	
	Issoudun	»	»	»	
	La Châtre	»	»	»	
	Le Blanc	»	»	»	

DÉPARTEMENTS	PRISONS	FONCTIONNE	NE FONCTIONNE PAS	FONCTIONNE irrégulièrement.	OBSERVATIONS
INDRE-ET-LOIRE.	Tours	1	»	»	
	Chinon	1	»	»	
	Loches	»	1	»	
ISÈRE	Grenoble	»	1	»	
	Bourgoin	»	»	1	
	Saint-Marcellin.	1	»	»	
	Vienne	1	»	»	
JURA	Lons-le-Saunier.	»	»	1	
	Dôle	1	»	»	
	Arbois	»	»	1	
	Saint-Claude	»	»	1	
LANDES	Mont-de-Marsan.	»	»	1	
	Dax	»	1	»	
	Saint-Sever	»	»	1	
LOIR-ET-CHER	Blois	1	»	»	
	Romorantin.	1	»	»	
	Vendôme	1	»	»	
LOIRE	Saint Étienne	»	»	1	
	Montbrison	»	»	1	
	Roanne	1	»	»	
LOIRE (HAUTE-).	Le Puy	»	»	1	
	Brioude	»	»	»	
	Yssingeaux	»	»	»	

DÉPARTEMENTS	PRISONS	FONCTIONNE	NE FONCTIONNE PAS	FONCTIONNE irrégulièrement.	OBSERVATIONS
	Nantes......	1	»	»	
	Ancenis.....	»	»	1	
LOIRE-INFÉR^re..	Châteaubriant..	1	»	»	
	Paimbœuf...	»	»	1	
	Saint-Nazaire..	»	»	1	
	Orléans	1	»	»	
LOIRET	Gien	1	»	»	
	Montargis...	1	»	»	
	Pithiviers...	»	»	»	
	Cahors......	1	»	»	
LOT	Figeac	»	»	»	
	Gourdon	»	»	»	
	Agen........	»	»	»	
LOT-ET-GARONNE.	Marmande ..	»	»	»	
	Nérac.......	»	»	»	
	Villeneuve s/ Lot	»	»	»	
	Mende......	1	»	»	
LOZÈRE........	Florac	»	1	»	
	Marvejols...	»	»	1	
	Angers	1	»	»	
	Beaugé	»	»	»	
MAINE-ET-LOIRE..	Cholet	1	»	»	
	Saumur.....	»	»	1	
	Segré	»	»	»	

DÉPARTEMENTS	PRISONS	FONCTIONNE	NE FONCTIONNE PAS	FONCTIONNE irrégulièrement.	OBSERVATIONS
MANCHE	Saint-Lô.....	»	1	»	
	Avranches ..	»	1	»	
	Cherbourg ..	»	1	»	
	Coutances...	»	1	»	
	Mortain	»	1	»	
	Valognes	»	»	1	
MARNE	Châlons-s-Marne	1	»	»	
	Épernay.....	1	»	»	
	Reims.......	1	»	»	
	Ste-Menehould..	»	»	1	
	Vitry-s-Marne..	1	»	»	
MARNE (HAUTE-)	Chaumont...	»	»	1	
	Langres.....	»	»	1	
	Vassy	»	»	1	
MAYENNE......	Laval	»	1	»	
	Château-Gontier.	1	»	»	
	Mayenne	»	1	»	
Meurthe-et-Moselle.	Nancy.......	1	»	»	
	Lunéville....	»	»	1	
	Toul	1	»	»	
	Briey	1	»	»	
MEUSE.........	Bar-le-Duc..	1	»	»	
	Saint–Mihiel.	1	»	»	
	Montmédy...	»	»	»	
	Verdun	1	»	»	

DÉPARTEMENTS	PRISONS	FONCTIONNE	NE FONCTIONNE PAS	FONCTIONNE irrégulièrement.	OBSERVATIONS
MORBIHAN	Vannes	»	»	1	
	Lorient	»	»	1	
	Ploërmel	1	»	»	
	Pontivy	»	»	1	
NIÈVRE	Nevers	1	»	»	
	Château-Chinon	»	»	1	
	Clamecy	»	»	1	
	Cosne	»	»	1	
NORD	Lille	1	»	»	
	Avesnes	1	»	»	
	Cambrai	1	»	»	
	Douai	1	»	»	
	Dunkerque	1	»	»	
	Hazebrouck	1	»	»	
	Valenciennes	1	»	»	
OISE	Beauvais	1	»	»	
	Clermont	»	1	»	
	Compiègne	1	»	»	
	Senlis	»	1	»	
ORNE	Alençon	1	»	»	
	Argentan	»	»	1	
	Domfront	»	»	1	
	Mortagne	»	»	1	

DÉPARTEMENTS	PRISONS	FONCTIONNE	NE FONCTIONNE PAS	FONCTIONNE irrégulièrement.	OBSERVATIONS
Pas-de-Calais.	Arras	1	»	»	
	Béthune.....	»	»	1	
	Boulogne....	»	»	1	
	Montreuil ...	»	1	»	
	Saint-Omer..	1	»	»	
	Saint-Pol....	»	1	»	
Puy-de-Dôme..	Clermont-Ferrand	»	1	»	
	Ambert	»	»	»	
	Issoire	»	»	»	
	Riom	»	1	»	
	Thiers	»	1	»	
Pyrénées (Bes-)..	Pau	1	»	»	
	Bayonne	»	»	1	
	Saint-Palais .	»	»	1	
	Oloron	»	»	1	
	Orthez	»	»	1	
Pyrénées (Htes-).	Tarbes	»	1	»	
	Lourdes.....	»	»	1	
	Bagnères....	»	»	1	
Pyrénées (Oles-).	Perpignan...	1	»	»	
	Céret	1	»	»	
	Prade...,....	»	»	1	
Territoire-de-Belfort......	Belfort......	»	»	1	

DÉPARTEMENTS	PRISONS	FONCTIONNE	NE FONCTIONNE PAS	FONCTIONNE irrégulièrement.	OBSERVATIONS
RHÔNE.........	Lyon (arrêt et justice)..	»	»	»	
	Lyon (correction).......	1	»	»	
	Villefranche ...	»	»	1	
SAÔNE (HAUTE-).	Vesoul (arrêt et justice)..	»	»	1	
	Vesoul (correction)....	»	»	1	
	Gray	»	»	1	
	Lure........	»	»	1	
SAÔNE-ET-LOIRE.	Mâcon	»	»	1	
	Autun	»	»	1	
	Châlons s/ Saône	»	1	»	
	Charolles....	1	»	»	
	Louhans	1	»	»	
SARTHE........	Le Mans....	»	»	1	
	La Flèche...	»	»	1	
	Mamers.....	»	»	1	
	Saint-Calais .	»	»	1	
SAVOIE	Chambéry...	»	1	»	
	Albertville..	1	»	»	
	Moutiers	»	»	1	
	Saint-Jean-de-Maurienne .	»	»	1	

DÉPARTEMENTS	PRISONS	FONCTIONNE	NE FONCTIONNE PAS	FONCTIONNE irrégulièrement	OBSERVATIONS
SAVOIE (HAUTE-).	Annecy	1	»	»	
	Thonon	1	»	»	
	Saint-Julien .	»	»	1	
	Bonneville ..	»	»	»	
SEINE......... (PARIS)	Dépôt près de la préfecture de police...	»	»	»	
	Maison d'arrêt (Mazas).	»	»	»	
	Dépôt des condamnés....	»	»	»	
	Maison de justice.......	»	»	»	
	Saint-Lazare (arrêt et correction pour les femmes).	»	»	»	
	Sainte-Pélagie (correction).....	»	»	»	
	La Santé (correction)...	»	»	»	
	La Roquette (arrêt et correction pour les jeunes détenus)...	»	»	»	
	Maison de répression de Saint-Denis	»	»	»	
SEINE-INF^re.....	Rouen.......	1	»	»	
	Rouen.......	»	»	»	
	Dieppe......	»	»	1	
	Le Havre....	1	»	»	
	Neufchâtel ..	1	»	»	
	Yvetot......	1	»	»	

DÉPARTEMENTS	PRISONS	FONCTIONNE	NE FONCTIONNE PAS	FONCTIONNE irrégulierement.	OBSERVATIONS
SEINE-ET-MARNE	Melun.......	1	»	»	
	Coulommiers	1	»	»	
	Fontainebleau..	1	»	»	
	Meaux	»	»	1	
	Provins.....	1	»	»	
SEINE-ET-OISE..	Versailles (arrêt et justice)....	»	»	»	
	Versailles (cor-rection)......	1	»	»	
	Corbeil......	»	»	»	
	Étampes	»	»	»	
	Mantes......	»	»	»	
	Pontoise	»	»	»	
	Rambouillet.	»	»	»	
SÈVRES (DEUX-).	Niort	»	»	1	
	Bressuire....	»	1	»	
	Melle	»	1	»	
	Parthenay...	»	1	»	
SOMME........	Amiens (arrêt et justice)......	»	»	»	
	Amiens (cor-rection)....	1	»	»	
	Abbeville....	1	»	»	
	Doullens	»	»	1	
	Montdidier..	1	»	»	
	Péronne.....	»	»	»	

DÉPARTEMENTS	PRISONS	FONCTIONNE	NE FONCTIONNE PAS	FONCTIONNE irrégulièrement.	OBSERVATIONS
TARN	Albi	»	1	»	
	Castres	»	1	»	
	Gaillac	»	1	»	
	Lavaur	»	1	»	
TARN-ET-GARONNE	Montauban	1	»	»	
	Castelsarrasin	1	»	»	
	Moissac	1	»	»	
VAR	Draguignan	»	1	»	
	Brignolles	1	»	»	
	Toulon	»	1	»	
VAUCLUSE	Avignon	1	»	»	
	Apt	»	1	»	
	Carpentras	1	»	»	
	Orange	1	»	»	
VENDÉE	La Roche-s-Yon	1	»	»	
	Fontenay-le-Cte	1	»	»	
	Les Sables-d'Olne	»	1	»	
VIENNE	Poitiers	1	»	»	
	Châtellerault	1	»	»	
	Civray	»	1	»	
	Loudun	1	»	»	
	Montmorillon	»	1	»	

DÉPARTEMENTS	PRISONS	FONCTIONNE	NE FONCTIONNE PAS	FONCTIONNE irrégulièrement.	OBSERVATIONS
VIENNE (HAUTE-).	Limoges.....	1	»	»	
	Bellac	»	1	»	
	Rochechouart ..	»	1	»	
	Saint-Yrieix .	»	»	»	
VOSGES	Épinal (arrêt et correction) ...	1	»	»	
	Épinal (justice).	»	»	»	
	Mirecourt...	»	»	1	
	Neufchâteau.	»	»	1	
	Remiremont.	»	»	1	
	Saint-Dié ...	1	»	»	
YONNE	Auxerre.....	1	»	»	
	Avallon	»	»	1	
	Joigny	»	»	1	
	Sens	»	»	1	
	Tonnerre....	»	»	1	
TOTAUX..............		116	97	99	

CHAMBRE DES DÉPUTÉS

DOCUMENTS PARLEMENTAIRES

Séance du 16 mai 1885

PREMIÈRE DÉLIBÉRATION sur la proposition de loi, adoptée par le Sénat, relative aux moyens de prévenir la récidive.

M. LE PRÉSIDENT. — L'ordre du jour appelle la première délibération sur la proposition de loi, adoptée par le Sénat, sur les moyens de prévenir la récidive (libération conditionnelle, patronage, réhabilitation).

La parole est à M. Camescasse.

M. CAMESCASSE. — Messieurs, tout récemment, la Chambre a voté le projet de loi contre les récidivistes. Par une juste compensation, la Chambre est saisie aujourd'hui d'un projet qui a pour but de prémunir la Société contre la naissance même de la récidive. Il ne suffit pas de frapper le récidiviste, il faut l'empêcher de se former, et c'est dans ce but que la loi est faite.

Je ne viens pas combattre dans son principe un projet qui a été élaboré avec soin, dans le Sénat, par les hommes les plus compétents. Je considère qu'il y a beaucoup à faire, que des réformes sérieuses peuvent être apportées dans notre régime pénitentiaire en ce qui touche l'exécution des peines. Mais ce que je viens demander ici, ce sont des explications à la commission et au Gouvernement sur des points restés obscurs.

En effet, Messieurs, lorsqu'on aborde des questions aussi graves, lorsqu'on a à se prononcer sur un système qui modifie, dans une mesure sérieuse, profonde même, notre mode actuel d'exécution des peines. Il ne saurait rester d'obscurité, tout doit être mis en lumière. Comment le projet s'y prend-il pour empêcher la récidive de naître, pour arrêter le criminel à sa première condamnation, et l'empêcher d'aller au-delà ? La réforme porte sur une modification dans le régime de la prison. Il s'agit de transformer la prison et de lui imprimer un caractère plus efficace et plus moralisateur. Il y a aussi, lorsque le condamné est sorti de prison, une organisation particulière de patronage qui le protège contre ses propres égarements. Et, enfin, il y a une doctrine nouvelle sur la réhabilitation.

En ce qui touche la réhabilitation formulée par le projet de loi, je n'ai rien à dire. Je trouve les mesures nouvelles sages et justes. Elles ont pour but, en effet, de remplacer la réhabilitation gouvernementale, dépendant du pouvoir exécutif, par une réhabilitation prononcée par les tribunaux, peut-être même par le tribunal qui a prononcé la condamnation.

Jusque-là, rien à dire : c'est un projet sérieux ; l'idée est nette, précise, je n'ai qu'à en approuver les dispositions.

Mais il y a des objections à présenter sur ce qu'on appelle la libération conditionnelle, et sur l'organisation du patronage. On a toujours dit que le contact dans la prison était une des pricipales sources de la récidive, ou du moins celle-là seule dont la loi actuelle ait à se préoccuper, car je ne veux pas entrer ici dans l'examen des causes d'ordre moral et social qui peuvent influer sur la création, la formation de la récidive.

Messieurs, je crois qu'il faut soigneusement distinguer deux catégories de détenus. Ceux qui sont condamnés pour la première fois, qui ont commis des délits légers, des délits pour coups et blessures, par exemple ; ce sont des égarés, des hommes qui, évidemment, ne sont pas amenés dans la prison par une perversité ancienne.

Et puis, les habitués de la prison, ceux qui y sont entrés pervertis, qui s'y sont pervertis un peu plus encore, et qui sont les agents de la perversion des autres. (*Très bien ! très bien !*) Vous avez ainsi dans cette même catégorie des hommes qui ne sont pas là par suite d'une idée préconçue de faire mal, mais qui sont dans un état de dépression morale telle, dans une telle faiblesse en face des luttes de la vie, qu'ils sont entraînés fatalement, en quelque sorte, à commettre de nouveaux méfaits. Il faut donc, quand on s'occupe de ces questions, toujours distinguer entre ces deux catégories d'individus. Pour la première, pour les égarés, pour ceux qui entrent en prison pour la première fois, jamais la loi n'aura assez d'indulgence et de pitié, jamais la loi ne pourra accumuler assez de précautions pour les ramener au bien. Mais, quant aux autres, il faut être ferme, savoir à qui l'on a affaire ; il ne faut pas que les juges et la Société soient trompés par des hommes dont l'éternel artifice est de se jouer de la justice et des peines, afin de se réserver l'impunité pour de nouveaux méfaits.

Eh bien ! je voudrais précisément, à l'abri de cette distinction, provoquer de la part de la commission quelques explications sur ce qu'on entend faire des uns et des autres. Il est certain qu'au premier abord, à la lecture du projet de loi, on est frappé d'une disposition qui est d'un caractère absolument général, et, peut-être, beaucoup trop général.

L'article 2 dit, en effet, ceci :

« Tous condamnés ayant à subir une ou plusieurs peines emportant privation de la liberté pendant six mois au moins, peuvent, après avoir accompli la moitié de leurs peines, être mis conditionnellement en liberté, s'ils ont satisfait aux dispositions réglementaires fixées en vertu de l'article premier ».

L'article premier recommande. au Gouvernement de faire un règlement plus sévère, plus complet, plus approfondi que ceux qui existent à présent, et, en vertu des dispositions duquel le condamné pourra obtenir une remise de peine ou une libération anticipée.

Je me demande s'il n'est pas dangereux de laisser au Gouvernement la faculté de mettre en liberté conditionnelle tous les condamnés sans aucune distinction, sans lui fixer à l'avance des limites, sans créer des catégories. Je me demande si on doit traiter de même façon le condamné à la réclusion, celui qui a commis un crime — serait-il le premier — et le délinquant, dont je parlais tout à l'heure, qui est entré en prison comme par hasard, sous l'impulsion d'une excitation passagère. Je pense, Messieurs, qu'il y a quelque chose qui doit être précisé, expliqué, une faculté qui doit être réduite dans une large proportion par le règlement qui doit intervenir après la loi.

Pour ma part, Messieurs, je m'effrayerais de l'extrême latitude qui serait laissée au Gouvernement dans ces conditions, car n'oublions pas que nous venons de faire une loi sur les récidivistes, et que dans cette loi une peine de quatre mois peut entraîner la relégation.

Supposez — c'est une hypothèse qui n'a rien d'invraisemblable — supposez que le Gouvernement, satisfait de la conduite, dans la prison, d'un condamné récidiviste, l'ait mis en liberté conditionnelle et que cet homme soit ensuite condamné à une peine qui entraînera la relégation ; il sera envoyé à la Nouvelle-Calédonie après avoir été mis précédemment en état de liberté conditionnelle à la suite d'une autre condamnation.

Il y aurait là, selon moi, quelque chose qui choquerait la justice et la raison, et je suis convaincu qu'il y a, sur ce point, des modifications à apporter au projet.

M. Gomot, *rapporteur*. — Nous allons en présenter.

M. Camescasse. — Pour ma part, je suis convaincu que la loi aurait plus directement atteint son but si, au lieu de prendre ainsi indistinctement tous les condamnés, comme le font, je le reconnais, certaines législations étrangères, la loi avait suivi une autre direction : si elle avait réservé toutes ses faveurs, toutes ses indulgences pour celui qui tombe pour la première fois sous le coup de la loi; si l'on avait été jusqu'à dire, comme cela a été proposé, que celui qui, pour un fait déterminé, léger, peu grave, arrive pour la première fois devant les tribunaux, serait autorisé conditionnellement à ne pas faire sa peine, pour éviter les conséquences du contact dans la prison.

Cette théorie a été soutenue par les criminalistes et dans les congrès. En tout cas, il faut créer, des catégories, il faut qu'on spécifie et qu'on distingue notamment ceux qui ont une famille, car la préoccupation de la famille est le grand levier de la régénération et du relèvement pour le prisonnier. Il faut distinguer suivant l'âge, le sexe, la nature du délit, et c'est avec regret que je constate que ces distinctions ne figurent pas dans le projet qui vous est soumis.

La libération aussi large, aussi ample qu'elle vous est proposée aujourd'hui n'existe dans ces conditions dans aucun pays d'Europe. Beaucoup de législations ont déjà essayé de ce moyen : pour ne parler que des grands États, l'Angleterre et l'Allemagne en ont fait une expérience traversée par des hasards divers, et qui n'a pas été sans soulever de graves objections, surtout en Angleterre.

En face de la liberté complète laissée au Gouvernement, et qui profitera à un trop grand nombre de libérés conditionnels, je crois devoir mettre sous vos yeux ce qui s'est passé en Allemagne dans ces dernières années; vous verrez dans quelles limites et avec quelle discrétion la libération conditionnelle est mise en pratique dans ce pays.

De 1871 à 1874, il y a eu à peu près, en Allemagne, dans les maisons de réclusion — car il n'y a de libération conditionnelle que pour les condamnés détenus dans les maisons de réclusion ou ceux qui sont condamnés à un emprisonnement de longue durée

— il y a eu 3.784 demandes sur 16.000 détenus ; il n'y a guère eu, sur ce chiffre de demandes, que 30 ou 35 p. 100 de libérations conditionnelles accordées. Vous voyez que, sur l'ensemble des condamnés à la réclusion ou à un long emprisonnement, il n'a guère été accordé que 1 p. 100 de libérations conditionnelles.

Voilà ce qui peut rendre la peine véritablement moralisatrice, et ce qui fait que le Gouvernement a grande chance de ne pas se tromper quand il accorde ce privilège considérable à un détenu de ne pas faire dans la prison une partie de sa peine.

De plus, au lieu de libérer de la moitié, comme le projet le propose, la loi allemande ne libère que d'un quart, et encore faut-il que ce quart ne soit pas inférieur à un an.

Vous voyez dans quelles conditions sévères, rigoureuses, le droit de libération est pratiqué en Allemagne.

En Angleterre, c'est à peu près la même chose ; depuis de longues années, depuis que la transportation a été abolie, on use de la libération conditionnelle, mais de telle sorte que les libérés sont bien peu nombreux, et l'on peut, par conséquent, exercer sur eux une surveillance plus active et plus efficace. C'est pour cela, Messieurs, que je redoute le trop grand nombre de libérés conditionnels. Je suis convaincu qu'il y a dans les termes où la loi est présentée, un excès qui frappe tous les yeux et qu'il appartient au règlement d'administration publique de modifier d'une façon sérieuse.

Maintenant, Messieurs, à un autre point de vue, je trouve qu'il est fâcheux de remettre au ministre de l'Intérieur la faculté d'apprécier, d'après les notes recueillies dans les prisons, par les diverses autorités qui y pénètrent, si, oui ou non, un individu doit être mis en liberté conditionnelle.

C'est là une responsabilité très lourde, et je me demande comment le ministre de l'Intérieur pourra, en pleine connaissance de cause, et avec ce sentiment profond de la gravité de la décision qu'il va prendre, je me demande si M. le Ministre de l'Intérieur pourra, avec précision et pleine sécurité pour la Société, et garantie pour l'accusé, donner cet ordre de mise en liberté conditionnelle ou la refuser.

En Angleterre, il n'en est pas ainsi. Dans ce pays, la libération conditionnelle est un droit pour le détenu, droit qui s'acquiert par l'effort constant, par le travail, par la bonne conduite, par les notes de prison. Lorsque le condamné par sa tenue, par le travail et la manifestation de son repentir, a obtenu un certain nombre de points, il n'a pas à s'en remettre à la bonne grâce du ministère, il revendique un droit.

Eh bien, Messieurs, c'est ainsi que se réveille dans l'âme du condamné le sentiment du droit, ce qui évite, il faut bien le dire, au ministère de l'Intérieur des difficultés d'appréciations excessives. Avec votre système, au contraire, quel est le condamné français qui, entrant en prison, n'aura pas l'espoir d'obtenir par des recommandations, par des faveurs, par des prières souvent hypocrites, cette libération provisoire qu'il ne devrait obtenir que comme un droit sous des conditions parfaitement constatées et parfaitement précisées par les règlements.

Il y a là un véritable danger : en Angleterre, il n'y a pas de grâces pour les délits ordinaires; en France, il en est fait usage, et je vous demande encore comment pourront fonctionner. côte à côte le système de la libération conditionnelle tel que je viens de l'exposer, et le système des grâces dont, pour les petits délits, il est fait si souvent un véritable abus.

Je me demande, dis-je, comment ces deux systèmes pourront fonctionner simultanément; si d'un côté, le ministre de l'Intérieur, mettra en liberté conditionnelle, et si de l'autre le ministre de la Justice usera de sa prérogative. Je ne veux pas supposer que le désaccord aille jusqu'au conflit et que les ministres s'arracheront un condamné pour l'accabler de leurs faveurs respectives; mais il peut arriver que deux individus dans une situation analogue soient, l'un, l'objet d'une grâce qui aménera la libération complète, absolue, tandis que l'autre, entre les mains du minis tère de l'Intérieur, ne jouira que d'une libération conditionnelle.

Il y a là encore des difficultés d'application qu'il faut absolument prévoir. Ce sont des détails, mais comme il s'agit de lois qui s'appliqueront tous les jours, dont l'application sera remise à l'administration de la Justice et à celle de l'Intérieur dans tous les départements, il faut qu'il n'y ait aucune espèce d'ambiguïté, et que tous les agents sachent positivement ce qu'ils doivent faire.

Mais il y a une objection que je considère comme encore plus grave à apporter au régime de la liberté conditionnelle tel qu'il est établi dans le projet de loi.

Dans la pensée de l'auteur du projet, de M. le sénateur Bérenger, qui s'en est fait le promoteur, après l'avoir longtemps soutenu et étudié dans des congrès et des sociétés particulières, tout le système repose exclusivement sur l'application du régime cellulaire.

L'idée de moraliser les détenus est subordonnée à ce fait qu'ils seront enfermés dans une cellule, avec le règlement sévère, rigoureux du régime cellulaire, règlement qui est du reste encore à faire.

Déjà la loi de 1875 avait prévu que, lorsque la peine serait subie en cellule, *ipso facto*, elle serait réduite d'un quart.

Cette disposition montrait que, dans l'esprit du législateur, la cellule avait quelque chose de plus rigoureux et, par hypothèse, de plus moralisateur.

Eh bien, Messieurs, si nous faisons du régime cellulaire la base de notre réforme, si le détenu peut conquérir dans le silence, dans le recueillement de la cellule les bonnes notes qui lui ouvriront un peu plus tôt les portes de la prison, je comprends parfaitement la loi : le système se tient, le système est logique ; c'est la prison cellulaire qui commence, c'est la libération provisoire qui couronne l'œuvre de .répression.

Mais, où en sommes-nous de l'application du régime cellulaire en France ? Avons-nous les moyens d'exécuter, dès demain, cette loi qui va être votée par vous ? Vous savez bien où nous en sommes ; vous savez bien que depuis que la loi de 1875 existe les efforts faits par les départements pour créer des maisons cellulaires sont encore à l'état théorique ; ils nous donnent des espérances ; mais ils ne nous ont pas encore donné de certitudes ; vous savez bien que, sur les 380 ou 383 prisons d'arrondissement, nous en avons peut-être 12 ou 15, qui sont achevées, complètes....

M. Freppel. — Pas même !

M. Camescasse. — Pas même, c'est vrai ; mais enfin, mettons une dizaine.

Eh bien, je vous demande, Messieurs, comment vous pourrez exécuter dès à présent cette loi, si vous n'avez pas comme base d'exécution et de répression les prisons cellulaires ? Vous aurez alors cette grande difficulté d'apprécier, suivant le régime des prisons, la situation des détenus ; vous serez obligés de faire des règlements qui s'appliqueront les uns aux maisons cellulaires et les autres aux maisons en commun, et il est certain que vous arriverez à une bigarrure dans les appréciations, qui résultera de ce que la base même de votre système est différente.

C'est très grave, comme vous le voyez, et j'avoue que j'attache une très grande importance à cette objection. Vous serez donc singulièrement embarrassés pour appliquer la loi et j'ajoute que j'aurais la plus grande appréhension à voir des détenus sortant de la prison commune jouir des bienfaits de la libération conditionnelle, parce qu'il n'auront pas trouvé dans la prison où ils auront passé une partie de leur temps, les conditions de moralisation que je considère comme attachées au régime cellulaire.

J'ajoute, et je crois que le renseignement est exact, bien que je n'ose pas l'affirmer sans l'assentiment de M. le Commissaire du Gouvernement, que le crédit qui était affecté au développement des prisons a dû être supprimé au budget de l'Intérieur.

M. HERBETTE, *commissaire du Gouvernement*. — Il y a eu une simple diminution de crédit en prévision.

M. CAMESCASSE. — Eh bien! ce serait le contraire qu'il faudrait faire, ce serait, si vous voulez agir sérieusement, d'augmenter dans des proportions considérables le crédit affecté aux prisons cellulaires, car avec les lenteurs actuelles, il est probable que, dans vingt ans, nous en serons encore à attendre l'application de la loi.

J'arrive maintenant à un autre ordre d'idées.

J'examine le régime de la liberté provisoire en lui-même, et je me demande ce qu'il pourra être, quelle pourra être son efficacité dans l'état de nos mœurs et de notre législation.

Il y a un grand exemple, c'est celui de l'Angleterre. L'Angleterre, elle aussi, dès 1885, à établi ce régime de libération conditionnelle ; on y était mal éclairé sur les conséquences du système, et la libération conditionnelle y a équivalu, en principe, à une véritable remise de peine. Il s'en est suivi que les malfaiteurs, débarrassés du fardeau de la peine subie, étaient laissés dans les rues de Londres en pleine liberté.

Qu'en est-il résulté? Tous les écrivains qui se sont occupés de cette matière le disent: il en est résulté un redoublement de délits et de crimes; si bien qu'on put voir ce spectacle étrange d'un meeting de malfaiteurs qui se réunit à Londres en 1856, probablement comme tous les meetings anglais, sous la protection de la police. Ce meeting a donné des résultats singuliers. On y a disserté à perte de vue sur les erreurs de la justice, sur les violences de la police. Il paraît qu'on n'y a volé personne, car, par honneur professionnel, les malfaiteurs qui étaient là se sont respectés entre eux. Mais ils n'ont pas conservé bien longtemps ces bonnes habitudes qu'ils avaient essayé de prendre dans cette réunion et dans l'exercice régulier des libertés que l'Angleterre offre généreusement à tous ses citoyens.

Il y eut un véritable débordement de délits et de crimes, si bien que l'opinion publique, surexcitée, a réclamé des mesures énergiques contre les libérés conditionnels.

Est-ce cette expérience que vous voulez tenter en France en ce moment, alors que vous venez de faire la loi sur les récidivistes et que l'opinion est si justement émue du développement de la récidive. *(Marques d'approbation.)*

A partir de 1884, car l'épreuve avait duré huit ans, les libérés conditionnels furent surveillés avec soin, rigoureusement. Mais, comme vous l'avez vu tout à l'heure, il n'y en avait pas beaucoup a surveiller, le nombre en était assez restreint.

Avec votre projet de loi, au contraire, étant donnée l'extrême latitude qu'il laisse au Gouvernement, vous aurez sur le pavé des grandes villes, et notamment sur le pavé de Paris, un nombre de libérés conditionnels qu'il n'est pas possible de déterminer en ce moment, qui sera considérable, plus considérable que chez aucune autre nation de l'Europe, parce que partout ailleurs, la législation est plus étroite; vous aurez toute une série d'individus qui, j'en suis convaincu, seront un véritable danger pour la sécurité publique, un objet de préoccupations incessantes pour le Gouvernement.

De deux choses l'une, Messieurs, ou bien les hommes que vous laisserez ainsi sur le pavé de Paris, avec la liberté provisoire, vous ne les surveillerez pas — et je puis dire que ce sera là le fait le plus commun, parce que vous n'en aurez pas les moyens — ou bien, vous essayerez d'exercer vis-à-vis d'eux, la surveillance étroite de la police.

Mais alors, prenez-y garde! N'oubliez pas qu'il y a deux jours à peine, dans la loi sur les récidivistes, vous avez voté une disposition à laquelle j'applaudis et que j'ai votée, parce que je considère qu'elle réalise un grand progrès; vous avez supprimé la surveillance de la haute police estimant avec grande raison et avec tous les hommes qui se sont occupés de cette question qu'elle allait contre son but et qu'elle créait dans la Société des parias qui étaient réduits à traîner ce boulet sans avoir aucune chance et presque aucun moyen de revenir au bien.

Vous avez donc supprimé la surveillance et vous avez bien fait. Mais qu'en résultera-t-il avec le système de la libération conditionnelle? Quelle sera la situation de cet homme que vous aurez fait sortir de prison, mais sous cette condition que s'il vient à faiblir, ou seulement si sa conduite est mauvaise, prête à des soupçons, le ministre de l'Intérieur aura le droit d'aller le chercher là où il sera et de l'y réintégrer pour la durée de sa peine restant à courir. Est-ce que ce malheureux qui sera soumis à une surveillance étroite et jalouse ne sera pas précisément dans la même situation que celui qui était sous le coup de cette surveillance de la haute police, que vous avez rayée de nos lois et avec raison?

M. Leydet. — Vous aimez mieux qu'il soit en prison ?

M. Camescasse. — Je n'aime pas mieux qu'il soit en prison, je suis pour que chacun paye sa dette à la Société et fasse la peine que les tribunaux lui ont infligée, je préférerais infiniment que par une bonne conduite, un bon travail dans des conditions soigneusement fixées par les règlements, l'homme obtienne plutôt sa libération définitive et gagne une partie de sa liberté complète. Voilà comment je répondrais à votre objection. Mais je trouve dangereux, fatal à l'amendement des condamnés de voir ces hommes soumis à une surveillance incessante, et ne sachant souvent où porter leur travail et leurs efforts. Tout le monde sait avec quelle répulsion sont considérés dans nos mœurs actuelles les individus qui ont déjà eu affaire avec la justice ; et quand je pense que nous sommes depuis plusieurs mois, sinon depuis plusieurs années, sous le coup de polémiques très vives et très ardentes auxquelles ont donné lieu les discussions de la loi de la récidive, que l'opinion publique est très excitée, que la presse, avec une facilité très grande à enregistrer et quelquefois même à aggraver les crimes et les délits commis je me demande si c'est le moment d'ouvrir la porte des prisons à des malheureux qui auront encore des comptes à rendre et seront soumis à des déclarations devant les autorités, à des inquisitions, à des révélations aussi, je me demande si nous pouvons ainsi aspirer à l'amendement, à la véritable rénovation morale des coupables.

Messieurs, cette question a été souvent et longuement traitée ; M. Jules Simon, faisant une conférence, il y a quelques années, devant la société de patronage des libérés — celle précisément qui a élaboré le projet dont nous nous occupons en ce moment — racontait les visites qu'il avait faites à Londres dans les lieux où se retiraient d'ordinaire les malfaiteurs.

Il a vu toutes les classifications établies entre ces gens, et les hommes qui lui montraient ces repaires du vice et du crime lui faisaient remarquer qu'il y avait parmi tous ces individus un grand nombre de convicts en état de libération conditionnelle.

M. Jules Simon, après avoir raconté ce qu'il avait vu à Londres, ajoutait : « Je ne suis pas converti. Les permissionnaires font l'essai de leur liberté aux dépens des citoyens paisibles. Ces isolés soigneusement gardés pendant leur détention retrouvent dans Fleet Street leurs complices et leurs professeurs. Ceux qui s'enfuient à toutes jambes peuvent être sauvés ; mais pour ceux qui retournent dans cet enfer il n'y a ni guérison, ni rédemption ».

Telle est, Messieurs, l'opinion d'un homme qui a étudié de près la question, et je vous avoue que connaissant, comme je les connais, les milieux où vivent ces individus, je me demande si, loin de sauvegarder quelques libérés, on ne les livrera pas fatalement en proie aux malfaiteurs dont nous essayons cependant de les éloigner. Il y a là de grosses préoccupations, de sérieuses précautions à prendre, et jamais le règlement d'administration publique ne sera assez sévère pour prévenir les dangers que je signale.

Pour me résumer, je dirai : Vous avez supprimé la surveillance il y a quelques jours, et vous la rétablissez aujourd'hui pour toute une catégorie nouvelle de malheureux ou, si vous voulez, de malfaiteurs.

Messieurs, on a fait cependant cette objection : Le système de la liberté conditionnelle a réussi dans des proportions considérables en ce qui touche les jeunes détenus.

Le fait est parfaitement exact.

Depuis longtemps, pour les mineurs qui sont détenus en vertu de l'article 66 du code pénal, on a autorisé des sociétés de patronage à prendre dans les cellules les enfants qui se signalent par leur bonne conduite.

J'ai été pendant de longues années membre de la société de patronage et j'ai pu apprécier ce qu'il était juste de faire, avec quel intérêt il fallait s'approcher de ces enfants et les résultats merveilleux obtenus lorsque, les arrachant à la cellule, on les transportait à la lumière, au soleil, et en quelque sorte à la liberté, en les plaçant chez des patrons choisis à l'avance et avec soin. Ce système a admirablement réussi, il fonctionne actuellement, et nous ne saurions trop rendre hommage à ces sociétés qui se sont consacrées à cette tâche, dont les résultats, je le répète, sont excellents.

Mais, Messieurs, de ce que ce système réussit parfaitement pour des enfants, peut-on espérer qu'il donnera des résultats semblables en l'appliquant à des adultes.

C'est ici, Messieurs, que le doute s'élève.

Si ce système a réussi pour les enfants, on peut en attribuer le succès à deux raisons bien saisissables, que tout le monde voit : c'est que l'enfant, même coupable, n'inspire jamais, dans les milieux où on le place, l'effroi et la répulsion que fait naître la présence d'un adulte criminel. Tout le monde se sent pris de sympathie pour eux.

J'ai vu de ces enfants venant de la Roquette placés dans des ateliers de petits patrons, car dans de vastes ateliers ils seraient perdus, dans des ateliers n'occupant que quelques ouvriers, prendre place dans la famille même, à côté des enfants du patron, et se vivifier à ce contact. On trouve facilement des patrons qui acceptent ces enfants.

La seconde raison du succès de cette mesure appliquée aux mineurs, c'est que si l'enfant se conduit mal, s'il se regimbe contre ce régime nouveau, il est mineur, on a sur lui un pouvoir tutélaire ; le patron est armé, comme la société, comme le Gouvernement, du droit de tutelle, qui est une émanation de la puissance paternelle et qui permet de réprimer l'enfant, de l'empêcher de s'éloigner et de le maintenir sous cette surveillance absolument paternelle.

Mais la situation est bien différente lorsqu'on est en présence d'adultes ; de deux choses l'une : ou vous laisserez ces adultes avec tous les risques d'une liberté sans contrôle et sans contre-poids, ou bien vous les entourerez d'une étroite surveillance, qui emportera avec elle ses terreurs et ses hontes.

Messieurs, tout cela est grave et est de nature à appeler l'attention de la Chambre avant que le projet soit voté.

Il me reste une observation à faire sur les sociétés de patronage. Il est dit dans le texte de la loi qu'il sera organisé des sociétés de patronage pour les détenus ; le libéré sera pris à sa sortie de prison par les sociétés de patronage, qui feront pour les adultes ce qu'elles ont déjà fait pour les enfants.

Je suis très partisan des sociétés de patronage, je rends justice au dévouement de leurs membres, au désir de bien faire qui ne cesse de les animer, je constate le nombre toujours croissant de leurs adhérents ; mais je me demande — et ceux qui s'occupent de ces questions savent à quoi s'en tenir — en présence du nombre considérable de libérés conditionnels que la loi va lancer sur le pavé des grandes villes, si vous aurez assez de sociétés de patronage pour les accueillir tous, pour aider d'une façon efficace l'action du pouvoir exécutif ? Je ne le crois pas, car les sociétés de patronage sont encore dans l'enfance, et cette enfance ne me paraît pas devoir d'ici longtemps, arriver à l'adolescence. Je lis dans le rapport ..

M. Martin Nadaud. — Elles datent de loin cependant.

M. Camescasse. — Elles sont anciennes, je le veux bien, mais elles ne sont pas développées.

M. Clémenceau. — C'est la faute de l'Administration.

M. Martin Nadaud. — Cela prouve l'indifférence de la Société, l'indifférence des riches pour les pauvres. (*Exclamations.*)

M. Camescasse. — C'est une erreur. Je n'ai jamais connu que des administrations encourageant les sociétés ; mais je constate un fait, c'est qu'elles sont insuffisantes et qu'elles le reconnaissent elles-mêmes. Par conséquent, si ce grand moyen de moralisation, le patronage, est inscrit en principe dans votre loi, vous devez vous attendre à ce qu'il ne vous donne ni le concours ni la sécurité que vous seriez en droit d'en attendre.

En effet, Messieurs, la grande société de patronage pour les détenus qui existe depuis de longues années dans le département de la Seine — tout se réduit à une question d'argent — savez-vous ce qu'elle a dépensé ? Elle possédait, en 1878, 37.000 francs ; elle en a dépensé 13.000 ; et depuis, en 1883, elle a eu une dépense annuelle de 35.000 francs. Elle a deux asiles de 35 lits chacun, et elle a assisté, en 1883, à divers titres, 500 libérés environ.

Je vous le demande, Messieurs, en présence du nombre considérable, des centaines et peut-être des milliers de détenus que vous aurez ainsi à protéger, est-ce avec une dépense de 35.000 francs et les ressources des sociétés départementales que vous pourrez arriver à des résultats pratiques et efficaces ? Non, Messieurs, certainement non.

En Angleterre, où ces sociétés ont pris un développement beaucoup plus complet, on assiste à peu près la moitié des individus qui sortent de prison.

A Londres, on vient en aide à 450 libérés ; mais à Paris, Messieurs, à Paris seulement, vous aurez un chiffre de libérés trois et quatre fois plus élevé et vous disposerez de moyens ne s'élevant pas au quart, au cinquième des ressources que possèdent les sociétés de cette nature en Angleterre.

M. Martin Nadaud. — Le gouvernement anglais a accordé un demi-million, et nous, nous avons voté 60.000 francs !

M. Camescasse. — Votre interruption, mon cher collègue, confirme ce que j'avance au sujet de l'insuffisance des ressources des sociétés de patronage ; j'accueille votre témoignage avec reconnaissance.

Pour remédier à cette situation, on s'est demandé si l'État ne devait pas intervenir, et la loi a prévu que des subventions pourraient être accordées aux sociétés de patronage.

Nous abordons ici une question fort redoutable : celle des subventions aux sociétés libres. Ce système peut nous entraîner très loin, et je ne sais si les finances de l'État pourront jamais suffire à subventionner toutes les sociétés privées qui font appel à son concours dans un but toujours utile et intéressant. Pour ma part, je ne suis nullement opposé...

M. Achard. — Cela diminuerait certainement les dépenses de la relégation, ce qui vaudrait bien mieux.

M. Pleyre (Gard). — Vous avez les fonds secrets, dont vous pourriez disposer dans ce but.

M. Camescasse. — Je dis qu'avant de subventionner les sociétés de patronage pour les détenus, l'État devrait prendre une décision à l'égard des subventions à acccorder aux sociétés de secours mutuels et aux caisses de retraites pour la vieillesse.

Voilà en effet, des sociétés intéressantes, utiles, nécessaires et qui profitent à des hommes qui n'ont pas failli. Sans rien refuser aux détenus...

M. Freppel. — C'est une autre question.

M. Camescasse. — C'est toujours une question d'argent. Il est bien certain que l'argent employé en subventions aux sociétés de secours mutuels et aux caisses de retraites pour la vieillesse se trouvera en moins lorsqu'il s'agira dans un budget général, de venir en aide aux sociétés de patronage pour les jeunes détenus.

Messieurs, je veux borner là mes observations. Vous voyez combien il y a encore de difficultés pratiques, combien il est délicat d'entrer dans l'étude de ces questions et surtout d'aborder l'application d'une loi de cette nature sans savoir jusqu'où on ira et ce qu'on pourra faire. Il faut prendre garde : une erreur au point de départ peut entraîner des conséquences fatales, l'augmentation du nombre des délits et crimes, et surtout cette espèce de raillerie que le libéré ne manquera pas d'adresser à la société lorsqu'il se verra ainsi remis en liberté au milieu de ses pareils.

Je trouve donc que ce projet de loi, à la suite des explications qui seront données sur le règlement d'administration publique à intervenir, peut être largement amélioré. Je trouve que ce projet, tel qu'il est rédigé actuellement, est plutôt une thèse philosophique. un mémoire très utile à consulter, très bien fait, sur des réformes à réaliser, plutôt qu'un moyen pratique, efficace et immédiat, d'appliquer des principes nouveaux.

L'application de cette loi sera difficile et longue à obtenir ; je suis convaincu que les pouvoirs publics y consacreront tous leurs soins ; mais il est certain que les moyens feront défaut.

Nous allons commencer la discussion des articles ; nous verrons si, au cours de ce débat, il ne convient pas de provoquer de nouvelles explications. Je crois, Messieurs, avoir montré d'une façon suffisante les points faibles de ce projet, tout en rendant hommage aux intentions qui l'ont inspiré ! *(Très bien ! très bien ! et applaudissements sur divers bancs au centre et à gauche.)*

M. Gomot, *rapporteur*. — Messieurs, l'honorable M. Camescasse a commencé par l'éloge du projet de loi ; mais cet éloge a été suivi de critiques si vives et d'observations si décourageantes, que si la Chambre entrait dans la voie qu'il a indiquée, il ne resterait absolument rien de notre travail.

Je ne veux pas, dans une discussion générale, répondre à toutes les objections de détail qui ont été faites, mais vous me permettrez de suivre les grandes lignes qu'a tracées lui-même mon honorable contradicteur.

Et tout d'abord, je dois dire que je ne partage pas l'admiration sans limites qu'il professe pour la loi que nous avons votée il y a quelques jours... *(Ah ! ah ! — Très bien ! sur divers bancs)* ; je suis de ceux qui croient que cette loi était nécessaire ; mais sur certains points, je reconnais qu'elle est peu satisfaisante. Dans tous les cas, c'est une œuvre de répression, une suite de mesures de rigueur. Aujourd'hui, Messieurs, nous venons vous proposer une loi de charité, d'amendement et de pardon.

L'honorable M. Camescasse s'étonnait de voir ces mots prendre place dans nos codes de répression criminelle. J'avoue qu'il n'y sont pas ; mais je crois qu'il est du devoir d'une Chambre libérale de les y placer.

Je proteste donc, Messieurs, contre toute analogie que l'on voudrait établir entre la loi faite contre les récidivistes et celle que nous vous proposons sur les moyens de prévenir la récidive. L'une est une conception criminaliste qui vise le présent ; l'autre, au contraire, est une conception philosophique et humanitaire qui vise l'avenir et qui relève le coupable au lieu de le frapper.

M. Martin Nadaud. — Très bien !

M. le Rapporteur. — On a beaucoup parlé des causes qui ont produit depuis quelques années en France, une progression dans la marche de la récidive correctionnelle et criminelle ; on en a cherché les motifs, on les a trouvés dans le défaut d'enseignement primaire, dans l'absence d'éducation morale ; et vous avez été singulièrement frappés, je pourrais dire terrifiés lorsqu'on vous a apporté la statistique, des enfants moralement abandonnés, qui tiennent une place si grande et si honteuse pour notre état social, dans l'armée des incorrigibles.

Il y a d'autres causes qui tiennent de plus près au sujet qui nous occupe. La récidive augmente, parce que notre système pénitentiaire est mauvais, et que notre régime de répression est corrupteur. *(C'est vrai ! très bien !)*

On peut dire comme axiome de droit pénitentiaire que tout homme qui entre en prison, fût-ce pour la première fois, en sortira plus mauvais, quelque court qu'y ait été son séjour. *(Très bien)! très bien!)* C'est une situation intolérable à laquelle il convient de mettre un terme, c'est le but que nous avons poursuivi dans la loi soumise à votre appréciation.

Elle se divise, vous le savez, en trois parties : la libération conditionnelle qui comprend le régime intérieur des prisons et le règlement d'administration publique, dont l'honorable M. Camescasse voudrait faire une œuvre législative alors qu'il ne peut être qu'une œuvre d'administration : le patronage, la réhabilitation.

La commission n'a pas la prétention de dire que sa loi est parfaite, mais il règne entre ses dispositions, une telle unité, une telle solidarité que si on touchait à un seul de ces rouages, elle tomberait tout entière. C'est ce que la Chambre ne voudra pas. Les critiques de mon honorable contradicteur ont porté principalement sur les inconvénients de la libération conditionnelle.

Le code pénal de 1810, poursuit deux buts, la répression et l'exemplarité. Il y a, d'un côté, le magistrat qui sévit, et de l'autre l'agent du système pénitentiaire qui fait exécuter la peine dans toute sa rigueur. De moralisation et de pitié, il n'est pas question. L'idée a pu germer dans la pensée du législateur; nous n'en trouvons pas trace dans nos codes.

Transportons-nous cependant dans la prison, et voyons la situation faite au malheureux qui y entre pour la première fois.

Tout lui est sujet de froissement et de souffrance; le voilà séparé de sa famille, de ses amis, de ses intérêts; il est en quelque sorte retranché de la vie. Il n'a que deux issues; deux portes ouvertes devant lui; fatalement il tombe dans le désespoir ou il cède à la corruption qui l'entoure.

Aujourd'hui, je vous le demande, dans notre système pénitentiaire, quelle est la main secourable qu'on lui tend, quel est l'espoir qu'on fait luire à ses yeux? On me répond qu'il y a les récompenses, c'est-à-dire certaines faveurs que le règlement permet.

Ce n'est pas là ce qui peut le moraliser ni le soutenir. Si vous voulez relever le condamné, faciliter son amendement, il faut faire luire à ses yeux l'espoir de la liberté, non pas de la liberté qui est le terme de sa condamnation —' je ne parle pas de celle-là — mais d'une liberté qui sera pour lui un droit, qui sera la récompense de ses efforts. Voilà, Messieurs, la libération préparatoire comme nous la comprenons. *(Marques d'approbation.)*

Nous voulons que dès le premier jour le condamné qui a de bonnes dispositions, sache que par sa conduite, par son travail, et surtout par cet élément qu'il ne faut pas oublier, par son repentir, il peut arriver à diminuer sa peine du cinquième, du quart et même de la moitié. Dès qu'il aura cette certitude au cœur il sera transformé : désormais son existence de prisonnier aura une raison d'être, sa bonne conduite une sanction, son labeur une récompense. Je ne sais rien de plus propre à relever le courage du détenu que l'appât de cette liberté qui, par cela même qu'elle est indéterminée, lui apparaîtra prochaine.

Il est bien entendu, Messieurs, que la libération préparatoire n'est pas absolue. Elle est conditionnelle. Vient-on à constater un acte punissable, des habitudes mauvaises, une inconduite publique, il est sans jugement réintégré dans la maison de justice pour toute la durée de la peine qui restait à subir au moment de la levée de l'écrou.

L'honorable M. Camescasse vous disait qu'on n'avait pas précisé le caractère de la libération conditionnelle. Je crois, Messieurs, que les lois ne doivent pas tout définir, mais s'il tient à cette défi-nition, il en est une écrite par un homme dont le nom a été souvent prononcé ici, par un homme d'un grand cœur et d'un grand esprit, l'honorable M. Bérenger, inspirateur de la loi votée par le Sénat.

«La libération conditionnelle ou préparatoire, dit-il, est l'acte par lequel on accorde au condamné qui la mérite, cette récompense, pour son application au travail et sa bonne conduite, sa libération anticipée à charge de continuer à se conduire honnêtement et sous la condition qu'il sera réintégré pour achever de subir sa peine, s'il donne de nouveaux sujets de plainte. »

Cette définition pourrait être mise dans la loi, et elle répondrait parfaitement à l'idée que nous avons tous conçue de la libération conditionnelle.

Du reste, il ne faut pas croire que le Sénat d'abord, notre com-mission ensuite, aient marché à la légère dans un aussi grave sujet. Nous avons eu pour nous éclairer l'exemple de ce qui se passe dans les pays voisins. Nous avons, sauf quelques points de détail, organisé la libération conditionnelle sur le modèle de ces belles institutions d'humanité qui fonctionnent et donnent des résultats si favorables en Angleterre, en Allemagne, en Autriche et dans quelques cantons de la Suisse. Ce n'est pas tout, et je suis heureux que l'honorable M. Camescasse ait cru devoir rappeler ici un exemple, qui va me fournir, s'il veut bien me permettre, mon meilleur argument. Je veux parler des jeunes détenus de la Petite Roquette.

En 1832, on a organisé la libération préparatoire et le patronage pour ces malheureux enfants. Les résultats obtenus ont été merveilleux; on ne peut les contester, les chiffres parlent un éloquent langage. Avant l'institution du patronage et de la libération préparatoire, le chiffre des récidivistes était parmi eux de 75 p. 100. En deux ans, il descendit à 7 p. 100, grâce à l'appât de la liberté et à la protection moralisatrice du patron. Il est étrange qu'un pareil résultat ait été obtenu en France sur une catégorie de prisonniers et qu'on n'ait pas tenté de l'appliquer à tous. Il y a là une incurie impardonnable. *(Très bien!)*

Vous comprenez, Messieurs, par ce que je viens de dire, qu'il est impossible d'organiser la libération préparatoire sans la faire suivre du patronage, qui est son complément obligé. En effet, voilà un homme qui sort de prison, que va-t-il devenir ? Avant d'y entrer, il travaillait dans un atelier; l'atelier généralement lui est fermé. Il était commis dans une maison de banque ou dans un magasin; le magasin ou la maison de banque lui sont plus fermés encore. Il vivait de crédit commercial et sa signature n'a plus cours. Il avait peut-être quelques économies, la famille abandonnée, sans chef, sans soutien, les a dévorées. Il ne lui reste donc rien que la triste ressource de s'assurer le pain à l'abri de la prison en commettant un nouveau délit ou un nouveau crime. Voilà la situation vraie, il ne faut pas se la dissimuler. Par conséquent, le patronage s'imposait d'une façon irrésistible, après la libération préparatoire.

Ici encore, nous avons de nombreux exemples à invoquer, car nous avons voulu toujours, autant que possible, nous inspirer des résultats obtenus par les nations voisines qui ont expérimenté ces institutions. Mais puisque j'en suis au patronage, laissez-moi répondre à l'honorable M. Camescasse que je ne comprends pas les scrupules qu'il a manifestés par rapport à cette mesure si simple et si utile.

Il vous a dit qu'une fois le condamné sorti de prison, il serait sous le coup d'une surveillance jalouse, inquiète, mauvaise, et que nous voulions rétablir subrepticement la surveillance de la haute police que la Chambre a supprimée il y a quelques jours.

Les membres de la commission, son honorable président, M. Achard, l'honorable M. Martin Nadaud, si compétent, ont dû être bien surpris d'entendre affirmer qu'ils avaient nourri dans leur pensée d'aussi noirs desseins. Comment pouvez-vous comparer, mon cher collègue, l'œuvre de patronage, cette œuvre fraternelle, affectueuse, toute de protection et de pitié, à la surveillance flétrissante de la haute police ! Je pense qu'il suffit d'indiquer les différences essentielles, et je ne crois pas devoir insister davantage.

Le patronage, vous le savez, est institué en Angleterre, en Hollande, en Bavière et y produit d'excellents résultats. Pourquoi en serait-il autrement en France ! Sommes-nous donc un peuple fermé au progrès ?

La réhabilitation est le complément de l'œuvre d'humanité. Lorsque le condamné entre en prison, on le soutient par l'esprit de la liberté. Lorsqu'il rentre dans la vie libre — et l'épreuve est souvent périlleuse malgré le patronage — on ranime son courage en lui montrant le moyen d'effacer sa flétrissure. Une récompense est due à ses efforts; pour le détenu, la liberté; pour le libéré, l'honneur, c'est-à-dire la possibilité d'effacer sa condamnation.

Vous connaissez le système de la commission: nous avons conservé le texte presque entier relatif à la réhabilitation.

Mais nous avons tenu à changer sur deux points essentiels son caractère. Sous l'empire de notre code, la réhabilitation voit cesser pour l'avenir dans la personne du condamné toute les incapacités qui résultent de la condamnation; il rentre purement et simplement dans l'exercice de ses droits politiques et de famille. Ce n'était point assez. Qu'il convient bien mieux de revenir à cette belle fiction du droit romain, la restitution *in integrum* ! La réhabilitation doit effacer non seulement la peine, mais le fait lui-même. Voilà le principe que nous avons voulu proclamer conformément, du reste, à notre vieux droit français.

Il est un second point que nous avons traité également: nous avons voulu que désormais la réhabilitation ne fût plus due à la clémence du souverain, mais à un arrêt de la justice; et quand nous arriverons à la discussion de cet article, il sera facile à M. Camescasse de constater la différence énorme qui sépare la réhabilitation de la grâce. Il y a entre elles toute la distance d'une faveur à un droit. (*Très bien ! très bien !*)

Voilà, Messieurs, les grandes lignes de cette conception législative. Je ne veux pas insister en ce moment. Nous avons à discuter les différents articles à mesure qu'ils seront mis en délibération. Laissez-moi vous dire seulement que le projet a été voté par le

Sénat, que votre commission se trouve complètement d'accord avec la Chambre haute, sauf sur deux ou trois points insignifiants de rédaction. Si la loi est votée, elle sera renvoyée immédiatement au Sénat, et je crois que la législature pourra s'honorer de l'avoir ajoutée à ses autres travaux. De cette façon, j'en suis convaincu, avant trois mois nous pourrons faire fonctionner la libération conditionnelle dans nos prisons dont le régime pénitentiaire est si mauvais. Ce sera une amélioration considérable dont, avant peu, les effets se feront sentir; car nous n'avons qu'un moyen de combattre efficacement la récidive, c'est de faire une bonne loi sur le régime pénitentiaire. (*Applaudissements.*)

M. FREPPEL. — Messieurs, si je demande à la Chambre la permission de l'entretenir pendant quelques instants — vous savez que je n'ai pas l'habitude d'être long — ce n'est pas que j'aie le moins du monde l'intention de combattre la proposition de loi qui est soumise à vos délibérations; bien au contraire; sauf sur quelques détails, je la trouve bonne à tous égards, et je la voterai avec empressement; elle est, d'ailleurs, le complément indispensable de la loi contre les récidivistes...

UN MEMBRE *à gauche*. — La préface !

M. GUSTAVE RIVET. — Le correctif !

M. FREPPEL... — ou, pour mieux dire, elle lui sert de contre-poids, elle en est le correctif, car il vaut mieux prévenir le mal que de le réprimer avec une sévérité peut-être excessive.

En ce moment, c'est à la récidive elle-même que vous vous attaquez, à ses causes, à ses racines, ce qui est assurément le meilleur moyen de diminuer le nombre des récidivistes. (*Très bien ! Très bien ! sur divers bancs.*)

Mais c'est précisément parce que la loi est bonne, parce qu'elle me semble réaliser un progrès considérable dans notre régime pénitentiaire, que je la voudrais meilleure encore, que je la désirerais plus complète et plus efficace, et c'est là dessus que je vous demande la liberté de vous soumettre quelques courtes observations, assez analogues, du moins sur un point, à celles qui viennent de vous être présentées par l'honorable M. Camescasse.

Quand la proposition Bérenger, point de départ du projet de loi actuel, arriva devant le Sénat, elle avait un titre premier qui depuis lors a complètement disparu, et je le regrette vivement, car il contenait le moyen le plus sûr et le plus efficace de prévenir la récidive. Ce titre premier portait sur la transformation des prisons départementales, sur l'application sérieuse et réelle, sur l'exécution complète de la loi du 5 juin 1875, sur la substitution du régime de la séparation individuelle à celui de l'emprisonnement en commun, au moins pour les détenus condamnés à une peine inférieure à un an et un jour.

C'était là, selon moi, le point capital de la réforme pénitentiaire que vous entreprenez en ce moment. Si vous le perdez de vue, si vous le laissez de côté, si vous n'en faites pas la base même de vos solutions, je crains fort que ni la libération conditionnelle, ni les sociétés de patronage, ni la réhabilitation rendue plus facile et plus complète, n'amènent pas les résultats que vous voulez en obtenir.

En effet, quelle est la cause principale de la récidive? La cause principale de la récidive est dans l'état actuel de nos prisons. Elle est dans la contagion morale résultant de la promiscuité des détenus. (*Très bien ! très bien !*)

Notre honorable collègue M. le Dr Vernhes, vous le disait l'autre jour dans son langage humouristique, et à cet égard il avait parfaitement raison : quand l'individu coupable d'une première faute — le coupable primaire, comme on l'appelle, le criminel d'accident — arrive dans ce milieu de corruption et de perversité, sans pouvoir s'y soustraire par la séparation individuelle, il en subit l'influence presque inévitablement ; il tombe entre les mains de ceux qu'on a appelés à juste titre les « professeurs du crime », il est forcé de subir un langage, il entend des récits qui ne sont certes pas faits pour fortifier en lui le sentiment de la honte naturelle et du repentir. (*Très bien ! très bien !*)

Confondu avec la foule des repris de justice — et remarquez qu'il peut s'agir tout aussi bien d'un simple prévenu — il se familiarise peu à peu avec l'idée du crime, et perd à ce contact habituel et forcé tout ce qui lui restait de sens moral et d'honnêteté.

M. HENRY MARET. — C'est vrai ! très bien !

M. FREPPEL. — Peut-être même se laissera-t-il entraîner dans ces associations criminelles qui se préparent et se forment dans les prisons en commun, et dont plus tard la Société n'apprend que trop à expérimenter les résultats.

Bref, comme on le disait tout à l'heure avec infiniment de raison, il sort du lieu de détention pire qu'il n'y était entré et, par conséquent, tout prêt à recommencer (*Très bien! très bien !*)

Voilà, Messieurs, les dangers de l'emprisonnement en commun, là se trouve la cause principale de la récidive. Ces dangers, qui sautent aux yeux, qui ont été signalés par tous les directeurs des maisons pénitentiaires, disparaissent dans le régime de la séparation individuelle établi par la loi du 5 juin 1875.

Je sais, Messieurs, combien il est facile de se monter l'imagination à propos de l'emprisonnement cellulaire. On a parlé de cas plus nombreux de suicide et d'aliénation mentale; je vous prierai cependant de remarquer que, d'après les statistiques les mieux faites et les plus autorisées, les cas de suicide et de folie sont encore plus fréquents dans les prisons en commun que dans les maisons où règne l'isolement.

Monsieur Ranc, vous me faites un signe de dénégation; permettez-moi de vous dire que si vous voulez vous donner la peine de vous transporter à la bibliothèque.....

M. Ranc. — Je ne crois pas aux statistiques! (*On rit.*)

M. Freppel. — Alors, je n'ai plus rien à vous dire. Mais si nos autres collègues veulent bien prendre la peine de consulter les documents de la grande enquête prescrite par l'Assemblée nationale, et à la suite de laquelle a été votée la loi du 5 juin 1875, ils se convaincront que les cas de folie et de suicide sont plus fréquents dans les prisons en commun que dans les maisons où règne l'isolement.

D'ailleurs, il ne s'agit pas de cela. Nous n'avons pas à nous occuper de l'isolement à long terme.

M. le Rapporteur. — L'isolement ne s'applique qu'aux courtes peines!

M. Freppel. — Parfaitement, il ne peut être question que de l'isolement de courte durée, car la loi de 1875, dans son article 2, a sagement limité l'isolement obligatoire aux peines inférieures à un an et un jour.

M. le Rapporteur. — C'est cela!

M. Freppel. — Du reste, Messieurs, cet isolement n'est jamais absolu. Il n'exclut que le mélange avec le reste des détenus; il n'interdit pas les visites du dehors, celles de la famille, des membres des sociétés de patronage, des fonctionnaires et des divers employés de l'Administration. Mais, quoi qu'il en soit à cet égard, il est une considération qui domine tout le reste : c'est que l'individu, coupable d'une première faute, a droit au régime de la séparation individuelle. La loi de son pays à la main, il peut la réclamer;

il a même le droit de voir sa peine réduite d'un quart quand il la subit dans l'isolement, d'après l'article 4 de la loi de 1875. Or, quand il se présente pour réclamer le régime de la séparation individuelle, et qu'il demande à bénéficier de la loi, qu'est-ce qu'on lui répond : «Nous ne sommes pas organisés pour cela; nous n'avons pas de cellules. Tant pis pour vous!»

Voilà donc une loi excellente, votée il y a dix ans. mais qui existe seulement sur le papier, qui reste à l'état de lettre morte, une loi qui demeure inappliquée, car, sur 437 prisons départementales, il n'en est pas dix qui aient été modifiées conformément à la loi. Eh bien, permettez-moi de vous le dire, ce système ne saurait durer plus longtemps. Si la loi de 1875 avait été exécutée comme elle aurait dû l'être, la récidive n'aurait pas atteint les proportions effrayantes auxquelles vous l'avez vu arriver.

M. BIZARELLI. — Très bien! vous avez parfaitement raison.

M. FREPPEL. — Par conséquent, Messieurs, l'exécution de la loi de 1875 s'impose à vous comme le complément indispensable de vos résolutions.

Je sais bien qu'il y a des difficultés financières ; aussi nous ne vous demanderons pas la transformation immédiate de toutes les prisons départementales; vos ressources n'y suffiraient pas.

M. Bérenger ne le demandait pas davantage au Sénat: l'article premier de sa proposition avait uniquement pour objet d'autoriser M. le Ministre de l'Intérieur à déterminer, chaque année, les prisons départementales qui devraient être transformées aux termes de la loi; en d'autres termes, il demandait, comme je le demande à mon tour, l'application progressive mais réelle de la loi de 1875.

On me disait tout à l'heure que le Gouvernement avait déposé au Sénat un projet dans ce sens. (M. le Ministre de l'Intérieur fait un signe d'assentiment.)

Je l'ignorais. Mais j'en suis bien aise; et s'il en est ainsi, il ne me reste qu'à prier M. le Ministre de l'Intérieur de vouloir bien demander au Sénat la mise à l'ordre du jour de ce projet, afin qu'il puisse nous revenir en temps utile, et qu'il nous devienne possible de le voter avant le terme de cette législature. Autrement, Messieurs, je le répète, votre loi n'aboutira pas, elle restera stérile; vous aurez négligé le moyen le plus sûr et le plus efficace de prévenir la récidive, je veux dire l'exécution de la loi de 1875. C'est tout ce que j'avais à dire à la Chambre. *(Très bien! très bien!)*

M. LE MINISTRE DE L'INTÉRIEUR. — Je demande à la Chambre de

vouloir bien voter l'urgence avant de passer à la discussion des articles.

M. ACHARD, *président de la commission.* — La commission appuie la demande d'urgence.

M. LE PRÉSIDENT. — Je consulte la Chambre sur la déclaration d'urgence demandée par le Gouvernement et par la commission.

(La Chambre consultée, déclare l'urgence. — Elle décide ensuite qu'elle passe à la discussion des articles.)

M. LE PRÉSIDENT. — Je donne lecture de l'article premier :

« ARTICLE PREMIER. — Un régime disciplinaire basé sur la constatation journalière de la conduite et du travail sera institué dans les divers établissements pénitentiaires de France et d'Algérie, en vue de favoriser l'amendement des condamnés et de les préparer à la libération conditionnelle. »

(L'article premier est mis aux voix et adopté.)

« ART. 2. — Tous condamnés ayant à subir une ou plusieurs peines emportant privation de la liberté pendant six mois au moins, peuvent, après avoir accompli la moitié de leurs peines, être mis conditionnellement en liberté, s'ils ont satisfait aux dispositions réglementaires fixées en vertu de l'article premier.

« La mise en liberté peut être révoquée en cas d'inconduite habituelle et publique dûment constatée ou d'infraction aux conditions spéciales exprimées dans le permis de libération.

« Si la révocation n'est pas intervenue avant l'expiration de la durée de la peine, la libération est définitive. »

M. FREPPEL. — Je demande la parole sur le paragraphe premier.

M. LE PRÉSIDENT. — La parole est à M. Freppel.

M. FREPPEL. — Messieurs, je demande la suppression, dans le paragraphe premier de l'article 2, des mots « pendant six mois au moins »; je demande, en d'autres termes, que la libéralion conditionnelle puisse s'appliquer aux individus condamnés à une peine emportant la privation de la liberté pour un espace de temps inférieur à six mois. Je le demande au nom de la justice et de l'équité, car si vous laissez subsister ces mots « pendant six mois au moins » il en résultera une conséquence absolument inique.

Tel condamné à six mois de prison pourra bénéficier de la libération conditionnelle, tandis que tel autre qui n'aura été condamné qu'à cinq ou quatre mois sera exclu de cette faveur. Pourquoi? Parce qu'il aura été condamné à une peine moindre, c'est-à-dire en définitive parce qu'il aura été moins coupable ! Permettez-moi de vous dire que cela ne supporte pas l'examen. Un moindre degré de culpabilité n'est pas une raison pour priver le condamné des faveurs de l'Administration; ce devrait être tout juste le contraire. (*Très bien ! très bien !*)

On me répondra sans doute : mais il faut absolument déterminer une limite. Pas le moins du monde. Si la libération conditionnelle était un droit, au lieu de rester une faveur, je comprendrais l'objection mais du moment que le ministre de l'Intérieur reste libre d'apprécier si la période de l'amendement a été suffisante, si, par sa bonne conduite et son travail, le condamné mérite, ou non, la libération conditionnelle, la fixation d'une limite devient absolument inutile.

Dans ces conditions, je vous prie, Messieurs, de ne pas laisser subsister dans la loi une disposition que rien ne justifie. Il ne faut jamais se départir des règles de la justice, car les lois injustes obscurcissent la notion du droit et révoltent la conscience publique. (*Très bien ! très bien !*)

M. LE RAPPORTEUR. — Messieurs, je ne méconnais pas qu'il y ait quelque chose de juste dans les observations qui viennent d'être présentées. Il y a peut-être quelque chose à faire. Il peut paraître contradictoire, en effet, que deux prévenus étant condamnés, l'un à une peine de cinq mois, l'autre à une peine de six mois, le second profite des dispositions de la loi, tandis que le premier n'en bénéficiera pas.

Cependant, il faut admettre qu'il convient de donner à ceux qui exercent la surveillance pénitentiaire un certain champ d'observation, et c'est là ce qui nous a embarrassé.

Vous avez accepté le principe que la libération conditionnelle était une prime offerte aux détenus repentants et amendés. Or, par qui saura-t-on si le détenu est réellement repentant et amendé? Évidemment par les personnes qui sont chargées de sa surveillance: nous avons voulu leur laisser le temps de s'éclairer. Il ne leur est pas possible, au bout de quelques jours, de dire si réellement le prévenu est amendé, s'il a donné des preuves de repentir, si on peut supposer son relèvement moral. Voilà pourquoi nous avons voulu laisser une certaine latitude d'expérimentation. Nous avons demandé six mois. On nous dit : « Pourquoi six mois ? » Mais nous aurions mis cinq mois qu'on nous ferait la même question en en demandant quatre. Il y a toujours quelque chose d'un peu arbitraire lorsqu'on établit une limite. Celle-là nous a paru bonne.

En Angleterre, on n'accorde la libération provisoire qu'aux détenus qui sont soumis à la servitude pénale ; ce qui veut dire qu'ils ont une peine de cinq ans au minimum à subir. Pour les courtes peines, on ne l'admet pas.

La loi se montre plus libérale dans certains autres pays, mais le minimum d'observation laissé au service pénitentiaire, est d'un an, jamais aucune législation n'est descendue à six mois. Je crois, Messieurs, que ce délai est convenable, vous voulez aller plus loin, soit, la Chambre appréciera. (*Très bien ! très bien !*)

M. LE PRÉSIDENT. — L'amendement présenté par M. Freppel est soumis à la prise en considération.

Je consulte la Chambre.

(La Chambre, consultée, prend l'amendement en considération.)

M. LE PRÉSIDENT. — Il y a sur l'article 2 un second amendement présenté par M. Ténot. Cet amendement est ainsi conçu :

« ART. 2 — Faire suivre le premier paragraphe de cet article d'une disposition ainsi conçue :

« Toutefois, les condamnés à moins de six mois, mais à plus de trois mois d'emprisonnement, pourront, après l'accomplissement des trois premiers mois de leur peine, jouir du bénéfice de la libération conditionnelle. »

La parole est à M. Eugène Ténot.

M. EUGÈNE TÉNOT. — Je demande à la Chambre de vouloir bien renvoyer mon amendement à la commission. Il s'inspire de la même pensée que celui de M. l'évêque d'Angers ; il a pour objet de remédier, dans le cas où l'on fixerait un minimum, à cette conséquence injuste que l'on signalait avec raison tout à l'heure, et qui ferait qu'un condamné à quatre mois d'emprisonnement, qui aurait eu une bonne conduite, ferait quatre mois pleins tandis que celui qui aurait été condamné à six mois pourrait être libéré au bout de trois. (*Très bien ! très bien !*)

AU BANC DE LA COMMISSION. — La commission demande le renvoi.

M. LE PRÉSIDENT. — Dès lors le renvoi est de droit.

M. le Rapporteur. — Monsieur le Président, j'ai une observation à présenter sur l'article 2.

M. le Président. — Vous avez la parole.

M. le Rapporteur. — Messieurs, sur la demande de M. le Ministre de l'Intérieur, avec lequel la commission a eu l'honneur de conférer aujourd'hui, nous vous demandons d'ajouter à l'article 2 une disposition qui a été rendue nécessaire par le vote de la loi sur la relégation. Elle est ainsi conçue :

« Au cas où la peine qui aurait fait l'objet d'une décision de libération conditionnelle devrait être suivie de la relégation, il pourra être sursis à l'exécution de cette dernière mesure et le condamné sera en conséquence laissé en France, sauf le droit de révocation, ainsi qu'il est dit au présent article.

« Le droit de révocation prendra fin, en ce cas, s'il n'en a été fait usage pendant les dix années qui auront suivi la date d'expiration de la peine principale. »

Un condamné récidiviste, réservé à la relégation, aurait obtenu par sa bonne conduite sa libération conditionnelle. Il se conduirait très bien pendant plusieurs mois, plusieurs années. A l'expiration de sa peine, M. le Ministre de l'Intérieur, chargé d'appliquer la loi de la relégation, n'en serait pas moins forcé, malgré tout, de le faire envoyer hors de France, dans un lieu de relégation.

Cette nécessité était injuste, et la commission a été unanime à accepter la proposition très libérale de M. le Ministre de l'Intérieur. (*Très bien ! très bien !*) La commission n'en a été saisie qu'au moment d'entrer en séance ; elle a du l'examiner très sommairement.

M. Gustave Rivet. — Il faut le renvoyer à la commission.

M. le Rapporteur. — La commission en demande le renvoi avec les autres amendements déjà proposés à l'article 2.

M. le Président. — Le renvoi est de droit.

L'amendement sera imprimé et distribué, et lundi la Chambre pourra le discuter en pleine connaissance de cause.

L'article 2 est réservé.

Nous passons à l'article 3.

« Art. 3. — Les arrêtés de mise en liberté sous condition et de révocation sont pris par le ministre de l'Intérieur :

« S'il s'agit de la mise en liberté, après avis du préfet, du directeur de l'établissement ou de la circonscription pénitentiaire, de la commission de surveillance de la prison et du parquet près le tribunal ou la cour qui a prononcé la condamnation ;

Et s'il s'agit de révocation, après avis du préfet et du procureur de la République de la résidence du libéré. »

(L'article 3 est mis aux voix et adopté.)

« ART. 4. — L'arrestation du libéré conditionnel peut toutefois être provisoirement ordonnée par l'autorité administrative ou judiciaire du lieu où il se trouve, à la charge d'en donner immédiatement avis au ministre de l'Intérieur.

« Le ministre prononce la révocation s'il y a lieu.

« L'effet de la révocation remonte au jour de l'arrestation. » — (Adopté.)

« ART. 5. — La réintégration a lieu pour toute la durée de la peine non subie au moment de la libération.

« L'arrestation provisoire est maintenue, le temps de sa durée compté pour l'exécution de la peine. » — (Adopté.)

«ART. 6. — Un règlement d'administration publique déterminera la forme des permis de libération, les conditions auxquelles ils peuvent être soumis et le mode de surveillance spécial des libérés conditionnels.

« L'Administration peut charger les sociétés ou institutions de patronage de veiller sur la conduite des libérés qu'elle désigne spécialement et dans les conditions qu'elle détermine. » (Adopté.)

TITRE II. — **Patronage.**

« ART. 7. — Les sociétés ou institutions agréées par l'Administration pour le patronage des libérés reçoivent une subvention annuelle en rapport avec le nombre de libérés réellement patronnés par elles, dans les limites du crédit spécial inscrit dans la loi de finances. »

M. MARTIN NADAUD. — Je demande la parole.

M. LE PRÉSIDENT. — Vous avez la parole.

M. MARTIN NADAUD. — Messieurs, je ne veux faire qu'une brève observation. Tout à l'heure, l'honorable M. Camescasse s'est plaint avec raison, de l'indifférence publique, soit pour le fonctionnement des commissions de surveillance, soit pour l'organisation des sociétés de patronage. Il y a trois ou quatre ans j'ai déjà eu l'honneur de traiter cette question à la tribune ; je supplie de nouveau M. le Ministre de l'Intérieur et M. le Directeur des prisons de porter leur attention sur cette organisation des sociétés de patronage et des commissions de surveillance.

Mais, me direz-vous, nous ne pouvons pas les faire fonctionner autrement qu'elles ne fonctionnent aujourd'hui. Je ne crois pas que cela soit impossible, car, si cela était, ce serait une honte pour notre pays. (*Très bien ! très bien !*)

Depuis 1825 il existe des sociétés de patronage. Des décrets ont été rendus par les différents ministres qui se sont succédés depuis la Restauration : aucun n'a eu le pouvoir de stimuler l'indifférence nationale pour cette organisation. Monsieur le Ministre, essayez à votre tour ! Vous serez peut-être plus heureux, et si vous ne réussissez pas, vous aurez alors pour devoir d'organiser ces deux services d'une manière obligatoire, car, je le répète, il est honteux que nous ayons si peu de sociétés de patronage pour recevoir les prisonniers à leur sortie de prison.

N'oubliez pas que les gouvernements étrangers dont on a parlé n'hésitent pas à voter des centaines de mille francs par an pour venir au secours de leurs prisonniers ; et encore ne se contentent-ils pas de voter ces sommes. Ainsi, on a parlé tout à l'heure des lois anglaises ; eh bien, sachez, Monsieur le Ministre, que la loi anglaise autorise le Gouvernement à donner 2 livres sterling aux malheureux qui sortent de prison. Car, vous ne l'ignorez pas, si un homme sort de prison avec 5 ou 6 francs, il trouve à la porte ses amis qui sont venus l'y attendre ; le lendemain il n'a plus de gîte, plus de pain, il ne sait où aller, et il devient un récidiviste.

Voilà l'observation que je voulais faire. Je vous en supplie, Monsieur le Ministre, stimulez la patrie française, aidez au développement de ces sociétés de patronage ; il le faut, si nous voulons voir se régénérer la morale publique dans notre pays. (*Très bien ! Très bien !*)

M. LE PRÉSIDENT. — Je mets aux voix l'article 7, dont j'ai donné lecture.

(L'article 7, mis aux voix, est adopté.)

M. LE PRÉSIDENT. — « ART. 8. — Dans le cas du paragraphe 2 de l'article 6, l'Administration alloue à la société ou institution de patronage une somme de 0 fr. 50 par jour pour chaque libéré pendant un temps égal à celui de la durée de la peine restant à courir, sans que cette allocation puisse dépasser 100 francs.

M. Camescasse. — Je demande la parole.

M. le Président. — M. Camescasse a la parole sur l'article 8.

M. Camescasse. — Je crois devoir appeler l'attention de la Chambre sur la disposition financière qui est comprise dans cet article 8. Veuillez remarquer que cet article ne crée pas une faculté pour le Gouvernement, mais un droit pour les sociétés de patronage. En effet, une somme de 0 fr. 50 par jour sera accordée à la société de patronage pour chaque libéré, pendant un temps égal à celui de la durée-de la peine restant à courir, sans que cette allocation puisse excéder 100 francs.

Messieurs, je ne sais pas s'il ne faudrait pas demander le renvoi de cet article au ministre des Finances, mais je considère comme très grave de constituer immédiatement, *a priori*, un droit pour une société qui aura sous son patronage un libéré.

En effet, Messieurs, la loi ne dit pas, et c'est encore une de ces lacunes que j'aurais pu vous signaler tout à l'heure, la loi ne dit pas à quelles conditions les sociétés de patronage prendront charge d'un détenu. S'agit-il des individus, des condamnés que le Gouvernement aura remis directement aux sociétés, ou bien s'agit-il de condamnés qui auront été demandés au Gouvernement, dont le patronage aura été sollicité par l'institution de patronage ?

Vous le voyez, Messieurs, il y a des distinctions à faire et des distinctions graves. Je crois que la loi ne les a pas prévues, et si cet article 8 était voté, vous vous trouveriez absolument désarmé devant une société quelconque de patronage. Sans doute, dans la loi, on a bien eu soin de déclarer qu'il ne pourrait être question que des sociétés agréées par le Gouvernement. C'est bien entendu. Mais enfin, dans l'ensemble de ces sociétés agréées par le Gouvernement il y a des nuances, des distinctions à faire. Il faut que le Gouvernement soit maître d'arbitrer et de juger.

Si le Gouvernement trouve que, dans tel cas déterminé, le condamné libéré conditionnel n'a pas besoin de la société de patronage, que les conditions particulières dans lesquelles il se trouve rendent inutile l'assistance de cette société, d'après l'article 8, la société de patronage, quelle qu'elle soit, pourra venir exiger, revendiquer en quelque sorte comme sa chose et sa propriété, le condamné. Je crois, Messieurs, que c'est aller beaucoup trop loin ; il ne faut pas fermer absolument la porte au principe des subventions à accorder aux sociétés de patronage ; je ne veux pas aller jusque là, car elles ne peuvent être exclues du système général des subventions; mais, comme je le disais tout à l'heure, le principe de la subvention doit être toujours, nécessairement, facultatif; il ne peut être inscrit dans la loi qu'il y aura un droit acquis pour une société quelconque. Je comprends très bien un droit acquis pour les sociétés de secours mutuels ou pour les caisses de retraites de la vieillesse, mais ici la question n'est pas du tout la même.

Je demande donc à la Chambre de supprimer — tout en réservant d'une façon quelconque dans une formule à trouver, la faculté pour le Gouvernement d'accorder des subventions quand il en aura les moyens — je lui demande, dis-je, de supprimer cette obligation qui constitue un droit et crée pour les sociétés des rentes d'autant plus considérables qu'il y aura un plus grand nombre de libérés mis en liberté conditionnelle. Je crois qu'il faut absolument renvoyer cet article à la commission pour qu'elle le modifie. (Marques d'assentiment sur plusieurs bancs.)

M. Margaine. — Avec l'article tel qu'il est actuellement rédigé, on va mettre en action les sociétés de patronage. Elles auront un capital fixe.

M. Achard. — Mais non ! Il faut que la société soit agréée par le Gouvernement.

M. le Président. — La parole est à M. le Rapporteur.

M. le Rapporteur. — Messieurs, la commission insiste en faveur de l'article 8, parce qu'il constitue en somme toute la loi de patronage. M. Camescasse a supposé, dans sa discussion que les sociétés de patronage s'imposeront au Gouvernement; qu'elles auront le droit de choisir les libérés qu'elles voudront moraliser et instruire, et qu'enfin le Gouvernement n'aura aucune influence sur elles. Rien de tout cela n'est exact.

L'article 7, que vous venez de voter, ne s'occupe que des sociétés ou institutions de patronage qui ont été agréées par le Gouvernement. L'Administration a le droit de s'opposer au fonctionnement d'une société de patronage; elle a, du moins, la faculté de ne pas la subventionner lorsqu'elle n'a pas reçu son agrément. Mais cet agrément donné par le Gouvernement, il est révocable en tout état de cause. Le jour où une société présentera des inconvénients, par exemple, au point de vue de la concurrence au travail des ouvriers libres, le ministre compétent pourra intervenir et opposer son veto. *(Très bien ! très bien ! sur divers bancs).*

On vous a parlé de l'état de nos finances et des choses considérables qui résulteraient pour le budget de cette innovation. Hélas ! il faudra longtemps avant que les sociétés de patronage soient assez nombreuses pour nous faire partager cette crainte chimérique.

Nous avons en France cinquante-cinq sociétés de patronage constituées, et le directeur de l'Administration pénitentiaire me disait ce matin qu'à peine il en fonctionnait dix ou douze d'une façon sérieuse.

Situation étrange ! Vous votez chaque année une subvention très minime, 60.000 francs, et c'est à peine si elle est absorbée par les subventions accordées à ces sociétés, qui ne réclament même pas, tant il y a en matière de libération et de patronage d'indifférence dans notre pays.

Vous craignez, dites-vous avec insistance, de grever le budget d'une manière indéterminée. Mais, Messieurs, vous le ferez en connaissance de cause et, dans la loi de finances annuelle, vous indiquerez vous-mêmes les sommes que vous voulez consacrer aux sociétés de patronage. On parlait de consulter M. le Ministre des Finances: à quel sujet ? Pour un crédit qui n'est pas voté, qui n'est même pas spécifié.

Vraiment, l'objection n'est pas sérieuse. Il est une autre raison qui doit, je crois, faire cesser toutes les hésitations. La voici:

Nous demandons pour chaque libéré conditionnel soumis au patronage, une allocation de 0 fr. 50 par jour; et on nous dit: « C'est ruineux ! où allons-nous ? » Non, Messieurs, cela au contraire, allégera le budget. En effet, cette somme de 0 fr. 50 par jour, n'est même pas la représentation de ce que le condamné dépenserait dans la prison s'il y était maintenu.

Voix diverses. — C'est vrai! très bien!

M. le Rapporteur. — Il est reconnu, Messieurs — à cet égard, on a fait une moyenne sur toutes les maisons de France — il est reconnu qu'un détenu coûte par jour, à titre de dépenses personnelles, une somme de 1 franc au moins ; et, si l'on tient compte des frais d'administration, du matériel, des bâtiments, on arrive à une somme de 1 fr. 50 par jour.

Eh bien, au lieu de payer 1 fr. 50 par jour pour un homme en prison, vous donnerez 0 fr. 50 pour un homme en liberté. Cela ne vaut-il pas mieux? En adoptant les termes de l'article 8, vous aurez fait un acte d'humanité en même temps que vous aurez réalisé une économie pour le Trésor.

L'objection ne porte pas ; je proteste contre un renvoi à la commission, qui serait absolument inutile, et je demande le vote immédiat de l'article. *(Très bien ! aux voix !)*

M. LE PRÉSIDENT. — M. Camescasse a demandé le renvoi à la commission.

Je consulte la Chambre.....

(La Chambre, consultée, n'ordonne pas le renvoi. — L'article 8 est mis aux voix et adopté.)

M. LE PRÉSIDENT.

Disposition transitoire.

« ART. 9. — Avant qu'il ait pu être pourvu à l'exécution des articles 1, 2 et 6, en ce qui touche la mise en pratique du régime d'amendement et le règlement d'administration publique à intervenir, la libération conditionnelle pourra être prononcée à l'égard des condamnés qui en auront été reconnus dignes dans les cas prévus par la présente loi, trois mois au plus tôt après sa promulgation ».

(L'article 9, mis aux voix, est adopté.)

PLUSIEURS MEMBRES. — A lundi !

M. HIPPOLYTE MAZE ET PLUSIEURS DE SES COLLÈGUES. — Il n'y a plus que deux articles à voter.

A droite. — Mais il s'agit de la réhabilitation. C'est une question très importante.

M. LE PRÉSIDENT. — Je vais consulter la Chambre sur le renvoi de la discussion à lundi, qui est demandé.

(La Chambre, consultée, décide que la discussion continue.)

M. LE PRÉSIDENT. — Nous passons à l'article 10.

TITRE III

Réhabilitation.

« ART. 10. — Les articles 630, 631 et 632 du code d'instruction criminelle sont supprimés.

« Les articles 621, 623, 624, 628, 633 et 634 du même code sont modifiés ainsi qu'il suit :

Le vote de l'article 10 est actuellement réservé jusqu'à ce que la Chambre ait statué sur les différents articles du code d'instruction criminelle dont on lui demande la modification, et que je vais mettre successivement aux voix.

«*Art. 621.* — Le condamné à une peine afflictive ou infamante ne peut être admis à demander sa réhabilitation s'il n'a résidé dans le même arrondissement depuis cinq années, et, pendant les deux dernières, dans la même commune.

«Le condamné à une peine correctionnelle ne peut être admis à demander sa réhabilitation, s'il n'a résidé dans le même arrondissement depuis trois années, et, pendant les deux dernières, dans la même commune.

«Les condamnés qui ont passé tout ou partie de ce temps sous les drapeaux, ceux que leur profession oblige à des déplacements inconciliables avec une résidence fixe, pourront être affranchis de cette condition, s'il justifient, les premiers d'attestations satisfaisantes de leurs chefs militaires, les seconds de certificats de leurs patrons ou chefs d'administration constatant leur bonne conduite.

«Ces attestations et certificats sont délivrés dans les conditions de l'article 24. »

(L'article 621 est mis aux voix et adopté.)

« *Art. 623.* — Il doit justifier du paiement des frais de justice, de l'amende et des dommages-intérêts auxquels il a été condamné, ou de la remise qui lui en a été faite.....»

M. Mazeron. — Monsieur le Président la commission demande à la Chambre de vouloir bien réserver la rédaction de cet article, qu'elle doit modifier, sur la demande du Gouvernement.

Voix nombreuses. — A lundi.

M. le Président. — Le renvoi de l'article 623, demandé par la commission est de droit.

Dans ces conditions nouvelles, je demande à la Chambre s'il ne lui conviendrait pas de remettre la suite de la délibération à lundi ?

Voix nombreuses. — Oui ! Oui !

M. le Président. — Je la consulte.

(La Chambre, consultée, prononce le renvoi à lundi de la suite de la discussion.)

DOCUMENTS PARLEMENTAIRES

Séance du 18 mai 1885

Suite de la discussion de la proposition de loi sur les moyens de prévenir la récidive.

M. le Président. — L'ordre du jour appelle la suite de la discussion de la proposition de loi, adoptée par le Sénat, sur les moyens de prévenir la récidive (libération conditionnelle, patronage, réhabilitation).

La Chambre s'est arrêtée à l'article 623 du code d'instruction criminelle visé dans l'article 10 de la proposition; elle avait réservé l'article 2 sur lequel il y a deux amendements : l'un de M. Frepel, l'autre de M. Ténot, qui ont été renvoyés à la commission.

M. Gomot, *rapporteur*. — Je demande la parole.

M. le Président. — La parole est à M. le Rapporteur.

M. le Rapporteur. — La Chambre a voté avant-hier le principe de la loi sur les moyens de prévenir la récidive. Elle a voté d'une manière complète le patronage; elle a laissé en suspens quelques articles concernant la réhabilitation; elle a renvoyé à la commission l'article 2 relatif à la libération conditionnelle.

Voici, Messieurs, les résultats des délibérations de la commission.

Le paragraphe premier de l'article 2 ancien était ainsi conçu:
« Tous condamnés ayant à subir une ou plusieurs peines emportant privation de la liberté pendant six mois au moins, peuvent,

après avoir accompli la moitié de leurs peines, être mis conditionnellement en liberté, s'ils ont satisfait aux dispositions réglementaires fixées en vertu de l'article premier. »

Vous savez, Messieurs, quelles sont les raisons qui avaient décidé la commission à rédiger ainsi cet article.

Nous avions dit, d'une manière générale, que la libération préparatoire était une prime accordée aux détenus repentants et amendés, et nous avions pensé qu'il était juste de laisser aux agents du service pénitentiaire le temps moral nécessaire pour constater l'amélioration et l'amendement des sujets confiés à leurs soins. En ceci, nous avions pris pour modèles les législations anglaise, hollandaise et autrichienne, dans lesquelles on n'applique la libération conditionnelle qu'aux individus détenus en vertu d'arrêts emportant des peines de cinq années au moins dans certains cas, et d'une année au moins dans certains autres. Mais on a répondu avec beaucoup de raison, nous nous empressons de le reconnaître, car la commission elle-même avait été partagée sur ce point délicat, qu'il y aurait des résultats contradictoires.

En effet, Messieurs, supposez le cas de deux personnes condamnées pour délits connexes, ou même distincts, l'une à six mois d'emprisonnement, l'autre à cinq mois seulement. Voici ce qui arriverait: le détenu ayant à subir une peine de six mois pourrait obtenir sa libération provisoire et ne faire que trois mois d'emprisonnement, tandis que le condamné à cinq mois qui aurait commis un délit moins grave, qui aurait été considéré par ses juges comme moins coupable, serait forcé de faire sa peine complète. Il y avait là un résultat peu équitable, qui ne pouvait pas être accepté.

La Chambre a manifesté son sentiment en renvoyant l'article à l'examen de la commission.

Aujourd'hui, Messieurs, nous vous proposons de supprimer du premier paragraphe de l'article 2, ainsi qu'on l'a demandé, les mots « pendant six mois au moins ».

Il n'y aura désormais plus de délai fixé: tout détenu, du moment qu'il aura une bonne conduite, et qu'il manifestera un repentir, constaté par les agents du service pénitentiaire, sera appelé à profiter des dispositions charitables, généreuses de l'article 2.

La commission est unanime sur ce point, et le Gouvernement s'associe à la proposition qu'elle vous fait; j'en ai reçu, ce matin, l'assurance de M. le Ministre de l'Intérieur.

Nous vous proposons donc la rédaction suivante pour le premier paragraphe de l'article 2:

« Tous condamnés ayant à subir une ou plusieurs peines emportant privation de la liberté peuvent, après avoir accompli la moitié de leurs peines, être mis conditionnellement en liberté, s'ils ont satisfait aux dispositions réglementaires fixées en vertu de l'article premier. » (*Très bien! très bien!*)

M. LE PRÉSIDENT. — Je mets aux voix cette nouvelle rédaction du paragraphe premier de l'article 2.

(Le paragraphe premier, ainsi modifié, est mis aux voix et adopté.)

M. LE PRÉSIDENT. — Je mets aux voix les derniers paragraphes, dont voici les termes :

« La mise en liberté peut être révoquée en cas d'inconduite habituelle et publique dûment constatée ou d'infraction aux conditions spéciales exprimées dans le permis de libération.

« Si la révocation n'est pas intervenue avant l'expiration de la durée de la peine, la libération est définitive. »

« Au cas où la peine qui aurait fait l'objet d'une décision de libération conditionnelle devrait être suivie de la relégation, il pourra être sursis à l'exécution de cette dernière mesure, et le condamné sera en conséquence laissé en France, sauf droit de révocation, ainsi qu'il est dit au présent article.

« Le droit de révocation prendra fin en ce cas s'il n'en a été fait usage pendant les dix années qui auront suivi la date d'expiration de la peine principale. »

(Ces quatre paragraphes sont mis aux voix et adoptés. — L'ensemble de l'article 2 est ensuite adopté.)

M. LE PRÉSIDENT. — Nous arrivons à l'article 623 du code d'instruction criminelle :

« *Art. 623*. — Il (le condamné) doit justifier du paiement des frais de justice, de l'amende et des dommages-intérêts auxquels il a été condamné ou de la remise qui lui en a été faite.

« A défaut de cette justification, il doit établir qu'il a subi le temps de contrainte par corps déterminé par la loi, ou que la partie lésée a renoncé à ce moyen d'exécution.

« S'il est condamné pour banqueroute frauduleuse, il doit justifier du paiement du passif de la faillite en capital, intérêts et frais, ou de la remise qui lui en a été faite.

« Néanmoins, si le demandeur justifie qu'il est hors d'état de se libérer des frais de justice, la cour peut accorder la réhabilitation, même dans le cas où ces frais n'auraient pas été payés ou ne l'auraient été qu'en partie.

« En cas de condamnation solidaire, la cour fixe la part des frais de justice, des dommages-intérêts ou du passif qui doit être payée par le demandeur.

« Si la partie lésée ne peut être retrouvée, ou si elle refuse de recevoir, il est fait dépôt de la somme due à la Caisse des Dépôts et Consignations dans la forme des articles 812 et suivants du code de procédure civile ; si la partie ne se présente pas dans un délai de cinq ans, pour se faire attribuer la somme consignée, cette somme est restituée au déposant sur sa simple demande. »

M. MAZERON. — Je demande la parole.

M. LE PRÉSIDENT. — La parole est à M. Mazeron.

M. MAZERON. — Messieurs, le Gouvernement et la commission vous demandent de vouloir bien ajouter au paragraphe premier de l'article 623 les mots suivants :

« .... ou établir qu'il était hors d'état de se libérer au moment où la prescription s'est trouvée acquise ».

Ce premier paragraphe se trouverait alors ainsi conçu :

« Il (le condamné qui demande la réhabilitation) doit justifier du paiement des frais de justice, de l'amende et des dommages-intérêts auxquels il a été condamné, ou de la remise qui lui a été faite, ou établir qu'il était hors d'état de se libérer au moment où la prescription s'est trouvée acquise ».

Voici, Messieurs, les raisons pour lesquelles le Gouvernement et la commission après lui demandent cette modification.

Dans l'état actuel, sous le régime du code d'instruction criminelle, la réhabilitation est une récompense pour le condamné qui a subi toute sa peine qui a donné des preuves d'amendement.

Le condamné, pour avoir droit à la réhabilitation, sous le régime nouveau comme sous l'ancien, doit démontrer qu'il a subi sa peine.

Mais cette peine peut être composée de deux parties distinctes : la peine corporelle et la peine pécuniaire. Or, il est arrivé très souvent que le condamné, ayant subi sa peine corporelle, s'est trouvé empêché de profiter de la réhabilitation, parce qu'il était dans l'impossibilité de payer l'amende et les frais. Votre commission a donc introduit cette modification que la Chambre considérera sans doute comme très libérale et qui se trouve dans un autre paragraphe de l'article ;

« Néanmoins, si le demandeur justifie qu'il est hors d'état de se libérer des frais de justice, la cour peut accorder la réhabilitation même dans le cas où ces frais n'auraient pas été payés ou ne l'auraient été qu'en partie ».

Or, voici, Messieurs, la difficulté qui s'est présentée et à laquelle nous avons voulu obvier par le paragraphe que nous proposons.

Il peut se faire qu'un individu ayant subi sa peine corporelle n'ait pas été poursuivi par l'administration des domaines en recouvrement de l'amende et des frais de justice. L'administration ne fait pas de poursuites, ou par oubli, ou, le plus souvent, parce qu'elle considère le condamné comme insolvable.

La prescription s'accomplit. Cette prescription, ayant un caractère absolu et d'ordre public, il n'est plus possible au condamné d'obtenir sa grâce puisqu'il n'y a plus de peine, ni de payer, la condamnation pécuniaire étant anéantie par la prescription. Il se trouverait donc que ce condamné, qui n'aurait pas été poursuivi pour le recouvrement des frais de justice et contre lequel la contrainte par corps n'aurait pas été exercée, ne pourrait ni être grâcié, ni payer. Il en résulterait dès lors pour lui l'impossibilité absolue de se faire réhabiliter.

Nous demandons qu'on lui permette de justifier qu'il était hors d'état de se libérer au moment où la prescription a été acquise, et nous prions la Chambre de vouloir bien adopter cette addition. (*Marques d'approbation.*)

M. le Président. — M. Freppel me remet un amendement ainsi conçu :

Après ces mots : « ou que la partie lésée a renoncé à ce moyen d'exécution », qui figurent à la fin du deuxième paragraphe de l'article 623, ajouter : « ou qu'aucune demande en dommages-intérêts n'a été formée contre lui dans le délai fixé pour la prescription de l'action civile ».

La parole est à M. Freppel.

M. Freppel. — Messieurs, l'addition que je propose a une certaine importance et voici pourquoi : il peut arriver que, pour un motif ou pour un autre, la partie lésée, sans y renoncer formellement, ait omis ou négligé de réclamer les dommages-intérêts dans le délai fixé pour la prescription de l'action civile. Il ne faudrait pourtant pas, vous le comprenez sans peine, que cette omission volontaire ou cette négligence devînt dommageable pour celui qui a formé la demande de réhabilitation.

En pareil cas, voici la pratique du parquet : le parquet, qui — il ne faut pas se le dissimuler — n'est pas en général très favorable aux demandes de réhabilitation, parce qu'il est dans ses habitudes d'accuser plutôt que de pardonner, — le parquet exige du condamné qu'il justifie avoir désintéressé les parties lésées malgré la prescription acquise, ou bien qu'il justifie de leur renonciation formelle, ou que, s'il ne parvient pas à les découvrir, il verse une somme, arbitrée par le parquet, au bureau de bienfaisance.

Voilà ce qui se passe à l'heure présente.

Eh bien, Messieurs, je me permets d'estimer que ces exigences ne sont pas légales, et c'est pour y couper court que j'ai présenté mon amendement. Du moment que l'action civile est prescrite, on ne doit pouvoir demander au coupable qu'une chose : c'est la justification de la prescription acquise. Toute autre exigence serait excessive et arbitraire.

Rien de plus facile que de justifier de la prescription : il suffit que le greffier du tribunal de l'arrondissement où l'individu a résidé depuis sa condamnation constate qu'à l'expiration du délai de la prescription il n'a été formé aucune demande en dommages-intérêts résultant des faits qui avaient motivé la condamnation. Comme vous le voyez, la constatation est extrêmement simple.

Messieurs, vous voulez que la loi aboutisse, qu'elle obtienne son effet ; il faut par conséquent la dégager de tout ce qui peut, d'une façon irrégulière ou anormale, en entraver le fonctionnement. Voilà pourquoi j'espère que la commission voudra bien accepter mon amendement. (*Très bien ! très bien ! à droite et sur divers bancs à gauche.*)

M. LE PRÉSIDENT. — Avant de mettre aux voix l'amendement de M. Freppel, je consulte la Chambre sur le premier paragraphe de l'article 623 :

« Il doit justifier du payement des frais de justice, de l'amende et des dommages-intérêts auxquels il a été condamné, ou de la remise qui lui en a été faite ».

(Le paragraphe premier est adopté.)

M. LE PRÉSIDENT. — « A défaut de cette justification, il doit établir qu'il a subi le temps de contrainte par corps déterminé par la loi, ou que la partie lésée a renoncé à ce moyen d'exécution. »

C'est à cet endroit que M. Freppel propose de placer l'amendement qu'il vient de développer : « ou qu'aucune demande en dommages-intérêts n'a été formée contre lui dans le délai fixé pour la prescription civile ».

M. Freppel. — La Chambre ne peut pas rejeter une addition aussi bien justifiée.

M. le Président. — Cet amendement ne peut être soumis qu'à la prise en considération.

M. Mazeron. — Si j'ai bien compris le système qui vient d'être développé à la tribune par l'honorable évêque d'Angers, il entendrait que le condamné pourra obtenir la réhabilitation à la seule condition de démontrer que l'action civile résultant du crime ou du délit est éteinte par la prescription.

Je ne vois pas la nécessité d'inscrire une pareille disposition dans le texte qui vous est soumis, par cette raison qu'aux termes de la loi actuelle, à laquelle nous ne changeons rien, l'action publique et l'action civile se prescrivent par le même laps de temps.

M. Freppel. — Mais pas dans tous les cas.

M. Mazeron. — Par conséquent, si l'action à laquelle M. Freppel fait allusion est celle qui résulte du délit ou du crime, il n'y a besoin d'aucune disposition nouvelle, la loi actuelle suffit.

Mais on peut imaginer qu'un même fait délictueux entraîne la poursuite pénale et, considéré sous un aspect différent, une action civile en dommages intérêts. Celle-ci pourrait ne pas se prescrire par un laps de trois ans, s'il s'agit d'un délit, ou par un laps de dix ans s'il s'agit d'un crime, mais par la plus longue prescription, celle de trente ans. L'honorable auteur de l'amendement entend-il qu'il faudra que le coupable du fait entraînant cette action justifie que la prescription de trente ans se trouve acquise ?

M. Freppel. — Non, je ne parle que de la prescription de l'action civile connexe au délit.

M. Mazeron. — Eh bien, comme le délai pour cette prescription est exactement le même que pour l'action pénale, l'amendement me semble n'avoir pas d'objet.

La jurisprudence a d'ailleurs décidé que, pour la réhabilitation, la loi n'admettait pas la libération par prescription des condamnations pécuniaires et des frais, pas plus que pour la peine d'emprisonnement.

Sur ce point, nous n'entendons faire aucune innovation. Le condamné doit, à défaut de grâce, démontrer qu'il a subi la peine corporelle, et qu'il a payé les condamnations pécuniaires. Telle est la règle. Si la prescription·est accomplie, il ne lui suffit pas de prouver ce fait, il faut encore qu'il prouve ou qu'il a été poursuivi, qu'on a exercé contre lui la contrainte par corps, ou bien, si ni l'Administration ni la partie civile n'ont fait de poursuites, qu'il était ˈ— c'est la seule amélioration accordée par notre loi — avant l'échéance du délai de la prescription, hors d'état d'acquitter les condamnations pécuniaires.

Telles sont les raisons pour lesquelles la commission vous demande de ne pas voter la prise en considération. *(Très bien ! très bien !)*

M. Lorois. — Je demande la parole.

M. le Président. — Je ne peux vous la donner, l'amendement étant soumis à la prise en considération. Son auteur peut donc seul, aux termes du règlement, répondre à la commission.

La parole est à M. Freppel.

M. Freppel. — La prescription de l'action civile n'a pas toujours, et, dans tous les cas, les mêmes délais que la prescription de l'action criminelle. Voilà pourquoi je tiens à ce que dans l'espèce, le condamné ne soit obligé à justifier que de la prescription civile. C'est absolument juste. *(Très bien ! très bien ! à droite.)*

Plusieurs membres *au banc de la commission.* — Mais cette prescription est de trente ans ! La commission n'accepte pas l'amendement.

M. le Président. — La commission s'oppose à la prise en considération de l'amendement proposé par M. Freppel. Je consulte la Chambre.

(La Chambre, consultée, décide que l'amendement n'est pas pris en considération.)

M. le Président. — Je mets aux voix le paragraphe 2 de l'article 623 dont j'ai donné lecture.

(Ce paragraphe est mis aux voix et adopté.)

M. le Président. — Je continue la lecture de l'article 623 :

« S'il est condamné pour banqueroute frauduleuse, il doit justifier du payement du passif de la faillite en capital, intérêts et frais, ou de la remise qui lui en a été faite.

« Néanmoins, si le demandeur justifie qu'il est hors d'état de se libérer des frais de justice, la cour peut accorder la réhabilitation même dans le cas où ces frais n'auraient pas été payés ou ne l'auraient été qu'en partie.

« En cas de condamnation solidaire, la cour fixe la part des frais de justice, des dommages-intérêts ou du passif qui doit être payée par le demandeur

« Si la partie lésée ne peut être retrouvée, ou si elle refuse de recevoir, il est fait dépôt de la somme due à la Caisse des Dépôts et Consignations dans la forme des articles 812 et suivants du code de procédure civile; si la partie ne se présente pas dans un délai de cinq ans, pour se faire attribuer la somme consignée, cette somme est restituée au déposant sur sa simple demande. »

(Ces paragraphes sont mis aux voix et adoptés. — L'ensemble de l'article 623 est ensuite mis aux voix et adopté.)

« *Art. 624.* — Le procureur de la République provoque des attestations des maires des communes où le condamné a résidé, faisant connaître :

« 1° La durée de sa résidence dans chaque commune, avec indication du jour où elle a commencé et de celui où elle a fini ;

« 2° Sa conduite pendant la durée de son séjour ;

« 3° Ses moyens d'existence pendant le même temps.

« Ces attestations doivent contenir la mention expresse qu'elles ont été rédigées pour servir à l'appréciation de la demande en réhabilitation.

« Le procureur de la République prend en outre l'avis des juges de paix des cantons et celui des sous-préfets des arrondissements où le condamné a résidé. » — (Adopté.)

M. le Président. — « *Art. 628.* — La cour, le procureur général et la partie ou son conseil entendus, statue sur la demande. »

M. Freppel m'a remis au cours de la délibération un amendement qui consiste à ajouter à l'article 628 ces mots: « à huis clos ».

La parole est à M. Freppel.

M. Freppel. — Messieurs, je ne me dissimule pas la gravité de la demande que je fais à la Chambre ; j'espère néanmoins la convaincre que mon amendement est parfaitement justifié.

Hormis le cas où la morale publique est intéressée, le huis clos, qui est une dérogation à la règle générale, d'après l'article 87 du code de procédure civile, ne se conçoit pas ou ne se conçoit que difficilement quand il y a deux parties contendantes en présence l'une de l'autre. Il ne faut pas, en effet, que le juge puisse même être soupçonné de partialité pour qui que ce soit. et la présence du public est assurément une garantie précieuse pour les intérêts respectifs engagés dans la cause. Mais, ici, rien de pareil ! Dans la demande en réhabilitation, il n'y a pas deux parties plaidant l'une contre l'autre, il n'y a qu'une seule partie. Il y a là un homme qui demande à la cour de décider, oui ou non, si par sa bonne conduite il a mérité d'être réintégré dans la situation morale dont sa condamnation l'avait fait déchoir. Eh bien, je ne trouve aucune raison pour qu'une pareille demande devienne l'objet d'une discussion publique. *(Très bien ! très bien ! sur divers bancs.)*

Non seulement, je ne découvre aucun motif pour qu'une demande de ce genre soit discutée en audience publique, mais j'y vois les plus graves inconvénients dans l'intérêt de ceux qui sollicitent leur réhabilitation.

Voici, en effet, ce qui se produira inévitablement : si le parquet est défavorable à la demande en réhabilitation, il ne manquera pas de rappeler *coram populo* les faits qui avaient motivé la condamnation, des faits déjà anciens, des faits qui étaient peut-être oubliés depuis longtemps et que le ministère public, fort de son rôle, ne se fera pas faute de remettre en pleine lumière dans une audience publique. *(Très bien ! très bien ! sur divers bancs.)*

Le demandeur en réhabilitation aura été tout simplement pris dans un piège ; vous l'aurez obligé en quelque sorte d'aller au devant de sa propre diffamation, de provoquer la divulgation de faits qu'il tenait à ensevelir dans l'oubli, et dont la révélation ne pourra être que préjudiciable à ses intérêts.

Dans ces conditions, devant la perspective d'une discussion solennelle dans laquelle tout le passé d'un homme sera étalé au grand jour, livré à la curiosité et à la malignité publiques, qui voudra consentir à former une demande en réhabilitation ? Personne. *(Marques d'approbation sur divers bancs.)*

M. Leydet. — La loi vous donne en grande partie satisfaction. puisque les conseils municipaux ne sont plus appelés à donner leur avis.

M. Freppel. — C'est vrai, mais vous n'en condamnez pas moins le demandeur en réhabilitation aux éventualités pénibles d'une discussion publique ; et dans de pareilles conditions, je le répète, il en est peu qui affronteront une épreuve aussi périllense. *(C'est vrai ! très bien ! sur les mêmes bancs.)*

La Chambre me permettra de lui dire que, si elle veut faire une loi sérieuse, il faut qu'elle en rende l'application facile. Je n'insiste pas davantage, tant vous me paraissez convaincus du bien-fondé de mon amendement. Si vous imposez au demandeur en réhabilitation l'épreuve d'une discussion publique, la loi n'atteindra pas le but que la Chambre se propose. *(Très bien ! très bien !)*

M. le Rapporteur. — Messieurs, il résulte des renseignements statistiques qui ont été fournis à la commission que la publicité donnée aux demandes en réhabilitation les a rendues extrêmement rares, car peu de personnes, après avoir vécu honorablement dans une ville où la condamnation n'est pas connue, se résignent à la rendre ainsi publique. C'est dans cet ordre d'idées que la commission d'accord avec la loi votée par le Sénat, a retranché du nombre des formalités l'avis du conseil municipal qui, surtout depuis la nouvelle loi, était très dangereux pour des raisons sur lesquelles il est inutile d'insister.

Quant à l'amendement qui vient de vous être remis, je reconnais que son auteur a présenté une observation qui est juste : c'est qu'il ne convient pas de livrer à la publicité de l'audience les discussions auxquelles peut donner lieu, de la part du ministère public, de la partie elle-même ou de son conseil, la demande en réhabilitation. A cela, je ne contredis pas ; mais ce que nous n'admettrons jamais — car ce serait le renversement d'un des principes les plus incontestés de notre droit — c'est que l'arrêt soit rendu à huis clos. *(Très bien !)* Nous admettrons volontiers que la discussion ne soit pas publique, qu'elle ait lieu en chambre du conseil — car je suis convaincu que c'est là la portée que M. Freppel a voulu attribuer à son amendement.

M. Freppel. — Parfaitement.

M. le Rapporteur. — Mais nous repoussons les mots « huis clos » qui ne sont pas juridiques. L'arrêt doit évidemment être rendu publiquement à l'audience, et, il n'est pas à la Chambre un jurisconsulte qui conteste cette nécessité. Nous proposons, en conséquence, à la Chambre une nouvelle rédaction de l'article 628 ainsi conçue :

« La cour, le procureur général et la partie ou son conseil entendus en chambre du conseil, statue sur la demande. » *(Très bien ! très bien !)*

M. FREPPEL. — J'ai pleine satisfaction, c'est absolument ce que je voulais.

M. LE PRÉSIDENT. — Je mets aux voix la nouvelle rédaction de l'article 628, qui vient d'être lue par M. le Rapporteur.

(L'article 628, ainsi rédigé, est mis aux voix et adopté.)

M. LE PRÉSIDENT. — Nous passons à l'article suivant :

« *Art. 629.* — En cas de rejet, une demande ne peut être formée avant l'expiration d'un délai de deux années.

« Ce délai peut être abrégé par décision du ministre de la Justice. »

M. le Ministre de l'Intérieur a la parole.

M. ALLAIN-TARGÉ, *ministre de l'Intérieur.* — Je suis chargé, Messieurs, par M. le Président du Conseil, garde des Sceaux, de venir refuser le présent qui lui est offert par cet article. L'article dit qu'en cas de rejet, par la cour d'une demande en réhabilitation, une nouvelle demande ne peut être formée avant l'expiration d'un délai de deux années. Puis immédiatement on ajoute : « Ce délai peut être abrégé par une décision du ministre de la Justice ».

Il est évident qu'on ne doit pas mettre le ministre de la Justice en opposition avec un arrêt qui vient d'être rendu par une cour souveraine. *(Marques d'assentiment.)*

Rien ne serait plus dangereux ; après un arrêt concluant à un refus, toutes les influences favorables à la demande de réhabilitation seraient mises en action pour venir contrarier la décision rendue par une cour souveraine. Je ne crois pas avoir besoin d'insister, et je pense que la commission sera d'avis de rejeter le dernier paragraphe de l'article 629. *(Marques d'assentiment.)*

M. LE RAPPORTEUR. — La commission en a délibéré, elle a été unanime pour accepter la suppression qui lui est proposée.

M. LE PRÉSIDENT. — Par conséquent le second paragraphe serait retranché et l'article 629 serait ainsi conçu :

« En cas de rejet, une nouvelle demande ne peut être formée avant l'expiration d'un délai de deux années. »

Je mets aux voix cette nouvelle rédaction de la commission.

(L'article 629, ainsi modifié, est mis aux voix et adopté.)

M. le Président. « *Art. 633.* — Si la réhabilitation est prononcée, un extrait de l'arrêt est adressé par le procureur général à la cour ou au tribunal qui a prononcé la condamnation pour être transcrite en marge de la minute de l'arrêt ou du jugement. Mention en est faite au casier judiciaire. Les extraits délivrés aux parties ne doivent pas relever la condamnation.

« Le réhabilité peut se faire délivrer une expédition de la réhabilitation et un extrait du casier judiciaire, sans frais. »

M. Freppel dépose un amendement sur cet article 633. Il propose de substituer aux mots : « mention en est faite au casier judiciaire » ces autres mots « mention en est faite au registre institué par l'article 600. Les extraits délivrés aux parties ne doivent pas relever la condamnation. Le réhabilité peut se faire délivrer une expé dition de la réhabilitation sans frais. »

M. Freppel a la parole.

M. Freppel. — Messieurs, je ne crois pas avoir besoin d'entrer dans de longs développements pour faire comprendre à la Chambre les motifs de mon amendement.

C'est pour la première fois que le casier judiciaire fait apparition dans une loi. Car personne n'ignore que le casier judiciaire n'est pas une institution légale, mais une institution purement ministérielle. Les articles 600 et 601 du code d'instruction criminelle se bornaient à prescrire aux greffiers de tribunaux et de cours d'appel de tenir un registre particulier des condamnations et de l'envoyer tous les trois mois au ministère de la Justice.

Quant au casier judiciaire individuel, personnel, dont on a gra tifié depuis lors tous les Français délinquants, il n'a été établi que par une simple circulaire ministérielle du 6 novembre 1850. Je ne veux pas examiner, en ce moment, l'utilité ni la moralité de l'ins titution du casier judiciaire. Il y aurait beaucoup à dire là dessus, surtout quant au mode de fonctionnement et plus particulièrement sur l'abus qu'on a cru pouvoir en faire...

M. Roque (de Fillol). — C'est une des causes de là récidive!

M. Freppel... en autorisant, par une circulaire du 4 juin 1851, les simples particuliers à se faire délivrer des extraits du casier judiciaire de leurs concitoyens.

M. Martin Nadaud. — Vous avez raison.

M. Freppel. — C'est ce casier judiciaire fonctionnant de la sorte qui n'a pas peu contribué à grossir l'armée des mendiants et des vagabonds....

A gauche. — C'est certain !

M. Freppel.....car c'est grâce au casier judiciaire, ainsi entendu et appliqué, que de malheureux ouvriers ne trouvent de travail nulle part, et qu'ils sont mis à la porte des ateliers ou des manufactures. *(Réclamations sur quelques bancs.)*

M. Henri Maret. — C'est très exact.

M. Cantagrel. — Ils deviennent alors des récidivistes.

M. Freppel. — Mais, comme je vous le disais tout à l'heure, je ne veux pas examiner pour le moment l'institution en elle-même ; ce n'est pas là-dessus que porte mon observation.

Ce qui me paraît grave, c'est que, incidemment, d'une manière oblique et indirecte, vous donniez au casier le caractère d'une institution légale. Car il est évident que cet article 633, une fois voté, le casier judiciaire, qui n'était jusqu'ici qu'une création ministérielle, entrera de plein droit dans la loi. Vous le légalisez en ce moment, vous le légitimez, vous lui donnez une sanction, une consécration légale. Vous le faites sortir du domaine des instructions ministérielles pour l'introduire de plain-pied dans le code d'instruction criminelle. Voilà ce que je ne saurais admettre et j'ai quelque peine à comprendre que des criminalistes distingués, comme M. Bérenger et M. Gomot, aient pu commettre une pareille confusion. *(Très bien ! très bien ! sur divers bancs.)*

Apportez-nous, si vous le voulez, une proposition de loi sur le casier judiciaire, sur son objet, sa nature, ses effets, son mode de fonctionnement : nous l'apprécierons, nous la discuterons à loisir ; mais vous ne pouvez pas viser dans un texte de loi une œuvre ministérielle, et la raison en est toute simple : ce que MM. Rouher et Abbatucci ont fait en 1850 et 1851, le garde des Sceaux actuel, M. Brisson, peut le défaire, à égal droit. Et alors, que devient votre texte de loi ? Ce que l'on vous propose de faire est le renversement de toutes les notions juridiques ! *(Très bien ! très bien ! sur divers bancs.)*

Mon amendement obvie à ces inconvénients ; il atteint le but que vous vous proposez. Seulement il a cet avantage de ne viser qu'une institution légale : le registre établi par les articles 600 et 601 du code d'instruction criminelle. *(Très bien! très bien! sur divers bancs.)*

Maintenant, si M. le Garde des Sceaux veut adresser une instruction aux procureurs généraux sur le casier judiciaire, dans ses rapports avec la loi que nous discutons, rien de mieux, je n'y verrai que des avantages...

M. MAZERON. — Elle existe: c'est M. Dufaure qui l'a faite.

M. FREPPEL. — ... mais, ce que je vous demande instamment, c'est de faire disparaître de l'article 633 tout ce qui concerne le casier judiciaire: c'est l'objet de mon amendement, et j'espère que la Chambre voudra bien l'adopter. *(Très bien! très bien! sur divers bancs.)*

M. LE PRÉSIDENT. — La parole est à M. le Rapporteur.

M. LE RAPPORTEUR. — Messieurs, la Chambre a certainement compris la gravité de la proposition qui lui est faite. C'est une véritable charge à fond contre le casier judiciaire...

M. FREPPEL. — Non! pas contre l'institution elle-même, mais contre l'abus qu'on en a fait.

Voix *à gauche.* — Si!

M. LE RAPPORTEUR. — ... dont on vous a exagéré les inconvénients; on est allé jusqu'à dire cette chose grave: c'est que le casier judiciaire était la cause de l'augmentation du nombre des vagabonds et des mendiants.

M. FREPPEL. — Oui, tel qu'il fonctionne!

M. ROQUE (de Fillol). — C'est une cause indirecte.

M. LE RAPPORTEUR. — Veuillez me permettre de discuter en toute liberté.

Il faut rechercher s'il y a là, véritablement, le danger social dont on vous a parlé! Pour moi, j'affirme que non. Il faut distinguer, dans le casier judiciaire, deux considérations : son utilité au point de vue social et son danger au point de vue privé.

M. FREPPEL. — Ce n'est pas un document légal, et par conséquent vous n'avez pas le droit de le viser.

M. LE RAPPORTEUR. — Mon contradicteur me paraît avoir raisonné sous l'empire de l'impression qu'il a rapportée de la lecture de la circulaire de 1851. Et je reconnais, Messieurs, que, s'il se place à ce point de vue, il peut avoir quelque inquiétude ; mais il faut rechercher si nous sommes toujours sous l'empire de cette circulaire, ou bien si l'usage qu'on fait du casier judiciaire n'est plus le même qu'autrefois.

Permettez-moi de vous rappeler, à cet égard, quelques souvenirs. La circulaire ministérielle du mois de novembre 1850 portant, en substance, ceci :

« Il appartient au ministère public d'examiner dans quel cas les extraits du casier judiciaire peuvent, sans inconvénients, être livrés à la publicité. »

Ainsi, vous voyez, Messieurs, que sous l'Empire même on avait proclamé la nécessité de considérer le casier judiciaire comme un document secret, et que la publicité n'est qu'une exception...

M. FREPPEL. — C'est devenu la règle aux termes de la circulaire du 4 juin 1851.

M. LE RAPPORTEUR. — Je vous demande pardon....

M. FREPPEL. — Je n'aurai pas de peine à vous le prouver.

M. LE RAPPORTEUR. — Je vous prouverai le contraire si vous voulez bien m'écouter.

Le 24 août 1876 est intervenue une circulaire de M. Dufaure, et je demande à la Chambre d'y porter attention ; le sujet en vaut la peine, car la suppression dans la pratique du droit pénal, du casier judiciaire serait un désastre pour la Société. Cette circulaire, qui fait loi aujourd'hui, est du 24 août 1876, elle émane de M. Dufaure et est ainsi conçue : « Il est formellement interdit aux greffiers de délivrer à des tiers le bulletin n° 2 du casier. » On appelle bulletin n° 2 la copie sur une seule feuille des différents extraits de condamnations concernant le même individu, bulletin dont la collection compose le casier. La circulaire ajoute : « l'institution a pour but de renseigner la justice criminelle sur les antécédents des inculpés ». Voilà le résultat qui a été poursuivi, le seul à poursuivre, et l'éminent garde des Sceaux complète sa pensée par ces mots : « ce serait en altérer le caractère que de la faire servir à donner satisfaction à des vues intéressées ».

Voilà la doctrine sous laquelle on a vécu et sous laquelle on vit, on peut l'affirmer.

Enfin, à la date du 6 décembre, apparaît une nouvelle circulaire de M. le Garde des Sceaux Dufaure, et j'y lis la phrase suivante :

« Des individus réhabilités se sont vu délivrer des extraits du casier judiciaire dans lesquels étaient relevées les condamnations effacées par la réhabilitation... Dans l'espèce, ces bulletins doivent être négatifs. Ils ne doivent en faire mention que quand on les délivre au ministère public, afin de permettre l'application du dernier alinéa de l'article 634 du code pénal. »

Ceci étant donné, je ne comprends pas qu'on puisse dire que les extraits du casier judiciaire sont la cause pour laquelle les vagabonds et les mendiants condamnés ne peuvent plus trouver d'ouvrage. Qu'on parle ainsi de l'ancienne obligation des livrets, c'est une opinion soutenable, mais non quand il s'agit du casier judiciaire, c'est une admirable création, et qui rend à la cause de l'ordre des services continuels.

Je ne sais si la Chambre est fixée ; je crains d'être incomplet, car il est difficile de répondre *ex abrupto* à des amendements qu'on apporte ainsi brusquement à la tribune, et dont on entend à peine la lecture au milieu du bruit.

M. Freppel. — Voulez-vous permettre ?..... Si l'on n'avait pas voté l'urgence, nous aurions pu présenter nos amendements dans l'intervalle des deux délibérations. Mais vous avez voulu qu'il n'y en ait qu'une. Il faut par conséquent que nous présentions nos amendements au cours même de la discussion.

Un membre *au centre*. — Il ne faut pas les improviser.

M. Freppel. — Il ne fallait pas demander l'urgence ? *(Très bien ! à droite.)*

M. le Rapporteur. — Je reviens, Messieurs, à la partie de l'article 633 qui a été attaquée. On vous a dit qu'il n'était pas possible dans les conditions de notre législation actuelle, de comprendre dans une loi, par une insertion quelconque, une « création ministérielle », c'est bien le mot !

M. Freppel. — Parfaitement !

M. le Rapporteur. — J'avoue, Messieurs, que je ne vois pas en quoi cela est illégal. Il appartient parfaitement à la Chambre de parler dans une loi du casier judiciaire, une de nos institutions les plus communes, les plus utiles, une de celles dont on se sert le plus. Car enfin, Messieurs, c'est tellement une loi.....

M. Freppel. — Non, ce n'est pas une loi.

M. le Rapporteur. — C'est tellement la loi, que tous les jours, devant tous les tribunaux, dans tous les dossiers, vous trouvez des extraits des casiers judiciaires dont personne ne songera jamais à contester la production. Pourquoi voir un inconvénient à ce qu'il soit question du casier judiciaire dans la loi actuelle. Que demandons-nous ? Qu'on y mentionne le fait de la réhabilitation. Quel inconvénient y voyez-vous ? Vous ne demandez pas sérieusement la suppression du casier judiciaire, j'imagine.

Nous demandons que lorsque le condamné a obtenu la réhabilitation on mette à son bulletin en face de sa condamnation la date de sa réabilitation qui l'efface; c'est tout profit pour lui, et je ne vois pas en quoi il peut s'en plaindre.

M. Freppel. — Parfaitement. Mais il suffira que M. le Ministre fasse une circulaire dans ce sens.

M. le Rapporteur. —- J'arrive au second paragraphe qui dit : «les extraits délivrés aux parties ne doivent pas relever la condamnation ».

Sur ce point, vous devez le remarquer, nous avons rectifié le texte du Sénat qui présentait quelques inconvénients; il disait : «......les extraits qui en sont délivrés à la demande des tiers ne doivent pas relever la condamnation ».

Nous avons posé en principe qu'on ne devait des extraits, quels qu'ils fussent, qu'aux parties elles-mêmes ou au ministère public, dans l'intérêt de la vindicte publique.

En vérité, je ne vois pas quels inconvénients peut trouver M. Freppel à ce qu'une mention de cette nature soit inscrite dans la loi, et j'insiste, au nom de la commission, par le rejet de l'amendement qu'il vient de déposer.

M. Freppel. — Mais demain, M. le Ministre de la Justice pourra s'il le veut, supprimer le casier judiciaire.

M. le Ministre de l'Intérieur. — Eh bien ! la disposition deviendra caduque, elle n'aura plus de raison d'être.

M. Freppel. — Voilà comment vous faites les lois !

M. le Président. — Je consulte la Chambre sur l'amendement de M. Freppel.

La commission le repousse.

(L'amendement n'est pas pris en considération.)

M. le Président. — Je mets aux voix le texte de la commission, c'est-à-dire l'article 633.

(L'article est adopté).

«*Art. 634.* — La réhabilitation efface la condamnation et fait cesser pour l'avenir toutes les incapacités qui en résultaient.

«Les interdictions prononcées par l'article 612 du code de commerce sont maintenues, nonobstant la réhabilitation obtenue en vertu des dispositions qui précèdent.

«Les individus qui sont en état de récidive légale, ceux qui, après avoir obtenu la réhabilitation, auront encouru une nouvelle condamnation, ne seront admis au bénéfice des dispositions qui précèdent qu'après un délai de dix années écoulées depuis leur libération.

«Néanmoins les récidivistes qui n'auront subi aucune peine afflictive ou infamante et les réhabilités qui n'auront encouru qu'une condamnation à une peine correctionnelle seront admis au bénéfice des dispositions qui précèdent après un délai de six années écoulées depuis leur libération.» (Adopté.)

M. le Président. — Les dernières dispositions qui viennent d'être votées sont visées par l'article 10 du projet de loi. Il y a lieu de procéder maintenant à un vote sur l'ensemble de cet article, qui renferme les articles du code d'instruction criminelle modifiés par la Chambre.

«Art. 10. — Les articles 630 631 et 632 du code d'instruction criminelle sont supprimés.

«Les articles 621, 623, 624, 628, 633 et 634 du même code sont modifiés ainsi qu'il suit.....»

(L'ensemble de l'article 10 est mis aux voix et adopté.)

M. le Président. — «Art. 11. — La présente loi est applicable aux colonies, sous réserve des dispositions des lois ou règlements spéciaux relatifs à l'exécution de la peine des travaux forcés.»

La parole est à M. le Commissaire du Gouvernement.

M. Herbette, *commissaire du Gouvernement.* — Messieurs, il me semble utile de bien marquer la signification de cet article 11. Il décide que le système de la libération conditionnelle pourra être mis en pratique aux colonies et s'y appliquer, en conséquence, non pas seulement à la peine de la réclusion, aux grandes peines correctionnelles et aux peines d'emprisonnement de courte durée, mais aussi à la peine des travaux forcés, qui, aux termes de la loi de 1854, doit s'accomplir hors de France. Cette constatation me paraît nécessaire, puisque diverses classes de condamnés peuvent avoir à subir dans les établissements de la métropole la peine des travaux forcés.

Ce sont, par exemple, les femmes qui, le plus souvent jusqu'à ce jour, ont été dispensées de la transportation et maintenues dans les maisons centrales. Ce sont également les hommes qui, ayant commis un crime dans un établissement pénitentiaire, doivent subir même les plus longues peines dans l'enceinte d'une prison.

Il demeure donc entendu que la libération conditionnelle s'applique même à la peine des travaux forcés à temps, subie en France ou en Algérie.

Mais il convient de signaler qu'aux termes des articles que vous venez de discuter, elle ne pourra être étendue à une peine prononcée à perpétuité.

En effet, la loi ne permet de libérer conditionnellement qu'après moitié de la peine accomplie, et la perpétuité ne comporte pas la division par moitié. Tant que le condamné n'aura pas fait l'objet d'une commutation réduisant la perpétuité à un nombre déterminé d'années, il ne pourra être admis à bénéficier de la libération conditionnelle.

Ces explications pourront servir à prévenir toute hésitation dans l'interprétation du texte, dans la préparation des règlements, dans les décisions de la Justice et de l'Administration.

Un seul mot encore, Messieurs. Vous avez supprimé aujourd'hui le chiffre minimum de six mois de peine et de trois mois d'emprisonnement, au-dessous duquel la libération conditionnelle ne devait pas être applicable. Tous les détenus sont donc appelés à faire preuve de bonne conduite, pour solliciter et obtenir cette faveur. Nous espérons bien être en mesure de noter efficacement le travail et la conduite de tous dans tous les établissements pénitentiaires. Mais il demeure bien compris que le régime d'amendement, qui exige des dispositions spéciales et tout d'abord ertaines conditions matérielles d'installation des prisons où il est mis en pratique, ne pourra être appliqué de même façon, indistinctement dans toutes.

Je me borne à rappeler qu'il existe 382 prisons dans lesquelles sont subies les courtes peines, que beaucoup ne contiennent qu'un gardien, et parfois quelques détenus seulement.

Il serait manifestement impossible de donner le caractère et le développement désirables au système et au régime d'amendement dans des maisons de ce genre.

Vous apprécierez, Messieurs, que cette déclaration ne pouvait être superflue, et j'ajoute que le Gouvernement, après les explications données dans une autre enceinte sur les dispositions du projet de loi, tenait précisément à écarter ici toutes questions, toutes difficultés qui auraient pu retarder l'adoption d'un principe et d'une réforme si justement approuvés. On ne pouvait négliger de préciser sur certains points le sens de la loi, au moment même où elle va être votée.

M. LE PRÉSIDENT. — Je mets aux voix l'article 11.

(L'article 11 est mis aux voix et adopté.)

L'ensemble du projet de loi est mis aux voix et adopté.

CHAMBRE DES DÉPUTÉS

DOCUMENTS PARLEMENTAIRES

SÉANCE DU 23 MAI 1885

PROPOSITION DE LOI, adoptée par le Sénat, amendée par la Chambre des députés (1), sur les moyens de prévenir la récidive (libération conditionnelle, patronage, réhabilitation), transmise par M. le Président de la Chambre des députés à M. le Président du Sénat. — (Renvoyée à la commission précédemment saisie.)

Paris, le 23 mai 1885.

Monsieur le Président,

Dans sa séance du 18 de ce mois, la Chambre des députés a adopté avec modifications, et après en avoir déclaré l'urgence, une proposition de loi provenant de l'initiative du Sénat, sur les moyens de prévenir la récidive (libération conditionnelle, patronage, réhabilitation).

Conformément aux dispositions de l'article 141 du règlement de la Chambre, j'ai l'honneur de vous adresser une expédition authentique de cette proposition, dont je vous prie de vouloir bien saisir le Sénat.

Je vous serai obligé de m'accuser réception de cet envoi.

Agréez, Monsieur le Président, l'assurance de ma haute considération,

Le président de la Chambre des députés,

Signé: C. Floquet.

---

(1) Voir Sénat, n°ˢ 235, session extraordinaire 1882 ; 134, session ordinaire 1883 ; 149, session extraordinaire 1883 ; 77, session ordinaire 1884. — Chambre des députés (3ᵉ législ.), n°ˢ 2794-3231.

La Chambre des députés a adopté la proposition de loi dont la teneur suit:

PROPOSITION DE LOI

TITRE PREMIER

Régime disciplinaire des établissements pénitentiaires et libération conditionnelle.

ARTICLE PREMIER. — Un régime disciplinaire basé sur la constatation journalière de la conduite et du travail, sera institué dans les divers établissements pénitentiaires de France et d'Algérie, en vue de favoriser l'amendement des condamnés et de les préparer à la libération conditionnelle.

ART. 2. — Tous condamnés ayant à subir une ou plusieurs peines emportant privation de la liberté peuvent, après avoir accompli la moitié de leurs peines, être mis conditionnellement en liberté, s'ils ont satisfait aux dispositions réglementaires fixées en vertu de l'article premier.

La mise en liberté peut être révoquée en cas d'inconduite habituelle et publique dûment constatée ou d'infraction aux conditions spéciales exprimées dans le permis de libération.

Si la révocation n'est pas intervenue avant l'expiration de la durée de la peine, la libération est définitive.

Au cas où la peine qui aurait fait l'objet d'une décision de libération conditionnelle devrait être suivie de la relégation, il pourra être sursis à l'exécution de cette dernière mesure, et le condamné sera, en conséquence, laissé en France, sauf droit de révocation, ainsi qu'il est dit au présent article.

Le droit de révocation prendra fin en ce cas, s'il n'en a été fait usage pendant les dix années qui auront suivi la date d'expiration de la peine principale.

ART. 3. — Les arrêtés de mise en liberté sous condition et de révocation sont pris par le ministre de l'Intérieur :

S'il s'agit de la mise en liberté, après avis du préfet, du directeur de l'établissement ou de la circonscription pénitentiaire, de la commission de surveillance de la prison et du parquet près le tribunal ou la cour qui a prononcé la condamnation;

Et, s'il s'agit de révocation, après avis du préfet et du procureur de la République de la résidence du libéré.

Art. 4. — L'arrestation du libéré conditionnel peut toutefois être provisoirement ordonnée par l'autorité administrative ou judiciaire du lieu où il se trouve, à la charge d'en donner immédiatement avis au ministre de l'Intérieur.

Le ministre prononce la révocation s'il y a lieu.

L'effet de la révocation remonte au jour de l'arrestation.

Art. 5. — La réintégration a lieu pour toute la durée de la peine non subie au moment de la libération.

Si l'arrestation provisoire est maintenue, le temps de sa durée compte pour l'exécution de la peine.

Art. 6. — Un règlement d'administration publique déterminera la forme des permis de libération, les conditions auxquelles ils peuvent être soumis et le mode de surveillance spéciale des libérés conditionnels.

L'Administration peut charger les sociétés ou institutions de patronage de veiller sur la conduite des libérés qu'elle désigne spécialement et dans les conditions qu'elle détermine.

TITRE II

Patronage.

Art. 7. — Les sociétés ou institutions agréées par l'Administration pour le patronage des libérés reçoivent une subvention annuelle en rapport avec le nombre des libérés réellement patronnés par elles, dans les limites du crédit spécial inscrit dans la loi de finances.

Art. 8. — Dans le cas du paragraphe 2 de l'article 6, l'Administration alloue à la société ou institution de patronage une somme de 0 fr. 50 par jour pour chaque libéré pendant un temps égal à celui de la durée de la peine restant à courir, sans que cette allocation puisse dépasser 100 francs.

Disposition transitoire.

Art. 9. — Avant qu'il ait pu être pourvu à l'exécution des articles 1, 2 et 6, en ce qui touche la mise en pratique du régime d'amendement et le règlement d'administration publique à intervenir, la libération conditionnelle pourra être prononcée à l'égard des condamnés qui en auront été reconnus dignes dans les cas prévus par la présente loi, trois mois au plus tôt après sa promulgation.

TITRE III

Réhabilitation.

Art. 10. — Les articles 630, 631 et 632 du code d'instruction criminelle sont supprimés.

Les article 621, 623, 624, 628, 629, 633 et 634 du même code sont modifiés ainsi qu'il suit :

Art. 621. — Le condamné à une peine afflictive ou infamante ne peut être admis à demander sa réhabilitation s'il n'a résidé dans le même arrondissement depuis cinq années, et pendant les deux dernières dans la même commune.

Le condamné à une peine correctionnelle ne peut être admis à demander sa réhabilitation s'il n'a résidé dans le même arrondissement depuis trois années et pendant les deux dernières dans la même commune.

Les condamnés qui ont passé tout ou partie de ce temps sous les drapeaux, ceux que leur profession oblige à des déplacements inconciliables avec une résidence fixe, pourront être affranchis de cette condition s'ils justifient, les premiers d'attestations satisfaisantes de leurs chefs militaires, les seconds de certificats de leurs patrons ou chefs d'administration constatant leur bonne conduite.

Ces attestations et certificats sont délivrés dans les conditions de l'article 624.

Art. 623. — Il doit justifier du payement des frais de justice, de l'amende et des dommages-intérêts auxquels il a été condamné, ou de la remise qui lui en a été faite, ou établir qu'il était hors d'état de se libérer au moment où la prescription s'est trouvée acquise.

A défaut de cette justification, il doit établir qu'il a subi le temps de contrainte par corps déterminé par la loi, ou que la partie lésée a renoncé à ce moyen d'exécution.

S'il est condamné pour banqueroute frauduleuse, il doit justifier du payement du passif de la faillite en capital, intérêts et frais, ou de la remise qui lui en a été faite.

Néanmoins, si le demandeur justifie qu'il est hors d'état de se libérer des frais de justice, la cour peut accorder la réhabilitation même dans le cas où ces frais n'auraient pas été payés ou ne l'auraient été qu'en partie.

En cas de condamnation solidaire, la cour fixe la part des frais de justice, des dommages-intérêts ou du passif qui doit être payée par le demandeur.

Si la partie lésée ne peut être retrouvée, ou si elle refuse de recevoir, il est fait dépôt de la somme due à la Caisse des Dépôts et Consignations dans la forme des articles 812 et suivants du code de procédure civile ; si la partie ne se présente pas dans un délai de cinq ans, pour se faire attribuer la somme consignée, cette somme est restituée au déposant sur sa simple demande.

Art. 624. — Le procureur de la République provoque des attestations des maires des communes où le condamné a résidé, faisant connaître :

1° La durée de sa résidence dans chaque commune, avec indication du jour où elle a commencé et de celui où elle a fini ;

2° Sa conduite pendant la durée de son séjour ;

3° Ses moyens d'existence pendant le même temps.

Ces attestations doivent contenir la mention expresse qu'elles ont été rédigées pour servir à l'appréciation de la demande en réhabilitation.

Le procureur de la République prend en outre l'avis des juges de paix des cantons et celui des sous-préfets des arrondissements où le condamné a résidé.

Art. 628. — La cour, le procureur général et la partie ou son conseil entendus en chambre du conseil, statue sur la demande.

Art. 629. — En cas de rejet, une nouvelle demande ne peut être formée avant l'expiration d'un délai de deux années.

Art. 633. — Si la réhabilitation est prononcée, un extrait de l'arrêt est adressé par le procureur général à la cour ou au tribunal qui a prononcé la condamnation pour être transcrit en marge de la minute de l'arrêt ou du jugement. Mention en est faite au casier judiciaire. Les extraits délivrés aux parties ne doivent pas relever la condamnation.

Le réhabilité peut se faire délivrer une expédition de la réhabilitation et un extrait du casier judiciaire, sans frais.

Art. 634. — La réhabilitation efface la condamnation et fait cesser pour l'avenir toutes les incapacités qui en résultaient.

Les interdictions prononcées par l'article 612 du code de commerce sont maintenues, nonobstant la réhabilitation obtenue en vertu des dispositions qui précèdent.

Les individus qui sont en état de récidive légale, ceux qui, après avoir obtenu la réhabilitation, auront encouru une nouvelle condamnation, ne seront admis au bénéfice des dispositions qui précèdent qu'après un délai de dix années écoulées depuis leur libération.

Néanmoins les récidivistes qui n'auront subi aucune peine afflictive ou infamante et les réhabilités qui n'auront encouru qu'une condamnation à une peine correctionnelle, seront admis au bénéfice des dispositions qui précèdent après un délai de six années écoulées depuis leur libération.

Art. 11. — La présente loi est applicable aux colonies sous réserve des dispositions des lois ou règlements spéciaux relatifs à l'exécution de la peine des travaux forcés.

Délibéré en séance publique, à Paris, le dix-huit mai mil huit cent quatre-vingt-cinq.

Le président,

Signé : C. FLOQUET.

Les secrétaires,

Signé : E. RIOTTEAU, L. BIZARELLI, TH. BENAZET.

CHAMBRE DES DÉPUTÉS

DOCUMENTS PARLEMENTAIRES

SÉANCE DU 4 JUIN 1885

*RAPPORT fait au nom de la commission (1) chargée d'examiner la
proposition de loi, adoptée par le Sénat, amendée par la Chambre
des députés, sur les moyens de prévenir la récidive (libération conditionnelle, patronage, réhabilitation), par M. Bérenger,
sénateur.*

Messieurs, la proposition de loi, votée par le Sénat le 1er avril
de l'année dernière, sur les moyens propres à prévenir la récidive,
a reçu à la Chambre des députés le plus favorable accueil. Elle y
a cependant été amendée sur un assez grand nombre de points.

Votre commission a examiné ces diverses modifications avec le
sincère désir d'y donner son acquiescement, pour ne pas retarder
plus longtemps le vote d'une loi dont certaines dispositions sont
attendues par de nombreux intéressés avec une naturelle impa-
tience.

Mais un examen attentif lui a fait reconnaître qui si un grand
nombre d'entre elles pouvaient être accueillies avec avantage,
quelques-unes avaient besoin d'être amendées au moins dans leur
forme, pour conserver intacts le caractère et l'esprit général des
dispositions fondamentales de la loi.

---

(1) Cette commission est composée de MM. Schœlcher, président; Bardoux,
secrétaire; Xavier Blanc, Bérenger, Ribière, Scherer, Salneuve, de Verninac,
Michaux. — (Voir Sénat, nos 235, session extraordinaire 1882; 134, session ordinaire 1883; 149, session extraordinaire 1883; 77, session ordinaire 1884;
157, session 1885. — Chambre des députés — 3e législ. — nos 2794-3231.)

Pour parler d'abord des modifications acceptées, la commission ne voit aucune objection :

Sur l'article 5, à la substitution des mots « est maintenue » à ceux « n'est pas suivie de révocation » ;

Sur l'article 6, à la suppression au deuxième paragraphe, du pronom « leur » ;

Sur l'article 8, à l'addition des mots « restant à courir », après ceux « durée de la peine » ;

Sur l'article 10, à la suppression de l'article 619 du code d'instruction criminelle, conservé par erreur dans le texte primitif ;

A celle du deuxième paragraphe de l'article 629 ; à la substitution des mots « délivrés aux parties » à ceux « délivrés à la demande des tiers » (art. 633) ;

Enfin à l'addition du dernier paragraphe de l'article 634 relatif à une réduction, dans le cas qu'il détermine, du délai imposé aux demandes formées par un récidiviste ou par un individu condamné après une première réhabilitation.

Elle donne également son acquiescement à l'addition faite au paragraphe premier de l'article 623, pour dispenser le demandeur en réhabilitation de la justification du payement des frais de justice, de l'amende ou des dommages-intérêts, au cas où il pourrait invoquer la prescription. Elle propose toutefois sur ce point une rédaction différente.

La disposition votée mettrait l'intéressé dans la nécessité d'établir son insolvabilité au moment où la prescription s'est trouvée acquise. Cette formalité paraît inutile. La prescription est, d'après l'article 2219 du code civil un moyen de se libérer ; elle équivaut donc au payement ; c'est pour cela qu'il n'avait pas été jugé utile de formuler une décision spéciale. Mais comme la jurisprudence semble éprouver quelques doutes au moins en ce qui touche les frais de justice et qu'il paraît d'ailleurs y avoir quelque intérêt à préciser que la règle devra s'appliquer au cas même des dommages-intérêts, il n'y a qu'avantage à insérer dans le texte du projet une disposition qui fixe les incertitudes.

La commission propose la rédaction suivante : « Il doit, sauf le cas de prescription, justifier des payements, etc. »

Une autre préoccupation s'est produite devant la Chambres des députés, au sujet de la prescription, et bien que l'amendement par lequel elle s'est traduite n'ait pas été adopté, il n'est peut-être pas sans intérêt de dire ici qu'une modification du texte actuel du code d'instruction criminelle, passée sans doute inaperçue, lui avait par avance donné satisfaction dans la rédaction du Sénat. Ne faudrait-il pas, à-t-on dit, faire bénéficier de la prescription acquise le condamné contre lequel aucune demande de dommages-intérêts n'a encore été faite avant sa demande en réhabilitation ? La substitution des mots : « payement des dommages-intérêts auxquels il a été condamné », à ceux : « des dommages-intérêts auxquels il a pu être condamné » rend cette précaution inutile. Le condamné n'a plus désormais, en effet, à justifier que des payements ou de la remise des condamnations réellement prononcées contre lui au moment de sa demande.

Une observation analogue pourra être faite à propos de la modification apportée, au cours de la discussion devant la Chambre, à l'article 628.

Les termes : « la cour statue » ont fait supposer que les demandes en réhabilitation étaient jugées en séance publique. On s'en est ému avec raison, et une modification du texte a décidé que le débat aurait lieu en chambre du conseil et que l'arrêt seul serait rendu en public. Mais on s'est mépris sur le sens de ces termes. Rapprochés de l'article précédent auquel il n'est rien innové, et qui porte que l'affaire est rapportée à la chambre d'accusation, ils signifient, sans que la jurisprudence et les traditions de la Chancellerie aient jamais élevé un doute à cet égard, que le jugement aussi bien que l'instruction de l'affaire appartiennent entièrement à la chambre des mises en accusation. Or, comme cette juridiction ne statue qu'en chambre du conseil, le texte suffisait à assurer la discrétion indispensable aux affaires de la nature dont il s'agit.

Si la modification adoptée ne faisait qu'accentuer par une disposition plus précise cet état de choses, elle n'aurait pas d'inconvénient. Mais elle distingue entre le débat et la prononciation du jugement et par le fait qu'elle dispense le débat de la publicité elle y soumet l'arrêt. Or, cette innovation, que pourrait à la vérité expliquer la transformation opérée dans le caractère de la décision rendue, aurait pour inconvénient, en premier lieu, de dessaisir la chambre des mises en accusation qui ne prononce pas d'arrêts publics, au moins pour la prononciation de l'arrêt, innovation peut-être peu pratique, et en outre de donner aux arrêts de rejet des conséquences fort préjudiciables aux intéressés.

La commission propose donc de revenir au texte primitif.

Les deux modifications apportées à l'article 2 de la proposition en ce qui touche la libération conditionnelle, ont plus d'importance.

Sur le paragraphe premier qui fixe les conditions dans lesquelles la nouvelle institution doit être appliquée, la Chambre a supprimé toute limitation tirée de la durée de la peine.

Le texte voté par le Sénat n'admettait au bénéfice de la loi que les condamnés à six mois au moins d'emprisonnement. Le but évident de cette disposition était de permettre à l'Administration de faire pendant les trois mois pendant lesquels le détenu lui resterait livré, une étude suffisante de sa moralité, de son degré d'amendement, de la fermeté de ses bonnes résolutions, toutes choses qui ne peuvent se constater en un jour, pour être assurée de ne pas accorder à l'hypocrisie une faveur qui ne doit appartenir qu'à la bonne conduite et au travail. On y avait trouvé en même temps l'avantage de pouvoir se prémunir par une application prolongée du système disciplinaire nouveau institué par l'article premier, contre l'arbitraire forcé des appréciations. Enfin il avait semblé que l'émotion produite en Angleterre par la première application de l'institution, bien qu'elle y fût restreinte aux condamnés à cinq ans au moins de servitude pénale, émotion qui, sans la fermeté du Gouvernement eût été jusqu'à menacer son existence, était un avertissement, en présence duquel il était assurément hardi de descendre jusqu'aux peines de six mois, limite qu'aucune législation n'avait encore atteinte, et qu'il serait sans doute dangereux d'aller plus loin.

Ni votre commission ni l'auteur du projet ne s'étaient d'ailleurs dissimulés que cette règle pourrait, comme toute limite posée, entraîner une certaine inégalité à l'égard des condamnés qui approcheraient du terme, mais ils croyaient qu'un emploi équitable du droit de grâce rétablirait facilement l'équilibre pour les situations vraiment dignes d'intérêt.

Ce correctif a été jugé insuffisant par l'autre Chambre. On y a représenté avec beaucoup de force que les condamnés à plus de trois mois et à moins de six se verraient refuser le droit de réduire leur peine par leur travail et leur bonne conduite, alors que les peines plus graves, l'emprisonnement à long terme, la réclusion et jusqu'à la peine des travaux forcés dans certains cas jouiraient de cet avantage, et l'injustice au moins apparente de ce rapprochement a fait rejeter toute limite

Si ce vote devait être maintenu, il en résulterait que tout condamné, si minime que soit la peine, fût-elle même de deux jours de prison, pourrait bénéficier de la loi.

La commission ne croit pas pouvoir accepter une aussi radicale innovation. Elle équivaudrait, à son avis, à une véritable suppression de toutes les garanties qu'elle juge indispensables pour protéger l'institution contre des alarmes légitimes.

Il est impossible d'oublier, en effet, que, si la libération conditionnelle sagement appliquée peut être un instrument puissant de relèvement pour les condamnés et de préservation pour la Société, elle ne manquerait pas, si elle devenait banale ou arbitraire, de susciter, au point de vue de l'efficacité de la répression et de la sécurité publique, les objections les plus fondées.

De tout temps on a considéré qu'il y a un certain minimum de répression au-dessous duquel il n'était pas possible de descendre sans risquer d'énerver l'action publique, au grand détriment de la Société. C'est ainsi que la Chancellerie a pour tradition de ne point appliquer la grâce aux trop courtes peines, et de n'accorder la commutation de peine qu'après l'exécution d'un emprisonnement d'une certaine durée. C'est ainsi encore que la loi du 5 juin 1875 sur l'emprisonnement individuel ne fait bénéficier de la réduction du quart accordé au détenu qui subit sa peine dans l'isolement qu'au delà de trois mois. Nous croyons utile de rester attaché à ce principe. .

Les conséquences de son abandon seraient, à un point de vue particulier, celui d'une constatation réelle des titres dont les demandeurs doivent justifier, plus graves dans la matière qui nous occupe que dans toute autre. Comment faire fonctionner d'une manière sérieuse le règlement disciplinaire spécial prescrit par l'article premier de la proposition, si l'Administration ne doit avoir que pendant quelques semaines ou même quelques jours le détenu à sa disposition ? Et si la nature des choses oblige pour les courtes peines à se départir de la seule garantie qu'on puisse avoir contre le caprice des appréciations, comment espérer qu'il cessera d'en être ainsi vis-à-vis des détenus plus sévèrement condamnés ?

Se figure-t-on, d'ailleurs, ce qu'entraînerait de désordre moral dans les prisons, d'inquiétude au dehors, et de complications administratives dans les bureaux, le droit ouvert à tout condamné, presque aussitôt arrêté, de réclamer la diminution de la moitié de sa peine et la faculté accordée à l'Administration de la lui accorder ?

Ne serait-ce point, enfin, faire passer indirectement le droit de grâce des mains de la Justice à celles de l'Administration.

Ces considérations ont déterminé votre commission à rétablir la limite précédemment votée par le Sénat. Mais elle s'est en même temps préoccupée de remédier par une disposition nouvelle à l'inconvénient signalé, et elle a puisé le principe de cette disposition dans un amendement déposé au cours de la discussion par l'honorable M. Ténot.

Le texte modifié porterait que tous les condamnés peuvent être libérés conditionnellement, après avoir subi trois mois d'emprisonnement, si la peine est inférieure à six mois, et dans le cas contraire, la moitié de leur peine.

Tout condamné pourra ainsi jouir des avantages de la loi, quelle que soit la condamnation prononcée, à la condition d'avoir subi un emprisonnement de trois mois.

La seconde modification apportée à l'article 2 consiste dans l'addition de deux paragraphes dont l'objet est de régler l'application de la loi, en ce qui touche les peines prononcées en vertu de la loi récemment votée contre les récidivistes. Ils sont ainsi conçus :

« Au cas où la peine qui aurait fait l'objet d'une décision de libération conditionnelle devrait être suivie de la relégation, il pourra être sursis à l'exécution de cette dernière mesure, et le condamné sera en conséquence laissé en France, sauf droit de révocation, ainsi qu'il est dit au présent article.

« Le droit de révocation prendra fin en ce cas s'il n'en a été fait usage pendant les dix années qui auront suivi la date de l'expiration de la peine principale. »

La matière est fort délicate. Elle peut toucher par certains côtés à la loi sur la relégation, et plusieurs de nos collègues ont fait les réserves les plus expresses à cet égard.

La commission n'a cru devoir l'envisager que dans ses rapports avec la libération conditionnelle, objet spécial et unique de l'étude qui lui a été confiée. Elle s'est donc bornée à se demander si les peines prononcées en vertu de la loi du 27 mai 1885, c'est-à-dire d'une part, la peine appliquée au délit poursuivi, et de l'autre, la relégation elle-même, devaient être admises au bénéfice de la loi.

Elle n'y a pas vu d'objections de droit. Quant à la peine qu'on pourrait appeler principale, elle ne diffère de celle ordinairement prononcée par les tribunaux qu'en ce que le condamné se trouve dans des conditions de criminalité spéciales. Mais la proposition de loi, qui n'a pas cru devoir faire de distinction entre le détenu ordinaire et celui qui est en état de récidive légale, aux termes des articles 56 à 58 du code pénal, serait illogique si elle en faisait une en ce qui touche cette nouvelle catégorie de récidivistes.

La question présentait plus de difficulté pour la relégation. On peut objecter que la relégation est, de sa nature, perpétuelle, et qu'ainsi que le Gouvernement l'a fait observer devant l'autre Chambre, les peines perpétuelles ne peuvent profiter de la libération anticipée dont la condition fondamentale est que la moitié de la peine ait été préalablement exécutée. Ne faudrait-il pas en outre pour obtenir le résultat que recherche le Gouvernement, c'est-à-dire la faculté de surseoir au départ du relégué, faire exceptionnellement fléchir la règle qui exige un commencement d'exécution à la peine ? Enfin la loi du 27 mai n'a-t-elle pas déjà organisé pour la relégation une sorte de libération conditionnelle par la faculté accordée à l'autorité coloniale de permettre aux relégués de sortir momentanément de la colonie et même de rentrer en France sous certaines conditions (art. 13), sans parler de la disposition qui les autorise à réclamer judiciairement la levée de la peine elle-même après un délai déterminé ?

Ces considérations, si importantes qu'elles soient n'ont point paru décisives à la majorité de la commission.

On peut, en effet, y répondre que les peines perpétuelles deviennent fréquemment temporaires par la grâce, que d'ailleurs leur caractère de perpétuité serait sans objet dans l'espèce puisqu'il s'agirait de rendre la libération possible avant tout commencement d'exécution de la peine;

Qu'il ne faut pas perdre de vue que la relégation n'intervient qu'après exécution de la peine d'abord prononcée par les tribunaux; que par conséquent il n'est pas absolument exact de dire que la libération anticipée serait exceptionnellement affranchie de la condition première sur laquelle repose l'institution; enfin que l'organisation d'un système d'atténuation à l'égard des individus une fois transportés aux colonies, ne fait point obstacle à ce que la faculté de se libérer par le travail et la bonne conduite de l'obli gation d'y être conduits leur soit accordée avant le départ.

Il n'y a donc pas d'obstacles de principe.

D'autre part il ne paraît pas douteux qu'un emploi mesuré et judicieux de la libération conditionnelle ne puisse avoir des avantages sérieux au point de vue de l'amendement. Si rebelles à tous les sentiments de réforme qu'on puisse supposer les natures perverses qu'a prétendu viser la loi du 27 mai, on doit admettre qu'un certain nombre ne seront pas accessibles au moment du départ, à un sursis qui les tiendra sous condition sur le continent et feront des efforts pour obtenir par leur conduite que cette faveur ne soit pas révoquée.

Il ne faut pas toutefois que les avantages à recueillir dans ce cas de la nouvelle institution risquent de tourner contre la Société, et des précautions doivent être prises d'abord pour que la répression de la récidive ne cesse pas d'être énergique, en second lieu pour que le sursis au départ ne soit accordé qu'à bon escient et ne devienne pas, par de trop grandes difficultés, un expédient destiné à tourner la loi.

A cet égard, la disposition, peut-être un peu rapidement improvisée, qu'a adoptée la Chambre des députés, aurait besoin de recevoir quelques modifications.

Son texte actuel, solidarisant la peine qu'on pourrait appeler principale et la relégation, fait découler de la libération conditionnelle accordée pour la peine, la faculté pour le Gouvernement de maintenir en France les relégués. La libération de la relégation se trouve ainsi accordée sans avoir besoin d'être spécialement prononcée. Elle devient l'accessoire tacite de la libération anticipée accordée à la peine.

Cette combinaison présente ce grave inconvénient: qu'on ne saurait dispenser de la relégation, sans commencer par accorder une réduction de la peine. D'où la conséquence que, si les sursis de départ devaient, par suite des difficultés que peut rencontrer l'exécution de la relégation, devenir fréquents, le grand mouvement d'opinion qui, dans les Chambres et au dehors, a produit, dans le but d'augmenter les rigueurs pénales contre les récidivistes, la loi du 27 mai, risquerait d'aboutir, en définitive, à un affaiblissement habituel de la répression à leur égard.

Il est en outre à remarquer que le permis de libération, ne faisant aucune mention de la relégation, ne permettrait que difficilement d'exercer un contrôle sur l'usage fait par l'Administration de son droit de sursis.

La commission a pensé que le moyen le plus sûr de conjurer ces conséquences était de supprimer cette solidarité. Puisqu'il s'agit, en réalité de deux peines distinctes, s'exécutant successivement il est préférable que les conditions de leur exécution soient envisagées séparément et réglées par des actes distincts. L'appréciation de l'Administration sera ainsi dégagée de toutes préoccupations étrangères aux causes qui seules doivent justifier la libération. On ne sera point exposé à voir réduire abusivement la durée des peines fixées par les tribunaux, pour diminuer le nombre des envois aux colonies. Il sera en même temps plus facile de se rendre compte de l'application que recevra la nouvelle mesure.

Cette division nécessaire donnera d'ailleurs à l'Administration, en reportant sa décision en ce qui touche la relégation, non seulement après l'épreuve de la libération accordée, le moyen de recueillir un plus grand nombre d'éléments d'appréciation avant d'en prendre la responsabilité.

C'est dans ces sentiments que la commission a d'abord adopté la disposition suivante :

« S'il s'agit d'une peine qui doive être suivie de la relégation, la libération conditionnelle peut porter ou sur la peine ou sur la relégation ».

S'occupant ensuite séparément des conditions et des effets de la libération relativement à chacune des deux peines, elle a jugé, en ce qui touche la première, que s'agissant des pires des condamnés, de ceux que la loi du 27 mai classe, par les mesures exceptionnelles qu'elle leur applique, dans la catégorie des incorrigibles, il était juste et même nécessaire de ne les admettre que sous conditions plus sévères à bénéficier de la loi. Il importe en effet, si surtout ils doivent être, par une seconde mesure, relevés de la relégation, que la vindicte publique soit assurée de recevoir une légitime satisfaction par la certitude d'une exécution sérieuse de la condamnation. C'est dans cette pensée que nous avons porté de la moitié aux deux tiers la fraction de peine qui devra être préalablement subie, sans que cette fraction puisse jamais être inférieure à six mois.

Pour la relégation, l'effet de la libération conditionnelle sera, comme dans le texte qui vous est soumis, de donner à l'Administration la faculté de surseoir à l'envoi aux colonies, avec droit de révocation pendant dix ans. Mais nous avons cru utile, eu égard aux dangers spéciaux que le maintien des relégués sur le continent peut faire courir à la sécurité publique, de fortifier à leur égard l'exercice du droit de révocation par une définition plus large des circonstances qui peuvent le justifier. La révocation ne peut intervenir, d'après la règle générale posée dans le paragraphe précédent, qu'en cas d'inconduite habituelle ou notoire. La commission a été unanime à penser que l'Administration devait être armée d'un pouvoir plus étendu en ce qui touche le récidiviste pour lequel l'exécution de la relégation est suspendue. Elle a donc élargi la règle à son égard par l'adoption de la disposition suivante: « Il est sursis à l'exécution de la relégation, tant que la conduite du condamné justifie cette faveur ».

Une dernière modification a été, au contraire, imposée par une pensée de bienveillance pour le libéré qui a dû justifier, par une ferme persévérance dans la bonne conduite, la faveur dont il a été l'objet.

Le texte adopté par la Chambre faisait courir les dix années pendant lesquelles l'Administration aura le droit de révocation à partir de la date de l'expiration de la peine. Si la peine était de longue durée et que la libération anticipée l'eût réduite de plusieurs années, cette disposition créerait une inégalité regrettable au détriment des plus dignes d'intérêt. Le condamné qui par sa bonne conduite aurait obtenu sa libération conditionnelle deux ans avant l'expiration de sa peine, ne serait à l'abri de la révocation qu'au bout d'une épreuve de douze ans, tandis qu'il suffirait de dix ans pour les autres. On rétablit l'égalité en faisant courir le délai de la libération réelle, anticipée ou définitive.

La commission propose, en conséquence, au Sénat, d'adopter le texte suivant:

PROPOSITION DE LOI

Sur les moyens de prévenir la récidive

(libération conditionnelle, patronage, réhabilitation).

TEXTE VOTÉ PAR LA CHAMBRE DES DÉPUTÉS	TEXTE PROPOSÉ PAR LA COMMISSION
TITRE PREMIER	**TITRE PREMIER**
Régime disciplinaire des établissements pénitentiaires et libération conditionnelle.	**Régime disciplinaire des établissements pénitentiaires et libération conditionnelle.**
ARTICLE PREMIER	ARTICLE PREMIER
Un régime disciplinaire, basé sur la constatation journalière de la conduite et du travail, sera institué dans les divers établissements pénitentiaires de France et d'Algérie, en vue de favoriser l'amendement des condamnés et de les préparer à la libération conditionnelle.	Conforme.
ART. 2	ART. 2
Tous condamnés ayant à subir une ou plusieurs peines comportant privation de la liberté peuvent, après avoir accompli la moitié de leurs peines, être mis conditionnellement en liberté, s'ils ont satisfait aux dispositions réglementaires fixées en vertu de l'article premier.	Tous condamnés ayant à subir une ou plusieurs peines comportant privation de la liberté peuvent, après avoir accompli « trois mois d'emprisonnement, si les peines sont inférieures à six mois, ou, dans le cas contraire », la moitié de leurs peines, être mis conditionnellement en liberté, s'ils ont satisfait aux dispositions réglementaires fixées en vertu de l'article premier.

<table>
<tr><td>

TEXTE VOTÉ
PAR LA CHAMBRE DES DÉPUTÉS

</td><td>

TEXTE PNOPOSÉ PAR LA COMMISSION

</td></tr>
<tr><td>

ART. 2 *(Suite)*.

La mise en liberté peut être révoquée en cas d'inconduite habituelle et publique dûment constatée ou d'infraction aux conditions spéciales exprimées dans le permis de libération.

Si la révocation n'est pas intervenue avant l'expiration de la durée de la peine, la libération est définitive.

Au cas où la peine qui aurait fait l'objet d'une décision de libération conditionelle devrait être suivie de la relégation, il pourra être sursis à l'exécution de cette dernière mesure, et le condamné sera en conséquence laissé en France, sauf droit de révocation, ainsi qu'il est dit au présent article.

Le droit de révocation prendra fin en ce cas, s'il n'en a été fait usage pendant les dix années qui auront suivi la date d'expiration de la peine principale.

</td><td>

ART. 2 *(Suite)*.

Conforme.

S'il s'agit d'une peine qui doive être suivie de la relégation, la libération conditionnelle peut porter ou sur la peine ou sur la relégation.

« Dans le premier cas, elle ne peut être accordée qu'aux condamnés qui ont subi six mois d'emprisonnement, si la peine est inférieure à neuf mois, ou les deux tiers de leur peine dans le cas contraire.

« Dans le second cas, si la libération conditionelle intervient avant que le condamné ait quitté le continent, il est sursis à l'exécution de la relégation tant que la conduite du condamné justifie cette faveur.

« La révocation peut avoir lieu pendant un délai de dix ans à partir de la libération définitive ou conditionnelle.»

</td></tr>
<tr><td>

ART. 3

Les arrêtés de mise en liberté sous condition et de révocation sont pris par le ministre de l'Intérieur :

S'il s'agit de la mise en liberté, après avis du préfet, du directeur de l'établissement ou de la circonscription pénitentiaire, de la commission de surveillance de la prison et du parquet près le tribunal ou la cour qui a prononcé la condamnation;

Et, s'il s'agit de la révocation, après avis du préfet et du procureur de la République de la résidence du libéré.

</td><td>

ART. 3

Conforme.

</td></tr>
<tr><td>

ART. 4

L'arrestation du libéré conditionnel peut toutefois être provisoirement ordonnée par l'autorité administrative

</td><td>

ART. 4

Conforme.

</td></tr>
</table>

TEXTE VOTÉ
PAR LA CHAMBRE DES DÉPUTÉS

ART. 4 *(Suite)*.

ou judiciaire du lieu il se trouve, à la charge d'en donner immédiatenent avis au ministre de l'Intérieur.

Le ministre prononce la révocation, s'il y a lieu.

L'effet de la révocation remonte au jour de l'arrestation.

ART. 5

La réintégration a lieu pour toute la durée de la peine non subie au moment de la libération.

Si l'arrestation provisoire est maintenue, le temps de sa durée compte pour l'exécution de la peine.

ART. 6

Un règlement d'administration publique déterminera la forme des permis de libération, les conditions auxquelles ils peuvent être soumis et le mode de surveillance spéciale des libérés conditionnels.

L'Administration peut charger les sociétés ou institutions de patronage de veiller sur la conduite des libérés qu'elle désigne spécialement et dans les conditions qu'elle détermine.

TITRE II

Patronage.

ART. 7

Les sociétés ou institutions agréées par l'Administration pour le patronage des libérés reçoivent une subvention annuelle en rapport avec le nombre de libérés réellement patronnés par elles, dans les limites du crédit spécial inscrit dans la loi de finances.

TEXTE PROPOSÉ PAR LA COMMISSION

ART. 4 *(Suite)*.

ART. 5

Conforme.

ART. 6

Conforme.

TITRE II

Patronage.

ART. 7

Conforme.

<table>
<tr><td>

TEXTE VOTÉ
PAR LA CHAMBRE DES DÉPUTÉS

—

ART. 8

Dans le cas du paragraphe 2 de l'article 6, l'Administration alloue à la société ou institution de patronage une somme de 0 fr. 50 c. par jour pour chaque libéré pendant un temps égal à celui de la durée de la peine restant à courir, sans que cette allocation puisse dépasser 100 francs.

Disposition transitoire.

—

ART. 9

Avant qu'il ait pu être pourvu à l'exécution des articles 1, 2 et 6 en ce qui touche la mise en pratique du régime d'amendement et le règlement d'administration publique à intervenir, la libération conditionnelle pourra être prononcée à l'égard des condamnés qui en auront été reconnus dignes dans les cas prévus par la présente loi, trois mois au plus tôt après sa promulgation.

TITRE III

Réhabilitation.

—

ART. 10

Les articles 630, 631 et 632 du code d'instruction criminelle sont supprimés.

Les articles 621, 623, 624, 628, 629, 633 et 634 du même code sont modifiés ainsi qu'il suit :

Art. 621. — Le condamné à une peine afflictive ou infamante ne peut être admis à demander sa réhabilitation s'il s'il n'a résidé dans le même arrondissement depuis cinq années, et pendant les deux dernières dans la même commune.

Le condamné à une peine correctionnelle ne peut être admis à demander

</td><td>

TEXTE PROPOSÉ PAR LA COMMISSION

—

ART. 8

Conforme.

Disposition transitoire.

—

ART. 9

Conforme.

TITRE III

Réhabilitation.

—

ART. 10

Conforme.

Conforme.

</td></tr>
</table>

<table>
<tr><td>

TEXTE VOTÉ
PAR LA CHAMBRE DES DÉPUTÉS

</td><td>

TEXTE PROPOSÉ PAR LA COMMISSION

</td></tr>
<tr><td>

Art. 621 (Suite). — sa réhabilitation s'il n'a résidé dans le même arrondissement depuis trois années, et pendant les deux dernières dans la même commune.

Les condamnés qui ont passé tout ou partie de ce temps sous les drapeaux, ceux que leur profession oblige à des déplacements inconciliables avec une résidence fixe, pourront être affranchis de cette condition s'ils justifient les premiers d'attestations satisfaisantes de leurs chefs militaires, les seconds de certificats de leurs patrons ou chefs d'administration constatant leur bonne conduite.

Art. 623 — Il doit justifier du payement des frais de justice, de l'amende et des dommages-intérêts auxquelles il a été condamné ou de la remise qui lui en a été faite, ou établir qu'il était hors d'état de se libérer au moment où la prescription s'est trouvée acquise.

A défaut de cette justification, il doit établir qu'il **a** subi le temps de contrainte par corps déterminé par la loi, ou que la partie lésée a renoncé à ce moyen d'exécution.

S'il est condamné pour banqueroute frauduleuse, il doit justifier du payement du passif de la faillite en capital, intérêts et frais, ou de la remise qui lui en a été faite.

Néanmoins, si le demandeur justifie qu'il est hors d'état de se libérer des frais de justice, la cour peut accorder la réhabilitation même dans le cas où ces frais n'auraient pas été payés ou ne l'auraient été qu'en partie.

En cas de condamnation solidaire, la cour fixe la part des frais de justice, des dommages-intérêts ou du passif qui doit être payée par le demandeur.

Si la partie lésée ne peut être retrouvée, ou si elle refuse de recevoir, il est fait dépôt de la somme due à la Caisse des Dépôts et Consignations dans la forme des articles 812 et suivants du code de procédure civile;

</td><td>

Art. 623. — Il doit « sauf le cas de prescription » justifier du payement des frais de justice, de l'amende et des dommages-intérêts, ou de la remise qui lui en a été faite.

Conforme.

</td></tr>
</table>

<table>
<tr><td>

TEXTE VOTÉ
PAR LA CHAMBRE DES DÉPUTÉS

</td><td>

TEXTE PROPOSÉ PAR LA COMMISSION

</td></tr>
</table>

Art. 623 (Suite).. — si la partie ne se présente pas dans un délai de cinq ans, pour se faire attribuer la somme consignée, cette somme est restituée au déposant sur sa simple demande.

Art. 624. — Le procureur de la République provoque des attestations des maires des communes où le condamné a résidé, faisant connaître :

1° La durée de sa résidence dans chaque commune, avec indication du jour où elle a commencé et de celui où elle a fini ;

2° Sa conduite pendant la durée de son séjour ;

Ses moyens d'existence pendant le même temps.

Ces attestations doivent contenir la mention expresse qu'elles ont été rédigées pour servir à l'appréciation de la demande de réhabilitation.

Le procureur de la République prend en outre l'avis des juges de paix des cantons, et celui des sous-préfets des arrondissements où le condamné a résidé.

Conforme.

Art. 628. — La cour, le procureur général et la partie ou son conseil entendus en chambre du conseil statue sur la demande.

Art. 628. — La cour, le procureur général et la partie ou son conseil entendus, statue sur la demande.

Art. 629. — En cas de rejet, une nouvelle demande ne peut être formée avant l'expiration d'un délai de deux années.

Conforme.

Art. 633. — Si la réhabilitation est prononcée, un extrait de l'arrêt est adressé par le procureur général à la cour ou au tribunal qui a prononcé la condamnation, pour être transcrit en marge de la minute de l'arrêt ou du jugement. Mention en est faite au casier judiciaire. Les extraits délivrés aux parties ne doivent pas relever la condamnation.

Conforme.

<table>
<tr><td>

TEXTE VOTÉ
PAR LA CHAMBRE DES DÉPUTÉS

Art· 623 (Suite). Le réhabilité peut se faire délivrer une expédition de la réhabilitation et un extrait du casier judiciaire, sans frais.

Art. 634. — La réhabilitation efface la condamnation et fait cesser pour l'avenir toutes les incapacités qui en résultaient.

Les interdictions prononcées par l'article 612 du code de commerce sont maintenues nonobstant la réhabilitation obtenue en vertu des dispositions qui précèdent.

Les individus qui sont en état de récidive légale, ceux qui, après avoir obtenu la réhabilitation, auront encouru une nouvelle condamnation, ne seront admis au bénéfice des dispositions qui précèdent qu'après un délai de dix années écoulées depuis leur libération.

Néanmoins les récidivistes qui n'auront subi aucune peine afflictive ou infamante et les réhabilités qui n'auront encouru qu'une condamnation à une peine correctionnelle, seront admis au bénéfice des dispositions qui précèdent après un délai de six années écoulées depuis leur libération.

ART. 11

La présente loi est applicable aux colonies, sous réserve des dispositions des lois ou des règlements spéciaux relatifs à l'exécution de la peine des travaux forcés.

</td><td>

TEXTE PROPOSÉ PAR LA COMMISSION

Conforme.

ART. 11

Conforme.

</td></tr>
</table>

SÉNAT

DOCUMENTS PARLEMENTAIRES

Séance du 20 juin 1885

ADOPTION DE LA PROPOSITION DE LOI sur les moyens de prévenir la récidive.

(URGENCE DÉCLARÉE)

M. le Président. — L'ordre du jour appelle la première délibération sur la proposition de loi, adoptée par le Sénat, amendée par la Chambre des députés, sur les moyens de prévenir la récidive (libération conditionnelle, patronage, réhabilitation).

Mais avant de passer à la discussion, je dois donner lecture d'un décret conçu en ces termes :

« Le Président de la République française,

« Vu l'article 6, paragraphe 2 de la loi constitutionnelle du 16 juillet 1875 sur les rapports des pouvoirs publics, qui dispose que les ministres pourront se faire assister dans les deux Chambres par des commissaires désignés pour la discussion d'un projet de loi déterminé,

« Décrète :

« Article premier. — M. Herbette, conseiller d'État en service extraordinaire, directeur de l'Administration pénitentiaire, est désigné pour assister le ministre de l'Intérieur au Sénat dans la discussion de la proposition de loi adoptée par le Sénat, amendée par la Chambre des députés sur les moyens de prévenir la récidive (libération conditionnelle, patronage, réhabilitation).

« ART. 2. — Le ministre de l'Intérieur est chargé de l'exécution du présent décret.

« Fait à Paris, le 15 juin 1885.

« *Le Président de la République française,*

« JULES GRÉVY.

« Par le Président de la République :

« *Le ministre de l'Intérieur,*

« ALLAIN-TARGÉ. »

Acte est donné du décret.

Quelqu'un demande-t-il la parole pour la discussion générale ?

M. BÉRENGER, *rapporteur*. — Je demande la parole.

M. LE PRÉSIDENT. — La parole est à M. Bérenger.

M. BÉRENGER, *rapporteur*. — Messieurs, la proposition de loi sur les moyens de prévenir la récidive a déjà été l'objet de deux délibérations devant le Sénat, et d'une délibération devant la Chambre des députés ; devant aucune des deux Chambres, les principes sur lesquels repose la proposition n'ont été contestés.

Elle vous est renvoyée à nouveau à la suite des modifications qui ont été faites par la Chambre des députés et, comme je l'ai dit à une précédente séance, si, à notre tour, — comme l'accord intervenu entre le Gouvernement et la commission le fait supposer — nous faisons quelques modifications au texte adopté par la Chambre des députés, il y a une urgence extrême à ce que la proposition de loi lui soit renvoyée le plus tôt possible, afin qu'elle puisse la voter avant sa séparation.

Dans ces conditions, la commission, d'accord avec le Gouvernement, vous prie de vouloir bien déclarer l'urgence.

M. LE PRÉSIDENT. — Je consulte le Sénat sur l'urgence, qui est demandée par la commission, d'accord avec le Gouvernement.

Il n'y a pas d'opposition ?

L'urgence est déclarée.

Quelqu'un demande-t-il la parole pour la discussion générale ?

Je consulte le Sénat sur la question de savoir s'il entend passer à la discussion des articles.

(Le Sénat décide qu'il passe à la discussion des articles.)

M. LE PRÉSIDENT. — Je donne lecture de l'article premier :

TITRE PREMIER

Régime disciplinaire des établissements pénitentiaires et libération conditionnelle.

« ARTICLE PREMIER. — Un régime disciplinaire, basé sur la constatation journalière de la conduite et du travail, sera institué dans les divers établissements pénitentiaires de France et d'Algérie, en vue de favoriser l'amendement des condamnés et de les préparer à la libération conditionnelle. »

(L'article premier, mis aux voix, est adopté.)

M. LE PRÉSIDENT. — « ART. 2. — Tous condamnés ayant à subir une ou plusieurs peines emportant privation de la liberté peuvent, après avoir accompli trois mois d'emprisonnement, si les peines sont inférieures à six mois, ou, dans le cas contraire, la moitié de leurs peines, être mis conditionnellement en liberté, s'ils ont satisfait aux dispositions réglementaires fixées en vertu de l'article premier.

« Toutefois, s'il y a récidive légale soit aux termes des articles 56 à 58 du code pénal, soit en vertu de la loi du 27 mai 1885, la durée de l'emprisonnement est portée à six mois si les peines sont inférieures à neuf mois et aux deux tiers de la peine dans le cas contraire.

« La mise en liberté peut être révoquée en cas d'inconduite habituelle et publique dûment constatée ou d'infraction aux conditions spéciales exprimées dans le permis de libération.

« Si la révocation n'est pas intervenue avant l'expiration de la durée de la peine, la libération est définitive.

« Au cas où la peine qui aurait fait l'objet d'une décision de libération conditionnelle devrait être suivie de la relégation, il pourra être sursis à l'exécution de cette dernière mesure, et le condamné sera en conséquence laissé en France, sauf droit de révocation, ainsi qu'il est dit au présent article.

« Le droit de révocation prendra fin, en ce cas, s'il n'en a été fait usage pendant les dix années qui auront suivi la date d'expiration de la peine principale. »

M. DE GAVARDIE. — Nous désirerions que la commission nous fît connaître les motifs pour lesquels elle n'accepte pas, pour l'article 2, la rédaction de la Chambre des députés.

M. ALLAIN-TARGÉ, *ministre de l'Intérieur.* — Le principe est accepté, il ne s'agit que de modifications de forme qui ont été apportées par la commission.

M. LE RAPPORTEUR. — Les motifs sont exposés tout au long dans le rapport.

M. LE PRÉSIDENT. — Les motifs, Monsieur de Gavardie, ainsi que le fait observer M. le Rapporteur, sont exposés dans le rapport.

M. DE GAVARDIE. — Nous avons reçu hier seulement le nouveau projet de la commission et nous désirons savoir pourquoi elle n'adopte pas l'article 2 tel qu'il a été voté par la Chambre des députés.

M. LE PRÉSIDENT. — Il y a eu une distribution complémentaire pour quelques modifications de texte. Quant au rapport, il s'explique sur l'article 2.

Si vous voulez le combattre, vous aurez la parole.

A gauche. — Non! non! Aux voix!

M. LE PRÉSIDENT. — Je consulte le Sénat.
(L'article 2, mis aux voix, est adopté.)

M. LE PRÉSIDENT. — « ART. 3. — Les arrêtés de mise en liberté sous condition et de révocation sont pris par le ministre de l'Intérieur :

« S'il s'agit de la mise en liberté, après avis du préfet, du directeur de l'établissement ou de la circonscription pénitentiaire, de la commission de surveillance de la prison et du parquet près le tribunal ou la cour qui a prononcé la condamnation ;

« Et, s'il s'agit de la révocation, après avis du préfet et du procureur de la République de la résidence du libéré. » — (Adopté.)

« Art. 4. — L'arrestation du libéré conditionnel peut toutefois être provisoirement ordonnée par l'autorité administrative ou judiciaire du lieu où il se trouve, à la charge d'en donner immédiatement avis au ministre de l'Intérieur.

« Le ministre prononce la révocation, s'il y a lieu.

« L'effet de la révocation remonte au jour de l'arrestation. » — (Adopté.)

« Art. 5. — La réintégration a lieu pour toute la durée de la peine non subie au moment de la libération.

« Si l'arrestation provisoire est maintenue, le temps de sa durée compte pour l'exécution de la peine. » — (Adopté.)

« Art. 6. — Un règlement d'administration publique déterminera la forme des permis de libération, les conditions auxquelles ils peuvent être soumis et le mode de surveillance spéciale des libérés conditionnels.

« L'Administration peut charger les sociétés ou institutions de patronage de veiller sur la conduite des libérés qu'elle désigne spécialement et dans les conditions qu'elle détermine. » — (Adopté.)

TITRE II

Patronage.

« Art. 7. — Les sociétés ou institutions agréées par l'Administration pour le patronage des libérés reçoivent une subvention annuelle en rapport avec le nombre de libérés réellement patronnés par elles, dans les limites du crédit spécial inscrit dans la loi de finances. » — (Adopté.)

« Art. 8. — Dans le cas du paragraphe 2 de l'article 6, l'Administration alloue à la société ou institution de patronage une somme de 0 fr. 50 par jour pour chaque libéré pendant un temps égal à celui de la durée de la peine restant à courir, sans que cette allocation puisse dépasser 100 francs. » — (Adopté.)

Disposition transitoire.

« Art. 9. — Avant qu'il ait pu être pourvu à l'exécution des articles 1, 2 et 6, en ce qui touche la mise en pratique du régime d'amendement et le règlement d'administration publique à intervenir, la libération conditionnelle pourra être prononcée à l'égard des condamnés qui en auront été reconnus dignes dans les cas prévus par la présente loi, trois mois au plus tôt après sa promulgation. »— (Adopté.)

TITRE III

Réhabilitation.

« Art. 10. — Les articles 620, 631 et 632 du code d'instruction criminelle sont supprimés.

« Les articles 621, 623, 624, 628, 629, 633 et 634 du même code sont modifiés ainsi qu'il suit:

« *Art. 621*. — Le condamné à une peine afflictive ou infamante ne peut être admis à demander sa réhabilitation s'il n'a résidé dans le même arrondissement depuis cinq années, et pendant les deux dernières années dans la même commune.

« Le condamné à une peine correctionnelle ne peut être admis à demander sa réhabilitation s'il n'a résidé dans le même arrondissement depuis trois années, et pendant les deux dernières dans la même commune.

« Les condamnés qui ont passé tout ou partie de ce temps sous les drapeaux, ceux que leur profession oblige à des déplacements inconciliables avec une résidence fixe, pourront être affranchis de cette condition s'ils justifient, les premiers d'attestations satisfaisantes de leurs chefs militaires, les seconds de certificats de leurs patrons ou chefs d'administration constatant leur bonne conduite.

« Ces attestations et certificats sont délivrés dans les conditions de l'article 624.

« *Art. 623*. — Il doit, sauf le cas de prescription, justifier du payement des frais de justice, de l'amende et des dommages-intérêts ou de la remise qui lui en a été faite.

« A défaut de cette justification, il doit établir qu'il a subi le temps de contrainte par corps déterminé par la loi, ou que la partie lésée a renoncé à ce moyen d'exécution.

« S'il est condamné pour banqueroute frauduleuse, il doit justifier du payement du passif de la faillite en capital, intérêts et frais, ou de la remise qui lui en a été faite.

« Néammoins si le demandeur justifie qu'il est hors d'état de se libérer des frais de justice, la cour peut accorder la réhabilitation même dans le cas où ces frais n'auraient pas été payés ou ne l'auraient été qu'en partie.

« En cas de condamnation solidaire, la cour fixe la part des frais de justice, des dommages-intérêts ou du passif qui doit être payée par le demandeur.

« Si la partie lésée ne peut être retrouvée, ou si elle refuse de recevoir, il est fait dépôt de la somme due à la Caisse des Dépôts et Consignations dans la forme des articles 812 et suivants du code de procédure civile ; si la partie ne se présente pas dans un délai de cinq ans pour se faire attribuer la somme consignée, cette somme est restituée au déposant sur sa simple demande.

« *Art. 624.* — Le procureur de la République provoque des attestations des maires des communes où le condamné a résidé, faisant connaître :

« 1° La durée de sa résidence dans chaque commune, avec indication du jour où elle a commencé et de celui où elle a fini ;

« 2° Sa conduite pendant la durée de son séjour ;

« 3° Ses moyens d'existence pendant le même temps.

« Ces attestations doivent contenir la mention expresse qu'elles ont été rédigées pour servir à l'appréciation de la demande en réhabilitation.

« Le procureur de la République prend, en outre, l'avis des juges de paix des cantons et celui des sous-préfets des arrondissements où le condamné a résidé.

« *Art. 628.* — La cour, le procureur général et la partie ou son conseil entendus, statue sur la demande.

« *Art. 629.* — En cas de rejet, une nouvelle demande ne peut être formée avant l'expiration d'un délai de deux années.

« *Art. 633.* — Si la réhabilitation est prononcée, un extrait de l'arrêt est adressé par le procureur général à la cour ou au tribunal qui a prononcé la condamnation, pour être transcrit en marge de la minute de l'arrêt ou du jugement. Mention en est faite au casier judiciaire. Les extraits délivrés aux parties ne doivent pas relever la condamnation.

« Le réhabilité peut se faire délivrer une expédition de la réhabilitation et un extrait du casier judiciaire, sans frais.

« *Art. 634.* — La réhabilitation efface la condamnation et fait cesser pour l'avenir toutes les incapacités qui en résultaient.

« Les interdictions prononcées par l'article 612 du code de commerce sont maintenues, nonobstant la réhabilitation obtenue en vertu des dispositions qui précèdent.

« Les individus qui sont en état de récidive légale, ceux qui, après avoir obtenu la réhabilitation, auront encouru une nouvelle condamnation ne seront admis au bénéfice des dispositions qui précèdent qu'après un délai de dix années écoulées depuis leur libération.

« Néanmoins les récidivistes qui n'auront subi aucune peine afflictive ou infamante et les réhabilités qui n'auront encouru qu'une condamnation à une peine correctionnelle seront admis au bénéfice des dispositions qui précèdent après un délai de six années écoulées depuis leur libération. » — (Adopté.)

« Art. 11. — La présente loi est applicable aux colonies, sous réserve des dispositions des lois ou règlements spéciaux relatifs à l'exécution de la peine des travaux forcés. » — (Adopté.)

« Art. 12. — Un rapport sur l'exécution de la présente loi, en ce qui touche la libération conditionnelle, sera présenté chaque année par le ministre de l'Intérieur à M. le Président de la République. » — (Adopté.)

M. de Gavardie. — Je demande la parole.

M. le Président. — La parole est à M. de Gavardie sur l'ensemble de la loi.

M. de Gavardie. — Messieurs, je ne viens pas combattre la proposition de loi qui vous est soumise, et que je considère comme excellente ; je regrette seulement que M. le Rapporteur n'ait pas cru devoir répondre à une question bien naturelle que je lui posais tout à l'heure, d'autant plus naturelle que les débats qui ont eu lieu devant la Chambre des députés, et qui ont amené une modification à l'article 2 tel que le présente la commission, rendaient une réponse absolument nécessaire.

M. Bérenger, *rapporteur.* — C'est dans le rapport !

M. DE GAVARDIE — C'est dans le rapport, dites-vous, mon cher collègue? Croyez-vous donc qu'on puisse toujours lire les rapports?... *(Exclamations et rires à gauche.)*

M. SCHŒLCHER. — A quoi servent-ils, alors?

M. DE GAVARDIE. —... Surtout lorsque les rapports sont anciens et que des débats nouveaux, des modifications nouvelles ont nécessité le depôt d'un rapport supplémentaire qui, dans l'espèce, nous manque absolument.

M. LE RAPPORTEUR. — C'est une erreur; il y a un rapport nouveau qui vous a été distribué il y a huit jours.

M. DE GAVARDIE. — Comment! Il y a huit jours! Nous l'avons reçu hier seulement.

M. LE PRÉSIDENT. — Vous êtes mal renseigné, Monsieur de Gavardie; vous avez effectivement recu une nouvelle rédaction, mais le 4 juin il a été déposé un rapport nouveau.

M. DE GAVARDIE. — Messieurs, puisque nous avons reçu seulement hier le texte des modifications proposées par la commission. nous n'avons évidemment pas eu le temps de recourir au rapport dont on parle; j'ignore d'ailleurs si ce rapport correspond précisément d'une façon exacte, aux objections qui se sont produites à la Chambre des députés. Tout cela demande une étude sérieuse à laquelle nous n'avons pas eu le temps de nous livrer.

Que coûtait-il à M. le Rapporteur de venir donner quelques explications à cette tribune?

Il ne m'a pas été possible de reprendre à titre d'amendement l'article 2 du projet de la Chambre des députés, qui me paraît répondre beaucoup mieux aux intentions bienveillantes, véritablement fécondes, de la proposition de loi, à cause des difficultés d'interprétation de l'article 62 du règlement que vous connaissez. difficultés qui se sont produites à l'occasion du projet de loi sur les sociétés de secours mutuels.

C'est pour répondre à ces difficultés perpétuelles qui viennent, à mon avis, d'une fausse interprétation de l'article 62 du règlement du Sénat, que j'ai l'honneur de déposer un projet de résolution relatif à la modification de cet article. Je demanderai l'urgence à la fin de la séance.

M. le Président. — Le Sénat sera consulté sur l'urgence à la fin de la séance.

Je mets aux voix l'ensemble de la proposition de loi relative aux moyens de prévenir la récidive.

(La proposition de loi est adoptée.)

CHAMBRE DES DÉPUTÉS

DOCUMENTS PARLEMENTAIRES

SÉANCE DU 22 JUIN 1885

TRANSMISSION d'une proposition de loi votée par le Sénat.

M. LE PRÉSIDENT. — J'ai reçu de M. le Président du Sénat, la communication suivante :

« Paris, le 23 juin 1885.

« Monsieur le Président,

« Dans la séance du 20 juin 1885, le Sénat a adopté avec modifications, après avoir déclaré l'urgence, une proposition de loi sur les moyens de prévenir la récidive.

« Conformément aux dispositions de l'article 127 du règlement du Sénat, j'ai l'honneur de vous adresser une expédition authentique de cette proposition, dont je vous prie de vouloir bien saisir la Chambre des députés.

« Je vous serai obligé de m'accuser réception de cet envoi.

« Agréez, Monsieur le Président, l'assurance de ma haute considération.

« *Le président du Sénat,*

« E. LE ROYER ».

CHAMBRE DES DÉPUTÉS

DOCUMENTS PARLEMENTAIRES

*RAPPORT fait au nom de la commission (1) chargée d'examiner la
proposition de loi adoptée par le Sénat, amendée par la Chambre
des députés, adoptée avec modifications par le Sénat, sur les moyens
de prévenir la récidive (libération conditionnelle, patronage, réhabilitation), par M. Gomot, député. — (Urgence déclarée.)*

Messieurs, la proposition de loi que vous aviez votée sur les
moyens de prévenir la récidive par la libération conditionnelle,
le patronage et la réhabilitation, vous revient du Sénat, amendée
sur quelques points de détail; les grandes lignes restent ce qu'elles
étaient.

Votre commission est unanime à accepter les légères modifications apportées par le Sénat aux articles 2 et 10. M. le sénateur
Bérenger, dans son rapport en date du 4 juin 1885, en donne les
raisons avec beaucoup de force et de clarté.

La commission admet avec lui que la mise en liberté conditionnelle ne puisse pas être appliquée à tous les condamnés indistinctement, et elle accepte le texte portant que les détenus ne pourront
bénéficier de cette mesure qu'après avoir subi trois mois d'empri-

---

(1) Cette commission est composée de MM. Achard, président; Gerville-
Réache, secrétaire; Mazeron, Martin Nadaud, Hippolyte Maze, Gomot, Marrot,
Georges Graux, Jullien, Leydet, Truelle. — (Voir Sénat, n° 235, session extraordinaire de 1882; — 149, session extraordinaire de 1883; — 77, session ordinaire
de 1884; — 157 et 171, session de 1885. — Chambre des députés, n⁰ˢ 2794,
3231, 3890.)

sonnement si la peine est inférieure à six mois, et, dans le cas contraire, la moitié de leur peine.

Elle estime également qu'il y a lieu d'introduire dans la loi le texte suivant rédigé par le Sénat :

« S'il y a récidive légale soit aux termes des articles 56 à 58 du code pénal, soit en vertu de la loi du 27 mai 1885, la durée de l'emprisonnement est portée à six mois si les peines sont inférieures à neuf mois, et aux deux tiers de la peine dans le cas contraire. »

Enfin elle accepte l'adjonction de l'article 12, qui prescrit un rapport annuel présenté chaque année par le ministre de l'Intérieur sur la libération conditionnelle.

Tout retard apporté au vote de la loi la renvoie à une autre législature, où elle devra subir une nouvelle instruction avec les lenteurs obligées de la procédure parlementaire.

La commission demande donc à la Chambre d'accepter purement et simplement le texte du Sénat, et d'assurer ainsi l'exécution immédiate d'une réforme réclamée par la justice et l humanité.

En conséquence elle propose d'adopter la proposition de loi dont la teneur suit :

PROPOSITION DE LOI

TITRE PREMIER

Régime disciplinaire des établissements pénitentiaires et libération conditionnelle.

ARTICLE PREMIER. — Un régime disciplinaire, basé sur la constatation journalière de la conduite et du travail, sera institué dans les divers établissements pénitentiaires de France et d'Algérie, en vue de favoriser l'amendement des condamnés et de les préparer à la libération conditionnelle.

ART. 2. — Tous condamnés ayant à subir une ou plusieurs peines emportant privation de la liberté peuvent, après avoir accompli trois mois d'emprisonnement, si les peines sont inférieures à six mois, ou dans le cas contraire, la moitié de leurs peines, être mis conditionnellement en liberté, s'ils ont satisfait aux dispositions réglementaires fixées en vertu de l'article premier.

Toutefois, s'il y a récidive légale, soit aux termes des articles 56 à 58 du code pénal, soit en vertu de la loi du 27 mai 1885, la durée de l'emprisonnement est portée à six mois si les peines sont inférieures à neuf mois, et aux deux tiers de la peine dans le cas contraire.

La mise en liberté peut être révoquée en cas d'inconduite habituelle et publique dûment constatée ou d'infraction aux conditions spéciales exprimées dans le permis de libération.

Si la révocation n'est pas intervenue avant l'expiration de la durée de la peine, la libération est définitive.

Au cas où la peine qui aurait fait l'objet d'une décision de libération conditionnellle devrait être suivie de la relégation, il pourra être sursis à l'exécution de cette dernière mesure, et le condamné sera en conséquence laissé en France, sauf droit de révocation, ainsi qu'il est dit au présent article.

Le droit de révocation prendra fin en ce cas, s'il n'en a été fait usage pendant les dix années qui auront suivi la date d'expiration de la peine principale.

Art. 3. — Les arrêtés de mise en liberté sous condition et de révocation sont pris par le ministre de l'Intérieur :

S'il s'agit de la mise en liberté, après avis du préfet, du directeur de l'établissement ou de la circonscription pénitentiaire, de la commission de surveillance de la prison et du parquet près le tribunal ou la cour qui a prononcé la condamnation ;

Et, s'il s'agit de la révocation, après avis du préfet et du procureur de la République de la résidence du libéré.

Art. 4. — L'arrestation du libéré conditionnel peut toutefois être provisoirement ordonnée par l'autorité administrative ou judiciaire du lieu où il se trouve à la charge d'en donner immédiatement avis au ministre de l'Intérieur.

Le ministre prononce la révocation, s'il y a lieu.

L'effet de la révocation remonte au jour de l'arrestation.

Art. 5. — La réintégration a lieu pour toute la durée de la peine non subie au moment de la libération.

Si l'arrestation provisoire est maintenue, le temps de sa durée compte pour l'exécution de la peine.

Art. 6. — Un règlement d'administration publique déterminera la forme des permis de libération, les conditions auxquelles ils peuvent être soumis et le mode de surveillance spéciale des libérés conditionnels.

L'Administration peut charger les sociétés ou institutions de patronage de veiller sur la conduite des libérés qu'elle désigne spécialement et dans les conditions qu'elle détermine.

TITRE II

Patronage.

ART. 7. — Les sociétés ou institutions agréées par l'Administration pour le patronage des libérés reçoivent une subvention annuelle en rapport avec le nombre de libérés réellement patronnés par elles, dans les limites du crédit spécial inscrit dans la loi de finances.

ART. 8. — Dans le cas du paragraphe 2 de l'article 6, l'Administration alloue à la société ou institution de patronage une somme de 0 fr. 50 par jour pour chaque libéré pendant un temps égal à celui de la durée de la peine restant à courir, sans que cette allocation puisse dépasser 100 francs.

Disposition transitoire.

ART. 9. — Avant qu'il ait pu être pourvu à l'exécution des articles 1, 2 et 6, en ce qui touche la mise en pratique du régime d'amendement et le règlement d'administration publique à intervenir, la libération conditionnelle pourra être prononcée à l'égard des condamnés qui en auront été reconnus dignes dans les cas prévus par la présente loi, trois mois au plus tôt après sa promulgation.

TITRE III

Réhabilitation.

ART. 10. — Les articles 630, 631 et 632 du code d'instruction criminelle sont supprimés.

Les articles 621, 623, 624, 628, 629, 633 et 634 du même code sont modifiés ainsi qu'il suit :

Art. 621. – Le condamné à une peine afflictive ou infamante ne peut être admis à demander sa réhabilitation s'il n'a résidé dans le même arrondissement depuis cinq années, et pendant les deux dernières dans la même commune.

Le condamné à une peine correctionnelle ne peut être admis à demander sa réhabilitation s'il n'a résidé dans le même arrondissement depuis trois années, et pendant les deux dernières dans la même commune.

Les condamnés qui ont passé tout ou partie de ce temps sous les drapeaux, ceux que leur profession oblige à des déplacements inconciliables avec une résidence fixe, pourront être affranchis de cette condition s'ils justifient, les premiers d'attestations satisfaisantes de leurs chefs militaires, les seconds de certificats de leurs patrons ou chefs d'administration constatant leur bonne conduite.

Ces attestations et certificats sont délivrés dans les conditions de l'article 624.

Art. 623. — Il doit, sauf le cas de prescription, justifier du payement des frais de justice, de l'amende et des dommages-intérêts, ou de la remise qui lui en a été faite.

A défaut de cette justification, il doit établir qu'il a subi le temps de contrainte par corps déterminé par la loi, ou que la partie lésée a renoncé à ce moyen d'exécution.

S'il est condamné pour banqueroute frauduleuse, il doit justifier du payement du passif de la faillite en capital, intérêts et frais, ou de la remise qui lui en a été faite.

Néanmoins, si le demandeur justifie qu'il est hors d'état de se libérer des frais de justice, la cour peut accorder la réhabilitation même dans le cas où ces frais n'auraient pas été payés ou ne l'auraient été qu'en partie.

En cas de condamnation solidaire, la cour fixe la part des frais de justice, des dommages-intérêts ou du passif qui doit être payée par le demandeur.

Si la partie lésée ne peut être retrouvée, ou si elle refuse de recevoir, il est fait dépôt de la somme due à la Caisse des Dépôts et Consignations dans la forme des articles 812 et suivants du code de procédure civile ; si la partie ne se présente pas dans un délai de cinq ans, pour se faire attribuer la somme consignée, cette somme est restituée au déposant sur sa simple demande.

Art. 624. — Le procureur de la République provoque des attestations des maires des communes où le condamné a résidé, faisant connaître :

1° La durée de sa résidence dans chaque commune, avec indication du jour où elle a commencé et de celui où elle a fini ;

2° Sa conduite pendant la durée de son séjour ;

3° Ses moyens d'existence pendant le même temps.

Ces attestations doivent contenir la mention expresse qu'elles ont été rédigées pour servir à l'appréciation de la demande en réhabilitation.

Le procureur de la République prend en outre l'avis des juges de paix des cantons et celui des sous-préfets des arrondissements où le condamné a résidé.

Art. 628. — La cour, le procureur général et la partie ou son conseil entendus, statue sur la demande.

Art. 629. — En cas de rejet, une nouvelle demande ne peut être formée avant l'expiration d'un délai de deux années.

Art. 633. — Si la réhabilitation est prononcée, un extrait de l'arrêt est adressé par le procureur général à la cour ou au tribunal qui a prononcé la condamnation, pour être transcrit en marge de la minute de l'arrêt ou du jugement. Mention en est faite au casier judiciaire. Les extraits délivrés aux parties ne doivent pas relever la condamnation.

Le réhabilité peut se faire délivrer une expédition de la réhabilitation et un extrait du casier judiciaire, sans frais.

Art. 634. — La réhabilitation efface la condamnation et fait cesser, pour l'avenir, toutes les incapacités qui en résultaient.

Les interdictions prononcées par l'article 612 du code de commerce sont maintenues, nonobstant la réhabilitation obtenue en vertu des dispositions qui précèdent.

Les individus qui sont en état de récidive légale, ceux qui, après avoir obtenu la réhabilitation, auront encouru une nouvelle condamnation, ne seront admis au bénéfice des dispositions qui précèdent qu'après un délai de dix années écoulées depuis leur libération.

Néanmoins, les récidivistes qui n'auront subi aucune peine

afflictive ou infamante et les réhabilités qui n'auront encouru qu'une condamnation à une peine correctionnelle seront admis au bénéfice des dispositions qui précèdent après un délai de six années écoulées depuis leur libération.

ART. 11. — La présente loi est applicable aux colonies, sous réserve des dipositions des lois ou règlements spéciaux relatifs à l'exécution de la peine des travaux forcés.

ART. 12. — Un rapport sur l'exécution de la présente loi, en ce qui touche la libération conditionnelle, sera présenté chaque année par le ministre de l'Intérieur à M. le Président de la République.

CHAMBRE DES DÉPUTÉS

DÉBATS PARLEMENTAIRES

SÉANCE DU 18 JUILLET 1885

Discussion de la proposition de loi relative aux moyens
de prévenir la récidive.

M. LE PRÉSIDENT. — L'ordre du jour appelle la discussion de la proposition de loi, adoptée par le Sénat, amendée par la Chambre des députés, adoptée avec modifications par le Sénat, sur les moyens de prévenir la récidive (libération conditionnelle, patronage, réhabilitation).

Je remarque que M. le Ministre de l'Intérieur n'est pas présent.

M. ACHARD, *président de la commission*. — M. le Ministre m'a prié de demander que cette proposition de loi soit mise en discussion.

M. GOMOT, *rapporteur*. — Oui, c'est d'accord avec M. le Ministre que cette demande est faite.

M. LE PRÉSIDENT. — Per ⌐nne ne demandant la parole, je consulte la Chambre sur le point de savoir si elle entend passer à la lecture des articles.

(La Chambre, consultée, décide qu'elle passera à la lecture des articles.)

TITRE PREMIER

Régime disciplinaire des établissements pénitentiaires
et libération conditionnelle.

« ARTICLE PREMIER. — Un régime disciplinaire, basé sur la constatation journalière de la conduite et du travail, sera institué dans les divers établissements pénitentiaires de France et d'Algérie, en vue de favoriser l'amendement des condamnés et de les préparer à la libération conditionnelle. »

(L'article premier est mis aux voix et adopté.)

« ART. 2. — Tous condamnés ayant à subir une ou plusieurs peines emportant privation de la liberté peuvent, après avoir accompli trois mois d'emprisonnement, si les peines sont inférieures à six mois, ou dans le cas contraire, la moitié de leurs peines, être mis conditionnellement en liberté, s'ils ont satisfait aux dispositions réglementaires fixées en vertu de l'article premier.

« Toutefois, s'il y a récidive légale, soit aux termes des articles 56 à 58 du code pénal, soit en vertu de la loi du 27 mai 1885, la durée de l'emprisonnement est portée à six mois, si les peines sont inférieures à neuf mois, et aux deux tiers de la peine dans le cas contraire.

« La mise en liberté peut être révoquée en cas d'inconduite habituelle et publique dûment constatée ou d'infraction aux conditions spéciales exprimées dans le permis de libération.

« Si la révocation n'est pas intervenue avant l'expiration de la durée de la peine, la libération est définitive.

« Au cas où la peine qui aurait fait l'objet d'une décision de libération conditionnelle devrait être suivie de la relégation, il pourra être sursis à l'exécution de cette dernière mesure, et le condamné sera en conséquence laissé en France, sauf droit de révocation, ainsi qu'il est dit au présent article.

« Le droit de révocation prendra fin en ce cas, s'il n'en a été fait usage pendant les dix années qui auront suivi la date d'expiration de la peine principale. » — (Adopté.)

ART. 3. — Les arrêtés de mise en liberté sous conditions et de révocation sont pris par le ministre de l'Intérieur :

« S'il s'agit de la mise en liberté, après avis du préfet, du directeur de l'établissement ou de la circonscription pénitentiaire, de la commission de surveillance de la prison et du parquet près le tribunal ou la cour qui a prononcé la condamnation;

« Et s'il s'agit de la révocation, après avis du préfet et du procureur de la République de la résidence du libéré. » — (Adopté.)

« Art. 4. — L'arrestation du libéré conditionnel peut toutefois être provisoirement ordonnée par l'autorité administrative ou judiciaire du lieu où il se trouve, à la charge d'en donner immédiatement avis au ministre de l'Intérieur.

« Le ministre prononce la révocation s'il y a lieu.

« L'effet de la révocation remonte au jour de l'arrestation. » — (Adopté.)

« Art. 5. — La réintégration a lieu pour toute la durée de la peine non subie au moment de la libération.

« Si l'arrestation provisoire est maintenue, le temps de sa durée compte pour l'exécution de la peine. » — (Adopté.)

« Art. 6. — Un règlement d'administration publique déterminera la forme des permis de libération, les conditions auxquelles ils peuvent être soumis et le mode de surveillance spéciale des libérés conditionnels.

« L'Administration peut charger les sociétés ou institutions de patronage de veiller sur la conduite des libérés qu'elle désigne spécialement et dans les conditions qu'elle détermine. » — (Adopté.)

TITRE II

Patronage.

« Art. 7. — Les sociétés ou institutions agréées par l'Administration pour le patronage des libérés reçoivent une subvention annuelle en rapport avec le nombre de libérés réellement patronnés par elles, dans les limites du crédit spécial inscrit dans la loi de finances. » — (Adopté.)

« Art. 8. — Dans le cas du paragraphe 2 de l'article 6, l'Administration alloue à la société ou institution de patronage une somme de 0 fr. 50 par jour pour chaque libéré pendant un temps égal à celui de la durée de la peine restant à courir, sans que cette allocation puisse dépasser 100 francs. » (Adopté.)

Disposition transitoire.

« Art. 9. — Avant qu'il ait pu être pourvu à l'exécution des articles 1, 2 et 6, en ce qui touche la mise en pratique du régime d'amendement et le règlement d'administration publique à intervenir, la libération conditionnelle pourra être prononcée à l'égard des condamnés qui en auront été reconnus dignes dans les cas prévus par la présente loi, trois mois au plus tôt après sa promulgation. » — (Adopté.)

TITRE III

Réhabilitation.

« Art. 10. — Les articles 630, 631 et 632 du code d'instruction criminelle sont supprimés.

« Les articles 621, 623, 624, 628, 629, 633 et 634 du même code sont modifiés ainsi qu'il suit:

« *Art. 621*. — Le condamné à une peine afflictive ou infamante ne peut être admis à demander sa réhabilitation s'il n'a résidé dans le même arrondissement depuis cinq années, et pendant les deux dernières dans la même commune

« Le condamné à une peine correctionnelle ne peut être admis à demander sa réhabilitation s'il n'a résidé dans le même arrondissement depuis trois années, et pendant les deux dernières dans la même commune.

Les condamnés qui ont passé tout ou partie de ce temps sous les drapeaux, ceux que leur profession oblige à des déplacements inconciliables avec une résidence fixe, pourront être affranchis de cette condition s'ils justifient, les premiers d'attestations satisfaisantes de leurs chefs militaires, les seconds de certificats de leurs patrons ou chefs d'administration constatant leur bonne conduite.

« Ces attestations et certificats sont délivrés dans les conditions de l'article 624.

« *Art. 623*. — Il doit, sauf le cas de prescription, justifier du payement des frais de justice, de l'amende et des dommages-intérêts, ou de la remise qui lui en a été faite.

« A défaut de cette justification, il doit établir qu'il a subi le temps de contrainte par corps déterminé par la loi, ou que la partie lésée a renoncé à ce moyen d'exécution.

« S'il est condamné pour banqueroute frauduleuse, il doit justifier du payement du passif de la faillite en capital, intérêts et frais, ou de la remise qui lui en a été faite.

« Néanmoins, si le demandeur justifie qu'il est hors d'état de se libérer des frais de justice, la cour peut accorder la réhabilitation même dans le cas où ces frais n'auraient pas été payés ou ne l'auraient été qu'en partie.

« En cas de condamnation solidaire, la cour fixe la part des frais de justice, des dommages-intérêts ou du passif qui doit être payée par le demandeur.

« Si la partie lésée ne peut être retrouvée, ou si elle refuse de recevoir, il est fait dépôt de la somme dûe à la Caisse des Dépôts et Consignations dans la forme des articles 812 et suivants du code de procédure civile ; si la partie ne se présente pas dans un délai de cinq ans, pour se faire attribuer la somme consignée, cette somme est restituée au déposant sur sa simple demande.

« *Art. 624.* — Le procureur de la République provoque des attestations des maires des communes où le condamné a résidé, faisant connaître :

« 1° La durée de sa résidence dans chaque commune, avec indication du jour où elle a commencé et de celui où elle a fini ;

« 2° Sa conduite pendant la durée de son séjour ;

« 3° Ses moyens d'existence pendant le même temps.

« Ces attestations doivent contenir la mention expresse qu'elles ont été rédigées pour servir à l'appréciation de la demande en réhabilitation.

« Le procureur de la République prend en outre l'avis des juges de paix des cantons et celui des sous-préfets des arrondissements où le condamné a résidé.

« *Art. 628.* — La cour, le procureur général et la partie ou son conseil entendus, statue sur la demande.

« *Art. 629.* — En cas de rejet, une nouvelle demande ne peut être formée avant l'expiration d'un délai de deux années.

« *Art. 633*. — Si la réhabilitation est prononcée, un extrait de l'arrêt est adressé par le procureur général à la cour ou au tribunal qui a prononcé la condamnation, pour être transcrit en marge de la minute de l'arrêt ou du jugement. Mention en est faite au casier judiciaire. Les extraits délivrés aux parties ne doivent pas relever la condamnation.

« Le réhabilité peut se faire délivrer une expédition de la réhabilitation et un extrait du casier judiciaire, sans frais.

« *Art. 634*. — La réhabilitation efface la condamnation et fait cesser pour l'avenir toutes les incapacités qui en résultaient.

« Les interdictions prononcées par l'article 612 du code de commerce sont maintenues, nonobstant la réhabilitation obtenue en vertu des dispositions qui précèdent.

« Les individus qui sont en état de récidive légale, ceux qui, après avoir obtenu la réhabilitation, auront encouru une nouvelle condamnation, ne seront admis au bénéfice des dispositions qui précèdent qu'après un délai de dix années écoulées depuis leur libération.

« Néanmoins, les récidivistes qui n'auront subi aucune peine afflictive ou infamante et les réhabilités qui n'auront encouru qu'une condamnation à une peine correctionnelle seront admis au bénéfice des dispositions qui précèdent après un délai de six années écoulées depuis leur libération. » — (Adopté.)

« ART. 11. — La présente loi est applicable aux colonies, sous réserve des dispositions des lois ou règlements spéciaux relatifs à l'exécution de la peine des travaux forcés. » — (Adopté.)

« ART. 12. — Un rapport sur l'exécution de la présente loi, en ce qui touche la libération conditionnelle, sera présenté chaque année par M. le Ministre de l'Intérieur à M. le Président de la République. » — (Adopté.)

(L'ensemble du projet est mis aux voix et adopté.)

CHAMBRE DES DÉPUTÉS

DOCUMENTS PARLEMENTAIRES

Séance du 14 août 1885

LOI sur les moyens de prévenir la récidive (libération conditionnelle patronage, réhabilitation).

Le Sénat et et la Chambre des députés ont adopté,
Le Président de la République promulgue la loi dont la teneur suit :

TITRE PREMIER

Régime disciplinaire des établissements pénitentiaires et libération conditionnelle.

Article premier. — Un régime disciplinaire, basé sur la constatation journalière de la conduite et du travail, sera institué dans les divers établissements pénitentiaires de France et d'Algérie, en vue de favoriser l'amendement des condamnés et de les préparer à la libération conditionnelle.

Art. 2. — Tous condamnés ayant à subir une ou plusieurs peines emportant privation de la liberté peuvent, après avoir accompli trois mois d'emprisonnement, si les peines sont inférieures à six mois, ou dans le cas contraire, la moitié de leurs peines, être mis conditionnellement en liberté, s'ils ont satisfait aux dispositions réglementaires fixées en vertu de l'article premier.

Toutefois, s'il y a récidive légale, soit aux termes des articles 56 à 58 du code pénal, soit en vertu de la loi du 27 mai 1885, la durée de l'emprisonnement est portée à six mois, si les peines sont inférieures à neuf mois, et aux deux tiers de la peine dans le cas contraire.

La mise en liberté peut être révoquée en cas d'inconduite habituelle et publique dûment constatée ou d'infraction aux conditions spéciales exprimées dans le permis de libération.

Si la révocation n'est pas intervenue avant l'expiration de la durée de la peine, la libération est définitive.

Au cas où la peine qui aurait fait l'objet d'une décision de libération conditionnelle devrait être suivie de la relégation, il pourra être sursis à l'exécution de cette dernière mesure, et le condamné sera, en conséquence, laissé en France, sauf droit de révocation, ainsi qu'il est dit au présent article.

Le droit de révocation prendra fin en ce cas, s'il n'en a été fait usage pendant les dix années qui auront suivi la date d'expiration de la peine principale.

Art. 3. — Les arrêtés de mise en liberté sous condition et de révocation sont pris par le ministre de l'Intérieur :

S'il s'agit de la mise en liberté, après avis du préfet, du directeur de l'établissement ou de la circonscription pénitentiaire, de la commission de surveillance de la prison et du parquet près le tribunal ou la cour qui a prononcé la condamnation ;

Et, s'il s'agit de la révocation, après avis du préfet et du procureur de la République de la résidence du libéré.

Art. 4. — L'arrestation du libéré conditionnel peut toutefois être provisoirement ordonnée par l'autorité administrative ou judiciaire du lieu où il se trouve, à la charge d'en donner immédiatement avis au ministre de l'Intérieur.

Le ministre prononce la révocation, s'il y a lieu.

L'effet de la révocation remonte au jour de l'arrestation.

Art. 5. — La réintégration a lieu pour toute la durée de la peine non subie au moment de la libération.

Si l'arrestation provisoire est maintenue, le temps de sa durée compte pour l'exécution de la peine.

Art. 6. — Un règlement d'administration publique déterminera la forme des permis de libération, les conditions auxquelles ils peuvent être soumis et le mode de surveillance spécial des libérés conditionnels.

L'administration peut charger les sociétés ou institutions de patronage de veiller sur la conduite des libérés qu'elle désigne spécialement et dans les conditions qu'elle détermine.

TITRE II

Patronage.

ART. 7. — Les sociétés ou institutions agréées par l'Administration pour le patronage des libérés reçoivent une subvention annuelle en rapport avec le nombre de libérés réellement patronnés par elles, dans les limites du crédit spécial inscrit dans la loi de finances.

ART. 8. — Dans le cas du paragraphe 2 de l'article 6, l'Administration alloue à la société ou institution de patronage une somme de 0 fr. 50 par jour pour chaque libéré pendant un temps égal à celui de la durée de la peine restant à courir, sans que cette allocation puisse dépasser 100 francs.

Disposition transitoire.

ART. 9. — Avant qu'il ait pu être pourvu à l'exécution des articles 1, 2 et 6, en ce qui touche la mise en pratique du régime d'amendement et le règlement d'administration publique à intervenir, la libération conditionnelle pourra être prononcée à l'égard des condamnés qui en auront eté reconnus dignes dans les cas prévus par la présente loi, trois mois au plus tôt après sa promulgation.

TITRE III

Réhabilitation.

ART. 10. — Les articles 630, 631 et 632 du code d'instruction criminelle sont supprimés.

Les articles 621, 623, 624, 628, 629, 633 et 634 du même code sont modifiés ainsi qu'il suit :

Art. 621. — Le condamné à une peine afflictive ou infamante ne peut être admis à demander sa réhabilitation s'il n'a résidé dans le même arrondissement depuis cinq années, et pendant les deux dernières dans la même commune.

Le condamné à une peine correctionnelle ne peut être admis à demander sa réhabilitation s'il n'a résidé dans le même arrondissement depuis trois années, et pendant les deux dernières dans la même commune.

Les condamnés qui ont passé tout ou partie de ce temps sous les drapeaux, ceux que leur profession oblige à des déplacements inconciliables avec une résidence fixe, pourront être affranchis de cette condition s'ils justifient, les premiers, d'attestations satisfaisantes de leurs chefs militaires, les seconds, de certificats de leurs patrons ou chefs d'administration constatant leur bonne conduite.

Ces attestations et certificats sont délivrés dans les conditions de l'article 624.

Art. 623. — Il doit, sauf le droit de prescription, justifier du payement des frais de justice, de l'amende et des dommages-intérêts, ou de la remise qui lui en a été faite.

A défaut de cette justification, il doit établir qu'il a subi le temps de contrainte par corps déterminé par la loi, ou que la partie lésée a renoncé à ce moyen d'exécution.

S'il est condamné pour banqueroute frauduleuse, il doit justifier du payement du passif de la faillite en capital, intérêts et frais, ou de la remise qui lui en a été faite.

Néanmoins, si le demandeur justifie qu'il est hors d'état de se libérer des frais de justice, la cour peut accorder la réhabilitation même dans le cas ou ces frais n'auraient pas été payés ou ne l'auraient été qu'en partie.

En cas de condamnation solidaire, la cour fixe la part des frais de justice, des dommages-intérêts ou du passif qui doit être payée par le demandeur.

Si la partie lésée ne peut être retrouvée, ou si elle refuse de recevoir, il est fait dépôt de la somme due à la Caisse des Dépôts et Consignations dans la forme des articles 812 et suivants du code de procédure civile ; si la partie ne se présente pas dans un délai de cinq ans, pour se faire attribuer la somme consignée, cette somme est restituée au déposant sur sa simple demande.

Art. 624. — Le procureur de la République provoque des attestations des maires des communes où le condamné a résidé, faisant connaître:

1º La durée de sa résidence dans chaque commune, avec indication du jour où elle a commencé et de celui où elle a fini ;

2º Sa conduite pendant la durée de son séjour ;

3º Ses moyens d'existence pendant le même temps.

Ces attestations doivent contenir la mention expresse qu'elles ont été rédigées pour servir à l'appréciation de la demande en réhabilitation.

Le procureur de la République prend, en outre, l'avis des juges de paix des cantons et celui des sous-préfets des arrondissements où le condamné a résidé.

Art. 628. — La cour, le procureur général et la partie ou son conseil entendus, statue sur la demande.

Art. 629. — En cas de rejet, une nouvelle demande ne peut être formée avant l'expiration d'un délai de deux années.

Art. 633. — Si la réhabilitation est prononcée, un extrait de l'arrêt est adressé par le procureur général à la cour ou au tribunal qui a prononcé la condamnation, pour être transcrit en marge de la minute de l'arrêt ou du jugement. Mention en est faite au casier judiciaire. Les extraits délivrés aux parties ne doivent pas relever la condamnation.

Le réhabilité peut se faire délivrer une expédition de la réhabilitation et un extrait du casier judiciaire sans frais.

Art. 634. — La réhabilitation efface la condamnation et fait cesser pour l'avenir toutes les incapacités qui en résultaient.

Les interdictions prononcées par l'article 612 du code de commerce sont maintenues, nonobstant la réhabilitation obtenue en vertu des dispositions qui précèdent.

Les individus qui sont en état de récidive légale, ceux qui, après avoir obtenu la réhabilitation, auront encouru une nouvelle condamnation, ne seront admis au bénéfice des dispositions qui précèdent qu'après un délai de dix années écoulées depuis leur libération.

Néanmoins, les récidivistes qui n'auront subi aucune peine afflictive ou infamante et les réhabilités qui n'auront encouru qu'une condamnation à une peine correctionnelle seront admis au bénéfice des dispositions qui précèdent, après un délai de six années écoulées depuis leur libération.

Art. 11. — La présente loi est applicable aux colonies, sous réserve des dispositions des lois ou règlements spéciaux relatifs à l'exécution de la peine des travaux forcés.

Art. 12. — Un rapport sur l'exécution de la présente loi, en ce qui touche la libération conditionnelle, sera présenté chaque année par le ministre de l'Intérieur à M. le Président de la République.

La présente loi, délibérée et adoptée par le Sénat et par la Chambre des députés, sera exécutée comme loi de l'État.

Fait à Mont-sous-Vaudrey, le 14 août 1885.

JULES GRÉVY

.,Par le Président de la République :

Le ministre de l'Intérieur :

H. Allain-Targé.

TABLE DES MATIÈRES

SÉNAT

CHAMBRE DES DÉPUTÉS

SÉNAT

CHAMBRE DES DÉPUTÉS